Oliver Schmidt

KULTURSCHOCK
KOLUMBIEN

Mitwirkende:
Julián Sánchez Gonzales,
María Angélica Suavita Ramírez,
Pedro Oswaldo Hernández
Santamaría, Andreas Schmidt,
Juan Federico Pino Uribe,
Juan José Ferro Hoyos

para Kata y Jorge,
für Frida

Vorwort

„Hundert Jahre Einsamkeit", die epische Erzählung des Literaturnobelpreisträgers *Gabriel García Márquez*, mag für dieses Land stehen wie kein zweites Werk. Wie Kolumbien in einem weiteren Jahrhundert aussehen wird, kann heute noch kein Autor der Welt erträumen, doch allein die erste Dekade dieses neuen Jahrtausends hat bereits enorme Veränderungen gebracht und vor Kurzem noch Undenkbares denkbar werden lassen.

So gibt es im Zusammenhang mit Kolumbien kein Klischee, das nicht auch passen würde. Hier das Land *Pablo Escobars,* ein vermeintliches Drogenparadies. Dort ein versagender Staat, der sich illegale Söldnerheere hält, um die Guerilla in Schach zu halten. Diese immer wieder reproduzierten Stereotype sind nicht unwahr und umso tiefer in den Köpfen verankert. Den Kolumbianern selbst tun sie in der Seele weh. Die Realität vor Ort aber ist vielschichtiger und vor allem: sie ist permanent in Bewegung.

Kolumbien ist in Wirklichkeit nicht ein Land, sondern viele Zustände und Wechselbeziehungen auf einmal. Natürlich ist es auch das Land, das die Vereinten Nationen und Menschenrechtler bereits als unregierbar abgeschrieben hatten, mit einem schier unendlichen Konflikt, grassierender Armut, einem Meer von Binnenflüchtlingen. Im Wirbel dieser Spirale aus Gewalt und deren sozialen Wurzeln, die heute den Alltag vieler Menschen prägen, wären auch andere Staaten in die Knie gegangen.

Doch Kolumbien ist eben auch eine Wirtschaft, die seit Jahren robust wächst, die älteste Demokratie Lateinamerikas mit einer der modernsten Verfassungen des Kontinents und einem Präsidenten an der Spitze, der sich im nationalen Interesse für die Entkriminalisierung der Drogenpolitik ausspricht. In den letzten Jahren spürt man in vielen Teilen der Gesellschaft eine vorsichtige Aufbruchstimmung. Mit ihr kehrte die Zuversicht zurück, den verruchten Ruf abstreifen zu können und etwas Neues auf die Beine zu stellen.

Nicht überall und wahrlich nicht für jedermann, aber in vielen Ecken eröffnen sich neue Spielräume. Die Menschen fahren wieder übers Land, sie reisen, sie besuchen sich in Landesteilen, die lange nicht mehr als sicher zugänglich galten. Auch der Besucherstrom aus dem Ausland nimmt zu, für Rucksacktouristen ist Kolumbien inzwischen eine Spezialität: Kaum ein anderes Land in Südamerika verbindet auf derart grandiose Weise Naturspektakel mit Kulturschätzen wie Barichara oder Villa de Leiva, Mompox oder Cartagena, San Agustín oder die im subtropischen Regenwald versteckte „verlorene Stadt" Ciudad Perdida.

Der Makel von gestern – Kolumbiens langjährige Abwesenheit von den Routen der Globetrotter – verwandelt sich heute scheinbar zum Elixier der Reisenden.

Forscher und Ingenieure, Glückssucher und immer mehr Wirtschaftsunternehmen entdecken gerade ein weitgehend unerschlossenes Land, das uns Mitteleuropäern kulturell zugänglich und verwandt, doch in weiten Teilen vom Massentourismus verschont geblieben erscheint. Ob mit einer Reisegruppe unterwegs oder als Individualtourist – Kolumbien bewahrt ihnen allen das Gefühl, auf eigene Faust unterwegs zu sein und auf Menschen zu treffen, für die jeder Gast gern gesehen ist.

Eine ungewöhnliche Mischung aus urwüchsiger Schönheit und kultureller Vielfalt, die das Aufeinanderprallen von Europäern, Indigenen und Nachfahren afrikanischer Sklaven bis heute entstehen ließ, übt auf Reisende eine Faszination aus.

Kolumbien ist das einzige südamerikanische Land, das sowohl vom Pazifik wie vom Atlantik aus erreicht werden kann. Um sich diesem Flecken Welt zwischen den Andenketten und den Ebenen des Orinoko und Amazonas anzunähern und ihn für sich zu erschließen, bedarf es nicht viel: ein bisschen Mut, die Vorurteile durch eigene Erfahrungen zu überprüfen, und eine Prise Spanisch, allgegenwärtige Verkehrssprache unter den über 45 Millionen Landesbewohnern. Mit Englisch alleine, so viel vorweg, wird man nicht überall durchkommen.

Alles andere besorgt die Neugierde der Gastgeber. Sie werden Herzen öffnen und die anfängliche Vorsicht, die der Fremde mitbringen mag, entwaffnen.

Europa und Lateinamerika sind sich in Vielem näher, als die etwas lustlose politische Zusammenarbeit in den letzten beiden Jahrzehnten vermuten ließe. Dennoch wird dem Neuankömmling vieles fremd vorkommen – protestantisch geprägten Mitteleuropäern vermutlich noch mehr als mit den kulturellen Errungenschaften des Vatikans seit jeher vertrauten Südeuropäern. Denn Kolumbien ist ein zutiefst katholisches Land und eine von der Kolonialherrschaft der Spanier geprägte Kultur, die im 20. Jahrhundert vom amerikanischen Einfluss überlagert wurde. Diesen Kräften konnte ein in vielen Bereichen bis heute abwesender Nationalstaat bislang nur bedingt etwas Eigenes, Selbstbestimmtes entgegensetzen.

Kolumbien lebt von der Kraft seiner ebenso überbordenden wie gefährdeten Natur: eine Perle der Tropen, durchzogen von drei steilen, die Alpen in den Schatten stellenden Kordilleren, umspült von zwei Weltmeeren und gespeist von mächtigen Flüssen wie dem Magdalenenstrom, dessen Wucht ein Anrainer des vergleichsweise milden Mains, Inns oder der Saale kaum ermessen kann.

Mit seinen über 60 Sprachen ist Kolumbien zugleich ein moderner Vielvölkerstaat, der seinen indigenen und afrokolumbianischen Minderheiten per Verfassung Sonderrechte garantiert. Diese Rücksicht überrascht angesichts des historisch einmaligen Raubbaus an den Indiokulturen und des schier unaufhaltsamen Vordringens moderner Lebensformen in deren Rückzugsgebiete. Diese immense ethnische, soziale und regionale Vielfalt der kolumbianischen Gesellschaft und die sie umgebende biologische Diversität verstehen zu wollen, bedürfte mehr als ein Menschenleben. Doch was für eine Vorstellung: Es gibt in diesem Land noch immer Ecken, in die bis heute so gut wie kein weißer Europäer je einen Fuß gesetzt hat!

Und was für ein seltenes Reiseglück ist es, eine Kultur zu erkunden, die im globalen Zeitalter noch kaum Spuren im kollektiven Bilderspeicher hinterlassen hat. Kolumbien ist ein für Europäer vielfach abgestempeltes, doch eben deshalb – und auch 500 Jahre nach *Christoph Kolumbus* – uns noch weitgehend unbekanntes Land: *terra incognita*.

Die vorliegende Einführung in die kolumbianische Kultur versteht sich als bescheidene Einstiegshilfe. Sie geht dem zur Hand, der sich dem Land und seinen Bewohnern mit Verständnis und Feingefühl nähern möchte.

Wer das versucht, wird sich an den Realitäten sicher auch mal reiben und den eigenen Blickwinkel hin und wieder wechseln müssen. Der Alltag mit dem Ungewohnten weckt die (Über-)Lebensgeister. Hier und da bringt die Berührung mit dem Fremden auch unbequeme Gefühle mit sich wie Ohnmacht oder gar Wut. Wenn Gäste die eine oder andere Erfahrung als Schock verbuchen, sollten sie sich daran erinnern, dass ein Erschrecken auch heilsam und lehrreich sein kann. Denn wer reist, möchte nicht nur Spaß haben, sondern verstehen lernen, wie andere sich in ihrem Leben einrichten und es mit Sinn füllen. Reisende machen sich auf den Weg, riskieren dabei immer auch ein bisschen ihre lieb gewonnenen Sicherheiten. Sie sollten nicht vergessen, dass sie in der Ferne die Menschen und Dinge zunächst erst einmal so wahrnehmen, wie sie vor dem Filter unserer bisherigen Erfahrungen und Erwartungen erscheinen wollen.

In Kolumbien trifft der Besucher auf ein Land im Wandel, voller Leben. Es mag uns faszinieren oder entgeistern, aufrütteln oder verzaubern – es wird uns sicher nicht kalt lassen. Kolumbien verändert den, der sich darauf einlässt.

Oliver Schmidt

Inhalt

■ Alltag 163

■ Als Fremder im Kulturkreis 247

■ Anhang   **309**

Danksagung

Ich danke allen, die das Buchprojekt unterstützt haben. *Kata, Michael, María, Ralf und Uli Rüger* haben mir mit ihrer Offenheit und großen Erfahrung dabei geholfen, das Land und seine Lebensformen zu erschließen. Bei den Recherchen haben mich inspiriert und kenntnisreich unterstützt: *Julián, María Angélica, Pedro Oswaldo, Juan Federico* und in besonderer Weise *Juan José. Henry, Marcela* und mein Bruder *Andreas* lehrten mich aufs Neue, wie Sprache Kulturen zu durchdringen vermag; *Oscar* und *Milena,* wie leichtfüßig Musik die Seelen erschließen kann.

Viel gelernt habe ich von *Ares, Armando, Beatriz, Catalina, Christian, Ciro, Guillermo, Hans, Mac, Magdalena, Mariano, Maricela, Martin, Nicolás, Uli, Ursula,* den jungen Fußballcracks von „Thimos" und vielen anderen. Den alten Weggefährten *Daniel, Lucia, Nano* und *Stephan* danke ich für lange Jahre gemeinsamen Wegs, *Jochen* für den Anstoß zu diesem Buch, meiner Familie für die Besuche aus der Heimat, schließlich *Alex, André* sowie *Ralf* für verlässliche Väterbande in einer kaum begreiflichen Riesenstadt wie Bogotá. *Jairo* erhält ein Augenzwinkern für die unbeabsichtigten Abenteuer auf unseren Streifzügen, *gracias a Dios* ging bis heute alles gut. *Michael S.* bin ich dankbar für unsere Gespräche übers Reisen und die Risiken, beim Schreiben nur wieder neue Klischees zu produzieren. Weder „Kolumbien" noch der zunächst etwas heillos erscheinende „Kulturschock" sind ohne *Silke* und *Frida* denkbar. Innige Erinnerungen verbinden wir mit dem Cristianía von *Rosa Inés, Ricardo* und *Nubia* – sowie dem Paisa-Clan der Melos: *Susanita, Guillermo* und *Vicky-Mouse. Jorge Orlando* bleibt für mich der erste und letzte olympische Schriftgelehrte, der sich jederzeit, um Geschichten vorzulesen, von einem kleinen Nachbarmädchen unterbrechen lässt.

Aus all diesen Begegnungen und vielen mehr speist sich dieses Buch. *Michael Wagner* († 19. Juli 2012) hat dessen Veröffentlichung leider nicht mehr erleben können, sein streitbarer Geist war unbestechlich.

Exkurse zwischendurch

Geografische Vielfalt, geschichtliche Wurzeln

◁ Blick von der Comuna 1 in den Talkessel von Medellín
(015kb Foto: os)

Kolumbien – Land der Extreme

Wer unbefangen und offenen Auges durch Kolumbien reist, ahnt schnell, wie sehr die Gegenwart von der Geografie und Geschichte des Landes geprägt ist und von Kräften gelenkt wird, die die Macht des einzelnen Menschen übersteigen.

Ob Wüste oder Gletscher, Urwald oder Hochgebirge, Flussdeltas oder Ackerland ohne Ende. Dazu gleich zwei Meere und obenauf drei steile Andenketten. Eine derart abwechslungsreiche Umwelt ist für den flüchtigen Reisenden aus dem moderaten Mitteleuropa kaum zu fassen.

Kolumbien, dieses Land im Nordwesten Südamerikas, spiegelt die **ökologische Vielfalt eines ganzen Kontinents** wider.

Klima und geografische Besonderheiten

In Kolumbien gibt es keine temperaturbedingten Jahreszeiten. Hier kennt man nur Regen- und Trockenperioden. Die auch *invierno* (Winter) genannte **Regenzeit** umfasst April bis November; den extremsten Niederschlägen begegnet man gewöhnlich im Mai/Juni sowie im Oktober/November. Die als *verano* (Sommer) bezeichnete **Trockenzeit** hingegen geht von Dezember bis März; eine zweite, etwas kürzere und regenärmere Periode kann es im Juli und August geben. Doch sicher ist auch das nicht.

Denn diese Faustregel ist ihrerseits abhängig von zwei weltweiten Klimaströmen, **El Niño** („Der Junge") und **La Niña** („Das Mädchen"). Beide Großwetterlagen erfassen das Land in aller Regelmäßigkeit und können die Regenperioden erheblich ausdehnen oder intensivieren.

Bedingt wird der Regenreichtum von der Nähe zum Äquator. Manche Regionen wie das am Pazifik und Atlantik gelegene Chocó gehören mit bis zu 12.000 mm im Jahr zu den weltweit niederschlagreichsten Regionen. Mindestens **ein täglicher heftiger Regenguss,** aufgrund des tropischen Klimas meist am Nachmittag, ist in vielen Landesteilen völlig normal, man sitzt ihn aus und geht dann wieder seiner Wege. Tropenbesucher erfreuen sich der größten Regentropfen, die sie je erleben werden. Ausnahmen bestätigen nur die Regel: Im Nordosten des Landes, im Grenzgebiet zu Venezuela, liegt die durch die Passatwinde bedingte in die Karibik hineinragende Guajira-Wüste, in der in manchen Jahren weniger als 300 mm Niederschlag gemessen werden. Aufgrund der äußerst variablen Geografie machen nur lokale Wettervorhersagen wirklich Sinn.

Im Gegensatz zum Niederschlag schwanken die örtlichen **Temperaturen** dagegen übers Jahr gemessen kaum. Sie werden fast ausschließlich von der Lage und Tageszeit bestimmt. An den Küsten kann man sich auf oftmals schwüle 25 bis 30 Grad Celsius einstellen, im Hochland Bogotás (2600 m) immer noch auf durchschnittlich etwa 15–17 Grad, die nachts aber schon mal auf 6 bis 9 Grad sinken.

Grundsätzlich unterscheidet man fünf verschiedene Zonen: Die **„tierra caliente"** (wörtl. „heißes Land") umfasst alles von der Meereshöhe bis 1000 m und damit, bei tropischen Temperaturen über 24 Grad, mehr als 60 % des Landes. Die subtropischen Mittellagen zwischen 1000 und 2000 m über dem Meeresspiegel machen ein Zehntel des Landes aus, mit Temperaturen zwischen 17 und 24 Grad Celsius. Sie werden auch gerne als „Kaffeeklima" (**„clima cafetero"**) bezeichnet. Das kalte Land (**„tierra fría"**), darunter die Sabana rund um die Hauptstadt oder Städte wie Pasto (Nariño) oder Tunja (Boyacá), liegt zwischen 2000 und 3000 m ü. M. und wird vom kühleren andinischen Gebirgsklima geprägt. Auf den **„páramo"** genannten Höhenlagen der Hochtundra über 3000 m – sie machen immerhin noch zwei Prozent der Gesamtfläche aus – liegen die Temperaturen tagsüber gemeinhin unter 12 Grad mit Chancen auf Nachtfrost. Bei 4200 Metern liegt die Baumgrenze, darüber – ab etwa 4900 Höhenmetern – **„nieve eterna"**, der ewige Schnee, etwa in den spektakulären Gletschergebieten der Sierra Nevada del Güicán y Cocuy.

Als angenehm empfinden viele Europäer die wärmeren, aber eben noch nicht heißen Mittellagen. Hier befinden sich die Kaffeezone (*eje cafetero*) oder Städte wie Bucaramanga oder Medellín, die „Stadt des ewigen Frühlings". Da das Hochland rund um Bogotá als eher kühl gilt – eine Reizmischung aus Spätfrühling oder Frühherbst – treibt es die Bogotanos, die es sich leisten können, an Wochenenden in die zwei Stunden entfernten, niedriger gelegenen Lagen der *tierra caliente*. Die karibische Küste mit den Touristenzentren Cartagena und Santa Marta zieht ihre Gäste trotz der oft feuchten Schwüle und Temperaturen über 28 Grad in ihren Bann, zumal in den regenärmeren Wochen ab Dezember.

Neben den extremen Klimabedingungen prägte eine **außergewöhnliche Geografie** die Besiedlungsgeschichte des Landes. Drei Kordilleren, die das Land mit steilen Hängen und Gipfeln bis zu 5000 m von Süden nach Norden durchziehen, formieren die Andenregion. Dort erlaubte die räumliche Nähe verschiedenster Klimazonen den ganzjährigen Anbau und Handel vielfältiger Agrarprodukte und beschleunigte die kulturelle und wirtschaftliche Entwicklung. Nicht zufällig befinden sich in den für europäische Verhältnisse hohen Lagen zwischen 1600 und 2800 m ü. M. viele wichtige Städte.

Im **Dreieck zwischen Bogotá, Medellín und Cali** spielt sich der überwiegende Teil der wirtschaftlichen Entwicklung ab, entwickelte sich über die Jahrhunderte eine produktive Landwirtschaft rund um Kartoffeln, Maniok

107Ab Foto: hr

(yuca), Gemüsebananen (plátanos) und den Fruchtanbau. In dem Gebiet um die westlich gelegenen und etwas kleineren Mittelstädte Armenia, Manizales und Pereira entfaltete die Kaffeekultur im 20. Jahrhundert ihre Blüte. Dazu kamen Bodenschätze wie Gold und Kohle in der Zentralkordillere von Antioquia oder Salz wie etwa in Zipaquirá nördlich der Hauptstadt.

Ähnlich produktiv entwickelte sich andernorts nur noch der **Norden des Landes,** der sich mit seinem Zugang zum Karibikraum seit jeher als Handelsregion anbot. Über Küstenstädte wie Riohacha, Santa Marta und etwas später Barranquilla oder die weiter im Landesinneren gelegenen Städte wie Mompox kamen die Handelsgüter legal oder illegal ins Land. Cartagena ist bis heute, nach dem Pazifikhafen Buenaventura, der wichtigste meergebundene Umschlagplatz für Importe und Schmuggelgut. In den letzten Jahrzehnten wurde die landläufig betriebene Viehzucht durch das Erstarken der Paramilitärs, die viel fruchtbares Ackerland in Weideland verwandelten, ausgebaut.

Klima und eine vielfältige Landschaft sind das eine. Um den Alltag der Menschen zu begreifen, hilft es zugleich, die politischen und sozialen Bedingungen zu verstehen, die das Denken, Handeln und Fühlen der Kolumbianer über Jahrhunderte geformt haben. Drei Phänomene stechen dabei besonders ins Auge: Erstens, die ungeheuren **regionalen Unterschiede.** Zweitens, eine weithin noch immer unterentwickelte Wirtschaft, begleitet von **sozialer Ungleichheit.** Und drittens, ein relativ **schwacher Staat,** der trotz institutioneller Kontinuitäten nie Herr der Konflikte geworden ist, die bis heute innerhalb seines Territoriums ausgefochten werden.

⌃ Land der Extreme: Cabo de la Vela an der Nordspitze des Kontinents

Geografische Vielfalt: fünf Regionen – starke Unterschiede

Aus wie vielen Regionen sich das heutige Kolumbien zusammensetzt, kann keiner so genau sagen. Allzu sehr vermischen sich historische und kulturelle Identitäten, politische Verwaltungseinheiten, ökonomische Zusammenhänge sowie sprachlich oder ethnisch bestimmte Zusammengehörigkeiten. Man tritt aber keinem Lokalpatrioten zu nahe, wenn man **fünf regionale Großräume** verortet: das andinische Kernland, die Pazifikregion im Westen, das Einzugsgebiet des Amazonas im Süden, die östlichen auf den Orinoko zulaufenden Tiefebenen (Llanos Orientales) und schließlich die karibische Atlantikküste im Norden.

Kernland zwischen Anden und Karibik

Das wirtschaftlich vergleichsweise entwickelte, von staatlichen Institutionen durchdrungene **Kernland** setzt sich aus der Andenregion und der Karibikküste zusammen. Es sind jene Gebiete, in denen die indigene Bevölkerung lange und stark vertreten war und die später von den Spaniern am frühesten und gründlichsten „kolonisiert" wurden. Die anderen Landesteile im Westen (Pacífico), im Osten (Llanos) und Süden (Amazonas) sind diesem Landeskern gegenüber flächenmäßig zwar überlegen, doch politisch seit jeher marginalisiert, sozial stigmatisiert und ökonomisch wenig entwickelt. Mitteleuropäern erscheint auf den ersten Blick gewöhnungsbedürftig, dass der Zentralstaat und seine Institutionen in weiten Teilen des Landes nie kontinuierlich präsent waren. Dafür aber bildete sich ein Land heraus, in dem die Regionen über Folklore und Dialekte hinaus ausgeprägte Besonderheiten aufweisen.

Auf der wirtschaftlich entwickelten Achse zwischen den **Anden** und der **Karibik** sitzt auch die Nationalregierung (Bogotá), 70 % des Bruttoinlandsprodukts werden in dieser Region erzeugt. Das kulturelle und wirtschaftliche Band ist der mächtige Río Magdalena, der das Land von Süden nach Norden durchzieht und bei Barranquilla ins Karibische Meer mündet.

Der pazifische Westen

Im **Westen des Landes,** von Ecuador hoch bis Panama, erstreckt sich die von Afrokolumbianern geprägte, historisch wie ökonomisch stets randständige **Region des Pazifiks.** Die Industrie interessiert sich allenfalls für das Gold und Platin oder für nachwachsende Rohstoffe wie Palmöl und Holz, die wie der Kaffee aus dem südlicher gelegenen Großhafen Buenaventura in die Welt geschickt werden.

Der Tourismus ist trotz weithin unberührter Strände erst im Aufbau. Die chronische ökonomische Unterentwicklung liegt auch an selbst für kolum-

bianische Verhältnisse außergewöhnlichen klimatischen Bedingungen. Die Pazifikküste gehört zu den niederschlagsreichsten Gebieten der Welt, der dichte, artenreiche Regenwald hemmt dort jede größere Infrastrukturplanung. Selbst die Panamericana, jener panamerikanische Highway von Alaska bis Patagonien, setzt hier für ein paar hundert Kilometer aus. Die anhaltende Auseinandersetzung mit der Guerilla und anderen bewaffneten Gruppen zementiert die Randständigkeit des Landstrichs, insbesondere Nariño, Cauca und die Grenze zu Ecuador bleiben Hochburgen des bewaffneten Konflikts.

Amazonasregion

Die im Süden gelegene Fluss- und Regenwaldlandschaft des **Amazonas,** welche die europäische Fantasie schon immer angeregt hat, erschien bis vor Kurzem kaum auf den geistigen Bildschirmen der Landesbewohner. 1938 wurde der Zugang zu dem Wasserweg per Krieg gegen Peru gesichert, seither dient der mythische Fluss als noch immer sehr durchlässige grüne Grenze zu Ecuador, Peru und Brasilien. Als Motor für die Entwicklung Kolumbiens spielte er bislang eine untergeordnete Rolle. Leticia wird heute als Touristenzentrum ausgebaut, man bemüht sich um ein ökologisch vertretbares Besuchergeschäft. Doch die Infrastruktur bleibt prekär: Ausgebaute Straßen sind rar, die meisten Orte sind nur per Boot oder (Wasser-)Flugzeug zu erreichen, Anreisen aus den Dörfern in die Kleinstädte dauern oft Tage. Weite Gebiete sind trotz der Vitalität zahlreicher,

⌃ Nationalpark: der Páramo am Fuße des Vulkans Puracé

zahlenmäßig eher kleiner Indianerpopulationen unbevölkert. Für Anthropologen, Biologen und Schmuggler ist der Dschungel ein Geschenk.

Der bewaffnete Konflikt drang in den 1980er-Jahren immer weiter in die bevölkerungsreichen Regionen Putumayo und Caquetá vor, in den späten 1990er-Jahren wurde der Guerilla dort die berüchtigte Selbstverwaltungszone *(zona de despeje)* eingerichtet.

Region Orinoquía

Die Region **Orinoquía,** landläufig bekannt als Llanos Orientales, ist hingegen geprägt von den Weiten der Pampa und der Viehzucht. Der Orinoko, Südamerikas drittgrößter Fluss und zugleich die natürliche Grenze zu Venezuela, gehört zu den undurchdringlichsten und ökologisch wertvollsten Einzugsgebieten. Nirgendwo soll die untergehende Abendsonne größer und dunkelroter sein als zu den Füßen der östlichen Andenkordillere. Im 20. Jahrhundert wurde in den Bundesländern Casanare und Arauca Erdöl entdeckt, in jüngster Zeit hat das Agrobusiness die Holz- und Palmölproduktion forciert. Trotz der damit einhergehenden Steuern und scheinbar unvermeidlichen Schmiergelder blieben weite Teile der Tiefebenen im Osten des Landes nur schwach bevölkert, wenig entwickelt und darob als Einzugs- und Rückzugsgebiet der Guerilla, ihrer paramilitärischen Pendants und Nachfolgeverbände bis heute attraktiv.

Küstenregion Atlantik

Die **Küstenregion des Atlantiks** vereint eine dem Meer, dem Handel und der Viehzucht zugewandte Identität. Nirgendwo ist das soziale und ethnische Gefälle zwischen den Städten und dem Umland auffälliger. Das koloniale Cartagena, im 17. Jahrhundert größer als New York, blieb bis heute ein umtriebiger Umschlagplatz: Containerhafen, Spekulationsobjekt und Touristenperle. Doch in den Vororten lebt ein Großteil der Bevölkerung von der Hand in den Mund. Die vorkoloniale Präsenz indigener Kulturen wie der Tayrona ist längst dahin oder in die Hochebenen der Sierra Nevada verdrängt. Einen ungleich stärkeren Einfluss auf die Küstenkultur üben heute Immigrantengruppen aus dem Nahen Osten, zumal die libanesischen Einwanderer, aus. Das lässt sich an der lokalen Küche, dem Import-Export-Handel, den Besitzverhältnissen großer Viehranches und den politischen Eliten in Städten wie Barranquilla oder Santa Marta ablesen. Bis vor einigen Jahren waren die Paramilitärs hier besonders gut organisiert. Aus der karibisch geprägten Gegend stammt auch die *cuna del vallenato,* die populärste Art der Volksmusik des Landes, der kolumbianischste aller Rhythmen (Cumbia) sowie eine selbst für hiesige Breitengrade ausgeprägte Kultur des *machismo.*

Historische Spurensuche: frühe Besiedlung, Kolonialzeit und Revolution

Auch wenn in den (vergleichsweise wenigen) europäischen Reiseberichten immer wieder betont wird, wie dünn besiedelt dieser Landstrich im Nordwesten des südamerikanischen Kontinents sei, wie weit verteilt die städtischen Siedlungen und wie schwach die Verbindung zwischen diesen, so fanden die europäischen Eroberer mitnichten ein leeres Land vor. Im Gegenteil: Wie in anderen Teilen der Andenwelt, hatte die indianische Bevölkerung auch auf dem Territorium des späteren „Kolumbien" eine komplexe Umwelt bewohnbar gemacht und an manchen Orten erstaunliche Hochkulturen entwickelt, als die *conquistadores* zunächst die Karibikküste entdeckten und zu Beginn des 16. Jahrhunderts mit Gewalt in ihr Leben traten.

Indigene Hochkulturen vor 1500

Schon lange vor Ankunft der Spanier firmierte Kolumbien als Bindeglied zwischen Süd- und Mittelamerika. Die Pazifikküste, der Magdalenenstrom und das Tal des Río Cauca erlaubten den Handel, Siedlungsbewegungen und wechselseitige Kulturkontakte. An Kolumbiens bekanntester, in den Bergen am Oberlauf des Río Magdalena gelegener archäologischer Ausgrabungsstätte San Agustín kann man diesen produktiven Austausch zwischen den präkolumbianischen Kulturen gut ablesen (300 v. Chr.).

Die **Sprachfamilien der Chibcha, der Kariben und der Arawak** dominierten den linguistischen Flickenteppich, der sich in Kolumbiens zerklüfteter Landschaft kreuz und quer verteilt hatte. Die **Chibcha** waren kulturell mit Zentralamerika verbunden, besiedelten vor allem (aber nicht ausschließlich) Hochlandregionen wie die Sierra Nevada im Norden, die östliche Kordillere (um das heutige Bogotá) und den Süden der Zentralkordillere.

Von allen indigenen Völkern Kolumbiens waren die **Muisca** das größte und bekannteste. Sie beherrschten weite Teile der östlichen Hochebenen in Boyacá und Cundinamarca, in der weiteren Umgebung der heutigen Hauptstadt Bogotá.

Eine andere mit den Muisca verwandte Hochkultur hatte sich bei Ankunft der europäischen Eroberer an den Füßen der Sierra Nevada, nordöstlich des heutigen Santa Marta, entwickelt: Die **Tayrona** bauten auf Stein und verbanden ihre Siedlungen und ihre jeweiligen Landwirtschaften über verschiedene Klimazonen hinweg. Dank der steilen Sierra waren die Tay-

18kb Foto: fotoJicraftS

rona weniger anfällig für die blutigen Raubzüge der Spanier und die kaum weniger gefährlichen Krankheiten, die sie einschleppten, wie Malaria oder Gelbfieber. Heute erinnern die Dörfer der Kogui in den Hängen der Sierra Nevada an diese frühe Blütezeit; den eindringlichsten Eindruck bekommt man in der **Ciudad Perdida,** einer 1977 entdeckten und Archäologen als „Buritaca 200" bekannten Ausgrabungsstätte im Hochland, die nur über einen dreitägigen Fußmarsch durch die Nebelwälder zu erreichen ist.

Die **Kariben** hingegen lebten bevorzugt im flachen Land, unter anderem an der Nordküste, im Magdalena-Tal und im unteren Cauca-Tal. An der Karibik hat man frühe Zeugnisse der Sesshaftigkeit entdeckt, die sich auf 2000 bis 3000 v. Chr. datieren lassen. Die Karibenkultur lebte von dem, was Meer und Flüsse hergaben, sowie yuca-basierter Landwirtschaft. Seit dem Beginn der christlichen Zeitrechnung machte ein produktiver Maisanbau, der von Zentralamerika heruntergewandert war, klimaunabhängigen Nahrungsspeicher und somit Bevölkerungswachstum möglich.

Mit dem Handel einher gingen neue Formen politischer Kontrolle und eine Hierarchisierung vormals eher egalitärer Gemeinschaften. Eine neue Kaste von Priestern entwickelte spezielle Klimaexpertise, die Regen- und Pflanzzyklen aufeinander abstimmen sollte. Mit fortschreitender Arbeitsorganisation und der Weiterentwicklung der Infrastruktur, etwa dem Bau von Stau- und Bewässerungssystemen, wuchs die soziale Komplexität dieser Volksgruppen, so etwa im Gebiet der großen Flussunterläufe wie dem Sinú südlich von Cartagena.

⌃ Präkolumbianische Steinskulpturen in San Agustín

Abenteuerlich: die ersten Stadtgründungen

Stadtgründungen waren seit jeher das Mittel der Neuankömmlinge, ihren Machtanspruch zu befestigen. An der Verteilung der Städte lässt sich zugleich die Besiedlungsgeschichte ablesen: eine Kolonisation, die von den Küsten der Karibik und des Pazifiks über die Deltas und Täler der großen Flüsse wie den Río Magdalena und Río Cauca ins Landesinnere vordrang.

Das 1525 von Rodrigo de Bastidas gegründete Santa Marta war die erste dauerhafte Stadtgründung im heutigen Kolumbien – nach dem längst verschwundenen „Santa María la Antigua del Darién" (1510) und nach Coro (heute Venezuela) die dritte überhaupt auf dem gesamten Kontinent. Es folgten 1533 Cartagena und drei Jahre später Popayán und Santiago de Cali. Die spätere Hauptstadt Bogotá wurde am 6. August 1538 von Gonzalo Jiménez de Quesada am Fuße der Berge, im heutigen Stadtteil Teusaquillo, gegründet.

Manche der frühen Kolonialstädte wie Honda (Tolima, 1560), Ibagué (Tolima, 1550) oder das UNESCO-Weltkulturerbe Mompox (1537 als Santa Cruz de Mompós gegründet) hatten ihre Blütezeit und haben heute an Bedeutung eingebüßt. Andere, heute weitaus bedeutendere Städte wie Medellín (Antioquia, 1616), Bucaramanga (Santander, 1622) oder Cúcuta (Norte Santander, 1722) entwickelten sich erst später. Die großen zeitlichen wie räumlichen Distanzen bezeugen, wie wenig entwickelt weite Teile des Landesgebiets lange Zeit blieben.

So manche Stadtlegung berief sich auf nichts anderes als die abenteuerlichen Umtriebe ihrer Gründer. Die meisten gerne „Eroberer" genannten Abenteurer kamen aus Europas Armenhäusern und nicht wenige direkt aus den Gefängnissen oder Umständen, die eine Flucht vorteilhaft scheinen ließen.

Der Spanier Sebastián de Belalcázar etwa zog von Santo Domingo nach Ecuador, um Francisco Pizarro bei seinem Feldzug gegen die Inkas zu helfen. 1534 gründete er dort, auf den Ruinen der bis dahin nördlichsten aller Inkastädte, San Francisco de Quito, die heutige Hauptstadt des Nachbarlandes. Der Ruf des Goldes lockte ihn weiter nördlich nach Nariño, wo er 1537 mit 100 Mann 3000 „indígenas" besiegte und erst La Asunción de Popayán (das heutige Popayán) gründete, dann Concepción de Pasto (Pasto).

Auf der Suche nach Reichtümern und Ruhm zog Belalcázar von dort das Cauca-Tal hinauf, überquerte den Río Magdalena und erreichte 1539 eine Hochebene, auf der er niemanden anzutreffen vermutete. Zu seiner Überraschung hatte sein Landsmann Jiménez de Quesada einige Monate zuvor schon dort, wo Zipa-Indios ihre Heiligtümer hatten, Santa Fé de Bogotá aus der Taufe gehoben.

Auch die Deutschen hatten in dieser kolonialen Gründerzeit ihre Hände im Spiel. Das Augsburger Bankhaus der Welser finanzierte die Wahl Karls V. und unterstützte die spanische Krone bei der Vorbereitung ihrer kolonialen Abenteuer. Dafür erhielten die Banker weitgehende „privilegios", Gebietszusagen in der gerade von den Europäern entdeckten „neuen Welt". Einer ihrer Emissäre, der deutsche Vizegouverneur von Venezuela Nikolaus Federmann (geb. 1501 in Ulm, gest. 1542 in Valladolid), unternahm von Coro („Neu-Augsburg") aus mehrere Expeditionen auf der Suche nach dem sagenhaften El Dorado.

Auf seiner ersten „entrada" ins Einzugsbecken des Orinoko gründete Federmann 1531 an der Flussmündung des La Hacha-Flusses die Siedlung Nuestra Señora de las Nieves, das heutige Riohacha, das seiner noch 500 Jahre später mit einer Statue an der Strandpromenade gedenkt. Auf seiner zweiten Expedition 1537/39 fand er endlich den gesuchten Andenpass, der ihm Zugang zur Hochebene von Bogotá verschaffen sollte. Doch wie sein Abenteurerkollege Belalcázar musste er feststellen, dass ihm de Quesada zuvorgekommen war.

Der erste Gründungsakt und offizielle Geburtstag von Bogotá am 6. August 1538 wurde aus Formgründen zunächst annulliert. Die beiden kurz darauf eintreffenden Kollegen Federmann und Belalcázar sahen sich deshalb dazu berufen, am 2. Februar 1539 einen zweiten Gründungsakt zu organisieren. Zur Klärung des rechtmäßigen Anspruchs reisten die drei Abenteurer zurück nach Madrid vor das Schiedsgericht des Casa de las Indias. Dort entschied man nach einigen Diskussionen und Intrigen zugunsten von de Quesada. Federmann prozessierte unterdessen mit seinem Arbeitgeber um die heimgebrachte Kriegsbeute und starb kurz darauf, nachdem er auf alle Besitztitel auf der Hochebene um Bogotá verzichtet hatte.

Die Welser indes stellten bald ihre Unternehmungen ein und überließen den Spaniern die weitere Eroberung des Kontinents. Deutsche Migranten sollten im 19. und frühen 20. Jahrhundert noch einmal nicht unwesentlich zur Landesentwicklung beitragen. Doch aus dem Geschäft der Stadtgründungen hielten sie sich fortan heraus. Die Stadtbilder Kolumbiens sind deshalb, wenn nicht längst von der Planlosigkeit des 20. Jahrhunderts überformt, ausschließlich an ihren spanischen Vorbildern orientiert.

Auch die dritte Sprachgruppe der **Arawaks** hielt sich an das Flachland und siedelte in den Llanos, im Amazonasbecken und in der Guajira-Wüste im Norden.

Die Schätzungen gehen zum Teil weit auseinander, doch beziffert man die Bevölkerungszahl der kolumbianischen Ureinwohner zum Zeitpunkt der einsetzenden Kolonisierung auf etwa drei bis vier Millionen. Etwa eine Million davon im heutigen Antioquia, eine weitere Million im Hochland von Bogotá.

Ob Chibcha, Kariben oder Arawak, der Hinweis auf die präkolumbianischen Hochkulturen ist wichtig, denn er widerlegt die üble Nachrede der *conquistadores* von den primitiven Kulturen, die man vor Ort vorgefunden hätte. Andererseits sollte man die Errungenschaften der Tayrona und Zenú weder verallgemeinern noch verklären. Ein guter Teil der indigenen Stämme und Völker lebte in einfachen Verhältnissen, die den europäischen Kolonisten in ihrer Zeit zu Recht sehr exotisch erscheinen mussten. Und bei allem Handel untereinander lebten die meisten Stämme bereits vor Ankunft der Europäer in einem Zustand andauernder Kriege.

In den Konflikten untereinander ging es meist darum, das eigene Territorium zu erweitern, Bevölkerungsdruck auszugleichen oder ganz einfach um die archaische Art und Weise, Herrschaft auch nach innen auszuüben. Der die Europäer besonders aufschreckende Brauch des Kannibalismus, das Einverleiben besiegter Gegner, war immer auch politische Magie, eine erfolgreiche Schlacht immer auch eine symbolische Bestätigung des jeweiligen Führers.

Die europäischen Eroberer

Händler, Abenteurer und Migranten auf der Suche nach Arbeit gehörten zu den Vorläufern derer, die später das Gebiet des heutigen Kolumbiens besiedelten und den *indígenas* streitig machten. Was die europäischen Königshäuser auf ihren frühen Streifzügen durch die Karibik zunächst interessierte, war die legendäre **Handelsroute nach Indien.** Schon bald trieb die Herrscher, die sie finanzierenden Mächte und die von ihr angestellten Abenteurer eine mindestens ebenbürtige Gier nach Reichtum: **El Dorado,** das sagenhafte Gold, das es in den Anden zuhauf geben sollte.

Und tatsächlich, das an der Küste im Tausch gegen Fisch, Salz, Textilien oder Sklaven gehandelte Edelmetall stammte vornehmlich aus Antioquia. Die Ureinwohner siebten es entweder aus den Flüssen wie dem Río Cauca oder schlugen es wie in Buritaca aus Minen.

Die Gier nach dem schnellen Geld gepaart mit einer brutalen Rücksichtslosigkeit gehörten von Anfang an zur Handschrift der spanischen

Herrschaft. Von geschätzten **drei bis vier Millionen einheimischen Indios** zu Beginn der Kolonialisierung überlebte zahlenmäßig nur ein Drittel die Kriege, den Alltag unter der Krone und die Krankheiten, die die Siedler aus der alten Welt einschleppten.

Es sollte über ein Jahrhundert dauern, bis die Spanier sich durchgesetzt und das Territorium eingehegt hatten, über das eine gemeinsame Sprache, eine politische Führung und ein Gott walten sollten. Die innere regionale Zersplitterung hat sich bis heute gehalten, mit den Spaniern entstand zumindest die Ahnung eines zentral verwalteten Staates. Kein Rassismus, so wie er alle großen Kolonialreiche durchtränkte, konnte den Austausch der verschiedenen Bevölkerungsgruppen im spanischen **Vizekönigreich Neugranada** stoppen. Das Mestizentum, die Vermischung der europäischen und indigenen Bevölkerung, blieb eine demografische Kraft, die sich nicht aufhalten ließ.

Die Kolonien machen sich unabhängig

Die Unabhängigkeitsbewegung, die durch die Revolutionen in den USA (1766) und Frankreich (1789) an politischer Schlagkraft gewonnen hatte, erreichte bald auch den südlichen Kontinent Amerikas – und damit Neugranada.

Die Kräfte, die die **Separation von der spanischen Krone** betrieben, waren zunächst ähnliche wie in den anderen Kolonialreichen. Um 1800 herum waren die meisten hellhäutigen Siedler in den Kolonien geborene Kreolen. Ihre Bindung an die Iberische Halbinsel hatte über die Zeit spürbar abgenommen, die Herkunft der Vorfahren war ihnen weniger wichtig als die neue Heimat. Zum Bestreben nach größerer Eigenständigkeit kamen wirtschaftliche und politische Interessen. Steuern, Zölle und Handelsinteressen wurden nämlich von Madrid aus festgelegt. Die absolute Monarchie ließ nur bedingt Raum für eigenständige politische Repräsentanz. Den meisten rebellischen Kolonisten ging es um **mehr Autonomie** und keineswegs um eine völlige Loslösung vom Mutterland. In der schnell niedergeschlagenen **Rebellion der Comuneros (1781)** – Kolumbiens Antwort auf die Boston Tea Party von 1773 – formierte sich die Unruhe, die von *Antonio Nariño* (er übersetzte die französische Deklaration der Menschenrechte ins Spanische) und den Seinen weiter fermentiert wurde.

Möglich wurde die Ablösung Neugranadas erst durch die **Krise im spanischen Königshaus** selbst, die sich infolge der französischen Revolution und den nachfolgenden Napoleonischen Kriegen beschleunigte. In Europas Metropolen ging es um die Existenz der Königshäuser, da blieben für die Kontrolle der Kolonien verständlicherweise weniger Ressourcen.

Die Ablösung vollzog sich nicht auf einmal, sondern in Schritten. In einer ersten **Patria Boba (1810–1816)** genannten Phase erlangten einzelne Regionen Selbstständigkeit, die sich als „Vereinigte Provinzen Neugranada" zusammenschlossen. Die spanische Krone nahm den Machtverlust nicht hin und eroberte 1815 schnell die Kontrolle zurück; die zersplittert aufgestellten lokalen Militäreinheiten waren noch zu desorganisiert. Die **Reconquista** währte allerdings nicht lange. Nach einer kurzen, heftigen Schreckensherrschaft, in der Errungenschaften der Patria Boba rückgängig gemacht wurden, trat der Sohn einer wohlhabenden Familie mit Kakaoplantagen von Venezuela aus auf die historische Bühne.

Bis dato war **Simón Bolívar** als militärischer Führer kaum aufgefallen. Doch nun, binnen weniger Monate, gelang ihm mithilfe von *Francisco de Paula Santander* und dessen Guerillatruppen von den Llanos aus der

Glück, Unglück und Mythos des Simón Bolívar

In der Geschichte Südamerikas gibt es nur wenige Figuren, auf die sich alle politischen Lager gleichzeitig berufen. Der Befreier Simón Bolívar („El Libertador"), viel besungener und analysierter Revolutionsheld, ist einer von ihnen.

Bei aller Lebensleistung, die hinter dem überparteilichen Ruf steht, ein solcher von allen Parteien getragener Mythos macht misstrauisch. Seine Schriften haben Bolívar von jeher in eine politisch eher rechte, wenngleich republikanische Ecke gestellt. Als Zentralist kämpfte er gegen den Föderalismus und als Sklavenhalter war er nicht der sozialen Umwälzung verdächtig. Zwar berief er sich auf den britischen Liberalismus mit seiner Gewaltenteilung und bürgerlichen Freiheiten - sein erster Verfassungsvorschlag sah eine an das Parlament in London angelehnte gesetzgebende Versammlung vor - doch sein Verfassungsentwurf gründete auf politischen Ideen, die schon in ihrer Zeit nicht als durchweg demokratisch galten: Präsidentschaft auf Lebenszeit, vererbbares Anrecht auf Senatssitze, ein die Exekutive kontrollierendes Sittengericht (Poder Moral) und das Gesetz der „haberes militares" welches das Eigentum der an der Revolution beteiligten Militärs schützen sollte.

Bei diesen Überlegungen mag Bolívar die große soziale Unruhe im Blick gehabt haben und sich selbst als überparteilichen Präsidenten Neugranadas. Doch wie viele Caudillos (s. auch den Exkurs „Der Caudillo - Lateinamerikas Beitrag zur politischen Weltgeschichte") haben sich seither auf einen lebenslänglichen, vom Militär abgesicherten Machtanspruch berufen?

Durchmarsch auf Bogotá. Jedem Kolumbianer wird zur Schlacht von Pantano de Vargas vom 25. Juli 1819 der Bolívar zugeschriebene Schlachtruf einfallen: „Hauptmann *Rondón*, ergeben Sie sich dem Heimatland!" Keine zehn Tage später, nach einem weiteren entscheidenden Scharmützel auf der auf halber Strecke zwischen Tunja und Bogotá gelegenen Brücke, der bis heute erhaltenen Puente de Boyacá, war der Weg in die Hauptstadt frei.

Die anderen Standorte mussten noch peu á peu erobert werden. Bis 1821 waren auch Cartagena und schließlich Pasto, die letzte Bastion der Royalisten im Südwesten, in den Händen der Aufständischen. Obwohl erst jetzt die Kontrolle vollends gesichert war, gilt **1810** als das **offizielle Jahr der Revolution,** das Kolumbien an jedem 20. Juli, dem Nationalfeiertag, aufs Neue feiert.

So wundert es nicht, dass Karl Marx, ein bekennender Student der republikanischen und bürgerlichen Revolutionen, Simón Bolívar als reaktionäre und durchschnittliche historische Figur charakterisierte. Wie die meisten seiner Landsleute sei dieser für ausdauernde Projekte wie den Aufbau einer neuen Gesellschaft nicht zu haben. Bolívar sei ein „palurdo, ein Heuchler, ein Schürzenjäger, ein unsteter Trinkgeselle, ein Aristokrat im republikanischen Schafspelz, ein ehrgeiziger Lügner …." Nur die besonderen Umstände hätten aus der „mediokren und grotesken Gestalt" Bolívar einen Helden gemacht.

Umso überraschender mutet es an, wenn auch die Linke Simón Bolívar als Adoptivsohn vereinnahmt. Im Nachbarland Venezuela rief der begeisterte Bolívar-Anhänger, einstiger Putschist und späterer Präsident, Hugo Chávez vor Jahren die „bolivarianische Revolution" aus. Als „Befreier" taugt Bolívar auch den Vorkämpfern der kolumbianischen Linken. Mitte der 1980er-Jahre entführte die urbane Stadtguerilla M-19 in einer spektakulären Aktion das Schwert Simón Bolívars; später schlossen sich die Rebellenverbände zum „Koordinationsrat Simón Bolívar" zusammen.

Zu Lebzeiten aber war dem „Libertador" diese Huldigung seiner Mitbürger zum Ende hin nicht mehr vergönnt. Literaturnobelpreisträger García Márquez hat in seinem Roman „Der General und sein Labyrinth" Bolívars letzte Tage rekonstruiert. Wie bei vielen Revolutionshelden waren diese gezeichnet von dem Gefühl, ein großes Projekt (Neugranada) in den Sand gesetzt zu haben.

Die kolumbianische Revolution wurde, wie überall, mit Blutzoll gezahlt. Verglichen mit ihren nordamerikanischen Pendants oder den Umstürzen in Ecuador war sie noch gewalttätiger und brauchte mehr Zeit, gegenüber Mexiko oder Venezuela aber war sie, dem verstorbenen US-Historiker und Kolumbienkenner *David Bushnell* zufolge, „weniger traumatisch".

Strukturell änderte sich in der Folge zunächst nicht viel und dies nicht schnell. Die Wirtschaft war bereits vor dem Bruch mit Madrid betont lokal ausgerichtet. Auch eine politische Veränderung hielt sich in Grenzen: Die Mehrheit der Sklaven wurde befreit, die neue politische Oberschicht hatte fortan einen etwas dunkleren Teint. Davon abgesehen war der direkt von der Revolution angezettelte **gesellschaftliche Wandel** allerdings, so *Bushnell,* **eher begrenzt.**

Bicentenario: 200 Jahre Kolumbianische Republik

War der koloniale Boden bereits von Blut getränkt, entpuppte sich die revolutionäre Ablösung vom Mutterland als nicht minder gewalttätig. „Die Generation der Unabhängigkeitsbewegung verpasste die erste Gelegenheit, mit diesem schrecklichen Erbe zu brechen", beklagte der Schriftsteller *Gabriel García Márquez* fast zwei Jahrhunderte später vor der verfassungsgebenden Versammlung. Der kaum 35-jährige *Bolívar* hatte 800 spanische Gefangene hinrichten lassen, darunter auch Bettlägerige eines Krankenhauses. Sein nur wenig jüngerer Stellvertreter, General *Santander,* füsilierte nach der maßgeblichen Schlacht von Boyacá ebenfalls 38 Kriegsgefangene samt Anführern.

Diese „Blutspur" *(García Márquez)* zieht sich wie ein roter Faden durch die Geschichte des modernen Kolumbiens. Der Anlass und die Umstände der jeweiligen Konflikte mochten sich ändern; was blieb, war eine traurige Hinterlassenschaft zahlloser **Bürgerkriege** – schon lange vor unserer Zeit hatte die Bevölkerung sich daran gewöhnt, mit dem Zusammenspiel gewaltvoller Tode und immer neuer Wellen von Vertreibung zu leben.

Von der lateinamerikanischen Tradition des Militärcoups ist Kolumbien in seiner Geschichte (mit einer Ausnahme) verschont geblieben. Doch neun Bürgerkriege, zwei internationale Auseinandersetzungen mit Ecuador und Dutzende von regionalen Revolten allein im 19. Jahrhundert hinterließen ihre Spuren. Im **Krieg der tausend Tage von 1899 bis 1902** („Guerra de los Mil Días") bekämpften sich die verfehdeten Parteien der Liberalen und Konservativen in einem Bürgerkrieg, der über 100.000 Tote zählte.

Danach durchlebte Kolumbien eine relativ ruhige Ära, vielleicht die friedlichsten Tage im gesamten 20. Jahrhundert. Die beiden Parteien näherten sich ideologisch einander an und verfolgten eine politische Formel von „ökonomischem Liberalismus und politischem Konservativismus" *(Marco Palacios)*. Der Kaffeeexport boomte und erfreute die Eliten in den Regionen.

Erst zwei Generationen später, in den 1930er-Jahren, verschärfte sich die innenpolitische Frontstellung einmal mehr. Die sozialen Spannungen nahmen zu, die Gewerkschaften begannen, sich zu formieren. Der Grad der **Reformbereitschaft entzweite die politischen Eliten.** Die schwelende Krise explodierte am 9. April 1948 nach der Ermordung des liberalen Präsidentschaftskandidaten und mutmaßlichen nächsten Präsidenten *Jorge Eliécer Gaitán*. Ein weiteres Mal fiel die Bevölkerung übereinander her. **El Bogotazo,** der lokale Aufstand der Hauptstadt, erfasste als Flächenbrand das ganze Land. Dieser Bürgerkrieg kostete in kaum acht Jahren fast 200.000 Bürgern das Leben – und blieb als **„La Violencia",** die Zeit der Gewalt, im kollektiven Gedächtnis.

Ein guter Teil der Auseinandersetzung wurde im ländlichen Gebiet ausgetragen; wie in jüngster Zeit waren politische Gewalt und gemeine Kriminalität kaum zu unterscheiden. In den frühen 1950er-Jahren begannen sich jene ländlichen Milizen zu bilden, die später als **Fuerzas Armadas Revolucionarias de Colombia,** kurz **FARC,** die längste Guerillabewegung auf dem Kontinent bilden sollten. Vom Bogotazo hat sich das Land bis heute nicht vollständig erholt.

Mitten in den bürgerkriegsähnlichen Konflikten putschte sich General *Gustavo Rojas Pinilla* an die Macht. Er herrschte von 1953 bis 1957, dabei ist es bezeichnend, dass seine Militärdiktatur von vielen Kolumbianern bis heute als eine der besten Regierungen betrachtet wird, die das Land in den letzten hundert Jahren erlebt habe.

Pinilla übergab die Amtsgeschäfte an ein Zwei-Parteien-Bündnis von Konservativen und Liberalen, das als **Frente Nacional (FN),** Nationale Front, in die Geschichtsbücher einging. Diese Allianz der beiden so lange verfehdeten Parteien hielt vier Legislaturperioden, von 1958 bis 1974. Die beiden Parteien vereinbarten – völlig unabhängig vom Wahlausgang – einen automatischen Wechsel des Präsidentenamtes alle 4 Jahre und teilten die Ministerien unter sich auf. Mit dieser Formel versuchte die politische Klasse im Einklang mit den wirtschaftlichen Eliten und der Kirche die Gewaltwelle und den anschließenden Ausflug in die Diktatur vergessen zu machen und jegliche Beteiligung linker Bewegungen am Regierungsgeschäft zu unterbinden. Eine unerwünschte Nebenwirkung war die entsprechende **Stärkung der revolutionären sozialen Bewegungen** – die Hinwendung der außerparlamentarischen Opposition zum bewaffneten Guerillakampf.

Mit dem Ende der Frente Nacional im Jahr 1974 war der Niedergang der Zwei-Parteienherrschaft besiegelt. Es begann der gleichzeitige, unaufhaltsame **Aufstieg des Drogengeschäfts.** Der ebenso lukrative wie konfliktreiche Anbau und Handel von Drogen ließ schnell mafiöse Strukturen entstehen, die neben Korruption die kolumbianische Spezies des Auftragskillers gebaren, den *sicario.* Mordraten stiegen und fielen mit den Konjunkturen der beiden Konfliktherde: 32 Morde auf 100.000 Einwohner (1960–65), 25 (1970–75), 33 (1980).

Als die **Drogenkartelle** dem Staat den offenen Kampf ansagten, erreichte diese Entwicklung 1990 mit 63 Morden pro 100.000 Einwohner einen traurigen Höchststand. Im Jahr 1994, nach der Ermordung des Drogenkönigs *Pablo Escobar,* verzeichneten die drei größten Städte Bogotá, Medellín und Cali mehr als 11.000 Morde und damit 40 % aller gewaltsamen Tode im Land. Medellín galt in den 1990er-Jahren, der Hochzeit der Kartelle, als gewälttätigste Stadt auf dem Globus. Die traurige Quote hielt trotz aller Befriedungsversuche bis in die erste Dekade des 21. Jahrhunderts an.

Ende des 20. Jahrhunderts hatte der Drogenhandel, dessen Umsatz bisweilen den Staatshaushalt Kolumbiens übertraf, alle anderen Konfliktherde zu überlagern begonnen. Er zersetzte soziale Strukturen, definierte moralische und ästhetische Maßstäbe neu und griff tief in das Denken und die Erwartungshaltungen der Menschen im ganzen Land ein. International zementierte er bis in die Gegenwart den zweifelhaften Ruf Kolumbiens als ein weltweit führendes Land **struktureller Gewalt.**

Der eskalierende Konflikt zwischen paramilitärischen Verbänden, Guerilla, Militär und geschwächten, von der Drogenmafia unterwanderten staatlichen Institutionen brachte das Land an den Rand des Zusammenbruchs. Skandale und politische Auftragsmorde erschütterten die politische Klasse. Von Präsident *Pastrana* eingeleitete Friedensverhandlungen mit der FARC scheiterten 1999 in der Provinzhauptstadt Caguán. *Silla Vacía,* der leere Sitz des FARC-Führers *Marulanda* am Verhandlungstisch, wird zum Symbol für die Impotenz eines versagenden Staates.

Vor diesem Hintergrund erhielt der rechtsgerichtete Provinzgouverneur von Antioquia, *Álvaro Uribe,* das Mandat für einen harten militärischen Kurs gegen die Guerilla. Mit seiner **„demokratischen Sicherheitspolitik"** (*seguridad democrática*) drängte er FARC und ELN, Kolumbiens zweitgrößte Guerillabewegung, aus den wichtigsten Städten und ermöglichte den Bürgern, sich auf den Landstraßen wieder weitgehend frei zu bewegen. Die Zahl der Entführungen ging drastisch zurück, zudem verzeichnete er spektakuläre Aktionen wie die Tötung führender FARC-Rebellen oder die Rückkehr der früheren Präsidentschaftskandidatin *Ingrid Betancour* aus ihrer sechsjährigen Odyssee im Dschungel (*Operación Jaque*).

Die Erfolge erhielten breite Zustimmung in der Bevölkerung. *Uribe* änderte die Verfassung und ließ sich ein zweites Mal wählen. Doch der Preis für seine einseitig militärisch ausgerichtete Politik war hoch. Schon zu seiner Amtszeit häuften sich die Vorwürfe über Ämtermissbrauch und eine nicht mehr kontrollierbare Korruption. Im **Clinch mit dem Verfassungsgericht** hatte *Uribe* versucht, die Judikative für seine Zwecke einzuspannen und diese dabei geschwächt. Außenpolitisch hatte er Kolumbien innerhalb des politisch nach links rückenden Kontinents isoliert, mit seinem Nachbarn in Venezuela, *Hugo Chávez*, drohte mithin der offene Konflikt.

Gleichzeitig begannen Skandale *Uribes* zweite Amtszeit zu überschatten. **Falsos positivos** etwa, die bewusste Fälschung von Gefallenenzahlen: Das Militär hatte der Öffentlichkeit in einem bewussten Täuschungsmanöver über 3000 Bürger als gefallene Guerillakämpfer präsentiert: Gemeine Kriminelle oder Straßenkids waren von Soldaten zur Schönung der Statistik ermordet und in Guerilla-Outfits gesteckt worden. Oder **Yidispolítica:** Die Kongressabgeordnete **Yidis Medina** gestand, ihre Stimme im Senat gegen die Zusicherung von Pöstchen im eigenen Wahlbezirk verkauft zu haben. Eine Ein-Stimmen-Mehrheit sicherte *Uribe* die gewünschte Verfassungsänderung und eine zweite Amtszeit.

◁ Solidarität mit den Opfern von Bodenminen:
Installation vor der Hauptstadtkathedrale

„M", der Maulwurf: Mauss, Mannesmann und die „Waldmenschen"

Es gibt nur wenige Deutsche der Gegenwart, die in Kolumbiens Politik mitgemischt haben und namentlich bekannt geworden sind wie Werner Mauss, der legendäre „Privatdetektiv".

Mauss hat sich seinen Ruf gründlich erarbeitet. Der in Essen geborene Fahnder und spätere Geheimagent eröffnete im noblen Essener Stadtteil Bredeney 1961 zunächst eine Ein-Mann-Detektei. Seit Ende der 1960er-Jahre war er als „ziviler Mitarbeiter" verdeckt für das Bundeskriminalamt tätig, später auch für den Bundesnachrichtendienst. Gemäß der Legende, an der Mauss und seine Arbeitgeber fleißig mitgestrickt haben dürften, war die Institution „M" an den Ermittlungen gegen die Schwerverbrecher Alfred Lecki und Werner Derks ebenso beteiligt wie an den Ermittlungen gegen den RAF-Terroristen Rolf Pohle sowie beim Dioxinskandal von Seveso. Im notorischen Betrugsfall des Juweliers Réné Düe allerdings gerieten die Methoden des Privatdetektivs ins Visier der Öffentlichkeit, 1984 zirkulierte erstmals ein Foto vom „Mann ohne Gesicht" (Der Spiegel) in den Medien. Eine Katastrophe für das Phantom, das von der Arbeit im Verdeckten lebte.

Wohl auch um dem einschlägigen Untersuchungsausschuss aus dem Weg zu gehen, verlagerte Mauss Mitte der 1980er-Jahre einen Teil seines Aktionsradius' nach Lateinamerika und engagierte sich dort in einschlägigen Entführungsfällen. In Kolumbien war er im Namen der Mannesmann AG unterwegs, die im Caño Limón (Arauca-Sucre) eine Pipeline bauen wollte. Mauss sollte helfen, vier entführte Manager zu befreien und darüber hinaus die Zustimmung der dafür verantwortlichen Guerillagruppe ELN zum Bau der Pipeline zu gewinnen. Lösegelder seien angeblich nicht geflossen. Doch von just diesen Geldtransfers lebte die kleinere der Guerillaorganisationen, die zur Finanzierung ihrer Aktivitäten – anders als die FARC – aus Überzeugung lange Zeit nicht auf das Drogengeschäft setzen wollte.

Auf diesen Erfahrungen aufbauend spielte der deutsche Agent einige Jahre später eine zentrale Rolle, als die kolumbianische Regierung die Demobilisierung der ELN verhandelte. Die Bundesregierung unterstützte den Friedensprozess aktiv, machte dies jedoch davon abhängig, dass alle Europäer, die sich noch in den Händen dieser Guerillagruppe befanden, ohne Geldzahlung frei gelassen würden. Was dann passierte, ist bis heute nicht eindeutig geklärt. Fest steht nur: Mauss wurde 1996 mit seiner Frau Maria Alida von der kolumbianischen Polizei in Medellín festgenommen, als er mit einer gerade frei gelassenen deutschen Geisel, einem Manager der Firma BASF, das Land verlassen wollte, und blieb dort fast ein Jahr lang in Untersuchungshaft.

Das Kanzleramt schaltete sich ein, Amtschef und Geheimdienstkoordinator Schmidthuber setzte sich persönlich für den Agenten, dem er einen falschen Pass mit auf den Weg gegeben hatte, ein. Der Vorwurf gegen Mauss lautete, er habe die Befreiung der Geiseln mit illegalen Zahlungen erkauft. Zu den lautesten Anklägern gehörte der spätere Präsident Álvaro Uribe, damals noch Provinzgouverneur von Antioquia. Uribe wie auch die kolumbianische Regierung verurteilten den Einsatz des deutschen Agenten, weil die Lösegelder als primäre Einnahmequelle die Guerilla am Leben hielten.

Was Werner Mauss in dieser Affäre wirklich trieb, bleibt bis heute trotz ausführlicher Berichterstattung etwa im „Spiegel" mythenumrankt. Manche Beteiligte sind sich sicher, der deutsche Unterhändler habe sich an den Geldzahlungen selbst bereichert. Andere vermuten hingegen, Mauss habe über die Jahre sein Herz entdeckt für die Anliegen der „Waldmenschen", wie er die Guerillatruppen zu bezeichnen pflegte. Hartnäckig hält sich das Gerücht, seine Frau hätte sich bei den Verhandlungen im Urwald in einen Guerillero verliebt. Durch Ausweitung seines Mandats und Zahlungen üppiger Lösegelder habe der Unterhändler schlicht seine Ehe retten wollen.

Werner Mauss blieb nach der Entlassung aus der U-Haft im Kontakt mit der Nationalen Befreiungsarmee ELN und Mittelsmann für jene Friedensgespräche, die im Juni 1998 – im Einvernehmen mit allen Konfliktparteien, der deutschen Regierung und der deutschen Bischofskonferenz – im Besuch des Militärführers Pablo Beltrán in Deutschland und dem Protokoll im unterfränkischen Kloster Himmelspforten gipfelten. Mauss' Arbeit in Kolumbien war damit erledigt. Nach dem Regierungswechsel in Berlin im Herbst 1998 verlor er wichtige Protégés im Sicherheitsapparat, kurz darauf geriet der Friedensprozess im Andenstaat ins Stocken. Danach wurde es still um den einstigen Staragenten. Die unter dem Titel „M. – Ein Agentenleben" angekündigte Biografie wurde nie gedruckt.

Und schließlich **Parapolítica:** Seit 2003 hatte *Uribe* in einem ebenso umfassenden wie umstrittenen Demobilisierungsprozess die Entwaffnung und Einbürgerung paramilitärischer Verbände eingeleitet. Einerseits bestätigten sich bald erste Gerüchte, wonach in den öffentlichkeitswirksamen Entwaffnungsaktionen auch Kämpfer beteiligt waren, die danach ihre kriminellen Aktivitäten unter anderem Namen fortsetzten. Andererseits wurde aufgedeckt, dass „Paras" seit langem weite Teile der Abgeordneten auf allen Ebenen politischer Repräsentation im Wahlkampf finanziell unterstützt hatten. Über ein Viertel der Abgeordneten im nationalen Parlament von 2005 stand fünf Jahre später vor Gericht oder sitzt im Gefängnis.

Kurz vor den Feierlichkeiten zum **Bicentenario,** dem 200jährigen Jubiläum der Kolumbianischen Republik (1810-2010), untersagte der Oberste Gerichtshof Anhängern des amtierenden Präsidenten einen Volksentscheid über eine Verfassungsänderung, die *Uribe* eine dritte Amtszeit erlaubt hätte. Sein im Frühjahr 2010 gewählter Nachfolger *Juan Manuel Santos* drängte sofort in die politische Mitte und setzte sich für viele Beobachter überraschend schnell von seinem umstrittenen Vorgänger ab. Schon zur Halbzeit der ersten Amtszeit kam es zum offenen Bruch zwischen *Santos* und *Uribe.* Im Herbst 2012 wurde schließlich öffentlich, dass die Regierung in Bogotá zu Friedensverhandlungen mit der Guerilla bereit sei. Die Unterhändler nahmen ihre Gespräche in Norwegen auf und führten sie in Havanna fort.

El proceso de paz, der bereits so oft gescheiterte Verhandlungsprozess zur Befriedung des innenpolitischen Dauerkonflikts, geht in seine nächste Runde. Die Republik und ihre Bürger stehen bangend und hoffend vor ihrer nächsten Zerreißprobe.

Der schmerzliche Weg in die Moderne

In Kolumbiens politischer Geschichte, schreibt der Historiker *García Villegas,* gab es nicht nur immer schon „mehr Individuen als Gesellschaft, immer mehr Land als eine Nation, mehr Parteien als Demokratie, sondern auch mehr Parteien, Individuen und Territorium als Staat, zumindest einen effizienten und fähigen Staat." Diese Unfähigkeit des Staates, sein Territorium zu kontrollieren und zu befrieden, zieht sich durch die Kolumbianische Geschichte. Auch wenn Militärputsche wie etwa der von General *Rojas Pinilla* (1954–58) die Ausnahme blieben, begegnete die kolumbianische Republik dieser Schwäche auf ihre Art: mit einem rigiden Zwei-Parteien-System von Konservativen und Liberalen, das in der Frente Nacional, einer **Parteienherrschaft der Nationalen Front (1957–1977),** seinen eklatanten Ausdruck fand.

Offiziell führte die nationale Einheitsregierung nur die autoritäre Militär-diktatur zu ihrem Ende; de facto aber teilten sich die beiden traditionellen Parteien den Staat und seine Verwaltung unter Ausschluss linker Grup-pierungen auf. Seit Mitte des 19. Jahrhunderts hatten die **Konservativen** traditionsbewusst für einen starken Zentralstaat, Großgrundbesitz und Nähe zur katholischen Kirche gekämpft, während die **Liberalen** den Fö-deralismus predigten und sich den Errungenschaften der Moderne nicht verweigern wollten. Die Absprache von 1957, alle vier Jahre unabhängig vom Wahlausgang abwechselnd den Regierungschef zu stellen, machte die Wahlen zwei Jahrzehnte lang zur Farce. Politisch konservativ, ökono-misch liberal: Es ist kein Wunder, dass Kolumbien bis heute noch nie einen linksgerichteten Präsidenten hatte.

Ein schwacher Staat, aber ein relativ stabiles politisches System: Diese Formel gebar eine politische Kultur, die manchem Republikaner aus nörd-licheren Breitengraden seltsam anmutet. Öffentliche Güter wie Steuern, Sozialkassen oder Infrastruktur werden seit jeher von privaten Interessen ausgebeutet.

Das Engagement vieler Bürger schaffte sich in einem solchen politi-schen Umfeld traditionell Wege außerhalb der Parlamente: vornehmlich über die gewachsenen Seilschaften persönlicher Beziehungen und Ab-hängigkeiten **(Klientelismus)** oder über die **Interessenwahrnehmung im bewaffneten Kampf.**

⌂ Am 10. Jahrestag des Massakers von Bojayá
patrouillieren Streitkräfte auf den Straßen von Bellavista

Foto: os 108kb

Was über alle Konfliktlagen weitgehend unverändert blieb, war das soziale Elend breiter Schichten der Bevölkerung. Allen Reformbemühungen zum Trotz ist die Armutsquote in den letzten Jahrzehnten kaum gesunken, die **soziale Ungleichheit** gar noch gestiegen. Kolumbien ist heute offiziell das Land mit der größten sozialen Ungleichheit in Südamerika.

Traditionell wird die Spaltung des Landes gerne kolonialen Strukturen zugeschrieben, nicht zuletzt der von den Spaniern eingeführten Institution der „Haciendawirtschaft". Diese auf ländlichem Großgrundbesitz gründenden Produktionseinheiten lassen sich am ehesten vergleichen mit dem weitläufigen Wald- und Wiesenbesitz des alten Adels in Süddeutschland oder den riesigen Kornkammern preußischer Junker vor 1945.

An diesen vertrackten Eigentumsverhältnissen konnten selbst die gut gemeinten Reformversuche bislang wenig ändern. Im Gegenteil: In den letzten 40 Jahren wurde das Monopol gestärkt – sei es durch die massiven Landkäufe der Drogenmafia *(narcotraficantes)*, sei es durch die Ausweitung der Einzugsgebiete von Guerilla und den von Grundbesitzern und Großindustrie geförderten Paramilitärs.

Neben den Besitzverhältnissen von Grund und Boden gilt der enorme **ökonomische Strukturwandel** als Ursache für die sich weitende Schere zwischen Arm und Reich. Die Industrialisierung kam spät, aber sie kam spätestens in der Mitte des 20. Jahrhunderts. Das Wirtschaftswachstum

Kolumbiens (das Pro-Kopf-Einkommen stieg im letzten Jahrhundert um das Zehnfache) wurde stets begleitet von einem außerordentlichen Bevölkerungswachstum. Und das, obwohl die Geburtenkontrolle mehr fruchtete als andernorts auf dem Kontinent.

Zu den Profiteuren der erfolgreichen Bevölkerungspolitik gehören die Frauen: Mit sinkender Familiengröße stieg ihre Integration in den Arbeitsmarkt. Frauen sind in fast allen gesellschaftspolitischen Feldern auf dem Vormarsch. Auch wenn das Frauenwahlrecht erst 1957 eingeführt wurde und die Diskriminierung auf vielen Feldern noch spürbar ist, kann man für die letzten Jahrzehnte ohne Übertreibung von einer **femininen Revolution** sprechen.

Die Industrialisierung spiegelte sich auch in der fortschreitenden Urbanisierung des Landes wider. Lebten Mitte des 20. Jahrhunderts erst fünf Millionen Kolumbianer (39 % der Bevölkerung) in Städten, waren es 2005 bereits mehr als 30 Millionen, also drei von vier Kolumbianern. Wie anderswo auf dem Kontinent neigt die Stadtentwicklung zu Ballungsräumen: Allein in der Hauptstadt Bogotá, die vor 50 Jahren erstmals die Millionengrenze überschritt, leben inzwischen 8 Millionen Menschen – fast 20 % der Bürger im Lande.

Verschärft werden Landflucht und die damit einhergehende Bevölkerungsdichte in den urbanen Zentren durch eine signifikante **Binnenmigration** von inzwischen über vier Millionen Flüchtlingen (desplazados). Betroffen sind vor allem Kleinbauern und Landarbeiter, die Hof und Boden wegen der Verschiebung der Kampfzonen in ihre Regionen notgedrungen aufgeben mussten. Die Städte, genauer gesagt die informellen Ränder der ausufernden Stadt, dienen den Vertriebenen als Anlaufstellen und Startpunkte eines neuen Lebens im eigenen Lande. Desplazados suchen aber auch jenseits der Landesgrenzen Zuflucht, mehr als eine Viertelmillion von ihnen allein in Venezuela.

Darüber hinaus kennt das moderne Kolumbien wie viele andere sich entwickelnde Nationen eine ausgeprägte Arbeitsmigration. Abertausende Bürger – darunter überdurchschnittlich viele gut ausgebildete – verlassen jedes Jahr das Land in Richtung USA oder Europa auf der Suche nach einem anderen, besseren Leben **(Braindrain).**

Seitdem die ökonomische Krise die Iberische Halbinsel voll erwischt hat, gibt es allerdings auch einen umgekehrten Trend: Immer mehr junge Spanier kommen auf der Suche nach Beschäftigung nach Kolumbien.

◁ Wandgemälde zu Ehren von Gewaltopfern

Geschichtliche Daten im Überblick

Präkolumbianisch

- **15000–12000 v. Chr.:** Menschen besiedeln die Region.
- **500 v. Chr.–1000 n. Chr.:** Hochkultur von San Agustín
- **1400–1500 n. Chr.:** Blütezeit der Tairona- (1000–1400) und Muisca-Kulturen. Ciudad Perdida, die im 8. Jh. gegründete „verlorene Stadt", gilt unter Archäologen als Zentrum der bislang bekannten 250 indianischen Siedlungen in der bevölkerungsreichen Sierra Nevada de Santa Marta.

16. Jahrhundert

- **1499–1501:** erste Ausflüge spanischer Entdecker entlang der Karibikküste
- **1515:** *Requerimiento:* Dokument der spanischen Krone rechtfertigt den „gerechten Krieg" gegen die indigene Bevölkerung.
- **1526:** Gründung von Santa Marta und Cartagena (1533). Indianischer Sklavenhandel blüht von 1500 bis 1515 und verliert ab 1526 wieder an Bedeutung. Die *conquistadores* waren nun auf der Suche nach Gold.
- **1536–1539:** Als Anführer der ersten Expedition in das Andenhochland begegnet *Gonzalo Jiménez de Quesada* im März 1537 der Kultur der Muisca. Zwei Jahre später folgt ihm von der Küste Venezuelas der in Ulm geborene Abenteurer *Nikolaus Federmann* im Auftrag der Bankdynastie der Welser. Ebenso *Pizarros* Leutnant *Sebastián de Belalcázar* aus Quito. Santa Fé (später erst mit dem Zusatz: de Bogotá) wird 1538 von *Quesada* errichtet und 1539 in Gegenwart von *Belalcázar, Federmann,* und *Quesada* gegründet.
- **1541:** *Von Huttens* Amazonasexpedition auf der Suche nach El Dorado. *Federmann* reiste 1540 nach Spanien ab und kehrte nie mehr zurück.
- **1542:** Der Indienrat, oberste spanische Kolonialbehörde, verabschiedete die *Nuevas Leyes de Indias,* Gesetze zum Schutz der indigenen Völker in den neuen Kolonien gegen die blutigen Eroberungszüge und eine oftmals brachiale Siedlungspolitik. *Bartolomé de las Casas* beschrieb zuvor die Brutalität der *conquistadores* und löste damit am Königshof eine heftige Debatte aus. Wenig später verloren die seit 1520 in den Kolonien engagierten Welser ihre Handelkonzessionen erst vorübergehend (1546), dann endgültig (1556) und brachen ihr umstrittenes Kolonialabenteuer ab.

- **1550:** Die Regierung Neugranadas *(Nuevo Reino de Granada)* konstituierte sich in Bogotá mit Vizekönig und Königlichem Tribunal *(Real Audiencia).*
- **1593:** Geografische Trennung spanischer Siedler *(república de los blancos)* und indianischer Bevölkerung, die in abgegrenzten Reservaten leben müssen *(resguardos indígenas).* Afrikanische Sklaven werden die wichtigsten Arbeiter in den Goldminen, Gold wird bedeutsamstes Exportgut Neugranadas zwischen 1580 und 1810.

17./18. Jahrhundert

- **1680–1780:** Trotz der rechtlichen Segregation gibt es eine weitverbreitete Vermischung von weißer und indigener Bevölkerung. Die Kolonie ist auch gekennzeichnet durch eine soziale Schichtung, die die „weiße" herrschende Klasse von *las castas,* den diskriminierten Bevölkerungsteilen der Mestizen, Mulatten und Zambos, abgrenzt.
- **1701:** Um den Glanz der spanischen Krone zurückzugewinnen, stärkt die Bourbonen-Dynastie – beginnend mit *Philipp V.* – die Verwaltungsstrukturen und verwandelt *Nueva Granada* in eine vollwertige Kolonie.
- **1739:** Neugranada (umfasst das heutige Venezuela, Kolumbien, Ecuador und Panama) ist neben Lima (Peru) und Mexiko das dritte Vizekönigreich mit Santa Fé de Bogotá als Hauptstadt.
- **1781:** Rebellion der *comuneros* in der Tabakprovinz Socorro gegen die Metropole in Madrid. Kapitulation von Zipaquirá mit überraschenden Zugeständnissen der spanischen Krone. Rebellenführer *José Antonio Galán* wird mit anderen Aufrührern zum Tode verurteilt, die Kapitulation nachträglich zurückgenommen.
- **1794:** *Antonio Nariño,* Anwalt, Schriftsteller und später kurzzeitig Präsident der frühen Republik (1812), übersetzt und druckt die französische Unabhängigkeitserklärung.

19. Jahrhundert

- **1801:** Auf seiner Reise durch Nord- und Südamerika (1799–1804), wird *Alexander von Humboldt* in Kolumbien begrüßt. Wenig später schließt der Biologe *José Celestino Mutis* die von ihm geführte Botanische Expedition (1783–1810) ab.
- **1810:** Beginn der Unabhängigkeitskämpfe. 20. Juli: Rund um den heutigen Plaza Bolívar im Herzen von Bogotá provozieren Aufständische einen Vorfall *(florero de Llorente)* und mobilisieren so die Kräfte in der Kolonie zugunsten von Autonomie und Selbstbestimmung.

- **1819:** 25. Juli: Schlacht von Pantano de Vargas. 7. August: Schlacht von Boyacá. 10. August: *Bolívar* zieht mit seiner Befreiungsarmee in Bogotá ein. 17. Dezember: *Bolívar* eröffnet in Angostura den Kongress der befreiten Gebiete und ruft die Republik Kolumbien aus mit den Verwaltungsbezirken Venezuela, Quito und Cundinamarca (weite Teile des heutigen Kolumbien und Panama, ohne die Provinz Pasto).
- **1830:** Auflösung von Großkolumbien, Tod von *Simón Bolívar* bei Santa Marta. *Francisco de Paula Santander* kehrt 1832 aus dem Exil zurück und nimmt als Präsident den Platz seines Mentors und Gegners *Bolívar* ein.
- **1843:** Verabschiedung einer konservativen Verfassung, welche die von 1832 ersetzt und eine starke Zentralregierung ermöglicht
- **1849:** Liberale kommen an die Macht: freier Handel, Pressefreiheit, allgemeines Wahlrecht für Männer, Abschaffung der Todesstrafe für politische Vergehen. Ende des Tabakmonopols (1848) führt zu verstärktem Export. Die „Freiheit der Bildung" forciert die Säkularisierung und begrenzt den Einfluss der Kirche.
- **1851:** Abschaffung der Sklaverei
- **1863:** Die Verfassung von Rionegro etabliert ein neues föderales System: Vereinigte Staaten von Kolumbien. Der Kirche gehörende Besitztümer werden verstaatlicht. Viele Bischöfe gehen ins Exil.
- **1886:** *Rafael Núñez,* ein enttäuschter Liberaler, wechselt zu den Konservativen und führt nach dem Sieg über seine frühere Partei eine autoritäre Verfassung ein (1886). Die Vorherrschaft der Konservativen dauert bis 1930.
- **1887:** Konkordat zwischen Kirche und Staat: Bildung gerät wieder in die Obhut der Kirche, die zudem alle indigenen Gebiete zur „Bekehrung der Heiden" erhält.
- **1899–1902:** Die Liberalen entfesseln den letzten Bürgerkrieg, einen „Krieg der tausend Tage" *(Guerra de los Mil Días).*

20. Jahrhundert

- **1903:** Nachdem sich Kolumbien einem Vertrag verweigert, der es den USA erlaubt, den Panamakanal zu bauen, erklärt Panama seine Unabhängigkeit. Der Bau des Kanals, 1880 von einem französischen Unternehmen begonnen, war zuvor ins Stocken geraten. Die USA erkennen verdächtig schnell die Souveränität des neuen Landes an.
- **1910:** Historische Reform der Verfassung: Die Todesstrafe wird endgültig abgeschafft, die unterlegene Partei erhält Sitze im Kongress, Machtbefugnisse und Amtszeit des Präsidenten werden eingeschränkt.

- **1914–21:** Anerkennung der Unabhängigkeit von Panama. Die USA zahlen als Ausgleich 25 Millionen Dollar an Kolumbien. Auf beiden Seiten wird der Konflikt zur nationalen Frage erklärt. Der US-Kongress ratifiziert den Vertrag erst im Jahr 1921, als Konzessionen bei den Ölförderlizenzen hinzukommen.
- **1919:** Deutsche und kolumbianische Piloten gründen die weltweit zweitälteste kommerzielle Fluggesellschaft SCADTA (später verstaatlicht und in Avianca umbenannt).
- **1923:** Gründung der Banco de la República als Teil einer von US-Beratern geprägten Großreform im Steuer- und Finanzwesen („Mission Kemmerer").
- **1927:** Gründung der Federación Nacional de Cafeteros („Fedecafé"), des bis in die 1990er-Jahre (export-)mächtigsten Wirtschaftsverbandes der Kaffeebauern
- **1928:** Massaker an den gewerkschaftlich organisierten Bananenpflückern im Norden des Landes wird in „Hundert Jahre Einsamkeit" von *Gabriel García Márquez* noch einmal eindringlich rekonstruiert.
- **1930:** Der Liberale *Enrique Olaya Herrera* wird nach 44 Jahren konservativer Herrschaft zum ersten liberalen Präsidenten gewählt.
- **1933:** Kurzkrieg mit Peru: Peruaner erobern Leticia, Kolumbien schlägt zurück und behält seine Verbindung zum Amazonas.
- **1936:** Liberale Verfassungsreform: Einführung des allgemeinen Wahlrechts, Schutz des Arbeits- und Streikrechts, Einschränkung privaten Eigentums, Gründung der „Konföderation der Arbeiter in Kolumbien" (CTC).
- **1946:** Wahl einer konservativen Regierung. Konflikte zwischen der neuen konservativen Regierung und einem mehrheitlich liberalen Kongress spitzen sich zu. Gründung der „Union der Arbeiter in Kolumbien" (UTC), einer klerikal-konservativen Gewerkschaft.
- **1948:** Ermordung von *Jorge Eliécer Gaitán,* Präsidentschaftskandidat der Liberalen, Volksaufstand im ganzen Land, bekannt als *El Bogotazo* (9. April). Regierungsbeamte gehen gegen Liberale vor, Bauern formieren sich in Guerillas. Die Welle der Gewalt fordert in den nächsten 10 Jahren mehr als 200.000 Tote.
- **1953:** Nach einem von der politischen Klasse begrüßten Militärputsch herrscht General *Rojas Pinilla* bis 1957. *Rojas* gewährt Frauen das Wahlrecht.
- **1954:** Das Fernsehen hält in Kolumbien Einzug.
- **1958:** Nach der Rückkehr zur Demokratie vereinbaren Liberale und Konservative eine Machtteilung: die Frente Nacional („Nationale Front"), ein striktes Zwei-Parteien-System, hat über vier aufeinanderfolgende Regierungen bis 1974 Bestand.

- **1964:** Kommunistisch ausgerichtete Guerilleros, die die *Violencia* überlebten, gründen die FARC und suchen die Nähe zu Moskau. Im Jahr 1966 kommt es zur Gründung der auf Kuba bezogenen Nationalen Befreiungsarmee ELN, im Jahr 1968 Gründung der EPL, einer nach China orientierten Guerillagruppe.

- **1974:** Die nationalistische Guerillagruppe Movimiento 19 de Abril (M-19) stiehlt das Schwert von *Bolívar*. Feuer im Avianca-Turm, einem Wahrzeichen in der Innenstadt von Bogotá.

- **1980:** Kolumbien übernimmt die Führung im weltweiten Kokaingeschäft. Die M-19 besetzt die Botschaft der Dominikanischen Republik.

- **1982:** *Gabriel García Márquez* erhält den Nobelpreis für Literatur. Nach 20 Jahren Kampf gegen die Guerilla bemüht sich die Regierung, eine Einigung auszuhandeln – ohne Erfolg.

- **1985:** Tragödie von Armero: 23.000 Menschen werden vom Vulkanausbruch des Nevado del Ruiz überrascht und lebendig begraben. Bewaffnete Besetzung des Justizpalasts durch die M-19; die Hälfte der Richter des Obersten Gerichts kommt um beim Versuch des Militärs, das Gebäude zu stürmen.

- **1987:** *Jaime Pardo Leal,* Präsidentschaftskandidat der Unión Patriótica (UP), wird von einer bewaffneten Anti-Guerilla-Organisation ermordet.

- **1989:** *Pablo Escobar* organisiert Anschlag auf den Innensicherheitsdienst DAS.

- **1989–90:** Die Regierung unterzeichnet ein Friedensabkommen mit M-19 und EPL. Paramilitärs (AUC) töten *Luis Carlos Galán,* Präsidentschaftskandidat der Liberalen, sowie weitere Kandidaten (z. B. *Bernardo Jaramillo Ossa* der UP und *Carlos Pizarro* der Allianz M-19. *Cesar Gaviria, Galáns* rechte Hand, wird neuer Präsident. Die verfassungsgebende Nationalversammlung wird bestätigt.

- **1991:** Neue Verfassung mit maßgeblicher Beteiligung der M-19-Mitglieder und starkem Mandat für ausgeweitete Grundrechte. Die Verfassung beendet die Ära des Zentralismus: Bürgermeister und Provinzregierungen werden ab jetzt gewählt und nicht mehr nur vom Präsidenten ernannt.

- **1993:** Das „Gesetz 100" *(Ley 100)* reformiert das Sozialsystem. *Pablo Escobar,* der berühmteste Drogenboss in der Geschichte des Landes, wird auf seiner Flucht aus dem Gefängnis erschossen.

- **1994:** Kolumbien verliert gegen die USA, Gastgeber der Fußball-WM, in der Gruppenphase durch ein Eigentor von *Andrés Escobar* (wenige Tage später in Medellín erschossen).

- **1995:** Der „Prozess 8000" belegt die Wahlkampffinanzierung des designierten Präsidenten *Ernesto Samper* durch das Cali-Kartell.

- **1999:** Schweres Erdbeben in der Kaffeezone. Der Humorist *Jaime Garzón* wird von Paramilitärs ermordet.

21. Jahrhundert

- **1998–2002:** Friedensverhandlungen zwischen Präsident *Pastrana* und der FARC scheitern in Caguán.
- **2002–2010:** Der neue Präsident *Álvaro Uribe,* vorher Gouverneur von Antioquia, zielt auf eine militärische Bekämpfung der Guerilla – mit Unterstützung der USA.
- **2005:** Die Regierung macht weitreichende Zugeständnisse an die Paramilitärs; für die Demobilisierung erhalten sie Amnestie und verkürzte Haftstrafen, behalten jedoch einen Großteil ihrer lokalen Macht und Besitztümer.
- **2006:** *Uribe* wird mit großer Unterstützung der Bevölkerung wiedergewählt. Später wird bewiesen, dass illegale Mittel verwendet wurden, um die Verfassung zu ändern und die Wiederwahl zu ermöglichen *(Parapolítica* und *Yidispolítica).* Gerichte beginnen damit, Politiker wegen ihrer Verbindungen zu paramilitärischen Gruppen zu untersuchen.
- **2008–2010:** Die FARC verliert ihren Anführer und Gründer *Marulanda* durch natürlichen Tod, den ideologischen Führer *Raúl Reyes* und den militärischen Befehlshaber *Mono Jojoy* durch Schläge des kolumbianischen Militärs.
- **2010:** Der Oberste Gerichtshof verbietet *Uribe,* für eine dritte Amtszeit zu kandidieren. Seine Anhänger unterstützen den Liberalen *Juan Manuel Santos,* der gewählt wird. Ein *invierno infernal* (mörderischer Winter), die schlimmste Regenzeit seit einem halben Jahrhundert, kostet viele Menschenleben und lässt mehr als drei Millionen Menschen obdachlos werden.
- **2011:** *Alfonso Cano,* der Nachfolger *Marulandas,* stirbt bei einem Gefecht mit Spezialeinheiten. *Gustavo Petro,* einstiges M-19-Mitglied, wird Bürgermeister von Bogotá. Die kolumbianische Regierung bringt ein umstrittenes Gesetzesvorhaben (*Ley de Víctimas*) auf den Weg, das eine umfassende Opferentschädigung, inklusive Landrückgabe *(Restitución de Tierras),* regeln soll.
- **2012:** Der *Cumbre de las Américas* (Amerikagipfel) in Cartagena endet kontrovers – mit Sexskandal und ohne Abschlusserklärung. Präsident *Santos* schafft es auf das Cover des „Time Magazine". Der Bruch zwischen *Santos* und *Uribe* wird öffentlich. Im Mai tritt das Freihandelsabkommen mit den USA (TLC) in Kraft. Friedensverhandlungen zwischen Regierung und Guerilla.

Der kulturelle Rahmen

◁ Festival zu Ehren von San Pacho (Hl. Franz von Assisi) in Quibdó (Chocó)
(002kb Foto: os)

Die enorme geografische Vielfalt und historisch gewachsene Siedlungsgeschichte dieses Landes im Nordwesten Südamerikas haben über die Jahrhunderte eine komplexe und reichhaltige kulturelle Landschaft entstehen lassen, die von einer nicht minder bemerkenswerten **ethnischen Diversität** bestimmt ist.

Wer danach sucht, findet vor Ort neben den ungeheuren Unterschieden immer auch viel Verbindendes: Elemente und Einflüsse, die dem ganzen Land und seinen Leuten bis heute einen Stempel aufdrücken. Die spanische Verkehrssprache ist sicherlich ein solchermaßen vereinigendes Vehikel. Zu den weiteren dominanten kulturellen Kräften gehören eine seit der Kolonialzeit einflussreiche katholische Kirche und kollektive Zugehörigkeitsgefühle, von der viel besungenen „Nation" bis zum ausgeprägten Lokalpatriotismus. Sie alle zusammen prägten und prägen die Rollenmuster, die sozialen Hierarchien, das Lebensgefühl und die Regeln des Miteinanderauskommens im Alltag.

Diese kulturellen Institutionen sind ihrerseits laufenden Veränderungen unterworfen – nicht zuletzt dem Druck moderner Säkularisierung, dem Bedeutungsverlust der Religion, den unter „Individualismus" firmierenden Spielformen persönlicher Selbstverwirklichung und einer allgegenwärtigen Konsumorientierung, die auch die kolumbianische Gesellschaft längst erfasst hat. Die Antwort auf die Frage nach dem Denken, Erleben und Fühlen der Menschen im kolumbianischen Alltag ist daher unter vielfältigen Gesichtspunkten zu betrachten.

Multiethnische Gesellschaft

Un dios, una raza, una lengua – „Ein Gott, eine Rasse, eine Sprache." Diese Inschrift aus dem Jahre 1886, die man an den Wänden der Kolumbianischen Sprachakademie findet, verdeutlicht die nur vermeintlich friedvolle **Utopie der nationalen Einheit,** wie sie im 19. Jahrhundert von der herrschenden Klasse geträumt wurde. Spanien, Frankreich und England galten dieser als Vorbilder, die Missionare als Vorreiter und Lehrer der christlichen Zivilisation, die indigene und afrokolumbianische Bevölkerung hingegen als nichtrechtmäßige Bestandteile der Gesellschaft. Die Indios, jene „Wilden", hielt man getrennt, am besten gleich in Reservaten, und hoffte, sie mit Hilfe der christlichen Botschaft zu „zähmen" und zu „zivilisieren".

▷ Wayúu-Indianer in der nördlichen Provinz La Guajira

Unstrittig ist die historisch gewachsene **Koexistenz großer ethnischer Gruppen,** die auf dem Gebiet des heutigen Kolumbien aufeinander stießen: indigene Völker **(„indígenas"),** die je nach Standpunkt auch unter den Bezeichnungen „Indianer", „Indios" oder „Ureinwohner" firmieren, von afrikanischen Sklaven abstammende schwarze Bevölkerungsteile **(„negritudes")** und Nachfahren weißer Siedler und Eroberer **(„blancos")** aus Europa, vornehmlich von der Iberischen Halbinsel.

003kb Foto: os

Im spanischen Kolonialgebiet vermischten sich die Populationen – nicht immer freiwillig. Das Überlegenheitsgefühl der europäischen Eroberer fand in einer „Rassenlehre" ihre Fortsetzung, die den hellhäutigen Spaniern Vorrechte gegenüber den Mestizen und diesen wiederum Vorrang vor den Indigenen einräumte. Dennoch entwickelten sich unter dem Druck der Umstände in den spanischen Kolonien immer raffiniertere Mischverhältnisse im Austausch zwischen den ansässigen Menschen. Prinzipiell werden auch heute noch drei Paradigmen der ethnischen Mischung für Kolumbien entworfen: Nachkommen von Indigenen und Europäern **(Mestizen),** Abkömmlinge mit weißen und schwarzen Vorfahren **(Mulatten)** und Kinder und Kindeskinder von Afros und Indios **(Zambos).**

Der **Mythos der großen Rassenmischung** ist bis heute wirkungsmächtig. Die Rede vom Mestizentum, die im ausgehenden 18. Jahrhundert ihren Anfang genommen hat und den neuen Eliten in der Kolonie als Identifikationsmoment gegenüber dem spanischen Mutterland diente, wird in der Gegenwart gerne als verbindendes und verbindliches Merkmal der heutigen Bevölkerung in den ehemaligen Kolonien zitiert.

Doch über die Bezeichnung und die Selbstwahrnehmung „der Kolumbianer" als „Mischlinge" und deren Berechtigung wird weiterhin kontrovers gestritten. Denn zum einen widerspricht dem die historische Wahrheit; nicht nur in konservativen Kreisen wurden jahrhundertelang die „niederen Rassen" (*razas inferiores*) ausgegrenzt. Nachkriegspräsident *Laureano Gómez* (1950–53), ein bekennender Eugeniker und Anhänger faschistischer Ideen, bezeichnete 1928 die Schwarzen als „Plage" und lobte Länder wie Argentinien, Chile oder Uruguay, wo *el negro* keine Rolle spielte. Noch immer, selbst zwanzig Jahre nach der verfassungsrechtlichen Anerkennung und Aufwertung historisch diskriminierter ethnischer Minderheiten, bleibt ihre **Lage am Rande der Gesellschaft** offenkundig – ablesbar an fast allen einschlägigen Indikatoren wie Einkommen, Analphabetentum, Gesundheitsversorgung, Hunger und Armut. Eine Selbsteinschätzung nach ethnischen Kategorien unterliegt somit stets dem historischen Geist der Zeit, ist mit Vorsicht zu genießen und alles andere als stabil. Noch in den frühen 1990er-Jahren bejahten erst 3 % der Kolumbianer die Fragen nach ethnischer Zugehörigkeit. Bei der letzten Volkszählung von 2005 waren es bereits 14 %. Dieser Trend zur **Ethnisierung der eigenen Identität** ist sicherlich auch den im lateinamerikanischen Vergleich ziemlich weitgehenden Privilegien und Schutzrechten geschuldet, die ethnischen Minderheiten in der Verfassung von 1991 eingeräumt wurden (s. auch das Kapitel „Ethnische Diskriminierung und Minderheitenpolitik" in „Politische Konflikte und politische Gewalt").

86 % der Kolumbianer geben auch weiterhin keinen spezifischen „ethnischen Status" an und fühlten sich einer Mehrheitsgesellschaft zugehörig. Innerhalb dieser großen Gruppe gibt es selbstverständlich milieuspezifische Unterschiede und soziale Hierarchien. Am Verhalten der Oberschicht in Antioquia kann man das beispielhaft verfolgen. Dort gilt noch immer in vielen Kreisen: je weißer die Haut, desto höher der gesellschaftliche Status. Die ältere Generation war da noch expliziter und erzog die Kinder mit einem *„No sea india",* also: „Benimm Dich, sei keine Indianerin". Als Gründungsmythos mochte die Berufung auf das Mestizentum taugen. Im Alltag der feinen Unterschiede aber schlägt der symbolische Bezug zu Europa die Anerkennung indianischer Vorfahren um Längen.

Die ethnische Zugehörigkeit und Mischung ist **regional sehr verschieden.** In den Regenwaldgebieten, traditionell von der Plantagenwirtschaft erschlossen, dominiert noch heute die afrikanisch-europäische Abstammung – mehrheitlich Abkömmlinge, wie man annehmen darf, von Sklavinnen und den Söhnen der Großgrundbesitzer. In der Kleinfelderwirtschaft der andinischen Bergregionen trafen die Kolonialherren auf eine zahlenmäßig starke indigene Bevölkerung. Die von europäischen Siedlern kolonisierten Tiefebenen der *Llanos* sind indes noch immer vorwiegend von deren hellhäutigen Nachfahren besiedelt, während die Kaffeeregion mehrheitlich von Menschen geprägt wird, deren Ahnen von einer kolonialen Oberschicht von Basken, Katalanen, Kastiliern und zwangsgetauften Juden beherrscht wurden.

Entsprechend bemerkenswert erscheinen dem Reisenden die unterschiedlich temperierten und kolorierten Stadtbevölkerungen (s. auch das Kapitel „Zwischen Land und Stadt"). In Medellín lebt die vielleicht hellhäutigste Einwohnerschaft. Auch im öffentlichen Leben der Hauptstadt zeigen die ethnischen Minderheiten keine besonders auffällige Präsenz. Im Vergleich mit La Paz, Lima oder Quito, den Kapitalen der andinischen Nachbarländer, ist das Straßenbild Bogotás deutlich kosmopolitischer. Die große Zahl von Flüchtlingen aus anderen Landesteilen, die vielen *costeños* und Afrokolumbianer wohnen zwar nicht in separaten ethnischen Vierteln, die große Mehrheit von ihnen wird aber in die ärmeren Teile und informellen Ränder der Stadt verdrängt. Das Leben der Indigenen wie das der Afrokolumbianer konzentriert sich in Städten und Regionen fernab dieser beiden größten Ballungsräume. Im kühlen Tunja (Boyacá) und Pasto (Nariño) überwiegt der indigene Einschlag. Cali ist die nach dem brasilianischen Bahía zweitbedeutendste **Afro-Metropole** auf dem Kontinent.

Die größten ethnischen Minderheiten: „negritudes" und „indígenas"

4.311.757 Kolumbianer (10,62 % der Gesamtbevölkerung) bezeichnen sich laut der Volkszählung von 2005 als *negritudes* oder *afro-colombianos,* Landsleute afrikanischer Abstammung. Viele Afrokolumbianer bezeichnen sich selbst noch mit dem anderswo als politisch unkorrekt geltenden Begriff *negros* als „Schwarze". Fasst man darunter – ob Selbstzuschreibung oder offizielle Statistik – auch all jene *mulatos* oder *zambos,* gehen neuere Schätzungen gar von etwa **20 % der Bevölkerung** mit afrokolumbianischer Abstammung aus. Mit dieser Quote steht Kolumbien innerhalb Lateinamerikas hinter Brasilien an zweiter Stelle.

Aufgrund der historischen Umstände **konzentriert** sich der schwarze Bevölkerungsteil in einigen Regionen, allein die Hälfte von ihnen lebt **in den Regionen mit Zugang zu den Meeren:** Bolívar, Antioquia und Valle de Cauca. Eine starke Präsenz gibt es auch im Cauca-Tal, in Nariño und im Chocó. In all diesen Gebieten wurden afrikanische Sklaven und deren Nachfahren traditionell als billige und dem extremen Tropenklima widerstehende Arbeiter eingesetzt. Auch in der Textilindustrie rund um die östlicher gelegenen Städte Socorro, Tunja, Cúcuta und Vélez waren die afrikanischen Zwangsarbeiter unersetzlich.

Seit Beginn der *Conquista,* also seit Beginn des 16. Jahrhunderts, wurden Sklaven von Afrika aus in die Kolonien deportiert, um die sich schnell dezimierende indigene Population zu ersetzen; Cartagena war der große Umschlagplatz für den **Handel mit Sklaven.** Die robuster Erscheinenden (über die Hälfte der versklavten Menschenfracht, so schätzt man, hatte die Überfahrt gar nicht überlebt) wurden bevorzugt für die Plantagen erworben, Kleinwüchsigere wie etwa die Pygmäen kaufte man für die

Bergwerke im Chocó und in Antioquia. Die **Flucht ins unzugängliche Hinterland** war eine der wenigen Möglichkeiten, der Zwangsarbeit zu entkommen.

Die berühmteste noch lebendige aller **„palenques"** genannten ehemaligen freien Sklavenstädte liegt nicht zufällig in Bolívar, rund 70 Kilometer südöstlich des großen Sklavenhafens Cartagena: San Basilio de Palenque. Dort spricht man heute noch Palenquero, die einzige Kreolsprache auf spanischer Grundlage, die zugleich immer auch als eine Art Geheimcode gegenüber den spanischen Kolonialherren fungierte. Manche Historiker interpretieren die Region des heutigen Chocó als ein weiträumiges Refugium entlaufener Sklaven. Deren Provinzhauptstadt Quibdó ist aktuell zu 95 % afrokolumbianisch. In den Unabhängigkeitskriegen spielten Afrokolumbianer keine unerhebliche Rolle; über die Hälfte der Soldaten von *Simón Bolívar* hatte einen afrokolumbianischen Hintergrund. Die formelle Emanzipation im Jahr 1851 bedeutete für viele freilich noch lange keine wirkliche Freiheit.

In der Gegenwart gewinnen Afrokolumbianer nur langsam, aber sicher an Terrain. Immerhin gibt es immer mehr Afrokolumbianer von Rang und Namen wie der Mikrobiologe *Raúl Cuero,* Politikerinnen wie *Piedad Cór-*

⌂ Herkunft gleich Zukunft? Eine junge Afrokolumbianerin aus einer informellen Siedlung in Medellín

doba, die „Miss Colombia" 2001 *Vanesa Mendoza* und Sportler wie die Gewichtheberin *María Isabel Urrutia* oder der Baseballstar *Edgar Rentería*. Im Kulturleben sind afrokolumbianische Künstler und Gruppen indes längst etabliert. Viele von Kolumbiens gefeierten nationalen Kulturschätzen, wie die Cumbia, die Marimba oder die Musikfestspiele *Petronio Álvarez* in Cali sind afrikanischen Ursprungs (s. auch das Kapitel „Musik und Tanz").

Die **indigene Bevölkerung** wird auf rund 3,43 % der Gesamtbevölkerung geschätzt, etwa 1,4 Millionen Menschen. Man spricht von mindestens 85 Völkern, die auf 30 der 32 Provinzdepartements verteilt in über 200 Kommunen leben und **mehr als 60 unterschiedliche Sprachen** aus 11 Sprachfamilien sprechen. Den größten Bevölkerungsanteil findet man in den Regionen La Guajira (278.000), Cauca (248.000) und Nariño (155.000) und Córdoba (151.000). Die zahlenmäßig größten Völker sind die Páez (138.500), die Guajiro (100.000), die Embera (50.000) und die Zenú (34.500). Manches Großvolk wie das der Embera kann sich über gehörige Entfernungen und Stammesunterschiede hinweg verständigen. In anderen Zonen wie dem Einzugsgebiet des Amazonas ist bisweilen schon die Verständigung zwischen benachbarten Dörfern nicht unproblematisch.

Auch und gerade die Indigenen sollten von der verfassungsrechtlichen Aufwertung von 1991 profitieren. So weitgehend wie in kaum einem anderen Land Südamerikas wurde ihnen im Zuge der politischen Protektion Autonomie ihrer Territorien, Rechte auf deren Bodenschätze, eine eigenständige Rechtsprechung und die Anerkennung der eigenen Sprachen als offizielle Amtssprachen zugestanden. Die vorgeschriebene *consulta previa* nimmt den Staat in die verbindliche Pflicht, eine die selbstverwalteten Territorien *(resguardos)* betreffende neue Rechtsprechung mit den betroffenen Minderheiten vorab zu diskutieren. In jüngster Zeit besteht das Verfassungsgericht auf einer stringenten Anwendung dieses Anspruches, der etwa auf dem Feld der Umweltpolitik ein kräftiger Hebel für das Einbeziehen indigener Anliegen sein könnte. Mit einer symbolischen Zeremonie in der Sierra Nevada de Santa Marta verbeugte sich der amtierende Präsident *Santos* zu seinem offiziellen Amtsantritt im August 2010 vor den indigenen Völkern seiner Nation. Im Gegenzug erhielt er (neben guter Presse) eine Halskette mit vier Steinen. Sie stehen symbolisch für Wasser und Boden, Mutter Natur und gutes Regieren.

Trotz der neuen Schutzrechte schwinden vielerorts die Bevölkerungsstärke und die Zahl derer, die die tradierten Sprachen weiterführen. Aufgrund der oft entlegenen Einzugsgebiete gehören die Indigenen zu den besonders Betroffenen des auf dem Lande ausgetragenen bewaffneten

Konflikts. Nach Angaben von ONIC *(Organización Nacional Indígena de Colombia)* wurden zwischen 2002 und 2009 über 1400 *indígenas* ermordet und mindestens 70.000 von ihnen zwangsweise vertrieben. Auf Kolumbiens Territorien sollen aktuell mehr als 30 Dorfgemeinschaften mit 22 bis 200 Mitgliedern vom Verschwinden bedroht sein. Bedrängt werden die indigenen Dorfgemeinschaften auch von einem ausgreifenden (und nicht selten illegalen) Bergbau, den Begleiterscheinungen des Drogengeschäftes und dem Vordringen der Siedler.

Die Interessen der indigenen Bevölkerung werden landesweit derzeit in Verbänden wie ONIC oder OPIAC, der Organisation der indigenen Völker des kolumbianischen Amazonasgebietes, gebündelt, mittels lokal verwurzelter und vernetzter Vereinigungen wie dem **Consejo Regional Indígena del Cauca** (CRIC) sind sie in bestimmten Regionen besonders gut organisiert. Bewaffnete Widerstandsgruppen wie die 1991 demobilisierte *Quintín Lame* trugen das Ihre zur politischen Aufwertung der indigenen Rechte bei.

Von „den" Indigenen zu sprechen, bleibt dennoch heikel. Die Unterschiede zwischen den über 80 Völkern und Stämmen sind markant und bergen viel Konfliktpotenzial. **Arhuaco** und **Bara, Embera** und **Guambiano, Guayabero** und **Kogui, Muisca** und **Páez, Tikuna** und **Uitoto, Wayúu** und **Yanacona** sind Namen, die einzigartige Kulturen bezeichnen. Bei allen großen und kleinen Differenzen untereinander – und es sind nicht wenige – unterscheiden sich die indigenen Gemeinschaften noch immer grundsätzlich von modernen westlichen Agrar- und Industriegesellschaften. Dies gilt für ihre Kosmologien, ihre überlieferten Heilverfahren wie für wesentliche Institutionen des alltäglichen Zusammenlebens und kollektive Institutionen wie Justiz, öffentliche Ordnung und Eigentum.

005kb Foto: os

◁ Confucio, ein Amazonas-Indianer, pendelt zwischen Heimatort und Arbeit in Bogotá

In den *resguardos* (Reservaten) besitzen Indigene die **Hoheit über Polizei und Rechtsprechung** und greifen dabei auf eigene Traditionsbestände zurück. Bei den Wayúu etwa moderiert in heiklen Angelegenheit der *palabrero,* eine Art Ombudsmann, zwischen den Streitbeteiligten. Gibt es keine Einigung, spricht er ein verbindliches Urteil.

Manche Reservate stellen eigene Wachdienste auf, die das Territorium schützen. So gibt es im Valle de Cauca eine landesweit bekannte **Guardia Indígena,** die sich in überwiegend gewaltlosem Widerstand sowohl gegen die Guerilla als auch gegen das Militär zur Wehr setzt. Im Sommer 2012 kam es zu einem offenen Zusammenstoß mit kolumbianischen Truppen, als die Garden diese des Reservates verweisen wollten. Tagelang beschäftigte der Schlagabtausch auch die Titelseiten der nationalen Medien. Während die Lokalbevölkerung darauf aus ist, im bewaffneten Konflikt von keiner Seite vereinnahmt zu werden und sich durch die Präsenz des Militärs nicht selten mehr bedroht als geschützt fühlt, besteht der Präsident auf ungehinderten Zugang seiner Streitkräfte zu den indianischen Gebieten.

Eine Besonderheit innerhalb der kolumbianischen Konstitution ist das abgesicherte Recht der indigenen Völker auf **kollektiven Landbesitz.** Schon im Vorfeld der Verfassungsänderungen von 1991 wurde ihnen vergemeinschafteter Grund und Boden von über 240.000 Hektar zugesprochen, ein Großteil davon im Einzugsgebiet des Amazonas, im Süden und Südwesten des Landes.

Im bewaffneten Konflikt zwischen Staat, Paras und der Guerilla behaupten die *indígenas* mit Erfolg ihre offizielle Neutralität, wenn nötig auch mit zivilem Ungehorsam oder kollektiven Aktionen. Indigene Identität und die Zugehörigkeit zur kolumbianischen Nation müssen sich nicht ausschließen. Wer von den jungen Männern die *resguardos* verlässt, wird eben zum Militär eingezogen; wer das Land verlassen möchte, benötigt einen kolumbianischen Pass.

„Palenqueros", „raizales", Roma

Unter den anerkannten Minderheiten finden sich weitere kleine ethnische Gruppen, darunter die *palenqueros,* die Einwohner der früheren „freien Sklavenstädte", und *raizales,* die afrokaribischen Bewohner der Karibikinseln San Andrés, Providencia und Santa Catalina. Die ethnischen Wurzeln der *raizales* gehen auf entflohene Sklaven des Karibikraumes zurück, die sich von den mehr als zweihundert *cayos* (dt. Inseln, engl. *keys*) vor die Küste Nicaraguas geflüchtet hatten. Als Anfang des 20. Jahrhunderts die Gründung Panamas vorangetrieben wurde, verblieben sie trotz einschlägiger Lockrufe aus den USA in der Kolumbianischen Republik. Seither pochen immer wieder separatistische politische Bewegungen auf mehr Autonomie für die englischsprachige und weitgehend protestantische Bevölkerung. Von den rund 60.000 Inselbewohnern ist, trotz etwas auseinandergehender Schätzungen, rund die Hälfte *raizal*.

In der Verfassung von 1991 waren die knapp 5000 in kleinen Kommunen zusammengeschlossenen **Roma** (in der span. Umgangssprache auch als „gitanos" bezeichnet) noch nicht als eigene Minderheit anerkannt. Das wurde 2003 nachgeholt.

Vergleichsweise wenige Ausländer

Bei aller Diversität innerhalb der Andennation: Die Vielfalt schlägt sich, anders als etwa in den USA mit ihren ethnisch geprägten Stadtteilen (bspw. Chinatown und Little Italy in New York) nicht unbedingt stadträumlich nieder. Kolumbiens politische Eliten verfolgten traditionell eine **restriktive Immigrationspolitik.** Der bewaffnete Konflikt der letzten Jahrzehnte tat sein Übriges und ließ weit mehr Kolumbianer auswandern als er Ausländer ins Land lockte. Nach den Spaniern (und eine kurze Zeit lang den Welsern) kamen zwar auch Polen, Briten, Franzosen und Migranten aus dem ehemaligen Osmanischen Reich, die aufgrund ihrer Pässe im Volksmund bis heute **„turcos"** genannt werden, ins Land. Ihre Zahl blieb im interamerikanischen Vergleich aber eher marginal. Nur in wenigen Städten wie Barranquilla oder Bogotá (etwa das jüdische Viertel im Kleiderdistrikt) kann man diese größeren Einwanderergruppen aus Übersee als solche noch verorten.

Die **Wanderbewegungen über die Grenzen** zu benachbarten Ländern wie Ecuador, Peru oder Venezuela sind primär der Arbeitsuche und dem die Grenzregionen destabilisierenden bewaffneten Konflikt geschuldet. In den letzten Jahren gibt es eine immer größere Zahl von Venezolanern aus der Mittel- und Oberschicht, die ihre Heimat aus politischen oder wirtschaftlichen Gründen verlassen. Letztere bringen ihr Geld mit und sind auf den ersten Blick von ihren kolumbianischen Nachbarn oftmals nicht zu unterscheiden.

▷ Schwarzer Jesus in der Wallfahrtskirche von Buga

Religion – eine Gesellschaft zwischen Glauben und Aberglauben

Virgen del Carmen: die Schutzpatronin der Fernfahrer

Engel, Heilige und das Jesuskind – sie alle haben in der religiösen Vorstellungswelt landläufig ihren festen Platz. Noch heute pflegt fast jeder Kolumbianer seine persönlichen Beschützer und gemeinhin gibt es für jede Lebenssituation entsprechende Schutzbefohlene, die angerufen und beschenkt werden.

Der Kult um die *Virgen del Carmen* ist in diesem noch immer tief katholischen Land Teil der von den Spaniern übernommenen Marienverehrung. Nach der *Virgen de Chinquinquirá,* der Schutzheiligen aller Kolumbianer, ist die *Virgen del Carmen* die vielleicht wichtigste Marienfigur: eine Beschützerin im oft gnadenlosen Alltag. Hatte die Jungfrau *del Carmen* seit jeher die Aufgabe, die Seelen nach dem Tod vor dem Fegefeuer zu bewahren, so wurde sie in Kolumbien in besonderer Weise von den Fernfahrern als **Schutzengel der Straße** adoptiert.

Dieser Volksglaube ist heute noch an jeder zweiten Straßenbiegung abzulesen. Altäre und Schreine mit Dutzenden von Kerzen, Kreuzen und Sitzgelegenheiten säumen die Landstraßen, die Devotionalien wie ausrangierte Scheinwerfer an den Straßenrändern sind nicht zu übersehen. An diesen Stationen machen die Fernfahrer halt und tanken Kraft für ihren Knochenjob. Zusätzlichen Schutz erhoffen sie sich von den Marienbildern und Wimpeln, die sie an den Windschutzscheiben anbringen.

Seinen Ursprung hat dieser **Kult** in der Karibikregion, zumal an der Mündung des Río Magdalena, wo die Flussschiffer ihr Handwerk versahen. Heute hat sich das Transportgeschäft – und haben sich damit auch die ihm eigenen Riten – weitgehend auf die Straße verlagert. Eine der größten Fahrzeugkarawanen, die sich jedes Jahr am 16. Juli – dem Namenstag der heiligen Jungfrau *Carmen* – hupend in Bewegung setzen, trifft sich im ko-

006kb Foto: os

lonialen Mompox. Auf der zentral gelegenen Rennbahn von Tocancipá versammeln sich Autofahrer aus dem ganzen Land zum Abendmahl. In der Stadt Cúcuta zelebriert man am selben Ehrentag ein vielbeachtetes Radrennen, während die Bewohner von Honda (Tolima) schon Tage vorher mit den Feierlichkeiten beginnen. Keine Stunde von Bogotá entfernt treffen sich frischgebackene Autobesitzer allsonntäglich in Bojaca, um ihre Autos weihen zu lassen. Dass auf der Rückreise der Fahrzeugtaufe bereits etliche Fahrer einen unter der Haube sitzen haben, verdeutlicht den volkstümlichen Charakter dieser einst vornehmlich religiös geprägten Marienverehrung.

Vom Schutzengel ohne Flügel

Einmal in der Woche gehört die Carrera Séptima, eine von Bogotás Hauptstraßen, den Joggern und Radfahrern: „Ciclovía", der autofreie Sonntag, gehört zu den interessantesten Errungenschaften Bogotás. An diesem Morgen können die Hauptstadtbürger auf den wichtigsten Verkehrsadern spazieren gehen und wieder durchatmen.

Doch statt der ungewohnten Ruhe dringt an diesem speziellen Tag ein gellendes Hupkonzert herüber. Seit den Morgenstunden dröhnen Lastautos im Konvoi über die sechsspurige Straße und intonieren unisono ihr Tuu-TuuTuuuu. Euphorische Fußballfans? Ein groß angelegter Polterabend? Von wegen: Am 16. Juli feiern die Fern- und Busfahrer ihre Schutzheilige Nuesta Señora del Monte Carmelo, im Volksmund: Virgen del Carmen.

Nilsen, unser Taxifahrer, nickt mit einem Lächeln. Auch er glaubt an die Kraft der Schutzpatronin. Zwar hat er keines dieser Kreuze, das vom Rückspiegel herunterbaumelt. Auch hat er zur Feier des Tages noch keinmal gehupt. Aber den Glauben an die Kraft der Schutzpatronin, „claro que sí", den hat er.

Für unseren Taxifahrer gibt es keinen Zweifel: Gott hat bei unserem Schicksal ein gehöriges Wort mitzureden. Dios ist für ihn weder eine spezielle Kirche noch ein bestimmtes Gotteshaus, sondern eine höhere Kraft, „una fuerza superior", die von oben lenkt. Dios, sagt er sehr ernst, stecke in seinem Körper. Und das kam so:

„Vor ein paar Jahren war ich Profifußballer." Der bezahlte Fußball ist eines der wenigen halbwegs legalen Gewerbe, das immerhin einige Arme aus ihrer Not katapultiert. „Aber eines Tages konnte ich mich kaum noch bewegen. Gicht, sagten mir die Ärzte, zu viel Fleisch, zu viel Alkohol, wer weiß, jedenfalls hätten sie noch nie so einen fertigen Körper gesehen. Wie etwa 140, 150 Jahre alt.

Als Beschützerin ist die *Virgen del Carmen* nicht nur bei Berufsfahrern und modernen Kutschern im Lande gefragt. Unter anderem auch das Militär, die Polizei und die Feuerwehr haben sie als Patronin angenommen.

Divino Niño: Kult um das kolumbianische Christkind

Kolumbien hat viele Wallfahrtsstätten. In Chiquinquirá ist die nationale Schutzpatronin zu Hause, im Valle de Cauca strömen Tausende zum Milagros de Buga, während Bogotás Hausberg Montserrate von einer bunten Mischung von Touristen und Heilsuchern besucht wird. Zu den

Passt mal auf. Ich war verzweifelt. Helfen konnte mir damals keiner. Eines Nachts dann habe ich es gespürt, eine Hitze stieg in mir auf, eine Hand legte sich auf meinen Bauch. Und als ich aufwachte, war alles anders. Ich erzähle Euch keinen Mist: Seit dieser Nacht steckt Gott in meinem Körper!"

Von einem Tag auf den anderen war Nilsen offenbar geheilt. Und wie eine Wiederauferstehung feiert er diese Wende. Viermal die Woche spiele er wieder Fußball, allerdings nur noch zum Spaß, dienstags mit den Geistlichen aus seiner Kirche. Nilsen ist heute Mitglied der Misión carismática, einer der vielen neuen charismatischen, freikirchlichen Bewegungen, die erfolgreich im katholischen Stammland missionieren. Wiedergeburten wie die seine gehören zu ihren Spezialitäten. Doch der neue Geist, sagt Nilsen, zeige sich auch den Ungläubigen.

„Gott," sagt er, „zeigt sich uns in vielen Formen: den Hungerkatastrophen, dem unaufhörlichen Regen, den Erdbeben und Tsunamis." Das alles stehe schließlich schon in der Bibel. Und die habe schon weit vor Christoph Kolumbus und Kopernikus berichtet, dass die Welt keine Scheibe sei. „Wusstet Ihr das? Das Ende, „el fin del mundo", kommt langsam aber unweigerlich. Auf jeden Fall nicht plötzlich." Wir alle sollten trotzdem auf den Tod vorbereitet sein. Er selbst habe zwischendurch eineinhalb Jahre ohne Sünde gelebt und davor keine Angst mehr.

Gefragt hatten wir unseren Taxifahrer nur nach der Virgen del Carnen, der Heiligen aller Fernfahrer und Chauffeure. Eine halbe Stunde hat er uns dann ohne Unterbrechung von seinem persönlichen Glauben erzählt. Nilsen glaubt an den Schutz, der ihm zuteil würde. Beruflich fährt er Auto. Er kann wieder spielen. Er sei zufrieden.

Dreimal seien ihm übrigens schon Engel begegnet, sagt er, als wir aussteigen, einer von ihnen hätte ihn sogar umarmt. Er schwört darauf. Glaubt es mir bitte, „no es un cuento" - „das ist keine Geschichte": „Der Engel", sagt er, „der Engel hatte keine Flügel".

bedeutendsten Pilgerorten des Landes zählt auch eine bemerkenswerte Kirche im tiefen Süden der Hauptstadt: die **Iglesia de 20 de Julio.** Fast jeder Kolumbianer wird mindestens einmal im Leben herkommen und das nicht ganz zufällig. Der Besuch ist reserviert für besondere Anlässe und außergewöhnliche Lebenssituationen.

Im Mittelpunkt der Wallfahrt steht ein Kind, das heute von jedem Kolumbianer, egal wie arm oder wie reich, sofort erkannt wird. Ein Kind, dessen Abbild in jedem Bus zu finden ist, das für die Alltagssorgen der Menschen da ist und an Weihnachten der Adressat und Überbringer aller guten Wünsche und Segnungen: el **Divino Niño,** das göttliche Kind.

Iglesia 20 de Julio – von der Kraft der Volkskirche

Über 48 Stufen erreicht man die Kirche, die von unten auf den ersten Blick aussieht wie ein aufgelassenes Industriemuseum. Die Backsteingebäude sind gut erhalten und außergewöhnlich gut beschildert. Die Gläubigen, die seit Jahren ungebrochen hierher strömen, können sich nicht verirren. Zur Rechten entsteht ein kleiner Garten, der gerade neu angelegt wird, dahinter sind die Toiletten ausgewiesen, zur Linken öffnet sich die Kapelle, in der der persönliche Teil der Fürbitte direkt mit dem Divino Niño vereinbart wird. „A ti flores y alabanza por los siglos" („Dir Blumen und Lob in alle Ewigkeit") lautet das digitale Banner, das links über dem Christkind vorüberzieht. Die Stimmung in dem Raum ist trotz des Andrangs innig und intensiv.

In der Gasse dahinter geht es wieder hemdsärmeliger zu. Schon am frühen Morgen werden Eis und Früchte angeboten, Bettler sitzen in Reih und Glied auf der Mauer und halten ihre Hand auf. Ihre Krankheiten stehen ihnen ins Gesicht geschrieben und ob sie nun von Bogotás Bettlermafia dorthin platziert wurden oder nicht: die Gläubigen können kaum vorbeigehen, ohne in die Tasche zu greifen. Die Kirche selbst wirkt gedrungen und könnte mit dem kleinen Uhrenturm auch in einem spanischen Dorf stehen. Innen öffnet sie sich - man hat sich längst auf die Menge eingestellt. Acht große Kristallleuchter, acht geöffnete Pforten und bunte Fenstergläser sorgen für ein angenehmes Licht.

Der Gottesdienst läuft bereits. Er beginnt immer zur vollen Stunde. Die Rede ist heute von Unkraut und den guten Samen, die man säen solle. Gottes Garten sei groß genug, dass beides - das Unkraut und die Samen - miteinander leben müssten. Gut 2000 Gläubige sitzen und stehen im Kirchenschiff und sehen vorne einen überlebensgroßen Jesus ganz in Weiß über

Der Kult um das Christkind nahm in Kolumbien 1907 seinen Anfang, eingeführt von den Karmelitern. *Juan (del) Rizzo,* der als Missionar in Barranquilla zunächst nur mäßig Erfolg hatte, widmete sein späteres Wirken ganz den Segnungen des Jesuskindes. Zunächst noch dem Heiligen Kind in Prag nachempfunden, fand er nach einem Streit in Medellín, seiner nächsten Station, ein neues Abbild des Kind Gottes – im Barrio 20 de Julio, einem Armenviertel von Bogotá. Das Christkind erlebte hier als *Divino Niño* eine kolumbianische Wiedergeburt und entwickelte sich seither zur zentralen **Ikone aller Kolumbianer,** bekannt auch den Ungläubigen. Die Iglesia de 20 de Julio im gleichnamigen Viertel ist bis heute der beliebtes-

dem Altar schweben. Die Sonntagskleidung ist nicht mehr so formell wie noch vor einigen Jahren.

Baseballkappen haben teilweise die Hüte ersetzt, eine saubere Jeans den Anzug. Oben bevorzugt man noch eher gedeckte Farben, die Mädchen dürfen rosa tragen. Wenn es denn ein T-Shirt sein muss, dann ein weißes. „I love the Good Life", „University Of Oregon", Adidas-Sportjacken und das eine oder andere Fußballtrikot der lokalen „millonarios" spitzen zwischen den Sitzreihen hervor. Die Sicherheitsleute erkennt man an ihren orangenen Overalls, zwei von ihnen kümmern sich um einen älteren Herren, der sich auf den Stufen etwas ausruhen muss. Am Boden krabbeln die Babys. Der Synthesizer spielt auf, begleitet von einer volkstümlichen Stimme. Nach der Predigt erfolgt rauschender Beifall. Der purpurne Klingelbeutel geht herum, während das Abendmahl vorbereitet wird.

In der Seitenhalle sitzen unterdessen noch mal so viele Menschen und gucken auf neun aneinandergefügte Flatscreens, die den Gottesdienst von nebenan übertragen. Das verschwommene Bild scheint niemanden zu stören. Im Mittelpunkt des überdachten Innenhofs steht das Bild vom Divino Niño, darunter die Inschrift, die sich auch in vielen Wohnzimmern wiederfinden lässt: „Yo reinaré" („Ich werde regieren"). Im Kreuzgang, unter den zehn Geboten, bildet sich eine Schlange, in der „sala de donaciones" kann gespendet werden. Dafür steht der Priester, der gerade noch gepredigt hat, bereit und markiert den Wartenden ein Kreuz auf die Stirn.

Die Stimmung in den Räumen ist gediegen und ehrfürchtig, vor den Türen des Gotteshauses spielt sich ein Volksspektakel ab. Lose werden verkauft, Polaroid-Bilder von Stoffeseln geschossen, Besucher und Kinder laufen mit in Plastikfolie eingeschweißten Christkindfiguren im Arm herum. Ein paar Gassen weiter wird der Trubel vollends weltlich, dort kann man Fußballtrikots, elektrische Rasierer und andere übliche Marktwaren erstehen.

te Anlaufpunkt für den Kult. Bis zu 28 Messen werden dort Sonntag für Sonntag in seinem Namen gehalten. Von fünf Uhr morgens bis sieben Uhr abends geben sich die Gläubigen die Klinke in die Hand, manchmal sollen es am Ende mehr als 100.000 Gäste gewesen sein. Erstaunlicherweise blieb das *Divino Niño* auch nach der Übersetzung in die Andenwelt weiter an europäischen Schönheitsidealen ausgerichtet: blaue Augen, wallendes, blondes Haar, androgyne Gesichtszüge, dazu ein Lächeln um die Mundwinkel, die Arme leicht geöffnet.

Die ungeheuer **populäre Verehrung** des kindlichen Jesus Christus spiegelt die handfesten Hoffnungen des alltäglichen Lebens wider: die Heilung eines erkrankten Nahestehenden, die eigene Gesundheit, geschäftlicher Erfolg, die Schlichtung von Eheproblemen oder der Eintritt eines ganz persönlichen Wunders. Um ihren Wünschen Nachdruck zu verleihen, kommen die Wallfahrer oft an neun Sonntagen hintereinander.

Die Ernsthaftigkeit ihres Anliegens unterstreichen die Bittsteller mit einer Fülle von Gesten, Geldspenden und anderen Gaben wie Kreuze, Kerzen oder Ketten. Die Devotionalien gibt es rund um die Wallfahrtskirche zu kaufen. Kleine gelbe Wachsfiguren, die man für wenig Geld erwerben und mit Blick auf das Heilige Kind an die Wand lehnen kann, sollen an die jeweiligen Anverwandten erinnern, derer man gedenkt. Statuen des Heiligen Kindes können auch für zu Hause erworben werden und mit etwas Glück gibt es das einen Meter große *Divino Niño Gigante* per Lotterieschein zu gewinnen.

⌃ Wallfahrtskirche über der Schlucht des Río Guáitara

Feste vermischt

Kolumbianer feiern Feste gut und gerne, wie sie fallen. Das gilt für private Anlässe jeder Art, aber genauso für kollektive Feiertage. Aller vordergründiger Frohsinn, der solche Feierlichkeiten begleitet, hatte dereinst einen ernsteren Hintersinn kultureller, religiöser oder ritueller Natur. Wie in den meisten katholischen Ländern stehen die Kirchenfeste Weihnachten und Ostern ganz oben im Kirchen- und Festkalender der Nation.

Weihnachten bis Semana Santa

Weihnachten wird zwar nicht mit derselben Innigkeit gefeiert wie in Mitteleuropa, doch es ist mit der daran anschließenden Jahreswende eine zentrale Zäsur im Jahresrhythmus eines jeden Kolumbianers. Eröffnet wird der Weihnachtsreigen gewöhnlich am 7. Dezember mit der **„noche de las velitas"**, der „Nacht der Kerzen". Die Bevölkerung strömt am Abend aus ihren Häusern und trifft sich in den Straßen und Plätzen, um Kerzen anzuzünden. Wo die Weihnachtsbeleuchtung noch nicht für vorweihnachtliche Stimmung sorgt, da wird sie sich spätestens mit diesem Abend einstellen. Man trifft sich, isst *buñuelos,* frittierte Mais-Käse-Bällchen, und *natilla,* eine landestypische Süßspeise aus Maismehl und Rohrzucker – beides zusammen entspricht der Wirkung eines gefüllten Pfannkuchens. Dazu bringt man sich Wein und Kuchen mit.

Tags darauf feiert man die unbefleckte Empfängnis Marias (*inmaculada concepción de María*), die Woche darauf – eine Besonderheit der Andenregion – die neuntägigen **„novenas de aguinaldos".** Vom 16. Dezember bis zum Weihnachtstag laden sich Familienmitglieder und Freunde in einer Art **Countdown fürs Christfest** allseitig nach Hause ein. Glühwein gibt es hier zwar nicht, dafür wird in einem rituellen Adventsgebet das Christkind „Divino Niño" beschworen, das schließlich am 24. Dezember um Mitternacht die Geschenke vorbeibringen soll.

An jedem dieser letzten neun Tage vor Heiligabend sitzen Kolumbianer zu Tische, singen vertonte Weihnachtsgedichte *(villancicos)* und reichen dazu reichlich Kuchen, Vesper und auch Alkohol. Im Mittelpunkt stehen die *novenas,* eine kolumbianische Version und Verdichtung der Weihnachtsgeschichte, die allabendlich entweder von einer Person (etwa dem Patriarchen des Hauses) oder reihum vorgelesen wird. Jedes kolumbianische Kind, jeder Erwachsene kennt diese Rezitation, auch wenn sie aufgrund ihres archaischen Spanischs selbst von Einheimischen kaum zu verstehen ist. Manche zelebrieren die rituelle Gebetslesung mit Inbrunst, andere leiern sie möglichst schnell herunter.

Das **Weihnachtsfest** (navidad) selbst kennt viele Spielarten, hat aber nicht ganz dieselbe romantische Aufladung wie in den nordischen Kulturen. Traditionell war in der hispanischen Welt der 6. Januar (Epiphanias) der zentrale Feiertag, an dem wie zu Zeiten der Hl. Drei Könige (Reyes Magos) die Geschenke überreicht wurden. Das hat sich in den letzten Jahrzehnten auch im katholischen Kolumbien gewandelt. Der Besuch eines Gottesdienstes gehört für fast alle zum festen Programm am Heiligabend. Gerne wird das Fest zur **Zusammenkunft der Großfamilie** verwendet, die sich am Abend trifft – je länger, desto lauter – und die Geschenke (aguinaldos) spät, manchmal erst gegen Mitternacht, überreicht und auspackt. Für die Kinder, die so lange aufbleiben dürfen, ist dies ein großes Fest, für die Erwachsenen auch eine Gelegenheit, die entsprechende Lieblingsmusik von Salsa bis Vallenato aufzulegen und zum Tanz zu bitten. Für den ersten Weihnachtstag gibt es keine kollektiven Vorgaben, ein zweiter Feiertag danach ist in Kolumbien unbekannt.

Stattdessen beginnen in diesen Tagen um die Jahreswende vielerorts karnevaleske Festivitäten, oft in Verbindung mit **Stierkampf-Festivals** (corridas), die in diesen Sommerwochen – in Spanien ist dagegen Winterpause – durch das Land touren. Die Feria de Cali (25.–30.12.) gehört mit berittenen Umzügen, Stierkämpfen und über die ganze Stadt verteilten Salsaorchestern zu den attraktivsten und ausgelassensten Volksfesten. Wie bei vielen lokalen Festwochen, oft mit eigens dafür gebauten Holzarenen, kommen zur **„Feria de Manizales"** im Herzen der Andenregion eine Woche darauf die Liebhaber des Stierkampfes zusammen (4.–11.01.). Noch etwas volkstümlicher geht es bei den populären Wettkämpfen zu. Beim coleo wie in Sincelejo versuchen Cowboys, vom Pferd aus die Stiere am Schwanz zu packen und umzuwerfen, während in von Hand gezimmerten Holzarenen wie in Turbaco vornehmlich junge Männer unter nicht geringem Risiko die Nähe zu den eigens dafür wild gemachten Stieren suchen.

Den **Jahreswechsel** (año nuevo) selbst begeht man als Fest unter Freunden. Feuerwerkskörper sind offiziell verboten. Wegen allzu vieler Unfälle schon bei der Herstellung wurden sie vielerorts reguliert oder offiziell verboten. Erlaubt sind nur von Profis vorbereitete und angemeldete Feuerwerke; geballert wird trotz der zum Teil drastischen Strafandrohungen. Gebührend empfangen wird das neue Jahr in jedem Fall – und mit viel Aberglauben. Um Mitternacht verzehren die Kolumbianer gerne mit jedem Glockenschlag eine Weintraube, für jede Traube hat man einen Wunsch frei. Auf dem Land gibt es auch den Brauch des **„año viejo".** Eine oft schon Tage vorher ausgestopfte, öffentlich drapierte und meist als alter Mann verkleidete Strohpuppe wird erst mit kleinen Zetteln versehen, auf die jeder das schreibt, was er gerne hinter sich lassen möchte, und anschließend angezündet. In manchen Landesteilen wie Cundinamarca und Boyacá gibt es regelrechte Wettbewerbe um die schönsten Staffagen.

Dass sich an Feiertagen religiöse und kulturelle Elemente, europäische und indigene Rituale mischen, lässt sich an Feierlichkeiten wie der **„Fiesta de Reyes Carneval andino de Blancos y Negros"** in Pasto (Nariño) ablesen. Hier vermählt sich die Verehrung für die Hl. Drei Könige *(Reyes Magos)* mit regionalem indigenen und afrikanischem Brauchtum. Das Fest selbst wird am 28. Dezember, dem Tag der heiligen Unschuld *(Santos Inocentes)*, angewärmt. Die Woche darauf, am 5. Januar, feiert man dann zunächst den Tag der Schwarzen *(día de los negritos)* – der einzige Tag, an dem zu Sklavenzeiten so etwas wie ein Feiertag zur freien Verfügung zugestanden wurde. Die Menschen malen sich mit Teer und Kohle zunächst schwarz an. Tags darauf feiert man den Tag der Weißen *(día de los blanquitos)*. Die Menschen bemalen nun ihre Körper mit Kreide sowie Talg, feiern ausgelassen auf der Straße und besprühen Umherstehende mit weißem Schaum.

Mögen manche Karnevalfestivitäten wie das Fest zu Ehren San Pachos in Quibdó bereits im September stattfinden, so steigen die meisten in der Zeit von Dezember bis Februar. Den nach Rio zweitgrößten **Karnevalsumzug** in ganz Lateinamerika gibt es **in der Hafenstadt Barranquilla.** Bei diesem rauschhaften Spektakel haben sich vor allem über den Tanz viele kulturelle Wurzeln seit den Tagen der afrikanischen Diaspora erhalten oder immer wieder neu beleben lassen. Die letzten vier Tage vor dem Aschermittwoch *(miércoles de ceniza)* ziehen mehr als eine Million Stadtbewohner und Hunderttausende von Touristen durch die Straßen und Plazas, bis am Faschingsdienstag Joselito das traditionelle Faschingsmaskottchen zu Grabe getragen und die Fastenzeit eingeläutet wird.

Das nach Weihnachten zweite große kirchliche Fest – die **„Semana Santa" (Osterwoche)** – wird heute auch in aufgeklärten Familien und in vielen Teilen des Landes mit großer Inbrunst und Hingabe begangen. In Mompós (Mompox) trifft sich die Gemeinde bereits am Mittwoch der Osterwoche um 18 Uhr abends auf den geschmückten Friedhöfen, um mit Gesängen die Toten zu ehren. An den Karprozessionen beteiligen sich alle sieben Kolonialkirchen, unter anderem mit dem *paso robado,* einer feierlichen Schrittfolge traditioneller Selbstkasteiung, die ein wenig an die Echternacher Springprozession erinnert: zwei vor, einer zurück. In Egipto, einem bescheidenen *Barrio* über der Innenstadt von Bogotá, inszenieren die Bewohner rund um ihre eindrucksvolle Kirche den Kreuzweg.

Eine der größten Attraktionen für Osterpilger ist bis heute die Kleinstadt **Popayán** (Cauca), seit ihrer frühen Gründung im Jahr 1536 lange Zeit das

religiöse wie weltliche Zentrum des Landes. Die hier durchgeführte Prozession ist die größte des Landes. Der Männerorden der Nazarener gibt mit seinen violetten Kapuzen den Passionsspielen einen ebenso farbenfrohen wie feierlichen Anstrich. Popayán sucht in letzter Zeit das große Interesse der Gläubigen zur Stärkung seiner touristischen Ambitionen zu nutzen; die Osterfestivitäten, von der UNESCO in die Liste der Weltkulturerbe aufgenommen, werden seit 1960 von einem anspruchsvollen Festival für Kirchenmusik und einer nationalen Orchideenschau begleitet. Bislang aber blieb der ernsthafte religiöse Charakter der Umzüge intakt.

An regionalen und lokalen Festen mangelt es nicht. Besonders zu empfehlen ist der Besuch von national bedeutenden **Musikfestivals** wie in Valledupar (Vallenato) oder Cali *(Petronio Álvarez, Música del Pacífico).* Neue und zunehmend international bespielte Festivals bereichern seit einiger Zeit das Kulturleben des Landes. Dazu zählen die großen Theaterfestivals in Manizales und Bogotá, die Hauptstadtevents *Rock al Parque* und *Jazz al Parque,* das klassische *Festival Internacional de Música,* das *Hay-Festival* der Literatur sowie die internationalen Filmfestspiele in Cartagena.

Den nationalen **Unabhängigkeitstag** begeht die Nation am 20. Juli. Am 25. Mai jeden Jahres feiern (seit 2001) die *negritudes* den **„Día de la Afrocolombianidad"** – den Tag, an dem im Jahre 1851 die Sklaverei abgeschafft wurde. An traditionsreichen indigenen Zeremonien und Festen teilzuhaben, ist meist mit etwas mehr Aufwand und Taktgefühl verbunden. Wer sich dort hingezogen fühlt, könnte etwa beim *Festival de la cultura Wayúu* in Uribia (La Guajira) Einblicke in das Leben eines indigenen Volkes erhalten.

⌃ Popayán: stürmisches Motorradrennen der Einheimischen zum neuen Jahr

Puente: eine kolumbianische Besonderheit

Eine kolumbianische Spezialität sind die mit Sternchen (*) markierten Feiertage, die vom jeweiligen Wochentag ganz pragmatisch auf den darauf folgenden Montag verschoben werden. Die so entstehenden **Brückenwochenenden** (*puentes*) ermöglichen der angestellten Bevölkerung, durchschnittlich einmal im Monat mit einem verlängerten 3-Tages-Wochenende ihr ansonsten bescheidenes Urlaubskontingent bis zum Jahresende aufzusparen, wenn das ganze Land für zwei Wochen kollektiv in die Ferien geht. Besucher sollten sich darauf einstellen, dass in der Zeit zwischen Weihnachten und Epiphanias (6. Januar), wenn nicht sogar noch eine Woche darauf, die meisten offiziellen Einrichtungen geschlossen bleiben oder nur bedingt funktionstüchtig sind.

Folgende Festtage werden als Nationalfeiertage geführt:

Kolumbianische Nationalfeiertage

Datum	Name	(deutsche Entsprechung)
1. Januar	Año Nuevo	Neujahr
6. Januar *	Epifanía/3 Reyes Magos	Dreikönigstag
19. März *	San José	Sankt Josef
Nicht fixiert	Jueves Santo	Gründonnerstag
Nicht fixiert	Viernes Santo	Karfreitag
1. Mai	Día del Trabajo	Tag der Arbeit
Nicht fixiert *	Ascensión del Señor	Christi Himmelfahrt
Nicht fixiert *	Corpus Christi	Fronleichnam
Nicht fixiert *	Sagrado Corazón	Herz-Jesu-Fest
17.–18. Juni *	Día del Padre	Vatertag
20. Juli	Día de la Independencia	Tag der Unabhängigkeit
7. August	Batalla de Boyacá	Tag der Befreiung
15. August	Asunción de la Virgen	Mariä Himmelfahrt
12. Oktober *	Día de la Raza	„Tag der Rasse" (Kolumbus-Tag)
1. November *	Día de Todos los Santos	Allerheiligen
11. November *	Independencia de Cartagena	Unabhängigkeit von Cartagena
8. Dezember *	Inmaculada Concepción	Maria Empfängnis
25. Dezember	Navidad	Weihnachten

Image und Identität: nationale Symbole, Regionalismus, Lokalpatriotismus

Aus Anlass der 200-Jahr-Feierlichkeiten im Jahr 2010 wurden landauf, landab einmal mehr der Patriotismus beschworen, Flaggen gehisst, Militärparaden organisiert und Hymnen auf die bolivarische Revolution angestimmt. **Einheit, Kontinuität, Grandezza** – welche Nation behauptet das nicht gerne von sich? Doch Kolumbien ist zugleich ein Land größter Vielfalt: Über 60 Sprachen werden hier gesprochen, die Biodiversität gilt weltweit als einzigartig. Anstelle der Beschwörung der einen Nation mit vermeintlich homogener Bevölkerung tritt heute, wenngleich vielerorts noch zaghaft, das Bild eines Kolumbiens, das sich aus vielen Kulturen und Regionen speist und sich zu befreien beginnt vom Schatten, den der Terror im Leben und in den Köpfen der Menschen hinterlassen hat.

Colombia es ... pasión!?

Die Kampagne war von langer Hand professionell vorbereitet worden. Fünfzig Großunternehmen hatten beschlossen, das Image Kolumbiens aufzupolieren und von heute auf morgen standen, lagen oder schwebten im ganzen Land rote Herzen.

Das Logo sollte wie andernorts auch Touristen und Investoren anziehen, den Export ankurbeln helfen und nicht zuletzt den Bewohnern selbst den lange gehegten Glauben endgültig zurückgeben, dass sie etwas Besonderes verbinde, etwas Einzigartiges, auf das sie stolz sein können, und dass es diese Gemeinsamkeit sei, die es zu erhalten und immer wieder neu zu entdecken gelte. Zu diesem Zweck bereiste der US-amerikanische Markendesigner *David Lightle,* der zuvor schon Nationen wie Australien oder Thailand beraten hatte, sechs Monate lang den Andenstaat und wählte am Ende mit *que somos berracos* („Was sind wir für Zuchtschweine") jene Umschreibung des kolumbianischen Supermanns, der das Unmögliche schafft.

Der Kolumbianismus *berraco,* das Mastschwein – ein Prachtexemplar, bei dem die *cojones* (wörtlich Hoden, umgangssprachl. „Donnerwetter! Hat der Schneid!") mitschwingen, – ließ sich verständlicherweise nur schwer ins Ausland transportieren. Kurzerhand machten die Werbeleute um *Lightle* daraus den ebenso anmaßenden wie eingängigen Slogan „*Colombia es pasión",* „Kolumbien ist Leidenschaft". Das also war die mit großem Aufwand kondensierte Botschaft an alle im Lande und darüber hinaus: Wir in Kolumbien; was uns ausmacht und eint, ist pure Passion.

Man muss **Imagekampagnen** nicht mögen, aber dass sich die Kolumbianer in den letzten Jahrzehnten weltweit einen zweifelhaften und durchaus verbesserungswürdigen Ruf erworben haben wie kaum ein zweites Volk, steht außer Frage.

Das Bild, das man sich außerhalb der Grenzen von diesem Land macht, ist schnell skizziert: Mit Kolumbien assoziiert man gemeinhin Drogenhandel, Gewalt, Guerilla und vielleicht noch Kaffee. Belesene verweisen auf den Literaturnobelpreisträger *Gabriel García Márquez,* Kunstliebhaber auf *Botero,* Musikfans auf *Shakira,* während die Sportfreunde sich eines gelbhaarigen

092kb Foto: os

Struwwelpeters erinnern, „El Pibe" genannt, alias *Carlos Valderrama,* der dem späteren Fußballweltmeister Deutschland 1990 in der Vorrunde ein Unentschieden abrang. **Ein Land reduziert auf ein paar Versatzstücke,** die meisten von gestern oder vorgestern.

Wenn (Fremd-)Bilder wie diese sich in den Köpfen von Menschen festsetzen, können sich Stereotypen fraglos auch mit der Selbstwahrnehmung der Landesbewohner vermischen. Im Falle Kolumbiens scheint das der Fall zu sein. Die meisten Kolumbianer sind sich bewusst, dass sie einen schlechten Ruf genießen. Bis vor Kurzem noch wurde das Land international wie ein gescheiterter Staat behandelt. Wo sie auftauchen, werden Kolumbianer an Grenzposten als Drogenkuriere verdächtigt. Die einen nehmen das achselzuckend zur Kenntnis, andere mit Bitterkeit. Dankbar sind sie allemal, wenn dem Fremden auch anderes einfällt zum Land und seinen Bewohnern.

So überrascht es nicht, wenn sich staatliche Stellen gemeinsam mit den Wirtschaftsverbänden Gedanken darüber machen, wie das etwas leidige Bild der Kolumbianer in der Welt wieder positiv zu besetzen sei. Die PR-Kampagne *Colombia es pasión,* die vor mehr als fünf Jahren mit viel Aufwand ins Leben gerufen wurde, um das Gefühl nationaler Verbun-

⌃ Der Sombrero: nationales Symbol

denheit zu stärken, lief indes unvermindert weiter. Der Slogan und die Herzskulpturen blieben sichtbarer Bezugspunkt im ganzen Land – und als solcher unvermindert umstritten. Meinen die einen, die Initiative bringe ein Lebensgefühl auf den Punkt, halten sie andere für einen ebenso zynischen wie sinnlosen Versuch, die allgegenwärtige Gewaltbereitschaft mit Leidenschaft schönzureden.

Erheblich größere Sympathien erhält unterdessen ein anderer Werbespruch, der dem anhaltenden Konflikt im Land Rechnung trägt und ihn zugleich liebevoll ironisch bricht: *El riesgo es que te quieras quedar*, das einzige „Risiko", das der Besucher und Gast eingehe, ist demnach, dass er „nicht wieder weg will".

Hymne, Trikolore und Sombrero

Gottesehrfurcht und Schicksalsgläubigkeit: Dass mit dieser weitverbreiteten Einstellung allein nur schwer ein Staat zu machen ist, kann man sich nur zu gut vorstellen. Gerade im Privatsektor aber arbeiten viele gründlich ausgebildet und ehrgeizig an ihren Karrieren. So überrascht es schon weit weniger, wenn Politiker und ihre Stäbe sich gemeinsam mit den Wirtschaftsverbänden Gedanken darüber machen, wie das leidige Bild der Kolumbianer in der Welt zu verbessern und wieder positiv zu besetzen sei. Ganz von vorne müssen sie dabei nicht anfangen, denn ein von oben verordneter Patriotismus hat auch in Kolumbien seit der formellen Unabhängigkeit im Jahre 1811 Tradition. So tönt die Nationalhymne, deren elf Strophen viele Heimatverbundene selbstverständlich zu den weltweit schönsten ihrer Art zählen, jeden Abend um 18 Uhr per Dekret landesweit aus allen Radiokanälen. Jedes Schulkind lernt von klein auf, dass die Nationalfarben den Charakter des Volkes einfangen sollten: Blau steht für die beiden Meere an den Küsten, gelb für das Gold und den Reichtum des Landes, rot für das vergossene Blut, mit dem die Unabhängigkeit der Heimat erkämpft wurde. Dass indes der Freiheitsheld *Simón Bolívar* die **Trikolore** einst für ein Territorium vorgesehen hatte, das auch das heutige Ecuador, Panama und Venezuela umfassen würde, wird in den Schulbüchern nurmehr gestreift. Darüber hinaus erkennt auch ein Analphabet das Landeswappen und die allermeisten seiner Mitbürger wären imstande, den auf dem Wappen sitzenden, vom Aussterben bedrohten Nationalvogel mit der weißen Halskrause zu benennen: den **Kondor.** Andererseits wird schon beim 1985 per Gesetz definierten Nationalbaum (*palma de cera del Quindío*) oder dem nach offizieller Lesart als national deklarierten Volkstanz (*la cumbia*) die Willkür deutlich, mit der staatliche Behörden die Vielfalt des Landes auf einen symbolischen Nenner bringen wollen.

Es ist also Vorsicht geboten bei dem Versuch, das zu identifizieren, was die Kolumbianer selbst als das „Ihre" und „Eigene" betrachten. Um landläufige Beobachtungen nicht allzu voreilig als „kolumbianisch" zu brandmarken, legte das renommierte Wochenblatt Semana 395.000 Lesern unlängst fünfzig Objekte vor, unter denen sie ihr nationales Symbol online auswählen sollten. Auf den ersten zehn Plätzen landeten unter anderem die Legende von El Dorado, der Smaragd und die schon erwähnte dreifarbige Nationalflagge. Bronze erhielt der Karneval von Barranquilla, die Silbermedaille der Kaffee.

Mit Abstand ganz oben auf dem Siegerpodest und damit auf Augenhöhe mit anderen Nationalsymbolen wie dem australischen Känguru, dem irischen Kleeblatt, dem Schweizer Kreuz oder dem deutschen Bundesadler landete bei den befragten Kolumbianern ein Handwerksprodukt vom Lande: **„el sombrero vueltiao",** der aus Fasern des Zuckerrohrs geflochtene, breitkrempige und Schatten spendende Hut der Feldarbeiter.

Unter den zehn Persönlichkeiten, die Landesbewohner als repräsentativ sehen, tauchen in derselben Untersuchung selbstredend Popstars unserer Zeit wie *Shakira* und *Juanes* oder Altmeister *Gabriel García Márquez* auf. Ausdrücklich ausgeschlossen von diesem Beliebtheitswettberb war *Pablo Escobar,* der berüchtigte Drogenkönig und wohl bekannteste Gangster der jüngsten Vergangenheit. Das Rennen aber machte am Ende die Ikone aller Bauern und Landarbeiter *(campesinos),* **Juan Valdez.** Eine Unschuld verkörpernde Kunstfigur, die seit vierzig Jahren Kaffee erntet und ihn – immergleich mit **Sombrero, Poncho und Esel Conchita** an seiner Seite – gleichsam wie der Marlboro-Mann aller Kaffeeplantagen – bewirbt.

⌂ Die Trikolore – oben auf der Festung San Felipe de Barajas in Cartagena

Kolumbianische Aushängeschilder

So wie anderswo die Marke *Hoover* inzwischen für die Gattung Staubsauger schlechthin steht, erkennen Kolumbianer auch manche ihrer heimischen Produkte bereits aus weiter Ferne, zum Beispiel Avianca, die erste nationale Fluglinie, oder den allgegenwärtigen Getränkekonzern *Postobon* und seine *Colombiana,* die andinische Alternative zum Cola-Getränk. Oder etwa Bavaria, einst als Bavaria Kopp's Deutsche Bierbrauerei 1891 in Bogotá gegründet, heute Edelstoff im Arsenal des Weltkonzerns SAB-Miller. In der Semana-Untersuchung (2010) steht eine Marke ganz oben, die mit Millionenaufwand seit über vierzig Jahren von der Federación Nacional de Cafeteros in Szene gesetzt wird. Ein Mann und sein Esel vor der spitzen Andenkette: mit diesem **Logo des „Café de Colombia"** identifizieren sich gegenwärtig die meisten Landsleute.

Gemeinsame Bezugsräume und kollektive historische Erfahrungen machen eine solch weitgehende Anerkennung langlebiger Ikonen erst möglich. Darin spiegeln sich das menschliche Bedürfnis nach Solidarität und sinnstiftendem Zusammenhalt, andererseits auch politische und ökonomische Machtkonstellationen der Gegenwart. Taugte im ausgehenden 19. Jahrhundert noch der Tabak als Sinnbild für ein prosperierendes Land, ist es heute der Kaffee und mit etwas Fantasie kann man sich ausmalen, dass das Vorzeigeprodukt in einem halben Jahrhundert wieder ein ganz anderes sein wird.

Identitätsstiftende Symbole sind somit immer auch Spiegel ihrer Zeit, sie sagen bei näherem Hinsehen viel aus über politische, moralische oder wirtschaftliche Beziehungen innerhalb des Landes. So ist es kein Zufall, wenn die allermeisten Kolumbianer bei der Frage nach dem kolumbianischsten Fluss nicht an den Orinoko oder Amazonas denken (beide haben ihre Quellen nicht in Kolumbien, sondern in Venezuela und Peru), sondern an den für die Siedlungsgeschichte so einflussreichen **Río Magdalena.** Auch wenn die Llanos-Ebene große Gebiete im Osten des Staatsterritoriums umfasst, versteht sich die Bevölkerung mehrheitlich offenbar noch immer vor allem als ein von den Andenkordilleren geprägtes Bergvolk, mit einem starken kulturellen Bezug zum Karibikraum.

Oder man nehme noch einmal die einprägsamen Beispiele der Kaffeebohne und ihres Vorgängers, des Tabakblatts als Nationalsymbol. Natürlich kämen auch andere Pflanzen wie landesweit angebaute Gemüsesorten dafür in Frage. Nur ist etwa die Kartoffel, auch in moderatem Klima leicht anzubauen, eben nicht annähernd so exportfähig wie Kaffee. Und die Kokapflanze wird zwar ihrerseits mit großem Gewinn exportiert, doch wegen der besonders problematischen Nebeneffekte einer Drogenökonomie sehen viele Kolumbianer diese Erfolgsgeschichte verständlicherweise mit gemischten Gefühlen.

Und dennoch drängt sich der Eindruck auf: Im Vergleich mit vielen anderen Ländern scheint in Kolumbien die Identifikation mit der Nation nicht besonders tief verwurzelt zu sein. Ob es an der zerklüfteten Geografie des Landes liegt, an der unterentwickelten kollektiven Infrastruktur oder einer Hauptstadt, die für die kulturelle Entwicklung im Land lange Zeit eine untergeordnete Bedeutung hatte? Identifikation bieten auch Angebote, die von anderen Institutionen als der Nation gestiftet werden. Man denke an die Familie, die Kirchen, die sagenhaften Telenovela-Gemeinden oder – ungleich lokaler – die Fußballmannschaft im *Barrio,* den elitären Jockeyklub, den legendären Friseursalon um die Ecke. Vergleichende Kulturforscher wie *Armando Silva* gehen deshalb davon aus, dass kollektive Identität in Kolumbien nur sehr bedingt über „die Nation" hergestellt wird: „Wie im Spanischen haben wir stattdessen ausgeprägte regionale Besonderheiten entwickelt." Regionales Sonderbewusstsein, das fällt auch dem flüchtigen Reisenden auf, spielt im Alltag der Andenbewohner eine große Rolle.

Regionale Besonderheiten

Während nämlich der Staat darum bemüht ist, seine Bürger von ihrem Land zu überzeugen, ihre Identifikation mit seiner wechselhaften Geschichte zu stärken und auch Außenstehende mit den unheilvollen Anteilen der Kultur – dem *demonio interior,* dem „Seelendämonen", wie der große mexikanische Schriftsteller *Carlos Fuentes* sagt – zu versöhnen, ist der Alltag der Bürger vor Ort geprägt von der Vielfältigkeit des Landes, seiner Geografie und seiner Folklore, seiner Musik und seinen Moden, seinen Sprachen und Dialekten.

Klischees und tatsächliche Differenzen zwischen den acht innerhalb Kolumbiens identifizierbaren regionalen Kulturen sind freilich oft nicht leicht voneinander zu trennen. So wimmelt es von Witzen über **„pastusos",** die Bewohner der Region Pasto im Südwesten des Landes. Diese stapfen angeblich ostfriesengleich von einem Fettnäpfchen ins nächste, obwohl offizielle Zahlen für diesen Landesteil überdurchschnittliche Schulerfolge ermittelt haben. Was man sich andernorts über die Bewohner Antioquias, die sogenannten **„paisas",** erzählt, erinnert in Vielem an das Image, das man in Mitteleuropa den Bayern oder den Schwaben zuschreibt: hauptsächlich agrarisch strukturiert, patent und gut organisiert, innovativ und kommerziell erfolgreich. **„Costeños",** die Küstenbewohner im Norden, leben ihrerseits mit und bisweilen von ihrem Image als karibische Ant-

094kb Foto: os

wort auf Frankreichs *savoir vivre.* Nirgendwo boomt die Baubranche mehr als an den Stränden zwischen Cartagena und Santa Marta. Hier zieht es die reichen Städter aus der Hauptstadt hin. Ein langes Wochenende und Urlaub am Meer immer gerne, aber dort leben und Geld verdienen müssen – da möchten schon weit weniger Inländer mit den *costeños* tauschen. Zu lässig ginge es bei Geschäften zu, zu lax sei das Gebaren, zu stickig die Luft im Sommer und zu ungenau die Zahlungsmoral. Wenn das restliche Land von *la costa* spricht, klingt das wie in unseren Breitengraden vielleicht die Rede von Sizilien: Traumhaft schön sei das Leben am Meer – doch nur für eine Auszeit. Natürlich sagen solch verallgemeinernde Aussagen über die benannten Landstriche meist weniger aus als über den Menschen, der sie macht. Zuschreibung und Abgrenzung gehen bei derlei Benennungsversuchen Hand in Hand. Dasselbe gilt für den **Lokalpatriotismus,** der auch in Kolumbien bunte Blüten treibt.

Lokalpatriotismus

Denn der kulturelle Reichtum Kolumbiens spiegelt sich in seinen Dörfern und Städten wider. Dort sind die Menschen zu Hause, dort leben sie ihr Leben. Diese Orte sind die eigentlichen Hüter jeder doch immer in Bewegung befindlichen Identität, die man gerne an der Frage nach dem „Was heißt es, Kolumbianer zu sein?" festmachen möchte. A wie Aracataca, B wie Bogotá, C wie Cali oder M wie Medellín: **Kolumbiens Städte** reflektieren die historische Vielfalt der Besiedlungsgeschichte des Landes. Jede Stadt erzählt eine andere Geschichte. Jede Stadt hat ihr eigenes Muster von Hinzugezogenen und Weitergezogenen. Die Gebäude, die Plaza, die Straße, sie alle reflektieren die Art und Weise, wie sich die Menschen ihren Unterhalt erarbeiten und das Zusammenleben organisieren. Städtische Identität, die Seele von Orten, lässt sich an den Fassaden und Farben, an ihren Räumen ablesen.

Ob diese lokale Seele mit einem offiziellen Werbespruch, den viele Kommunen heute für unverzichtbar halten, gut getroffen wird, ist eine ganz andere Frage. Slogans bedienen zum guten Teil auch die Sehnsucht der Menschen nach Mythen, Einfachheit und Verheißung. Die **Hauptstadt Bogotá** im kühlen Hochland Cundinamarcas versucht so, das Beste aus ihrer klimatisch wenig attraktiven Lage zu machen und verkauft sich als „Stadt unter dem Himmel", *2600 metros más cerca de las estrellas* (wörtl.: „2600 Meter näher dran an den Sternen").

Die **zweitwichtigste Stadt Medellín,** lange Zeit berüchtigt für ihr Drogenkartell und noch heute Schauplatz blutiger Bandenkriege, macht sich unterdessen das sanfte Klima im Vorandenland zu eigen. Das Wort von der „Stadt des ewigen Frühlings", *la ciudad de la eterna primavera,* darf in keiner journalistischen oder touristischen Beschreibung fehlen. **Cali,** die von afrokolumbianischen Traditionen geprägte und gleichermaßen als Salsa-Metropole und Drogenumschlagplatz bekannt gewordene Stadt im Süden des Landes, firmiert in der populären Vorstellung als *sucursal del cielo,* „die Filiale des Himmels". **Barranquilla,** als wichtigste Hafenstadt bis heute Einfallstor zahlloser Einwanderer und eine bedeutende Industriestadt, entsprechend rau und zugleich karibisch karnevalesk geprägt, wird im Volksmund keck als *Curramba, la bella,* „die dralle Curramba", aufgehübscht. So nett die Sprüche auch sein mögen, sie können eines nicht verdecken: Menschen reden sich auch in Kolumbien ihre oftmals unwirtlichen Städte schöner, als sie sind.

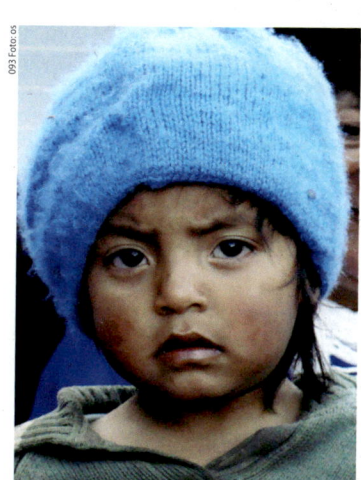

(093 Foto: os)

◁ Die Palma de Cera (Wachspalme) ist als Nationalbaum geschützt

▷ Mädchen in einem Guambino-Reservat in den Bergen bei Silvia

Zurück in die Zukunft:
Denkweisen und Lebensgefühl

Über die Existenz von Mentalitäten kann man trefflich streiten. Doch wenig Zweifel gibt es daran, dass einem Gast manches Verhaltensmuster in der Fremde „spanisch vorkommt" oder häufiger begegnet, als er es von anderswo gewohnt ist. Dies lässt nun nicht gleich auf das Verhalten eines jeden Einzelnen – vielleicht nicht einmal auf das einer Mehrheit – schließen, aber durchaus auf gewisse allgemeine Dispositionen, die im kulturellen Nährboden angelegt sind.

In Kolumbien haben die **historischen Erfahrungen** von Kolonialzeit und Kirchenfrömmigkeit, von Untertanentum, Sklaverei und Unterentwicklung, von Armut und Terror eines nicht enden wollenden Konflikts ihre Spuren im kollektiven Bewusstsein der Menschen hinterlassen. Aber mindestens ebenso haben dies die Auseinandersetzung mit dem tropischen Klima, mit der Naturverbundenheit der indigenen Völker und mit den Lebensweisen einer bis vor Kurzem fast ausschließlich agrarischen Gesellschaft, deren zeitgenössische Ausprägung zu großen Teilen (inzwischen gut jeder sechste Kolumbianer) im Banne Bogotás, einer ausufernden industriellen Megacity, lebt. Die hier dargestellten Denkmuster und Verhaltensweisen sind weder erschöpfend noch als Pauschalurteile zu verstehen. Man kann nicht genug betonen, dass es auch in Kolumbien einen großen **Pluralismus von Lebensformen** gibt: dass die Rede von „den" Kolumbianern natürlich eine gemeine Verkürzung einer sehr viel differenzierteren gesellschaftlichen Wirklichkeit bedeutet. Und dennoch seien ein paar pointierte Beobachtungen zum Lebensgefühl im Lande erlaubt, hinter denen man so etwas wie „Kolumbianität" zu entdecken glaubt.

Kultur ist selten nur das eine oder das andere, eher ein „sowohl als auch". Und somit auch die Art und Weise, wie die Spannungszustände zwischen dem eigentlich Unvereinbaren, dem Ungleichzeitigen und dem Widersprüchlichen verarbeitet werden. Viele auf den ersten Blick charakteristisch erscheinende Züge wird man auch anderswo, gar an sich selbst entdecken können, in ihrer Mischung mögen sie aber vielleicht dennoch das eine oder andere Mal typisch für diese tropische Andenregion sein.

▷ „Überleben in Würde": Wir bleiben unsichtbar, doch die Selbstachtung kann man uns nicht nehmen

Chaos und Gleichmut: existenzielle Grunderfahrungen

Zum Lebensgefühl einer gleichermaßen sich dynamisch entwickelnden und oft von der Entwicklung überrollten Region gehört die Erwartung, dass der **Alltag nicht planbar** ist und die Erfahrung, dass es, sollte er denn doch geplant werden, am Ende vermutlich anders kommt als gedacht. **„Complicado",** also kompliziert, ist gemeinhin das Adjektiv, mit dem viele Kolumbianer die Begleiterscheinungen des bewaffneten Konflikts umschreiben. *Complicado* ist im Alltagswortschatz interessanterweise aber auch das, was aus europäischer Sicht mit etwas Planung und Voraussicht lösbar erscheint.

Der Hauptstadttechniker hat sich drei Kunden gleichzeitig angekündigt, lässt jedoch gerne mit der offensichtlichen Notlüge auf sich warten, dass er noch im Stau stehe – **„el trancón!"** Der Verkehr bricht dort tatsächlich oft zusammen, weil sich die Stadtoberen – **„los políticos!"** – seit drei Jahrzehnten nicht auf eine Metro oder Regionalbahn haben verständigen können, aber auch, weil Baustellen wegen Geldmangels stillstehen – klare Sache, **„la corrupción!"** – oder unsachgemäß abgesichert wurde. Auf dem Land wird bevorzugt **„el clima"** für allerhand alltägliche Unbill verantwortlich gemacht: Hunderte von kleineren und größeren Bergrutschen verschütten regelmäßig die wenigen ausgebauten Fernverbindungen zwischen Küste und andinischem Hochland; die zahlreichen Regionalflughäfen bieten jedoch oft keine Alternative: Sie müssen mangels adäquater Bodenkontrollsysteme bei jedem (für Äquatornähe allerdings typischen) starken Regen schließen.

Das **(Ab-)Warten gehört zum Alltag** in Kolumbien irgendwie dazu. Die Fernfahrer sitzen dann die Tage aus, bis die Straße wieder frei ist; und die Flugreisenden, die oft keinen anderen Ausweg aus den entlegenen Gegenden haben als die Propellermaschinen, fahren eben mal jeden Mittag zu ihrer Abflughalle, um zu sehen, ob die Landebahn wieder startklar ist.

Was anderswo als Scheitern bezeichnet wird, gilt hier oft nur als weiterer Rückschlag, den man zu ertragen hat, ein formelhafter Trost dafür, dass irgendwie nichts (richtig) von Dauer scheint, zumindest nicht lange. Das **Leben geht schließlich weiter,** muss ja, irgendwie. In Kolumbien sei es leichter, mit dem Schlimmsten zu rechnen, als auf eine grundlegende Besserung der Lage zu hoffen, fasst der frühere Wirtschafts- und Verkehrsminister *Mauricio Cárdenas* diese Grundhaltung vieler seiner Landsleute zusammen. In diesem demütigen Gleichmut, der planwütigen und strukturverwöhnten Gästen manchmal übernatürlich gelassen, mal irrwitzig fatalistisch vorkommt, steckt freilich eine große Ressource: Den Dingen so begegnen zu können, wie sie kommen, und das vermeintliche wie das tatsächliche „Chaos" des Alltags als Normalität zu begreifen.

Wer hält sich schon daran?
Normverletzung und Bürgersinn im Alltag

Schon in der Kolonialzeit sagte man sich: Den Befehlen des Vizekönigs (*virrey*) „gehorcht man, aber man führt sie nicht aus." Die Umsetzung oblag immer schon den jeweiligen Bürokraten vor Ort und die hatten einen unter den kolonialen Untertanen gewachsenen Gedankenreflex verinnerlicht, dass das in der spanischen Metropole geschmiedete Recht nicht das Interesse der Menschen in Übersee reflektiere. Ja mehr noch, dass die Kolonien ein natürliches Recht hätten, sich zu verteidigen und die **Vorgaben** aus Spanien **nach ihren Interessen zu biegen.**

Dieser Reflex hat sich bis heute bewahrt. Geht es um die Erhöhung von Steuern oder den nächsten Korruptionsfall in staatlichen Behörden, hört man überall das achselzuckende Seufzen: „Was geben wir denen das Geld, es wird uns am Ende nur geraubt!" Ob es um das Eintreiben von Steuern, den obligatorischen Militärdienst oder die Anwendung der Bauordnung geht – allenthalben erfahren die Bürger von Ausnahmen, beliebigen Ausreden oder ganz **offenkundiger Missachtung der Gesetzeslage.** Dieser Widerstand gegen die Anwendung von Recht und Gesetz ist Teil eines **Spiels mit der Obrigkeit.** Der Versuch ist es vielen wert, eine drohende Bestrafung gilt nicht vorrangig als soziale Ächtung und führt nicht zum Reputationsverlust.

Geldstrafen, Gefängnis oder das eigene (Über-)Leben werden in bestimmten Kreisen der Gesellschaft als legitimer **Preis im alltäglichen Überlebenskampf** gesehen. Das Recht ist in dieser Sicht nicht eine soziale Norm, die es einzuhalten oder auf politischem Weg zu verändern gilt, sondern nur ein weiteres Element im gesellschaftlichen Alltag, das man je nach Eigeninteresse mal mehr, mal weniger beachtet.

Unter diesen Voraussetzungen hat das öffentliche Gut als eine verteidigungswürdige Errungenschaft in Kolumbien noch immer einen schwachen Stand. Wo **Angst und Misstrauen** regieren, tut ein Konzept wie „Bürgerpflicht" sich schwer. Strafanzeigen (denuncias) im Falle von Gesetzesbrüchen waren lange Zeit sozial so gut wie geächtet. Der Anzeigende gilt in den Augen vieler Mitmenschen als sapo („Kröte"), schon die Zusammenarbeit mit den Behörden als Verrat. Allzu oft bleiben Täter ohne Strafverfolgung, die Furcht vor Racheakten ist in Gegenden, in denen der Staat noch nie die Kontrolle besaß, noch immer groß. Unter diesen Umständen ist es nicht verwunderlich, dass nur ein gutes Viertel der tatsächlich begangenen Straftaten in diesem Land überhaupt angezeigt wird.

Doch gleichzeitig wächst ein Bewusstsein, in dem diese Sichtweise nicht weiter hinnehmbar erscheint. Gegen die Erfahrung vom Recht als Spielball der Einzelinteressen hat sich in den letzten Jahren eine regelrechte Bürgerbewegung geformt, die im früheren Bürgermeister von Bogotá, Antanas Mockus, ein öffentlichkeitswirksames Sprachrohr fand.

„No todo vale", nicht jedes Verhaltens sei tolerierbar, lautet das Credo. Unter dem politischen Weckruf einer neuen Stadtkultur (cultura ciudadana) leitete Mockus während seiner beiden Amtszeiten die Hauptstadtgesellschaft zu mehr Rücksicht und Gesetzestreue an. Mit spielerischem Ernst, etwa dem Einsatz von Pantomimen und Theatergruppen in den Straßen, unterzog er seine Stadtbevölkerung einer Art Volkshochschule in Sachen ziviler Umgang, Verkehrserziehung und Verhalten im öffentlichen Raum. Die Ansätze sind vielversprechend und finden überall im Land Nachahmer. Viele Aufrichtige und Mutige setzen sich an allen Enden und Ecken gegen Rücksichtslosigkeiten zur Wehr. Weil aber Bürgersinn im steten Kampf „aller gegen alle" etwas verkümmert geblieben war, muss sich die Vorstellung einer gesellschaftlichen Verantwortung des Einzelnen oft erst noch mühsam durchsetzen.

Der Traum vom schnellen Geld

Ein Grund für die anhaltende Schwäche der Idee des Gemeinwohls ist eine **machtvolle Mafiakultur.** Deren umsatzstarke Machenschaften haben in den letzten Jahrzehnten über das Geschäftsmodell hinaus immer mehr

Bereiche des gesellschaftlichen Lebens erfasst. Der materiell für viele äußerst lukrative Drogenhandel hat nicht zuletzt den uralten Glauben belebt, dass sich **Geld alles** kaufen kann.

Als Paradebeispiel dient **La Catedral,** das Gefängnis, das eigens für den Gangsterboss *Pablo Escobar* gebaut wurde, als dieser sich den Behörden stellte. Dort stiegen Partys und besuchten ihn einflussreiche Politiker, dort suchte er schließlich das Weite, als es ihm an der Zeit schien – durch die Vordertür, welche die entsprechend entlohnten Wachen eigens für ihn offengelassen hatten.

Diese offenkundige Verhöhnung des Staates blieb **nicht ohne Wirkung auf die politischen und wirtschaftlichen Eliten des Landes.** Eine expandierende organisierte Kriminalität erschloss sich immer neue Geschäftsfelder und bedrängte mit ihrem Gebaren die vielen, die weiterhin auf legalem Wege den Alltag bestritten, durch beispielsweise notorisch krumme Geschäfte in der Baubranche, Finanzpyramiden in der Investorenbranche oder hinter den Kulissen der staatlichen Pensionskassen, das boomende Lotteriebusiness mit der Hoffnung der Unterprivilegierten oder das dubiose Gebaren im kolumbianischen Fußball, der eine Zeit lang vom Drogengeschäft verschluckt zu werden drohte. Als sich der später siegreiche Präsidentschaftskandidat *Ernesto Samper* 1994 im Wahlkampf vom Cali-Kartell finanzieren ließ, war die Botschaft angekommen: Der **schnell verdiente Peso** hatte sich, wenn man so will, **als kulturelle Leitwährung etabliert.**

Auch an den „kleinen Leuten" zieht diese Moral nicht spurlos vorbei. „Sin tetas no hay paraíso" („Ohne Brüste kein Paradies"), die populäre und kommerziell erfolgreiche Telenovela hat dieser Orientierung in ein etwas klischeebehaftetes, aber passendes Bild gepresst: Eine junge Frau aus bescheidenen Verhältnissen verspricht sich mittels geschenkter Brust-OPs ein besseres Leben und noch im jungen Alter nichts anderes als den Aufstieg in die Geld und Glamour versprechende Szene der neureichen Drogendealer und deren Günstlingen. Inzwischen gibt es auch für immer mehr Mittelstandgirls nichts Größeres, als sich zum 15. Geburtstag einen neuen Busen schenken zu lassen. Wer will es ihnen verdenken? Die Rollenvorbilder laufen tagtäglich über den Bildschirm und durch die Straßen. Die Versuchung ist verständlicherweise groß bei diesem Spiel um gesellschaftliche Anerkennung, sie färbt ebenso die Vorstellungswelt in der Oberschicht und bei den über 50-Jährigen. Längst haben sich die Grenzen zwischen der „alten" Oberschicht und dem Luxus der Parvenüs zu verwischen begonnen.

Die Behörden machen sich diese von den Drogenmilliarden beflügelte Konsumhaltung in den letzten Jahren ebenfalls zunutze und bieten ihren Bürgern **für die Mithilfe bei Strafverfolgungen** unverblümt **finanzielle Entlohnungen.**

„Gelegenheit macht Diebe": Misstrauen und eine gewisse Schlitzohrigkeit als Überlebensstrategie

Ein Pendant zum Glauben ans schnelle Geld ist das von Kindesbeinen an geschulte Misstrauen gegenüber dem leichtfertigen Ausgeben der Pesos. **„No dar papaya y no perder papaya",** ist ein geflügeltes Wort in kolumbianischen Kinderstuben, man solle ja „keine Papayas verschenken und sie auch nicht verlieren".

Dar papaya, also seine Papayas zu verteilen, bedeutet, sich von anderen ausnutzen zu lassen. Wer sein Handy im Café auf den Tisch legt, wer im Bus seine Münzen zählt oder in der Schlange Abstand zwischen sich und seinem Vordermann entstehen lässt, ist selber schuld, wenn er am Ende das Nachsehen hat. Als leichtfertig gilt, wer das Wechselgeld nicht nachzählt oder an der Ampel die Fensterscheibe heruntergekurbelt hat, zumal wer das Handy am Ohr hält oder eine schöne Halskette offen am Hals trägt. Blöd in diesem Sinne sind nicht die Diebe, sondern die Betroffenen, die ihnen diese Gelegenheit geboten haben.

⊠ Ende einer Flucht: Drogenboss Pablo Escobar, gezeichnet von Botero, gegenwärtig Kolumbiens renommiertester Künstler von Weltgeltung

Im Gegenzug hält man es in vielen und offensichtlich auch in besser gestellten Kreisen für nicht verwerflich, bei der entsprechenden Gelegenheit selbst zuzugreifen. *Perder papaya,* also „Papayas zu verlieren", sagt man jenen nach, die eine Chance, einen **Vorteil auf Kosten anderer** zu erzielen, ungenutzt verstreichen lassen. Die gefundene Geldbörse an die Eigentümer zurückzugeben, ist hier kein ethischer Imperativ. Unzählig sind die Geschichten, wonach dem gutmeinenden Anrufer, der die im Taxi gefundene Brieftasche den rechtmäßigen Besitzern zurückgeben will, zunächst wenig Vertrauen geschenkt wird.

Beide Attitüden – das Geben wie das Nehmen – gehören unzertrennlich zusammen. Sie sind nicht auf eine soziale Klasse beschränkt. Viele Kolumbianer halten sich im internationalen Vergleich für abgebrüht und clever. Sie halten sich zugute, **sich nicht von anderen ausnutzen zu lassen,** und ermahnen ihre Gäste, sich an die Warnungen ihrer Gastgeber zu halten.

Vertrauen ist gut, Vorsicht ist besser: Dieses allseits **schlummernde Misstrauen** durch die Erfahrungen von bewaffnetem Konflikt, Kriminalität und permanentem Klassenkampf zwischen Arm und Reich geschürt, färbt vielerorts den Alltag und hemmt, wie man sich vorstellen kann, den zivilen Bürgersinn. Zu den dadurch geprägten Reaktionen gehört auch der Geiz im Kleinen und die Gier nach der – auch mal größeren – Vorteilsnahme.

Vom **Schlitzohr** – als **Überlebenskämpfer** in einer Gesellschaft, die in weiten Teilen wahrlich nicht im Überfluss lebt – ist es oft nicht mehr weit zum Schimmelpilz der Korruption, der staatliche Stellen und Wirtschaftsleben bedroht. Der öffentlich Angestellte, der Notar, der Polizist um die Ecke: Sind sie bloß auf den eigenen Vorteil aus, reagieren sie nur auf eine nicht sehr weitsichtige, systematische Unterbezahlung oder zeigen sie vielmehr einen pragmatischen, ja menschennahen Weg durch Chaos, Formalismus und die Betonhärte oft fragwürdiger Regeln?

An den Ecken des Alltags tut der Kulturfremde gut daran, **auf alles gefasst** zu sein und seine mitgebrachten ethischen Maßstäbe zu überprüfen. Denn wahrlich genug Kolumbianer leiden selbst an den Umständen und wehren sich gegen das allenthalben genutzte „Gleitmittel". So manche Behörde hat sich in den letzten Jahren zum Guten gewandt, selbst das notorische Misstrauen gegenüber den Polizeikräften scheint sich mancherorts zu bessern. Andererseits steckt sich auch der Prinzipientreue schon mal einen zerknitterten Geldschein in die rechte Hosentasche, für alle Fälle. Wenn er kommt, der Refrain der Amtsstuben und missliche Moment des Alltags, dann ist man nicht mehr ganz so überrascht: *„Eso le cuesta un poco más."* Ja, „das kostet einen eben etwas mehr". So gesehen, dient die Erfahrung in Kolumbien all jenen, die es von zu Hause aus anders gewohnt zu sein scheinen, als eine (a)moralische Lehranstalt.

La Rumba: Tanzen geht immer, überall

Man kann „den Kolumbianern", wie jeder Bevölkerung, mit Pauschalurteilen nur unrecht tun. Und doch tritt man vermutlich niemandem zu nahe, wenn man feststellt, dass ihnen ein Ruf als ausgesprochen freundliches und familiäres Völkchen vorauseilt, das – vom karibischen Lebensgefühl inspiriert – es versteht, zu feiern und Spaß zu haben. Geselligkeit ist dabei fast immer mit Musik und Tanzen verbunden. Es gibt wohl kaum ein Land mit einer vergleichbar großen Anzahl an aufregenden Rhythmen und musikalischen Genres, die sich zu einer **einzigartigen Musikkultur** vermischen. Ob Vallenato, Joropo, Cumbia, Reggaeton oder Salsa - sie alle sind in dieser Region zu Hause. Und was noch nicht da ist, kommt mit der nächsten Welle ins Land. Derzeit sind es der Bachata und der Reaggeton, die von Puerto Rico und der Dominikanischen Republik herüberkommend den Sound der Straße vorgeben. Hier zeigt sich Kolumbien karibischen Kulturen wie Kuba oder von den *negritudes* geprägten Ländern wie Brasilien verbunden.

Tanz ist ebenso selbstverständlicher Teil des Alltags wie Essen und Trinken. Ohne Tanzen geht es nicht: Zum 15. Geburtstag gibt es die große Initiationsparty; an Weihnachten tanzt man im Familienkreis oder, in den wärmeren Zonen, direkt auf der Straße und selbst der Mafioso auf der Flucht lässt sich nicht lumpen – Silvester wird, komme was wolle, eine Band geladen, auch auf die Gefahr hin, dass der Peilsender im Gitarrenkoffer der Polizei am Ende seinen Aufenthaltsort verraten wird.

Weil viele Gegenden von einer starken mündlichen Überlieferung geprägt sind, spielt der Gesang in der populären Volkskultur eine wichtige Rolle: ob die *cantadoras* in den *palenques,* die Tradition des Liedermachers *(cantautor)* oder des spontan mit dem Publikum interagierenden Dichter-Barden des Vallenato. In Kolumbien ist **Gesang Kult.** Wie der Tanz gehört er fest zur Musik, die das Lebensgefühl der Kolumbianer wie kaum etwas anderes trägt (s. auch das Kapitel „Musik und Tanz").

Siedlermentalität: ungebrochene, widerstandsfähige Vitalität

Auf Außenstehende und Gäste wirkt der Hang, das Leben so zu nehmen wie es kommt, ebenso **fatalistisch wie zupackend.** Natürlich ist es auch hier ein Volkssport, über das Wetter zu lästern, den regenreichen Winter für all die Übel dieser Welt verantwortlich zu machen und das Abschmelzen der Gletscher und Polarkappen dafür, dass die Schwertfische bei Cartagena an Land gespült werden. Doch die meisten Kolumbianer verlieren sich eher nicht in Wehklagen.

Das bedeutet einerseits, dass die allermeisten Landsleute wenig Lust verspüren, sich kollektiv gegen das Schicksal zu stemmen. Gewiss, den bewaffneten Konflikt kann man auch als Kampf um die Zukunft des Landes interpretieren. Doch der **historisch gewachsene Siedlertypus, tendenziell ein Individualist,** hält im Alltag eher weniger von solidarischen Aktionen. Der schwache politische Organisationsgrad und der verhältnismäßig niedrige Anteil an Industriearbeiterschaft in der kolumbianischen Gesellschaft haben eine eher niedrige politische Kampfbereitschaft ausgebildet. Ausnahmen bilden eine hoch politisierte Studentenschaft an den öffentlichen Hochschulen, der eine oder andere Gewerkschaftsunterverband wie beispielsweise der der Lehrer oder regional zum Teil gut organisierte Interessensvertretungen der Minderheiten. Überspitzt gesagt: In Kolumbien streikt man nur, wenn die FARC die Bevölkerung dazu zwingt.

Mögen die Bewohner zwischen den Andenketten auch die Neigung haben, Gott für ihr Schicksal verantwortlich zu machen, so lassen sie sich doch wenig davon einschüchtern. Ein (Über-)Leben will gesichert sein, zumal es noch lange keine leistungskräftigen sozialen Sicherungssysteme für alle gibt. Sich zäh und beharrlich um sein eigenes Auskommen zu kümmern, egal wie üppig es ausfällt, passt zu dieser Einstellung. Die Tagelöhner, die ihr Glück auf der Straße suchen, die Gaukler an der Ecke, die fliegenden Händler und Handyverleiher: Kein Weg ist ihnen zu weit, keine Zeit zu schade, auch wenn es nur ein bisschen Geld einbringt. Freilich sind viele von ihnen von purer Not getrieben, doch selbstverständlich ist diese **niedrige Anspruchshaltung** an Staat und die restliche Gesellschaft nicht. Die ungebrochene Einsatzbereitschaft ist nicht einzige Einstellung, der man begegnet, aber es ist eine sehr weit verbreitete: Am Ende muss doch jeder sich und seine Familie selbst über die Runden bringen.

Selbstbild: zwischen Heimatstolz und dem Glück der Erfolge im Kleinen

Ob das Leben auf diesem Fleckchen Erde nun Grund zur Tristesse oder zur Freude gibt, ist eine sehr persönliche Angelegenheit. Eine der hartnäckigsten Verallgemeinerungen, die man in den Medien über die Menschen in Kolumbien liest, ist ihre Selbsteinschätzung als eine ebenso heimatstolze wie glückliche Bevölkerung.

Tatsächlich weisen seriöse Untersuchungen auf eine **relativ positive Selbsteinschätzung** der einheimischen Bevölkerung hin. Laut der Welt-Glücksdatenbank, einer Untersuchung der Universität Rotterdam in 149 Ländern, liegt Kolumbien auf dem **Welt-Glücksbarometer** auf Rang 12.

Die US-amerikanische Meinungsumfrage LAPOP stuft den Andenstaat innerhalb Amerikas an dritter Stelle ein und an erster Stelle unter den untersuchten lateinamerikanischen Staaten. Der Happy Planet Index (HPI) der New Economic Foundation gibt Kolumbien im weltweiten Vergleich gar die Silbermedaille.

Die **Quellen der Zufriedenheit und des Glücks** machen all diese Umfragen an kulturellen Eigenheiten fest wie dem Stolz auf eine als überbordend empfundene Heimat, einer natürlichen und kulturellen Vielfalt, einem tief verwurzelten (vornehmlich katholischen) Volksglauben und einer auch damit verbundenen Schicksalsgläubigkeit, einem politischen Konformismus, der sich mit relativ bescheidenen politischen wie persönlichen Zielsetzungen begnügt und schließlich einem hohen Grad an sogenanntem **Sozialkapital.** Zu diesen ausgesprochen starken sozialen Bindekräften gehören die starke Unterstützung innerhalb der Familie und Solidarität innerhalb von freundschaftlichen Netzen und in der Nachbarschaft. Das gilt für die Dörfer und die kleinen Städte noch mehr als für die anonymeren Metropolen. Die Quellen des Glücks, das suggerieren diese Untersuchungen, lägen somit bestimmt nicht allein in der Erfüllung materieller Wünsche.

Zweifel an solch einfachen Schlussfolgerungen sind angebracht. Schließlich wird Kolumbien von einem jahrzehntelangen politischen Konflikt, von Armut und sozialer Ungleichheit beherrscht, die Kriminalität liegt ebenfalls über dem lateinamerikanischen Durchschnitt. Diese Umstände dürften die Zufriedenheit wohl kaum vermehren. Manche halten das Urteil über das Glück der Kolumbianer deshalb für verzerrt: Die Befragten würden vielmehr nur zugeben, was die Umfragen hören wollten. Eine seriöse Untersuchung – so das **Latinobarómetro,** eine in ganz Lateinamerika alljährlich durchgeführte Meinungsumfrage, die Kolumbien auf dem kontinentweiten Glücks-Ranking nur an 14. Stelle sah – müsse neben der Selbsteinschätzung eben auch die Fremdwahrnehmung heranziehen.

Die Debatte über das weitverbreitete Klischee und Paradox wird weitergehen. Immerhin erlaubt sie einen Einblick in die kollektive Seelenlage einer Bevölkerung, die allen Grund zur Klage hätte und ihre Gäste doch nicht ohne eine große Portion Heimatstolz empfängt. Glücklich schätze sich, wer sich über die kleinen Erfolge freuen kann, schreibt *Eduardo Wills-Herrera* in seinem Essay „Warum sind die Kolumbianer glücklich?" („Por qué los colombianos son felices?", Revista Nota Uniandina 26/2008).

Die Gesellschaft heute – Staat, Politik und Wirtschaft

◁ Informelles Wirtschaften und fliegende Händler prägen vielerorts Alltag und Stadtbild (001kb Foto: os)

Kolumbien im Überblick – Basisdaten

Offizieller Name República de Colombia

Regierungsform Präsidiale Republik mit 32 Provinzen, einem
Präsidenten, Kongress (Senat, Repräsentanten-
haus) und Justizwesen (Oberster Gerichtshof,
Verfassungsgericht, Staatsrat, Staatsanwalt)

Stautsterritorium 1.138.914 Quadratkilometer (etwa doppelt so
groß wie Deutschland, Schweiz und Österreich
zusammen genommen)

Währung Peso Colombiano (Umtauschkurs ca.
2250–2500 COP = 1 €, Stand: Anfang 2013)

Großstädte Santa Fé de Bogotá (Hauptstadt), Cali, Medellín,
Barranquilla

Bevölkerungszahl 46,5 Millionen (Stand: Mitte 2012),
davon ¾ in den Städten

Sprachen Spanisch (Amtssprache), Kreolisch,
mehr als 60 Indianersprachen

**Religions-
zugehörigkeit** Katholisch (92 %), evangelikal (6 %),
indigene Religionen (1 %)

Lebenserwartung 74,5 Jahre; Frauen 78, Männer 71,2

**Wirtschaftsleistung
und Inflation** 328,4 Milliarden US$ (BIP), Inflation zw.
ca. 3,3 % (2012) und 3,7 % (2011)

Exportprodukte Rohöl, Kohle, Kaffee, Eisenerz, Edelmetalle
(Gold, Nickel, Kupfer), Smaragde, seltene Erden,
Blumen, Bananen, Drogen (illegal)

Außenhandelspartner USA (über 30 %), Venezuela, Peru,
Deutschland u. a.

Nationalparks Insgesamt mehr als 10 % der Staatsfläche

Politische Landschaft und Kultur

Staatsaufbau und Verfassung

Seit der *Conquista* blieben die Staaten auf dem lateinamerikanischen Kontinent stets fragile Gebilde. Sie standen und stehen noch immer unter dem Generalverdacht, nicht dem zu dienen, den sie zu vertreten vorgaben. „Um es extrem zugespitzt zu formulieren", schreibt der kolumbianische Poet und Essayist *William Ospina*: „Von Beginn an verboten die Räuber den Raub, die Mörder verurteilten das Verbrechen, und gerade diejenigen, welche die althergebrachten Gesetze der Familie zerstörten, forderten die Ehre und die Unverletzlichkeit der familiären Ordnung ein."

Die Verfassung von 1991 verwandelte den formalen in einen **sozialen Rechtsstaat** *(estado social de derecho)*. Sie suchte eine umfassende politische und soziale Integration und die soziale Ungleichheit in der Gesellschaft zu reduzieren. Die neue Konstitution, fasst *Mauricio García Villegas,* Politologe und Kolumnist des El Espectador, den Anspruch zusammen, „ist Ausdruck unserer Vorstellungen einer in Zukunft besseren und gerechteren Gesellschaft." Die progressiven Kräfte rieben sich die Hände, viele ihrer Forderungen und Rechte erschienen nun verbrieft und vor dem Verfassungsgericht einklagbar.

Demgegenüber steht die paradoxe Beobachtung, dass die politischen Erträge der hehren Verfassung bis heute eher begrenzt waren. Die Einführung eines konstitutionellen Sozialstaats hatte tatsächlich mehr symbolische Wirkungen als reale, resümiert *Alejandro Gaviria,* einer der bekanntesten Analysten im Lande, „er veränderte die Diskussionsgrundlage, aber nicht die Realität." Für weite Teile der kolumbianischen Bevölkerung haben sich die alltäglichen Lebensbedingungen seither noch nicht wesentlich verändert.

Präsidentielles System: stabile Exekutive, schwacher Staat

Die traditionelle Schwäche des kolumbianischen Staates ist der Ausgangspunkt jeder politischen Analyse des Landes. Er hatte zu keinem geschichtlichen Zeitpunkt das Gewaltmonopol noch die Macht, an allen Stellen der Republik Recht und Gesetz, geschweige denn gleiche Lebensverhältnisse für alle Bürger durchzusetzen. Das präsidentielle System lebt von einer **starken zentralen Autorität des Regierungschefs.** Jedoch fehlte diesem Amt die institutionelle Durchdringung und gesellschaftliche Formierung, um auf politische Konflikte und soziale Missstände adäquat zu reagieren. Andere Kräfte und politische Formationen füllten das Vakuum: **Großgrundbesitzer, die Kirche und ein starkes Zweiparteiensystem**

Der Caudillo – Lateinamerikas Beitrag zur politischen Weltgeschichte

Perón, der argentinische Volksheld, verkörperte den Caudillo wie kein zweiter im 20. Jahrhundert. Der venezolanische Präsident Hugo Chávez oder Nicaraguas Daniel Ortega sind derzeit seine vielleicht bekanntesten Wiedergänger – und Álvaro Uribe seine kolumbianische Erscheinung. Der Caudillo, diese für die politische Konstitution Lateinamerikas so typische politische Leitfigur, ist überall und immerdar.

Der Caudillo zeichnet sich vor allem anderen aus durch seine Verachtung für liberal-demokratische Institutionen. Er regiert von oben, im direkten Kontakt, wie er sagt, mit seinem Volk. Die Normen des Rechtsstaates sind lediglich dafür da, von ihm angepasst zu werden, Grenzen setzt nur er sich selbst. Demokratie ist so gesehen nur die „Schminke" (Mauricio Saenz) seiner Machtposition. Es gehört zur Natur einer so verstandenen politischen Mission, nicht abzudanken, wenn die Amtszeit zu Ende geht, am liebsten lässt er sich deshalb durch Volksentscheid wiederwählen. Natürlich alles zum Wohle seines Wahlvolkes.

Er sieht sich als Retter des Vaterlandes, die Feinde lauern im Inneren wie im Äußeren, gerne auch bedient er sich in der einen oder anderen Form des Bildes der „Revolution von oben". Mit der Vergangenheit radikal zu brechen, gibt ihm den Spielraum, die Zukunft nach seinem Bild zu gestalten. Es versteht sich von selbst, dass wir es hier meist mit charismatischen Anführern zu tun haben, die es nicht als Makel ansehen, wenn sie als „autoritär" bezeichnet werden.

Umso überraschender ist es, wenn ein Caudillo, ohne das Militär auf den Plan zu rufen, der Macht entsagt. Der langjährige brasilianische Regierungschef Luiz Inácio Lula da Silva („Lula") hat trotz hoher Zustimmungsraten auf eine weitere Amtszeit verzichtet. Und selbst ein Álvaro Uribe hat am Ende eines zähen Ringens mit den Gerichten deren Urteil zähneknirschend akzeptiert, wonach eine zweite Wiederwahl unkonstitutionell sei. Gleichwohl: In der politischen Kultur Lateinamerikas gilt das schon, selbst wenn ihm die Verfassung gar keine andere Wahl ließ, als persönliches Opfer – und nicht schlicht als Erfüllung der Spielregeln.

Historisch verfolgt man das Bild des „guten Diktators" zurück zu demokratisch gewählten Tyrannen des späten Römischen Reiches wie Julius Cäsar, der in der Französischen Revolution und der Reaktion Bonapartes so etwas wie seine Wiederauferstehung feierte. Nach Lateinamerika übertrug niemand anderes als „El Libertador" Simón Bolívar den Glauben, dass autoritäre Herrschaft leider nötig sei, um die unterschiedlichen Interessen eines Staatswesens zur Räson zu bringen. Dieses konservative Herrscherideal traf sich gut mit spanisch-kolonialen Ideologien, die der Kirche und dem Militär seit der Reconquista gegen die Mauren eine besondere Rolle bei der Organisation politischer Verbände zubilligten.

Der Caudillo ist demnach eine Spielart kolonialer Tradition, die dem Grundbesitzer schon immer Rechte übertrug, die in anderen politischen Philosophien dem Staat vorbehalten waren. Erst die Encomienda, dann die Hacienda etablierten dieses paternalistische Prinzip, nach dem sich Kleinbauern wie Sklaven bedingungslos zu unterwerfen hatten, dafür aber von der Großzügigkeit und Weisheit des spanischen Herren profitieren konnten. In schweren ökonomischen Zeiten war die Hacienda als autarke Einheit ein Garant für das Überleben ihrer Mitglieder.

Die Probleme dieser politischen Traditionslinie wurden im Zeitalter des Nationalstaates vollends offensichtlich. Die Bindung der früheren Leibeigenen und späteren Angestellten an ihren Grundbesitzer ließ überregionale Identitäten nur schwer zu. Ein Caudillo regiert bevorzugt vor Ort, die lokale und regional überschaubare Politik ist sein Ding. Die Übertragung des personalen Prinzips auf die nationale Ebene stärkte indes den sog. Klientelismus und alles, was heute dazu gehört: Kauf von Stimmen, Eintauschen von administrativen Posten etc. Auch in Kolumbien spürt man die Auswirkungen dieser politischen Kultur. Die Wahlstimme ist nicht nur kaufbar, sie ist selbstverständliches Mittel, um seine eigenen Interessen durchzusetzen: weniger Steuern, ein Wahlgeschenk, ein Posten, ein neues Gesetz …

Der politische Anführer kann sich für das Bedienen dieser Partikularinteressen auf seine Seilschaften verlassen. Der politische Caudillo zählt mehr als die Partei, die im Zweifelsfall austauschbar ist. Álvaro Uribe, der starke Mann der letzten Jahre, wird nicht der letzte Caudillo von Kolumbien sein, und sein Widerpart Hugo Chávez nicht der letzte Caudillo im venezolanischen Nachbarland. Wer weiß, vielleicht kommt Uribe schon 2014, bei den nächsten Wahlen, wieder zurück auf die politische Bühne. Er war zu erfolgreich und ist zu jung, um seine Tage allein mit politischen Twittermeldungen und der öffentlichen Verteidigung von Vertrauten und engen Mitarbeitern, die in Skandale verwickelt sind, zu gestalten.

(s. auch das Kapitel „Politische Akteure: Parteien, Bürger, NGOs"). Doch sie alleine waren überfordert, den Modernisierungsschüben und gesellschaftlichen Entwicklungen volksnah zu folgen und diese demokratisch zu legitimieren. Eine „Hyper-Politisierung" sozialer Konflikte (*García Villegas*) war die Folge, deren Lösung nur zwei ungenügende Wege kannte: den des Klientelismus und des bewaffneten Kampfes.

Die neuere politische Geschichte Kolumbiens zeichnet sich aus durch eine vordergründige **Stabilität,** die jedoch **auf Kosten tiefgreifender sozialer und wirtschaftlicher Reformen** ging. Eklatantes Beispiel für das Muster politischer Krisenbewältigung, wie es Kolumbien entwickelte, sind die 1950er-Jahre: Erst hielt die *Violencia* das Land eine Dekade lang gefangen, dann verständigte sich die politische Klasse erst auf einen sanften Militärcoup und vier Jahre später auf eine Einheitsregierung der beiden führenden Parteien (Nationale Front) unter Ausschluss dritter politischer Kräfte. Wann nun gewählt wurde, es siegten immer die Liberalen und die Konservativen.

Der Opposition blieb kaum eine andere Möglichkeit, als den subversiven Kampf außerhalb der Parlamente zu suchen. Am Ende verwandelte sich der Protest, der sich an der eklatanten Landfrage entzündet hatte, in die **dienstälteste Guerilla auf dem Kontinent.**

Als sich seit den 1970er-Jahren zu dieser Gemengelage noch der zunehmend skrupellosere Einfluss der Drogenkartelle gesellte, zeigte sich der Staat einmal mehr von seiner hilflosen Seite. Der **Terror nahm überhand** und geriet außer Kontrolle, als die von einflussreichen wirtschaftlichen und militärnahen Kreisen die *autodefensas* gegründet wurden und mit dem Mandat der „Selbstverteidigung" Aufgaben übernahmen, die eigentlich einer nationalen Armee und Polizei obliegen.

Die Verfassung von 1991: Ansprüche an einen sozialen Rechtsstaat

In dieser Phase fielen Tausende von Repräsentanten der linksgerichteten Unión Patriótica (UP), Menschenrechtler und Journalisten Auftragsmorden zum Opfer. Die blutige Anschlagsserie erreichte am 18. August 1989 ihren vorläufigen Höhepunkt, als der aussichtsreiche liberale Präsidentschaftskandidat *Luis Carlos Galán,* und vor ihm noch zwei weitere linke Bewerber für das höchste Staatsamt, von den Häschern der Drogenbosse und Paramilitärs erschossen wurden. Dennoch, oder vielleicht gerade deshalb, setzten sich Reformbemühungen durch, die seit 1988 eine **Verfassungsgebende Versammlung** einberufen wollten mit dem Ziel, Kolumbien eine neue und zeitgemäße Konstitution zu geben.

Während in den Straßen der Terror tobte, trafen sich 1991 siebzig gewählte Volksvertreter fünf Monate lang in der *Asamblea Constituyente,* um über die neuen politischen Rahmenbedingungen zu diskutieren. Unter ihnen waren neben der großen liberalen Fraktion (25 Mitglieder) auch 19 Repräsentanten der gerade demobilisierten M-19-Guerilla, 2 Vertreter der UP und vier weitere Guerilla-Vertreter ohne Stimmrecht (von EPL, Partido Revolucionario de los Trabajadores und der indigenen Widerstandsgruppe Quintín Lame). Sie verabschiedeten am Ende 380 Verfassungsartikel inklusive der 99 Grundrechte, darunter die ziemlich fortschrittlichen Ansprüche auf menschenwürdiges Wohnen und eine saubere Umwelt.

Die **Konstitution von 1991 gilt bis heute als progressiv.** Der Rechtsstaat wurde nun als sozialer Rechtsstaat verbrieft, dem präsidentiellen System wurde eine starke Prise Dezentralisierung verschrieben. Die Verfassung erweiterte die Repräsentation gesellschaftlicher Interessen im politischen Prozess und begrub, auch wenn es noch einige Jahre dauern sollte, den alten Zweiparteienstaat.

Vor allem aber stärkte die neue Verfassung die Bürgerrechte und wertete damit zugleich die rechtsstaatliche Anspruchshaltung im Lande auf.

Politische Akteure: Parteien, Bürger, NGOs

Das Parteiensystem war seit dem 19. Jahrhundert von zwei Parteien beherrscht: den Konservativen *(conservadores)* und den Liberalen *(liberales)*. Die **Liberalen,** 1848 gegründet, waren vom englischen Liberalismus inspiriert und spiegelten die Interessen der Handel treibenden und urbanen Wähler wider. Der Staat sollte nach liberaler Auffassung seine Monopole aufgeben, seine Reglements sollten zugunsten eines freien Handels weichen. Die liberale Partei (wegen ihrer Parteifarbe auch „Die Roten" genannt) setzte sich früh für eine **Trennung von Staat und Kirche** ein und eine **„Nation freier Bürger",** die nicht einhergehen könne mit einem „kolonialen, ungleichen und monopolistischen Staat."

Die **Konservativen** („Die Blauen") hingegen gründeten sich ein Jahr später, „im Namen der Zivilisation" und gegen die neuen, „spekulativen Theorien", nicht zuletzt um die **Interessen der Grundbesitzer und der Sklavenhalter** sowie den **Einfluss der katholischen Kirche** zu verteidigen.

Liberale und Konservative: der Kampf um Vorherrschaft

Großkolumbien war noch jung, die neue Republik noch nicht gefestigt. Die blutigen Kämpfe zwischen den Parteien spiegelten das gewaltige **Konfliktpotenzial,** das in der früheren Kolonie schlummerte, wider. Sechs Verfassungen wechselten sich ab, neun Bürgerkriege und Dutzende von regionalen gewaltvollen Auseinandersetzungen sah das Land allein im 19. Jahrhundert. Die Liberalen stritten seit ihrer Gründung für mehr politische

Macht in den Regionen, die Konservativen für ihre Zentralisierung. Besonders grausam und verlustreich verlief der **Krieg der tausend Tage,** bei dem in beiden Lagern Tausende umkamen.

Der ewige Parteienkampf, der sich im 20. Jahrhundert unvermindert fortsetzte, hinterließ ein zwiespältiges Erbe: Formal haben die Parteien die Demokratie getragen und über Wahlen das Volk repräsentiert, aber ihre klientelistischen Strukturen verhinderten einen echten Wettbewerb der Programme. Nicht wenige Historiker sind der Ansicht, dass es nur einen Gewinner dieser Rivalität gab: die herrschende politische Klasse, die überschaubare Anzahl von einflussreichen Familien in den Städten und auf dem Land, die unabhängig von der jeweiligen politischen Couleur bis in die Gegenwart ihre Interessen zu wahren wussten.

Die Regierung der Nationalen Front (1958–74), ein historisch einmaliger Zusammenschluss der rivalisierenden Liberalen und Konservativen, war das Resultat dieses **Paktes innerhalb der Eliten:** Welche Partei auch immer gewählt wurde, das politische Personal blieb dasselbe – und die politische Linke außen vor. Den schleichenden Niedergang der Parteien konnte das auf Dauer nicht aufhalten.

Die Herausforderung durch die Drogenkartelle brachte den traditionellen Parteien-Staat vollends zum Kollabieren. Nach der Wahl *Ernesto Sampers* (Liberale) im Jahr 1994 kam heraus, dass dieser in der Schlussphase des Wahlkampfes Geld vom Cali-Kartell angenommen hatte. Der als **„Proceso 8000"** bekannt gewordene Skandal kostete *Sampers* Wahlkampfmanager *Fernando Botero Zea,* Sohn des großen Malers, den politischen Kopf. Er musste für 30 Monate hinter Gitter. *Samper* selbst, der anschließend von den USA auf die schwarze Liste der „personae non gratae" gesetzt und mit einem Einreiseverbot belegt wurde, leugnete seine Mitwisserschaft, berief sich auf seinen breiten Rücken, hinter dem die Transaktion abgelaufen wäre, und weigerte sich anschließend vier Jahre lang, zurückzutreten.

Zum **Ende des 20. Jahrhunderts** hatte sich die **politische Klasse „atomisiert".** Die letzten drei Präsidenten – *Pastrana, Uribe* und *Santos* – stellten sich jenseits der traditionellen Parteien zur Wahl. Die Zahl der politischen Parteien wuchs nun ins Beliebige, erst nach einer Reform im Jahr 2003 begann sie, sich wieder etwas zu konsolidieren. Die **Partido de la U,** die auf *Álvaro Uribe* und dessen Wiederwahl zugeschnittene „U-Partei", eine Neugründung und die dominante politische Kraft der letzten Jahre, ist symptomatisch für die derzeitige Parteienlandschaft. Die **Liberalen** erhoffen sich von einer unbedingten Unterstützung des seit 2010 amtierenden Präsidenten *Santos* Aufwind. Dieser setzt zur Legitimierung seiner Regierungspolitik jedoch lieber auf ein (fast) All-Parteien-Bündnis des „Nationalen Tisches". Eine Zeit lang weckten zwei weitere Neugründungen, das Linksbündnis **El Polo** und die **Partido Verde** (Die Grünen), Hoffnung auf eine moderne Oppositionspartei. Doch auch sie erweisen sich aktuell eher als Wahl(kampf)bündnisse ohne durchschlagenden organisatorischen Mobilisierungsgrad und programmatisches Profil. Ihre ideologische Abgrenzung und Kritik an der Regierungspolitik wirkt auf Außenstehende wenig kohärent. So mancher Beobachter bedauert dies als missliches Erbe des kolumbianischen Präsidialsystems, andere sehen kolumbianische Parteien für eine auf Personen fixierte, postmoderne Mediendemokratie gerüstet und als Wahlvereine die Entwicklung in Europa nur vorwegnehmend.

023kb Foto: os

Auch in dieser ungewissen Lage bewährt sich einmal mehr die typische, politische Leitfigur des Caudillo (siehe auch den Exkurs „Der Caudillo – Lateinamerikas Beitrag zur politischen Weltgeschichte"): Spitzenpolitiker suchen sich ihre Parteien – und nicht umgekehrt.

Neue soziale Bewegungen: Bürger ergreifen die Initiative

Die Bürger reagierten auf die Staats-und Parteienkrise der letzten Jahrzehnte mit einer Mischung aus **Apathie und Protest.** Jüngere politische Kräfte und soziale Bewegungen fordern mehr Mitbestimmung und Repräsentation im politischen System.

Seit den 1960er-Jahren hat sich an den Universitäten, zumal an den großen öffentlichen Hochschulen des Landes, eine politische **Studentenbewegung** gebildet, die mehrheitlich und über lange Zeit mit den Zielen des bewaffneten Guerillakampfes sympathisierte.

Die 1970er-Jahren standen im Zeichen der **Bauernbewegungen,** die die von *Alberto Lleras Camargo* initiierte Landreform mitgestalten wollten und mit der Gründung der in der Karibikregion besonders einflussreichen Aso-

⌃ Ein Anti-FARC-Aktionstag („No más FARC") mobilisierte Ende 2011 die Massen

ciación Nacional de Usuarios Campesinos de Colombia (ANUC) ihren organisatorischen Zenit erreichten. Gleichzeitig begann sich auch die indigene Bevölkerung zu organisieren, etwa in der Sierra Nevada, in Huila, Caldas, Tolima - und besonders im Cauca. Dort gewann die lokale **indigene Protestbewegung** „Manuel Quintín Lame" eine bis heute anhaltende Mobilisierungskraft (s. auch das Kapitel „Multiethnische Gesellschaft").

Eine zweite Welle des Bürgerprotestes bewegte seit den späten 1980er-Jahren das Land. Die ethnischen Minderheiten und Studenten, aber auch **Frauenbewegungen und Gewerkschaften** machten sich für eine neue Verfassung stark und verabschiedeten mit der *Séptima Papeleta* einen Reformvorschlag, der Präsident *Gaviria* als Grundlage für die Einberufung eines Verfassungskonventes diente. Dieser verabschiedete 1991 – inmitten immer neuer Spiralen politischer Gewalt und Protestbewegungen– eine reformierte, am sozialen Rechtsstaat orientierte Verfassung. In der neuen Konstitution wurden der indigenen und afrokolumbianischen Bevölkerung sowie weiteren Minderheiten neue Mit- und Selbstbestimmungsrechte eingeräumt und der Zivilgesellschaft mehr Möglichkeiten gegeben, sich zu artikulieren und ihre Rechte einzuklagen.

Vielerorts begann sich nun eine **lokale Bürgerkultur** auszubilden, die den politischen Gestaltungsraum nicht mehr allein staatlichen Behörden und politischen Parteien überlassen wollte. Bereits seit Mitte der 1980er-Jahre wurden Bürgermeister frei gewählt und nicht mehr direkt vom Präsidenten eingesetzt. Dies machte hier und da den Weg frei für neue Repräsentanten in politischen Ämtern, die vorher den Parteien vorbehalten waren, und prägte eine Generation von linksliberalen Politikern neuen Stils. Politische Figuren wie der Bürgermeister von Bogotá, *Antanas Mockus,* oder der spätere Medellíner Bürgermeister *Sergio Fajardo* verdanken ihre politische Gestaltungsmacht nicht zuletzt ihrem Bekenntnis zur *cultura ciudadana,* einer von Bürgern geprägten lokalen Politik. Nach dem weitgehen-

025kb Foto: os

◁ Hungerstreik für den Frieden unter den Augen Simón Bolívars den Rückzug von *Mockus* aus der politischen Öffentlichkeit verkörpern *Fajardo,* heute Gouverneur von Antioquia, und jüngere Politiker wie der Umweltaktivist *Juan Carlos Flores,* Kongressabgeordnete wie *Alfonso Prada* oder *Ángela María Robledo* und Senatoren wie *John Sudarsky* den neuen Geist der Bürgerbewegten und Zivilcouragierten.

Zu den Umtriebigsten innerhalb dieser breiten Demokratiebewegung gehörten in den letzten Jahren vor allem Feministinnen und die unter dem Akronym **LGBTI** (*lesbian, gay, bisexual, transgender/transsexual, intersexual* – dt. Lesben, Schwule Bisexuelle, Transgender/Transsexuelle, Intersexuelle) zusammengefassten Gender-Aktivisten (s. auch das Kapitel „Geschlechter und Familie"). Auch andere, klassische Interessensgruppen von unten, wie etwa die gewerkschaftlich organisierten Transporteure, nehmen weiterhin großen Einfluss auf die Lokalpolitik.

Ein besonders politisiertes Feld, auf dem sich die durchaus widersprüchlichen Positionen innerhalb der Bevölkerung treffen, markieren die **Friedensbewegungen.** Ihre Mobilisierungskraft war nicht so kontinuierlich wie die anderer sozialer Bewegungen und doch trugen sie dazu bei, in bestimmten Momenten der jüngeren Geschichte den politischen Entscheidungsprozess vorzuprägen. Per Volksentscheid plädierte Mitte der 1990er-Jahre eine Mehrheit für Friedensverhandlungen und gab damit Präsident *Pastrana* ein starkes Mandat an die Hand. Auch die Friedensmärsche *(marchas por la paz)* der letzten Jahre, die zumindest einen Tag lang Hunderttausende mobilisierten und auf die Straße brachten, geben den im Hintergrund laufenden Verhandlungen zwischen Regierung und FARC zusätzliche Legitimation.

Hier beweist sich durchaus eine **Stärkung demokratischer Kultur,** denn der Bürgerwillen ist nicht nur in der Konfliktfrage sehr wohl pluralistisch. Während das bürgerlich-konservative Lager mit wenigen aber großen Kundgebungen im ganzen Land für Aufmerksamkeit sorgt (für Entführungsopfer und gegen die FARC), steht der *marcha patriótica* (Patriotischer Marsch), an dem sich im Frühjahr 2012 über 50.000 Menschen in der Hauptstadt zusammenfanden, für eine Regenbogen-Koalition linker sozialer Bewegungen.

NGOs: die Zivilgesellschaft formiert sich

An den **Nichtregierungsorganisationen** lässt sich der Wandel der politischen Landschaft gut ablesen. Sie heißen auf Spanisch „ONGs" (*organisaciones no gubernamentales)* und werden „Oh-énne-jés" ausgesprochen. Gerne wird auch das englische Kürzel „NGO" verwendet. ONGs stehen für den Trend, politische und soziale Themen nicht mehr nur innerhalb von Parteien verhandeln zu lassen, sondern von professionell geführten und unabhängig von den Wahlmaschinerien finanzierten Organisationen. In Kolumbiens Politik mischen sie seit den 1970er-Jahren verstärkt mit und begannen nicht selten als langer Arm internationaler Entwicklungszusammenarbeit. Die damals gegründete Einrichtung „CINEP" ist heute eine angesehene Menschenrechtsorganisation, „Viva la Ciudadanía" belebt die Diskussion um bürgerschaftliches Enagagement und „Casa de la Mujer" wirbt mit Verve für eine moderne Geschlechterpolitik.

Zu den bekanntesten ONGs im Lande, die sich mit dem bewaffneten Konflikt beschäftigen, gehört die **Corporación Nuevo Arco Iris** (Stiftung Regenbogen) unter der Leitung des ehemaligen Guerillamitglieds *León Valencia* – eine nicht unumstrittene, aber zuverlässige Informationsquelle. Eine außerordentlich wichtige Rolle spielen auch kirchliche Einrichtungen, darunter die Pastoral Social-Caritas, die sich um den Schutz der Zivilbevölkerung bemüht, und **das Internationale Rote Kreuz,** das seit Jahrzehnten als unabhängiger Mediator bei der Befreiung von Geiseln hinter den politischen Kulissen fungiert.

Zweifellos ist die wachsende Zahl schlagkräftiger ONGs Ausdruck einer sich formierenden Zivilgesellschaft. Dennoch sind sie oft sehr eng mit staatlichen Institutionen verzahnt.

In einem sich entwickelnden Land wie Kolumbien kennt man die Kürzel der **internationalen Hilfsorganisationen:** das Entwicklungshilfeprogramm der UN (PNUD), Oxfam, die Deutsche Gesellschaft für internationale Zusammenarbeit (GIZ) oder USAID, die US-amerikanische Kooperationsbehörde. Seitens der USA kamen zahlreiche Hilfsorganisationen im Gefolge des milliardenschweren sicherheitspolitischen Kooperationspaktes *Plan Colombia,* der in den 1990er-Jahren mit der Clinton-Administration ausgehandelt wurde. Die EU unterstützte ihrerseits lange Jahre die Friedensbemühungen mit *laboratorios de paz* (Friedenslaboratorien). An den Bautafeln und den darauf abgebildeten Logos am Straßenrand lässt es sich leicht ablesen: In einigen Regionen leben auch heute noch viele Projekte von den Hilfsgeldern aus Übersee.

In den letzten Jahren sprudeln diese Gelder aber nicht mehr ganz so üppig, Kolumbien geht es wirtschaftlich besser. ONGs suchen sich in Kolumbien deshalb zusehends potenzielle Geldgeber und neue Partner unter den großen Konzernen im eigenen Lande, wie dem staatlichen Energie- und Telekommunikationsunternehmen ISA oder Ecopetrol, Kolumbiens größter Mineralölfirma. Bislang galten viele Nichtregierungsorganisationen als politisch eher linksgerichtet. Nun ist auch hierzulande das Thema der gesellschaftlichen Verantwortung von Unternehmen im Kommen. Es wird das Zusammenspiel zwischen staatlichen und gesellschaftlichen politischen Kräften weiter verändern.

Politische Kultur zwischen Legalismus und Klientelismus

Kolumbien, sagt man, ist ein **Land der Rechtsanwälte.** Den Legalismus führt man gerne auf die frühe Phase der Republik zurück, als sich Großkolumbien nach dem Tod von *Bolívar* gegenüber dem iberischen Mutterland behaupten musste. Allein im ersten halben Jahrhundert ihrer Unabhängigkeit gab sich die junge, politisch noch unreife Republik sechs frische Verfassungen. Entsprechend oft changierte der Name des Staates: Nueva Granada, Confederación Granadina, Estados Unidos de Colombia (Vereinigte Staaten von Kolumbien) und schließlich República de Colombia (Republik Kolumbien). Die Kirche tat ihr übriges, sie unterhielt lange Zeit ein Monopol im Erziehungswesen. Die Jesuitenschulen Del Rosario und La Pontificia Universidad Javeriana sind heute noch traditionelle Kaderschmieden angehender Juristen.

Die Ausbildung zum Rechtsanwalt gilt seit den Tagen von *Francisco de Paula Santander,* dem als *Hombre de las Leyes* („Mann der Gesetze") in die Geschichte eingegangenen Weggefährten *Simón Bolívars* und späteren Präsidenten Neu-Granadas, als besonders hilfreiches Sprungbrett für den **Einstieg in die Politik.** Von den ersten 37 Präsidenten des Landes waren 21 Anwälte, die übrigen stammen überwiegend aus dem Militär. Vielen erscheint der Berufseinstieg in einer Kanzlei nur als Zwischenschritt auf dem Weg zu einem Posten im Ministerium oder einem öffentlichen Amt; ein gutes Viertel aller staatlichen Posten entfällt auf Juristen. Erst seit den Regierungen *César Gavirias* und zuletzt *Álvaro Uribes* scheint sich das Muster etwas zu wandeln: Bevorzugt Ökonomen besetzen seither die Regierungsposten.

Rechtsanwälte prägten also vielleicht mehr als anderswo die Staatsräson. Die althergebrachte Betonung der Rhetorikkunst hat im öffentlichen Leben ihre Spuren hinterlassen. **Öffentliche Diskussionen können oft ausschweifen.** Doch mehr als dies kritisieren viele die herrschende Ausbildung, denn jeder Jurist mit Titel kann heute vor Gericht ziehen. Staatsexamina gibt es nicht.

Richter erhielten mit der Konstitution von 1991 mehr Machtfülle. Auf allen Ebenen dürfen sie Verfassungsklagen *(tutelas)* behandeln, ihre Urteile sind seither auch für politische Entscheidungsträger bindend. Wer Richter werden will, muss diese Karriere früh einschlagen – Seiteneinsteiger sieht man eher selten. Bemerkenswert ist die Geschlechterparität der Richterschaft – die Hälfte ihrer Repräsentanten sind Richterinnen. Richter gehören allerdings zu den **gefährdeten Berufszweigen** im Lande. Allein in der Hochphase der Kartellkriege, zwischen 1979 und 1991, wurden 290 von ihnen ermordet. Als problematisch empfinden viele Standesvertreter die

The President of Colombia
024kb Foto: wp©Managementboy

Bezahlung und Attraktivität des Amtes. Auch das gehört zum System: Ein guter Teil der prozessierenden Akteure auf der anderen Seite der Richterbank sind Besserverdiener und Absolventen von Hochschulen mit größerer Reputation.

Anwälte spielen auch bei einer Berufssparte eine Rolle, die für das Leben in Kolumbien außerordentliche Bedeutung hat: **das Notariat.** „Geboren werden, Aufwachsen, Verhandeln, Zeugen, Arbeiten, Erben und selbst Sterben, das alles habe in Kolumbien kaum einen Wert, wenn es nicht von der Unterschrift eines Notars begleitet wird, schreibt der Verfassungsrechtler *García Villegas.* Ursprünglich mochte das Notariat von der spanischen Kolonialverwaltung dazu eingesetzt worden sein, das öffentliche Gut zu verteidigen und den Wahrheitsgehalt der privaten Vorgaben zu überprüfen. Ohne eine notarielle **Beglaubigung (trámite)** ging nichts. Heute ist es **ein gutes Geschäft** und wenn man mit Notaren spricht, eines der einträglichsten. Leider ist das vermeintliche Ethos irgendwo auf der Strecke geblieben, denn der privilegierte Beruf gilt heute weder als besonders ehrbar oder anspruchsvoll noch hat er die Korruption im Lande eindämmen können.

Ganz im Gegenteil: Notariate gelten heute als gängige **Beute für politische Gefälligkeiten.** In einem der notorischsten Korruptionsfälle der letzten Jahre soll *Álvaro Uribe* für den Kauf von Stimmen, die er brauchte, um seine Wiederwahl mit einer Verfassungsänderung durchzusetzen, als Gegenleistung Notariate für Familienangehörige versprochen haben („Yidispolítica"). Die Lobbykraft hat bislang eine Reform der *tramitología* verhindert. Dennoch hat die Regierung *Santos* zum Jahresbeginn die sofortige Abschaffung von offenkundig unnötigen Beglaubigungen beschlossen.

Anfällig für politische und finanzielle Geschenke jeder Art sind auch die Anwälte, die das Amt des **Städtebaubeauftragten** *(curador urbano)* ausfüllen. Sie sind damit beauftragt, die Stadtentwicklung zu beaufsichtigen und Baulizenzen für Neu- oder Umbauten zu vergeben. Ein Blick auf den Städtebau lässt erahnen, dass die einzelnen Entscheidungen offenbar nicht immer mit Blick auf die lokale Bauordnung gefasst werden.

Es sind nicht zuletzt private Anwaltschaften, die den Staat Kolumbien vor große Probleme stellen. Privatklagen erstritten vom Staat zuletzt Unsummen. Die Zahl der anstehenden Rechtsstreitigkeiten ist seit Jahren derart hoch, dass das überforderte Justizsystem einen Urteilsstau verzeichnet. Alleine durch Fristenüberschreitungen verliert der Staat jedes Jahr zahllose Prozesse, die er eigentlich gewinnen müsste.

„Impunidad": zu viele Kriminelle kommen straflos davon

Auch beim Strafrecht hat die nachhaltige Schwäche der staatlichen Institutionen gravierende Konsequenzen. Angesichts hoher Kriminalitätsraten, verbreiteter korrupter Praktiken und den Auswüchsen des bewaffneten Konflikts ist die Strafverfolgung durch die kolumbianische **Justiz chronisch überlastet.** Die Folge: Viele Fälle kommen gar nicht erst vor Gericht, verjähren oder werden aus Mangel an Beweisen (oder Recherchen) eingestellt. Die tatsächliche Quote der Straftaten, die nie aufgeklärt oder geahndet werden, ist schwer zu bestimmen und liegt irgendwo zwischen 32 und 99 %.

Selbst die optimistischste Einschätzung deutet auf ein Defizit hin, das die Wirkung jeglicher Strafverfolgung erheblich einschränkt. Schwer wiegt die Tatsache, dass die Bevölkerung inzwischen selbst davon ausgeht, dass bis zu 95 % aller Vergehen nicht geahndet werden. Diese Tendenz bestärkt die Bürger darin, ihr Land als einen **gefühlt rechtsfreien Raum** zu betrachten, in dem Verbrecher und Rechtsverdreher sich leichterdings der rechtsstaatlichen Sühne entziehen können. Dieses als *impunidad* (Straflosigkeit) über Kolumbien hinaus bekannte Phänomen gilt inzwischen als ein wesentlicher Treibstoff für die hohe Zahl der Rechtsbrüche (s. auch das Kapitel „Wer hält sich schon daran? Normverletzung und Bürgersinn im Alltag").

Die **Reform des Strafrechts** ist einer der Brennpunkte in der gegenwärtigen politischen Debatte. Sie muss neben den Mängeln innerhalb des Justizsystems aber auch berücksichtigen, dass eine Kultur der Angst vor polizeilicher Willkür und Furcht vor Selbstjustiz die Strafaufdeckung behindert. Mit Belohnungen für Hinweise oder der Reduktion des Strafmaßes derer, die schon in Haft sind, versucht die Justiz, Anreize zu schaffen, Zeugen zu gewinnen und Informationen zu erhalten.

◁ Der bis heute polarisierende kolumbianische Ex-Präsident Álvaro Uribe (2002–2010)

Wirtschaftslage und Konjunktur

Kolumbien gilt in den letzten Jahren als **ökonomische Regionalmacht „auf dem Sprung"**. Tatsächlich boomt der Export von Rohstoffen, die vom Rohstoffexport getriebene Wirtschaft wächst und weil sich die Inflation zuletzt zwischen 3 und 4 % in Grenzen hielt, steigen Kaufkraft, Binnenkonsum und der Importbedarf von Konsumgütern. Die positiven Eckdaten und zuversichtlichen Prognosen spiegeln sich im steigenden Auslandsinteresse am Ausbau der Handelsbeziehungen wider und in den neuen Freihandelsabkommen mit den USA, der EU und Südkorea.

Historisch hatte Kolumbiens Wirtschaft mit **erschwerten Wettbewerbsbedingungen** zu kämpfen. Weder trafen die Spanier auf ökonomisch entfaltete indianische Hochkulturen wie in Peru oder Mexiko noch auf jene ergiebigen Silbervorkommen wie in Argentinien. Das Terrain in der Andenwelt war zerklüftet, die heimische Bevölkerung (mit Ausnahmen wie im Zenú, in der Sierra Nevada oder in den Hochebenen der Muisca) eher überschaubar und meist weit verstreut. Zudem gründeten die frühen Kolonialisten, interessiert vor allem an Gold, zahlreiche ihrer ersten Siedlungen im meerabgewandten und nur mit großem Aufwand zugänglichen Landesinneren. Die immense Landkonzentration in wenigen Händen der Großgrundbesitzer und der katholischen Kirche taten ihr Übriges, **um die Wirtschaftsentwicklung Neugranadas und der frühen Republik zu hemmen.**

Gold und Silber blieben lange die bekanntesten Exportgüter. Der Durchbruch auf dem Weltmarkt gelang erst im frühen 20. Jahrhundert mit der **Kaffeebohne.** Kolumbien konnte die damit erwirtschafteten Überschüsse endlich in seine eigene industrielle Entwicklung investieren. Dies und die Entschädigungszahlung der USA für den Verlust Panamas ermöglichten der kolumbianischen Volkswirtschaft und Gesellschaft in der Folge der 1920er-Jahre einen spürbaren Modernisierungsschub.

Wirtschaftliche Transformationsprozesse haben einen Preis. Der Anteil des informellen Sektors am Arbeitsmarkt ist in den letzten Jahren trotz einem Wirtschaftswachstum von bis zu 6 % nicht gesunken und liegt noch immer bei über 50 %, jeder dritte Kolumbianer gilt als unterbeschäftigt. Zu den **Verlierern der wirtschaftlichen Liberalisierung** unter Präsident *Gaviria* in den 1990er-Jahren zählen zweifellos mittelständische Betriebe und die heimische Industrie, die mit der neuen Importware nicht mithalten konnte. Zu den am schwersten von der Öffnung betroffenen Sektoren gehören die Textil- und Schuhindustrie, Ledermanufakturen und bestimmte Agrarsektoren wie die Reisproduktion, die auf den Binnenmarkt ausgerichtet sind.

Der **Reichtum des Landes bleibt weiterhin sehr ungleichmäßig verteilt.**
Die industrielle und wirtschaftliche Entwicklung konzentriert sich in den
andinen Regionen und in den Ballungsräumen, während die Waldregio-
nen im Süden und Südosten sowie die vielen unzugänglichen Landesteile
unterentwickelt bleiben und vornehmlich von Staatstransfers, einer Extrak-
tionswirtschaft und dem Drogenbusiness leben. Es hat leider System, dass
die **ressourcenreichsten Regionen oftmals die ärmsten** geblieben sind.
Große Vorkommen an Gold, Öl oder Kohle führen nicht automatisch zu
mehr Entwicklung und Wohlstand der heimischen Bevölkerung.

Heute halten viele Analysten Kolumbien für einen Wachstumsmarkt. Bei
Smaragden, Guadua-Hölzern und **Schnittblumen** ist Kolumbien **auf dem
Weltmarkt führend.** Bananen, tropische Früchte und Kartoffeln gehören
ebenso zu den bedeutenden Agrarexporten wie Palmöl, dessen Produktion seit einigen Jahren großflächig gefördert wird. Für die USA ist Kolumbi-
en das Land mit den zweitmeisten Agrarexporten. Auch wenn der Kaffee
nur noch 15 % der gesamten Exportpalette ausmacht und somit seine Rolle als Zugpferd der Volkswirtschaft eingebüßt hat, bleibt Kolumbien noch
immer die weltweit **viertgrößte Produzentennation für Kaffee.**

Der **Außenhandel** wird in den letzten beiden Jahrzehnten jedoch zunehmend von Rohstoffexporten bestimmt. 90 % der Kohle werden expor-

⌃ Arbeiter in den Salzminen von Manaure

tiert, beinahe halb so viel Erdöl wie in Venezuela wird gefördert. Nach Russland ist Kolumbien Deutschlands wichtigster Lieferant von Steinkohle. Zahlreiche Dienstleistungssektoren wie etwa die weltweit aktive Call-Center-Branche bauen ihre Stützpunkte in Kolumbien aus. Der Tourismus gilt als ein Markt mit guten Aussichten, wird aufgrund der immer noch ungewissen Sicherheitslage in Teilen des Landes allerdings noch etwas gebremst.

Auch wegen der protektionistischen Wirtschaftspolitik in Caracas (Venezuela) zieht es zuletzt immer mehr ausländische Firmen nach Bogotá, Medellín, Cartagena oder Barranquilla. Deutsche Konzerne wie Bayer, BASF, Kühne und Nagel oder Siemens sind hier gut vertreten und investieren verstärkt in Kolumbien. Die deutsche Auslandshandelskammer verzeichnet ein **steigendes Interesse auch des deutschen Mittelstandes** an wirtschaftlichen Beziehungen (s. auch das Kapitel „Als Geschäftsmann in Kolumbien").

Das **Geschäft mit den Drogen** bringt seit den ersten Boomjahren in den 1970er-Jahren Milliarden illegaler Gelder ins Land, die sich seither zahlreiche Wege in die Realwirtschaft bahnen. Über die Auswirkungen auf die nationale Volkswirtschaft gibt es geteilte Ansichten (s. auch das Kapitel „Das schnelle Geld"). Der Doyen der wirtschaftspolitischen Berater, *Alejandro Gaviria*, besteht darauf, dass die kolumbianische Wirtschaft zu keiner Zeit „narkotisiert", also vom Kokaingeschäft abhängig war. 2008 wurden dadurch zwar nicht weniger als 13,6 Milliarden US-Dollar umgesetzt, jedoch hätte der Anteil am BIP nie mehr als 2,5 bis 4 % ausgemacht.

⌃ Fischer südlich von Riohacha

Soziale Ungleichheit

Lateinamerika ist die weltweit führende Region in sozialer Ungleichheit, innerhalb dieser Region ist Kolumbien der traurige Spitzenreiter. Das Land hat in weiten Teilen alle Anzeichen einer **Klassengesellschaft:** Wenige ganz Reiche stehen über einer relativ dünnen Mittelschicht und einer breiten Bevölkerungsmehrheit, die gerade so über die Runden kommt oder gar unter der Armutsgrenze lebt. Ablesbar ist die an allen Ecken greifbare Ungleichheit an den Einkommen, an den Bildungsmöglichkeiten, an der Arbeit und an dem, was Soziologen „soziales Kapital" nennen, die Netze, die dem Einzelnen ein Aus- und Weiterkommen im Leben sichern helfen.

2008 betrug das monatliche Durchschnittseinkommen rund 560.000 kolumbianische Pesos (ca. 240 Euro). Das durchschnittliche Einkommen auf dem Land beträgt weniger als die Hälfte davon, oft noch unter 100 Euro.

Innerhalb der Bevölkerung gibt es **extrem unterschiedliche Einkommens- und Besitzverhältnisse.** Die obersten zehn Prozent der Gesellschaft besitzen die Hälfte allen Reichtums, während das unterste Zehntel gerade mal ein halbes Prozentpünktchen des Volksvermögens unter sich aufteilt. Verstärkt wird die Diskrepanz noch durch die Familienstruktur. Die Brotverdiener bei den Gutsituierten sind statistisch nur für zwei Familienmitglieder, bei den Schlechtverdienern aber schon für sechs Mitglieder zuständig.

Frauen verdienen wie anderswo für dieselbe Arbeit deutlich weniger als Männer. Sie sind verstärkt **in der informellen Wirtschaft** vertreten, also ohne Anspruch auf Sozialleistungen und Jobgarantien (s. auch das Kapitel „Arbeit und Brot"). Unter den ethnischen Gruppen schneiden Afrokolumbianer und die indigene Bevölkerung materiell am schlechtesten ab. Die Einwohner in der Regionalhauptstadt Quibdó verdienen im Schnitt ein Sechstel dessen, was die Hauptstädter in Bogotá einnehmen.

Fast **jeder fünfte Kolumbianer gilt als arm** (statistisch definiert mit einem Tagesverdienst von weniger als 2 US-Dollar), auf dem Land sogar jeder Dritte. Achthundert Ortschaften haben eine Armutsquote von über 66 %. Und das, obwohl der Staat seit über zwei Jahrzehnten seine Sozialausgaben erhöht hat.

Seit Inkrafttreten der neuen Verfassung von 1991 bemüht sich Kolumbien, die Schere zwischen den wenigen Reichen und der armen Mehrheit zu verringern. Das Gesundheitssystem SISBEN (Sistema de Identificación de Potenciales Beneficiarios de Programas Sociales) schließt immer weitere Bevölkerungskreise an eine medizinische Grundversorgung an (s. auch das Kapitel „Gesundheit und Vorsorge"). Neue Schulen sollen den Bildungsstandard erhöhen und den Analphabetismus reduzieren helfen.

Schulspeise, Familienplanungsprogramme, Minimallöhne, eine bescheidene Arbeitslosenversicherung und Bienestar Familiar, eine Art Familien- und
Sozialamt, kümmern sich intensiv um die Verbesserung der Infrastruktur
und den Zugang zu Förderung.

Mindestens ebenso augenfällig wie die allgegenwärtige Armut ist der **lu-
xuriöse Besitzstand einer relativ dünnen Oberschicht.** Symbolisch repräsentiert wird dieser Superreichtum gegenwärtig von den Unternehmerfa-
milien *Santo Domingo, Lülle* und *Sarmiento.* Ihre machtvollen Geschäfts-
imperien durchziehen das ganze Land, inklusive der Medienlandschaft. Im
Vorgriff auf die erbliche Regelung der Hinterlassenschaft haben sich die
erfolgreichen Unternehmer in den letzten Jahren auch als Mäzene und
Philanthropen profiliert. Vor allem der kürzlich erst verstorbene *Julio Mario Santo Domingo,* der das Vermögen der Familie noch einmal vervielfäl-
tigt hat, machte sich mit architektonisch anspruchsvollen Kulturzentren,
Großbibliotheken und Stipendienprogrammen im ganzen Land einen Na-
men. Der deutschstämmige Großunternehmer *Carlos Arturo Ardila Lülle*
und *Luis Carlos Sarmiento Angulo* – der mit geschätzten zehn Milliarden
Dollar Vermögen der reichste Mann im Land und derzeit noch sparsamste
Mäzen unter den dreien – gelten indes als kolumbianische Prototypen des
Selfmademan.

Angesichts einer von Drogenökonomie und bewaffnetem Konflikt über-
schatteten Volkswirtschaft muss man kein Konspirationstheoretiker sein,
um wirtschaftliche Erfolgsgeschichten stets auch mit etwas Vorsicht zu
genießen. Bemerkenswert ist das eklatante soziale Gefälle, das **Nebeneinander von Reichtum und Massenarmut,** allemal.

⌃ Zwei deutsche Großinvestoren helfen bei der Modernisierung
von Kolumbiens zweitgrößtem Containerhafen (Cartagena)

Zwischen Land und Stadt

Kolumbien hat heute mehr als 46,5 Millionen Einwohner und ist damit nach Brasilien die zahlenmäßig **zweitstärkste Nation Südamerikas.** Lange Zeit war die Siedlungsstruktur **agrarisch geprägt.** Noch immer ist die Hälfte des nationalen Territoriums – so etwa weite Teile von Amazonia, Orinoquía oder des Chocó – nur spärlich oder gar nicht besiedelt. Seit Mitte des 20. Jahrhunderts aber ist die demografische Entwicklung von **Landflucht und Verstädterung** gekennzeichnet. Bereits drei von vier Kolumbianern wohnen heute in den Einzugsgebieten der Städte, vor allem an der Karibikküste und in der Andenregion, entlang der Flussläufe des Río Magdalena und des Río Cauca. Im Kontrast zu den meisten Nachbarstaaten verzeichnet Kolumbien ein über das Land verteiltes Städtenetz mit dynamisch wachsenden Mittelstädten wie Pasto und Popayán im Süden, Manizales und Pereira im Landesinneren, Cúcuta und Bucaramanga im Nordosten oder Santa Marta und Cartagena an der Karibikküste. Medellín, Cali und Barranquilla haben die Millionengrenze längst überschritten, Tendenz steigend. Allein in der rasant wachsenden Metropolregion Bogotá, einst ein beschauliches Städtchen im Andenhochland, wohnen und arbeiten heute 15 % der nationalen Bevölkerung.

Bogotá – die abweisende Hauptstadt unter den Sternen

Es gibt viele Wege, sich einer großen Stadt zu nähern. Die Kolonisten kamen einst über den Río Magdalena ins Landesinnere und kletterten von der Küste auf die Berge, bis sie es als kühl genug befanden, um eine Hauptstadt zu gründen. Die Überseegäste von heute nehmen meist die bequemere Route per Flugzeug und landen mit einem dramatischen Blick auf die Ränder der Hochebene in der Sabana. Hier, auf eben mal 2600 Metern über dem Meeresspiegel, hat sich heute eine urbane Stadtlandschaft ausgebreitet, in der inzwischen **über acht Millionen Menschen** ihr Auskommen suchen.

Dieses Wachstum überrascht, wenn man nur die klimatischen Verhältnisse betrachtet. Bogotá ist keine liebliche Stadt – liegt sie doch auf Augenhöhe mit dem höchsten deutschen Gebirge, der Zugspitze. Wer die Sabana nicht verlässt, würde sie jedenfalls nie auf tropischen Breitengraden vermuten. Entsprechend dünn ist die Luft und zumindest vergleichsweise kühl das **Klima,** manche nennen es **gemäßigt.** Es regnet regelmäßig – in der Regenzeit etwas mehr, in der Trockenzeit (Mitte Dezember bis Mitte März) etwas weniger, aber stets plötzlich und für europäische Wahrnehmung extrem heftig.

Die Bewohner haben etwas von dieser äußeren Umgebung angenommen und geben sich, zumal im Vergleich zu ihren karibischen Brüdern und Schwestern, **vergleichsweise zurückhaltend.** Ihre Körpersprache ist freundlich, die Kleidung bedeckt. Ihr Akzent ist nicht besonders ausgeprägt, auffallend allenfalls die verniedlichende Sprache, die der Kommunikation auch zwischen den gewöhnlich etwas distanzierteren Städtern etwas Familiäres verleiht.

Ohne Zweifel ist Bogotá trotz seiner etwas beschwerlichen Lage heute der **kosmopolitischste Ort des Landes,** ähnlich bunt ist allenfalls die Hafenstadt Barranquilla mit den Einflüssen ihrer Migrantengruppen. Wenn auch die Völkervermischung nicht ganz so offensichtlich ist wie in anderen Metropolen dieser Welt und *indígenas* wie Afrokolumbianer in weiten Teilen der Stadt erstaunlich unsichtbar bleiben: In Bogotá wohnen inzwischen Menschen aus allen Landesteilen und Gegenden des Kontinents. Viele sind freiwillig gekommen, andere unfreiwillig. Die Stadt hat sich in den letzten 50 Jahren vervierfacht, sie ist in ihrer Stadtentwicklung **förmlich explodiert** und ohne systematische Planungsvorgaben längst über sich hinausgewachsen. Die meisten Neuankömmlinge sind Flüchtlinge aus anderen Landesteilen, die sich von den informellen Rändern in die formierte Stadt hineinzuarbeiten suchen.

Diese Dynamik spiegelt sich im kulturellen Leben der Megacity. Es brummt in Kinos und Konzerthallen, der Theater- wie Musikszene, den Museen und nagelneuen Großbibliotheken. In Bogotá isst man inzwischen formidabel: Die Veränderung in der gastronomischen Kultur der letzten Dekade ist nichts weniger als eine kulinarische Offenbarung. Und dank vielfältiger urbaner Subkulturen koexistieren herkömmliche mit nicht traditionellen Strukturen in einer für das tiefkatholische Land gar nicht selbstverständlichen Weise tolerant nebeneinander.

Die Stadt entbehrt gewiss nicht der **Zumutungen:** Stand die Hauptstadt politisch wie ökonomisch Ende der 1980er-Jahre praktisch am Abgrund, bahnte sich in den 1990er-Jahren eine Renaissance an, deren Pulsschlag aber stets prekär blieb. Der Verkehr hat sich in den letzten Jahren wieder sichtbar verlangsamt, die kleinen Fortschritte in urbaner Sicherheit und zivilem Miteinander bleiben gefährdet, die Umweltbelastungen überdurchschnittlich hoch.

Bogotá ist – wie die meisten südamerikanischen Metropolen – im Grunde **nicht eine Stadt, sondern derer zwei,** geteilt in einen unterprivilegierten städtischen Süden und eine an das Zentrum angeschlossene reiche Stadt, die in den Norden wächst. Der hohe Grad an **Segregation,** die Begegnung mit der sozialen Spaltung ist für Gäste eine Herausforderung.

Für Landsleute führt der Weg dennoch fraglos durch die Hauptstadt. Hier zieht es sie hin: die Glückssucher und Geschäftemacher, die Verzweifelten, Flüchtende und im eigenen Land Vertriebene, auf der Suche nach einem besseren Leben. Bogotás Wert als Universitätsstadt ist unter Studenten unangezweifelt, hier sind die ebenso guten wie teuren privaten Hochschulen und mit der Universidad Nacional auch die beste öffentliche Universität vertreten. Ungebrochen ist der Boom einer von der Drogenökonomie angetriebenen Baubranche. Und auch den Touristen und Geschäftsreisenden präsentiert sich die Stadt trotz ihrer relativ wenigen offensichtlichen Attraktionen als **Anlaufpunkt Nummer** eins.

Im alten Stadtkern La Candelaria ist die koloniale Vergangenheit an den Fassaden und Innenhöfen abzulesen. Im Bezirk Macarena lässt sich in Zentrumsnähe gut speisen und rund um den Park Independencia flanieren. Im Zentrum am **Plaza Bolívar** ist die **politische Hauptstadt** angesiedelt, mit Kongress, dem Präsidentenpalast und dem 1985 vom Militär beschossenen Palacio de Justicia. Zum Pflichtprogramm für Kurzbesucher gehören das sehenswerte Goldmuseum, das unterhaltsame Boteromuseum (wahlweise auch die Asservatenkammern des Museo Nacional) und ein Blick von oben auf die beeindruckende urbane Steinwüste, sei es vom Hausberg des Montserrate aus, der Schutzheiligen Guadalupe oder den Calera genannten Bergserpentinen im Rücken der Stadt. Die Kür indes beinhaltet einen Ausflug in das zumal zwischen Donnerstag und Sonntag ausschweifende Nachtleben.

Auf den ersten Blick mag Bogotá abweisend, fast unheimlich erscheinen. Doch wer sich auf die Metropole einlässt, kommt hier auf überfüllten Straßen und hinter spröden Fassaden dem Geist des Landes auf die Spur.

◁ Graffiti in den Straßen von Chapinero

Medellín – vom Charme des ewigen Frühlings

Aus der Sicht Bogotás sind alle anderen Kommunen im Lande Kleinstädte, selbst der bis an den Rand mit Häusern und Hütten gefüllte Talkessel von Antioquias Hauptstadt Medellín mit über zwei Millionen Einwohnern.

Viele halten Medellín auch heute noch für ein Großdorf. Grund dafür ist der historisch gewachsene Lokalstolz, ein vielleicht mit den Bayern vergleichbares **separatistisches Sonderbewusstsein.** Antioquia ist „weißer" als die anderen Landstriche, das Erbe der Spanier wird hier mehr gepflegt als anderswo. Ihre Nachfahren in dieser Region, die *paisas,* mit ihrem dezidierten, melodischen Singsang sind stolz auf ihr Land, ihre Sitten, ihre Wurzeln und ihren relativen Wohlstand. Medellín ist ohne Frage die **industrielle und kommerzielle Hauptstadt** Kolumbiens, ihren Bewohnern wird ein besonderes Arbeitsethos und findiger Händlergeist attestiert.

Aufgrund ihrer ökonomischen und historischen Ausnahmestellung gelten die *paisas* von Medellín als ebenso selbstgewiss wie in sich gekehrt. Weltläufigkeit misst sich hier nicht an der Öffnung dem Fremden gegenüber. In Antioquias Hauptstadt isst man weithin *cocina típica* (traditionelle Küche), weniger orthodoxe Lebensweisen sind hier trotz einer urbanen Umgebung noch immer schwer integrierbar und daher selten.

Die Familie hingegen erfreut sich eines fast ungebrochen hohen gesellschaftlichen Stellenwerts. Bis vor einigen Jahren waren acht bis zehn Kinder pro Familie auch in der Oberschicht keine Seltenheit; sie gehören zum guten Ton, zum gelungenen Leben. In Medellín hält man gemeinhin viel auf die eigene Familie, sie ist Bezugspunkt und Abgrenzung zugleich. Ein *paisa* zu werden, ist allerdings nicht leicht. Doch wer einmal in den Kreis der Familie aufgenommen wird, darf mit großer Zuneigung rechnen.

Medellín nennt sich die „Stadt des ewigen Frühlings." Allenthalben blüht der Hibiskus, Jasminduft zieht durch die Luft und nicht nur der empfehlenswerte Gang durch das Reichenviertel Envigado oder den Botanischen Garten macht dem Besucher klar: Hier zeigen sich die Tropen von ihrer freundlichen Seite. Die *paisas* geniessen den Ruf einer besonders reizvollen Spezies, die laue Luft und entsprechend offene Kleidung tun dazu das Ihre. Medellín gilt nicht umsonst als Modestadt – und als **Stadt der Metro.** Diese wurde bereits vor 20 Jahren von Siemens gebaut (während die Hauptstadt bis heute weder U- noch S-Bahn hat). Medellín ist gegenwärtig eine architektonisch interessante, ja spielfreudige Stadt und das nicht erst seit den Notmaßnahmen zu ihrer Befriedung.

▷ Medellín: die industrielle und kommerzielle Hauptstadt des Landes

030kb Foto: fo©lldi

Es mangelt nicht an Erklärungen, warum just dieses Medellín des klimatischen Wohlgefühls in den frühen 1990er-Jahren zu einem extrem gefährdeten Notfall geworden war, der **seinerzeit gefährlichsten Stadt der Welt.** Vordergründig lag dies am Aufstieg des Drogenkartells unter dem Anführer *Pablo Escobar,* der berüchtigten Rivalität mit dem Nachbarkartell von Cali und einem zunehmend erbitterten Kampf mit dem Staat. Ins Feld aber führen andere auch die in der Historie angelegte kulturelle Disposition einer **Siedlermentalität,** das eigene Schicksal und die Justiz selbst in die Hand zu nehmen. Nirgendwo scheint das Geschäftsleben besser organisiert als hier. Und kaum irgendwo anders feierte der Paramilitarismus ähnlich durchschlagenden Erfolg. Der erzkonservative *Álvaro Uribe,* beliebtester wie umstrittenster Ex-Präsident des modernen Kolumbien, entwickelte zuvor als Gouverneur von Antioquia jenen skrupellosen Politikstil, den er dann landesweit durchzusetzen verstand.

Während auch in der letzten Dekade staatliches Militär immer wieder in die **von lokalen Banden kontrollierten Armenviertel** Medellíns (*comunas*) vorrücken musste, hat sich die Stadt weiterentwickelt. Im direkten Vergleich mit der ungezügelten Riesenstadt Bogotá wirkt das Großdorf Medellín heute bei allen sozialen Problemen, die es weiterhin gibt, fortschrittlich, ökonomisch erfolgreich und kulturell florierend.

Die Salsametropole Cali und das Erbe des Drogenkartells

Es ist die Stadt des Südens, der Sonne und weil sie so schön warm ist, scheint alles etwas weniger problematisch. Die Leute wirken offen und liebenswürdig, der Verkehr fließt, das Stadtbild wirkt grün und fast ein wenig geordnet.

Einige dieser Eindrücke haben sich in den letzten Jahren dank verfehlter Stadtpolitik zum Schlechten entwickelt. Rassismus hat als herrschende Ideologie zwar weithin ausgedient, doch Diskriminierung ist in diesem von der **afrokolumbianischen** Bevölkerung geprägten Landstrich noch immer weitverbreitet. Auf der Strecke ist zuletzt vor allem der Gemeinsinn geblieben, die bürgerliche Zivilkultur. Allgemein verbindliche Normen haben ab-, die Amoral zugenommen; kaum eine Bürgerschaft misstraut ihren Stadtoberen so sehr wie die *Caleños.*

Das kulturelle Angebot hinkt hinter dem anderer Großstädte zurück. Obwohl Ausgangspunkt einer produktiven Theater- und Filmszene seit den 1970er-Jahren, sind Programmkinos heute nur noch schwer zu finden. Immerhin setzen **Festivals** wie das „Festival del Pacifico" oder das alljährlich im August stattfindende „Festival Petroneo Álvarez", benannt nach einem der afropazifischen Musiktradition verpflichteten Musiker, Cali auf die nationale Kulturlandkarte. Was vor kaum einer Dekade als Geheimtipp anfing, ist heute ein fast schon nationales Ereignis: Vier Tage lang spielen Bands unaufhörlich auf einer Drehbühne, die Musiker kommen aus allen Winkeln der Pazifikregion und nehmen, teils in Booten, teils zu Fuß, oft tagelange Anreisen auf sich. Die Konzerte mussten 2011 aufgrund des Andranges vom Plaza de Toro ins nagelneue Stadion verlegt werden. 20.000 völlig losgelöste Fans (die meisten afrokolumbianischer Herkunft) vor der Bühne und weitere 20.000 vor den Stadiontoren gaben dem Musikfest mit ihrem Elan die Note einer öffentlichen politischen Veranstaltung.

Kulinarisch ist die **pazifische Küche** geprägt von einem Mix der Afrokulturen im Chocó und Buenaventura mit andinischen Traditionen, von Fisch und frischem Obst. „Chuleta Valluna", paniertes Schweinefleisch, oder ein Glas Lulada, ein spezieller Fruchtdrink, überzeugt jeden Gourmet.

Weithin bekannt ist Cali als **Hauptstadt des Salsa,** jener Musikrichtung, die aus dem Süden Kolumbiens in den 1930er-Jahren über New York und andere Umwege als moderner Salsa wieder heimkehrte. *Celia Cruz,* die kubanische Sängerin, war zu Lebzeiten so etwas wie die Königin von Cali, die *Grupo Niche* oder *Yuri Buenaventura* standen für eine weit über die Stadtgrenzen hinaus bedeutende Musikkultur. Das Nachtleben in dieser Stadt ist auch verglichen mit größeren Städten eine Wucht, wer hier nicht seinen Rhythmus findet, wird es wohl nirgendwo tun. Die Wahrscheinlichkeit, dass im allgemeinen Tumult kleine Drogenhändler mit von der Partie sind, ist hier freilich etwas höher als in den Großstädten. In die ausschweifende Rumba-Kultur mischte sich in den letzten Jahrzehnten nämlich eine ebenso notorische kriminelle Szene. Seit den späten 1970er-Jahren entwickelte sich Cali, gemeinsam mit dem verfeindeten Kartell in Medellín, zu dem weltweit gefährlichsten Umschlagplatz im internationalen Drogenhandel. Auch heute noch sind die **Spätfolgen dieser Boomjahre** der Illegalität am Stadtleben abzulesen. Unglaubliche Privathäuser (oder konfiszierte Investitionsruinen) und unterentwickelte öffentliche Infrastruktur geben sich die Hand. Der von Gewalt und dem schnellen Geld geprägte Drogenhandel spülte immense Geldmengen in die lokale Geschäftswelt, die nach dem **Niedergang des Kartells** Mitte der 1990er-Jahre schwere Zeiten durchmachte und zum Teil bis heute auf der Suche nach neuen Einnahmequellen ist.

Barranquilla und Cartagena: wo die Karibik auf das Festland trifft

An ihrer Küste siedelten bereits älteste indigene Kulturen, über das Meer drangen die Europäer ins Landesinnere vor und machten sich den Kontinent untertan. Die Karibik verbindet ihre Küstenbewohner und ihre wichtigsten Städte: Cartagena, Barranquilla und die heute etwas verwaiste „Wiege der Nation", Santa Marta. Die Bilder, die man andernorts von ihr malt, sind meist bunt und stark, was oftmals der Erfahrung vor Ort entspricht.

Ein **„costeño"** gilt gemeinhin als langsam, träge und faul. Wer allerdings selbst einmal versucht hat, mit protestantischem Ethos die drückende Schwüle eines karibischen Nachmittags wegzuarbeiten, der wird sein Urteil etwas mäßigen. Das Klima in den Gassen von Cartagena lädt selbst die Fliegen zur Siesta ein, zumal Luftkühlung – außerhalb der touristischen Flaniermeilen – noch immer nicht Standard der lokalen Geschäftswelt ist. Wie Geld zum Leben gehört auch das Handwerk des schnell verdienten und unversteuerten Pesos zum Vorurteil über das karibische Händlerwesen. Informelles Wirtschaften ist seit jeher integriert in die formale lokale Ökonomie, *contrabando,* **Schmuggelware,** durchzieht den karibischen Markt wie der Fisch die Suppe und die Kokosflocken den Reis.

Nirgends sonst lebt die **Machokultur** so unangefochten wie hier. Frauen halten ihren Männern den Rücken frei und können froh sein, wenn diese sich zu Hause blicken lassen. Familien sind größer als anderswo, die Zahl von Ein-Eltern-Haushalten auch. Natürlich bestätigen Ausnahmen die Regel.

In den **„palenques",** seit den Tagen der spanischen Krone Freiheit versprechendes Auffangbecken geflüchteter Sklaven, spielen Frauen seit jeher als lokale Nachbarschaftsführerinnen eine große Rolle. Und auch Frauen aus der weißen Oberschicht haben sich im öffentlichen Raum zu behaupten begonnen. Während 2011 *Judith Piñedo Flórez* („Maria Mulata") ihr viel beachtetes Bürgermeistermandat von Cartagena – bekanntermaßen ein Treibhaus korrupter Stadtpolitik – nach dreijähriger Amtszeit übergab, kam in der Nachbarstadt Barranquilla eine andere starke Frau, *Elsa Noguera,* gerade an die lokale Macht.

Zutreffend ist leider auch ein drittes Vorurteil, demzufolge die karibische Gesellschaft eine selbst im kolumbianischen Kontext **auffällige soziale Ungleichheit** zulässt. Cartagena, die vermeintliche „Perle der Karibik", steht da beispielhaft für ihre Schwesterstädte. Der Touristenort No. 1, durch dessen Innenstadt an manchen Tagen mehr als 10.000 Kreuzfahrtpassagiere drängen, leistet sich außerhalb seiner kolonialen Mauern

032kb Foto: os

noch immer *Barrios* ohne Strom und fließend Wasser. Auch wenn sich unter Bürgermeisterin *Piñeda* vieles verbessert hat, ist es kein Zufall, dass überdurchschnittlich viele Afrokolumbianer zu den Ärmsten der Armen gehören. Das Sonderbewusstsein hat lokale Eliten früh dazu ermutigt, auswärtige Herrschaft (erst die Kolonialverwaltung in Sevilla und Madrid, später die Zentralregierung in Bogotá) fernzuhalten, um die Ausbeutung der eigenen Bevölkerung in Eigenregie besorgen zu können.

Die Städte mögen tief mit der kolumbianischen Geschichte verwoben sein. Doch die Gegenwart kommt dabei nicht zu kurz. Cartagena setzt nicht zuletzt auf das Tourismusgeschäft, in Barranquilla gelingt es, immer neue Industrie anzusiedeln. Im Kern sind sie die **Hafenstädte** geblieben, als die sie früher (Santa Marta, Cartagena) oder später (Barranquilla) gegründet wurden. Als solche wirken sie noch ein Stückchen chaotischer als gemeine Handelsstädte.

Jedes Jahr steht **Barranquilla** in der Regenzeit wochenlang unter Wasser und wenn der moderne Flughafen tagsüber geschlossen werden muss wegen der vielen kreuzenden Vögel von der nahegelegenen Mülldeponie, dann liegt auch das sicherlich nicht an der Hand Gottes allein. **Koloniale Herrschaft und Handel** haben Reichtum in die Stadt gebracht, sie aber stets in den Händen einer dünnen Oberschicht gelassen – nicht immer waren dies nur die Nachfahren der Spanier. In Barranquilla etwa bildete sich ein einflussreiches Netz nahöstlicher Einwanderer, Libanesen, Palästinenser, Syrer, die hier unter dem Sammelbegriff *turcos* firmieren.

Trotz – oder vielleicht gerade wegen – all dieser offenen Widersprüche haben diese Städte und ihr Hinterland eine **starke Identität** und ihre Bewohner einen besonderen Stolz auf ihre Kultur ausgeprägt: ihre fantastische Küche, ihre Musik, ihren eigenen Stil, zu dem eben auch all jene Vorurteile gehören, die nicht ganz daneben liegen. Und hat sich nicht zuletzt, in den letzten zwanzig Jahren, die einstmals so weit entfernte Hauptstadt auf dem kühlen Hochplateau anstecken lassen von der Vitalität der Küste und ihren Klängen? Der Karneval von Barranquilla, der nach Río zweitgrößte auf dem gesamten Kontinent, ist längst kein Geheimtipp mehr. Die Sirenen der Karibik hört man auch während des restlichen Jahres. Die *cachacos* von Bogotá drängen zu Tausenden jedes Wochenende in ihre Zweitwohnungen und zu ihren heimatlichen Familien in Cartagena, Barranquilla oder gleich nach Santa Marta.

Santa Marta: die Wiege der Nation

Seit einigen Jahren müht sich die Stadt, ihr Schmuddelimage zu liften. Von wegen verblasster Mythos: Bis 2017, dem 500. Geburtstag von Kolumbiens ältester Stadt, will man einen neuen Hafen und die Strandpromenade ausgebaut haben, die Plätze umgestalten und den verlorenen Tourismus wieder in die Altstadt locken.

Denn zuletzt war von der einstigen Wiege der Kolonie kaum mehr als der Partyruf des bekannten Vorortes und Urlaubsparadieses **Rodadero** übrig geblieben, dem Rimini der Inländer, die zu Weihachten und Ostern aus dem verschlafenen Nest eine Festmeile machten. Hier traf sich die Schickeria, die Reichen und die Aufstrebenden, um es sich unter den Sternen der Karibik gut gehen zu lassen. Natürlich zog ein solcher Ort auch den neuen Geldadel der Drogenmafia an, ein bisschen Ruch schadet einem prominenten Ausflugsziel ja auch nicht. Das Fischlokal „Donde Chucho" wirbt heute noch mit einem kurzen, tödlichen Schusswechsel, der sich dort in den Boomzeiten der Drogenmafia ereignet haben muss. Der Rummel von damals hat sich gehalten, doch viele, die es sich leisten können, sind weiter gezogen oder haben sich in eine der Luxusanlagen Santa Martas eingekauft, die zwischen Stadt und Flughafen aus dem Boden geschossen sind. Die Anbindung ist perfekt, nur eine Stunde beträgt die Flugzeit von der Hauptstadt oder aus Medellín, der Weg aus dem direkt am Wasser gelegenen Terminal ist kurz. Nur die Wasserqualität hat stark gelitten, eine Schattenseite des fast unbegrenzten Runs auf die dort verschiffte Kohle aus den unweit gelegenen Minen.

Von Amerikas schönster Bucht (la bahía más linda de América) kann deshalb schon lange nicht mehr die Rede sein. Wer vom sauberen Swimmingpool genug hat, kann in zwei der schönsten Nationalparks entfliehen, die das Land zu bieten hat, **Tayrona** und **Sierra Nevada,** mit ihren Trails, Wasserfällen, geschützten Buchten und Nebelwäldern.

◁ Cartagena: einst Umschlagplatz des Sklavenhandels, heute „Perle der Karibik"

Bei alledem fristet die Altstadt von Santa Marta ein vernachlässigtes Dasein. Hier stehen zwar die älteste Stadtkirche, das erste Zollhaus und **die Quinta de San Pedro Alejandrino,** die Villa, in der der große Freiheitsheld *Bolívar* sterben sollte. Doch von dem einstigen Glanz der Hafenstadt ist lange nichts mehr zu spüren. Barranquilla hat den bedeutenderen Hafen, Cartagena mehr koloniale Bausubstanz. Santa Marta ist dabei, in sich zusammenzufallen, eine bekanntermaßen korrupte Elite tut das Ihre dazu. Das soll sich, wenn die Pläne realisiert werden, in den nächsten Jahren gewaltig ändern. Mit einer umfassenden Sanierung will man den Tourismus wieder in die alte Stadt holen und vom **Kreuzfahrtgeschäft** in der Karibik profitieren. Die Meeresriesen hatten zuletzt Cartagena angefahren, auch weil die Hafeneinfahrt in Santa Marta zu flach war. Pünktlich zum Jubiläum macht sich die Stadt neue Hoffnung auf die Tagesgäste, die vom Wasser kommen.

Leben auf dem Lande: das feudale Erbe der Hacienda-Wirtschaft

Städtische Zentren gehörten von Beginn an zur kolonialen Entwicklungsgeschichte des Landes (s. auch den Exkurs „Abenteuerlich: Die ersten Stadtgründungen"), doch erst in den letzten beiden Generationen haben sich die Gewichte unumkehrbar von der agrarisch geprägten Gesellschaft zu einer primär urbanen verschoben. **Lebten und arbeiteten** 1938 noch zwei von drei Kolumbianern **auf dem Land,** waren es fünfzig Jahre später weniger als ein Drittel, heute ist es noch **ein Viertel der Bevölkerung –** rund 10 Millionen Kolumbianer.

Diese von Landflucht und Industrialisierung **beschleunigte Urbanisierung** darf nicht darüber hinwegtäuschen, dass 95 % des nationalen Territoriums noch immer als „rural" eingestuft werden. Wie bei den Städten und ihren Bewohnern gilt auch hier: Jede Region ist anders. Sie alle eint der etwas andere Rhythmus, der das Leben von Millionen von Menschen auf dem Land bestimmt.

Das Landleben wurde lange Zeit dominiert von der Wirtschaftseinheit der **Hacienda.** Einige wenige Familien besaßen die Ländereien und verpachteten sie an Kleinbauern. Diese gaben dafür einen Teil der Ernte an die Großgrundbesitzer ab. Die Beziehung zwischen dem *patrón* und seinen *campesinos,* der arbeitenden Landbevölkerung, war eng, die Macht aber einseitig verteilt – im Grunde noch **feudal.** Selbstverständlich dienten die Kleinbauern ihren Herren bis in das 20. Jahrhundert hinein als Fußvolk bei vielen lokalen und regionalen Konflikten.

Erst gegen Ende des 19. Jahrhunderts entwickelte sich in Antioquia die Institution der sogenannten **Minifundien** (landwirtschaftliche Kleinbetriebe). Bei der Kolonisierung neuer Territorien bearbeiteten nun alle Mitglieder der Familie gemeinsam den Grund und Boden, die *campesinos* gewannen endlich ein wenig Unabhängigkeit und Spielraum.

Die historisch angelegte **Spannung zwischen Stadt und Land** ist die einer wechselseitigen Abhängigkeit. Zahlreiche politische Konflikte rankten sich um die Frage, wie die Macht zwischen den Großgrundbesitzern, den regionalen Eliten und den politisch Einflussreichen in der Hauptstadt

⌄ Panorama der Kaffeezone („eje cafetéro") im Andenhochland

031kb Foto: fo©rafcha

jeweils neu zu justieren sei. Die Interessensgruppen im Hinterland mochten andere sein, machtlos waren sie wahrlich nie. So sei daran erinnert, dass es die Kaffeebauern waren, die den Grundstock für einen Boom legten, der Kolumbien in großem Maßstab in die Welt exportieren ließ. Der

„Was ich habe, kann mir keiner nehmen":
vom Leben einer Landfrau

Nubiola („Nubia") Rojas Marín, die Älteste von sechs Geschwistern, kommt aus Puerto Triunfo in Antioquia. Ihr Vater arbeitete mit Holz. Das Geld, das er verdiente, genügte kaum, um alle satt zu bekommen. Mit acht Jahren begann Nubia zu arbeiten, im Alter von zwölf verließ sie die Schule, mit 16 heiratete sie. Heute lebt sie in Villeta (Cundinamarca) und hält für die Besitzer einen kleinen Hof in Schuss. Mit ihr leben eine Nichte und deren Tochter, die Hunde Anatanas und Palomo, sowie Paula, ein Papagei. Ihre beiden Kinder sind aus dem Haus und kommen wie ihr Mann am Wochenende vorbei. Ihre Arbeitskraft trägt sie von einem Monat zum nächsten. Freizeit kennt sie keine, auch Urlaub vermisst sie nicht. „Ich muss immer was tun." Nubia beschreibt sich selbst als „granjera", eine von vielen Millionen kolumbianischen Landfrauen.

„In der vierten Klasse ging ich von der Schule. Mehr Unterricht gab es damals nicht, auch nicht für meine fünf Geschwister. Wir lebten in der Nähe von Medellín. Ein Jahr später, mit 13, lernte ich Montero kennen. Da arbeitete ich schon: Ich nähte, sammelte Zitronen und verkaufte sie. Auch (Pablo) Escobar gehörte zu den Abnehmern, der tat sehr viel für die Armen. Mein Vater schnitt Holz für Zäune zurecht, mit der Handsäge, wir kamen damit gerade so hin. Ich ging dann nach Ibagué, um einen Nähkurs zu besuchen. Nach drei Monaten folgte mir Montero und wir heirateten. Ich war 16. So etwas wie ‚planificación', Familienplanung, gab es für uns nicht. In der Schule hatte man uns nichts davon gesagt, ich wusste gar nicht, was das war. Mein Mann war ein absoluter Macho, ich ließ mir alles gefallen. Ich war 17 Jahre alt, als er mich zum ersten Mal schlug, da war ich im 8. Monat schwanger. Ich wollte wieder nach Hause ziehen, aber ich tat es nicht. Schlagen ließ ich mich nicht mehr, doch die Erniedrigungen gingen weiter. In diesen Tagen zogen wir nach Villeta, weil Monteros Bruder starb und er sich nun um die Finca kümmern musste, auf der auch seine Mutter wohnte. In Facatativá kam meine Tochter Sandra zur Welt, zwei Jahre später folgte Robin, mein Sohn. Dann habe ich verhütet und mich operie-

dabei erwirtschaftete Überschuss konnte in die beginnende Industrialisierung der Produktion investiert werden, die in Antioquia ihren Ausgang nahm, auf andere Städte übersprang und die Verstädterung Kolumbiens vorantrieb.

ren lassen, in Bogotá. Ich habe es bis heute nicht bereut. Das tat verdammt weh, aber nur ein, zwei Tage lang. Ganz getrennt von meinem Mann habe ich mich nicht, wegen der Kinder. Montero hatte natürlich Geschichten mit anderen Frauen, schon bevor wir heirateten. Ein Kind hier oben soll auch von ihm sein. ‚Me tocó duro en la vida‘, das Leben hat es mir nicht leicht gemacht. Doch meine Kinder waren immer an meiner Seite, sie entlohnen mich für all das andere, ich bin stolz auf sie. Mein Sohn arbeitet als Buchhalter in einer Firma in Bogotá, meine Tochter bei einem Magazin, sie ist nun in eine dieser charismatischen Kirchen übergetreten, ‚hasta allí llegó mi china‘, so weit ist es mit meinem Mädchen gekommen.

Seit 19 Jahren arbeite ich nun schon auf dieser Finca, halte Ordnung, kaufe ein und koche, wenn Besuch aus der Stadt kommt, kümmere mich um die Tiere. Das Schlachten macht mir nichts. Die Besitzer des Grundstücks liehen mir Geld für eine Nähmaschine. Die Schneiderei macht Spaß, doch Geld wirft sie nicht ab. Irgendwann bekam ich die Verantwortung für die ganze Finca. Heute lebt Nicole, meine Großnichte, bei mir. So bin ich nicht ganz alleine. Nicole ist 5 Jahre alt. Ihre Mutter hat oft Nachtschicht, sie verdient sich in der Hühnerfabrik da oben. Sie nimmt die geschlachteten Hühnchen aus und verpackt sie im Kühlhaus, ihr Pullover ist immer voller Blut und das bei minus vier Grad. Hart. Wegen dieser Farm riecht der Fluss manchmal so intensiv, baden würde ich darin nicht mehr.

Jetzt habe ich einen Mann kennengelernt, einen Aufrichtigen, der will mich überreden, dass wir zusammenziehen. Montero ist außer sich vor Eifersucht. Ich habe ein bisschen Angst, was die anderen von mir denken und will lieber hier bleiben, solange es geht. Hier kennt man mich, hier finde ich immer Arbeit, das, was ich habe, kann mir keiner nehmen. Wenn die Finca von den Eigentümern mal verkauft wird, brauche ich Geld, um mir ein eigenes Häuschen zu kaufen. Ich muss sparen, auch fürs Alter. Etwas verdiene ich nebenher, gestern erst habe ich ein paar Ferkel verkauft. Da ich einen festen Vertrag habe, gibt es eine Sparzulage vom Staat. Viel ist es nicht. Trotzdem schicke ich jeden Monat 150.000 Pesos von meinen 700.000 Pesos (300 Euro) an meine Eltern. Mehr geht nicht."

In diesen Tagen ist sie 45 Jahre alt geworden. Eigentlich Zeit, um Großmutter zu werden. Nubia ist gerührt und weint. „Ich lebe zufrieden."

Das Leben auf dem Land ist von einer Grundstruktur geprägt, die sich in den beiden Jahrhunderten seit der offiziellen Unabhängigkeit nicht einschneidend geändert hat: eine **höchst ungleiche Verteilung von Grund und Boden.** Man unterscheidet drei große Beschäftigungssektoren: das große Heer an Kleinbauern und Tagelöhnern, eine wachsende Anzahl derer, die in der Agrarindustrie beschäftigt sind (Palmöl, Zucker, Holz) und schließlich die Arbeiter und Ingenieure, die sich in der Rohstoff- und Energieindustrie verdingen. Weniger als 3 % aller landwirtschaftlichen Produktionsstätten besitzen 40 % des Landes, die Kleinbauern (jede zweite Produktionseinheit) hingegen nur 3,2 %.

Das Gefälle gegenüber städtischem Wohlstand und Infrastruktur ist eklatant. Zwei Drittel der ländlichen Bevölkerung gelten als arm, ein gutes Drittel als „extrem arm", fast jedes fünfte Kind ist, gemäß der letzten Volkszählung von 2005, chronisch unterernährt. Sieben von zehn Arbeitnehmern haben kein geregeltes Beschäftigungsverhältnis und neun von zehn keine Form der Rentenversicherung. Gemäß den Zahlen des Agrarministeriums sind heute auf dem Land noch immer 85 Prozent der Haushalte ohne Kanalisation, die Hälfte ohne Frischwasserzufuhr.

In Kolumbien ist die **ungelöste Landfrage** – eine seit Jahrzehnten aufgeschobene und nie zufriedenstellend umgesetzte Reform vormoderner Besitzverhältnisse von Grund und Boden – der Ausgangspunkt des bewaffneten Konflikts, der die Provinz beschäftigt und das Leben in der Stadt beherrscht. Es gab zwei ernsthafte Landreformen. Beide Präsidenten (*Alfonso López Pumarejo* in den 1930er-Jahren und *Carlos Lleras Restrepo* in den 1960er-Jahren) konnten sich gegenüber den Großgrundbesitzern und ihren Seilschaften nicht durchsetzen. Seit den 1960er-Jahren entstanden neue Organisationen, welche die **Interessen der Kleinbauern** zu vertreten begannen, wie etwa ANUC, die Asociación Nacional de Usuarios Campesinos. Doch sie war gegen die herrschenden Konfliktparteien ohne Chance. Unterwandert von der Guerilla und verfolgt von den Paramilitärs fiel die große Mehrheit der Bauernführer dem politischen Kampf zum Opfer.

Die wirtschaftliche und soziale Entwicklung der ländlichen Gebiete steht nicht ohne Grund im Mittelpunkt der Reformanstrengungen der gegenwärtigen Regierung. Im Sommer 2011 verabschiedete das Parlament das **„Gesetz 1448" zur Opferentschädigung und Landrückgabe.** Über 3,2 Millionen Hektar (etwa 5 % der landwirtschaftlichen Nutzfläche) gelten als geraubt oder Brache infolge von Vertreibung. Die komplizierte Umsetzung dieses Rückgabeprozesses ist auch Teil des Verhandlungspakets bei den 2012 angelaufenen Friedensgesprächen zwischen Regierungsvertretern und der FARC-Guerilla.

Politische Konflikte und politische Gewalt

Ethnische Diskriminierung und Minderheitenpolitik

Offiziell sind Leibeigenschaft und die diese legitimierende Ideologie des **Rassismus als soziale Institution** längst abgeschafft; die aktuelle Verfassung stellt ihn gar unter Strafe. Die nicht allzu fernen Zeiten, in denen die Behörden vielen Staatsangehörigen noch den Zusatz *trigueño* (wörtl. „dreigenig") in offizielle Dokumente drucken ließen, sind vorbei; die „drei Gene" standen für die Mischung von „weiß" und „schwarz" und verwiesen auf äußere Anzeichen von Mestizentum, also braune Haut und braunes Haar.

Dennoch markiert eine von den europäischen Eroberern und Siedlern aufrechterhaltene **hautfarbenbedingte soziale Ungleichheit** auch weiterhin das Zusammenleben in Kolumbien – und das Alltagsleben von Millionen von Bürgern. Die Armut in von Indigenen bevölkerten Regionen ist ungleich höher als in der restlichen Gesellschaft, die Zugangschancen zum sozialen Aufstieg weitaus geringer. Jeder vierzehnte Indigene, schätzt der UN-Hochkommissar für Menschenrechte, ist im Laufe seines Lebens vertrieben worden – zweimal so viel wie durchschnittliche Kolumbianer. Hunger ist laut Volkszählung von 2005 in den indigenen Kommunen dreimal so weit verbreitet wie anderswo, fast jeder Dritte lebt dort unter der Armutsgrenze. Dutzende von indigenen Gruppen sind aufgrund von Vertreibung, Elend und offenem Konflikt vom Verschwinden bedroht.

Was die gesellschaftliche Anerkennung betrifft, geht es den *negritudes* – kollektiv betrachtet – kaum besser als den Indianervölkern. Während Letztere im nationalen Bewusstsein als traditionsreiche Urein-

033kb Foto: os

▷ Das Königsblau der Guambianos am Markttag in Silvia (Cauca)

wohner dieser Region inzwischen wenigstens in Ansätzen anerkannt sind, kämpft die schwarze Minderheit noch immer gegen das **herrschende Bild der kolumbianischen Gesellschaft von einer Mestizenkultur.**

Regionen mit primär afrokolumbianischer Bevölkerung bleiben von vielen wirtschaftlichen Fortschritten ausgeschlossen und abgehängt. Eine von Schwarzen dominierte Region wie der Chocó spielt in den großen Debatten um die Entwicklung des Landes so gut wie keine Rolle – es sei denn als Kampf- und Problemzone (s. auch den Exkurs „Unsichtbar im Herzen Kolumbiens"). So überrascht es wenig, dass jeder siebte Afrokolumbianer mindestens einen Tag in der Woche ohne Essen verbringt. Und weil die Gesundheitsversorgung in schwarzen ländlichen Gebieten zu wünschen übrig lässt, liegt die **Kindersterblichkeit doppelt so hoch** wie anderswo im Lande. Der Konflikt und die scharf umkämpften Drogenkorridore verlaufen nicht zufällig durch viele Zonen mit hohem Anteil der schwarzen Minderheiten.

Auch im öffentlichen Leben der Hauptstadt hängen die **Decken des Glasdachs,** das den sozialen Aufstieg von Minderheiten abschirmt, verdammt niedrig. Die einen trifft der **abfällige Blick** am Bankschalter, andere fühlen sich bei Polizeikontrollen besonders argwöhnisch behandelt. Auf den Spielplätzen der Reichenviertel überwachen fast ausschließlich dunkelhäutigere Hausangestellte den Spielbetrieb der wohlbetuchten Kinder. In manchen sozialen Klubs der Großstädte blieben indes farbige Mitglieder bis vor Kurzem auch dann verpönt, wenn es nicht in den Statuten festgeschrieben stand. An den Spitzen von Konzernen oder Regierungsämtern trifft man auf nur wenige Indigene oder afrokolumbianische Führungspersönlichkeiten.

Neue Schutzrechte für Minderheiten

Die Politik hat auf diese himmelschreienden Missstände zu reagieren begonnen. Mit der Verfassung von 1991 genießen ethnische Minderheiten und die indigene Bevölkerung heute **besondere Schutzrechte.** „Der Staat", heißt es dort, „anerkennt und schützt die ethnische und kulturelle Vielfalt der kolumbianischen Nation." Die Indigenen erhalten seither zwei zusätzliche und für ihre Vertreter reservierte Senatssitze. Zudem dürfen sie gewisse Hoheits- und Justizrechte in ihren Gemeinden autonom ausüben. Laut Paragraf 13 der Verfassung ist der Staat gehalten, „die Bedingungen für reelle und wirksame Gleichheit zu fördern und Maßnahmen zugunsten der diskriminierten oder marginalisierten Gruppen zu ergreifen." Gleichstellungsprogramme sollen die Randlage der Minderheiten verbessern helfen. Sie verweisen auf das **Vorbild Brasilien.**

Auch wenn die Bereitschaft der Kolumbianer, sich ihren „hoffähigen" **Formen der Diskriminierung** zu stellen, in den letzten Jahren spürbar gestiegen ist, gehen vielen zahlreiche dieser ersten Förder- und Schutzmaßnahmen bereits zu weit. Sie verweisen darauf, dass eine Million Indigene inzwischen mehr als ein Viertel des Staatsterritoriums besäßen und ihre Reservate alljährlich mit umgerechnet über vierzig Millionen Euro gefördert werden. Andere Minoritäten erhielten, sagen diese Kritiker, wenn überhaupt, weitaus weniger Unterstützung als die gut organisierten Interessensvertretungen der Indianervölker.

Kritiker der *affirmative action,* auch aus dem progressiven Lager, stellen prinzipiell den **Sinn ethnischer Kategorisierung** in Frage. „Wie definiert man weiß, schwarz, *indio* oder gemischt ... in einer Bevölkerung, die mehrheitlich dermaßen durchmischt ist wie die kolumbianische?", fragte sich unlängst der anerkannte Journalist und Autor *Héctor Abad.* Andere kämpfen für einen offeneren Umgang mit neuen Widersprüchen, die aus der Koexistenz von allgemeinen Bürgerrechten und besonderen Schutzrechten für Minderheiten entstehen.

Respekt, so die Kolumnistin *Isabel Rueda* provokativ, dürfe nicht mit einer indifferenten Toleranz verwechselt werden. Es gäbe eine weitverbreitete Neigung, Minoritäten mit Verweis auf deren kulturelle Autonomie zu verklären: „Je nackter sie durch den Wald rennen, je tiefer die Brüste der Frauen hingen, je aufgeblasener die Bäuche der Kinder, je mehr Zähne ihnen fehlten und je weniger sie unsere Sprache sprächen, desto schöner und authentischer mögen sie uns erscheinen."

Repression und Widerstand

Auch in den ausgewiesenen Regionen kann der Aufstieg Einzelner noch lange nicht die Deklassierung vieler kompensieren. Tief sitzen die historisch gewachsenen Prozesse der Exklusion. Seit der Bürgerkrieg in einst marginalisierte Gebiete vordrang, ist die indigene und afrokolumbianische Bevölkerung zudem in besonderem Maße **Zielscheibe des Terrors:** Ihre Autoritäten und Repräsentanten werden entführt und eingeschüchtert, verfolgt und vertrieben, ihre Frauen und Familien verschleppt, missbraucht und unter Druck gesetzt.

Widerstand gegen die Repression regt sich, aber zumeist nur auf lokaler Ebene. Indigene aus dem Cauca zeigen sich, um ihre Rechte zu wahren, im Umgang mit dem Staat und Institutionen wie der Armee und der Polizei **kampfbereit.** Zu einer eigenen Unabhängigkeitsbewegung kam es bislang aber nicht. Auch die bewaffnete indigene Widerstandsgruppe *Quintín Lame* agierte am Ende nicht separatistisch.

Der bewaffnete Konflikt:
Akteure – Alltag – Friedensprozess

Der kolumbianische Konflikt gehört neben dem politischen Brandherd im Nahen Osten und der zwischen Pakistan und Indien ungelösten Kaschmirfrage zu den ältesten bewaffneten Auseinandersetzungen unserer Zeit. Über eine halbe Million Kolumbianer sind ihm zum Opfer gefallen, über 50.000 von ihnen verschwunden. Jeder zehnte Kolumbianer gilt als Vertriebener – über fünf Millionen Menschen. Prozentual mehr Binnenflüchtlinge gibt es derzeit nur im Sudan. **Über 50 Jahre** schon durchdringt der **gewalttätige Bürgerkrieg** dieses Land, noch jeder kolumbianische Präsident seit dem Zweiten Weltkrieg hat an dessen Befriedung gearbeitet und

Unsichtbar im Herzen Kolumbiens:
Afrokolumbianer und Indigene im Chocó

Kaum eine Kultur ist vielschichtiger, kaum eine markanter und kaum eine ist über die Jahrhunderte isolierter geblieben, bestimmt von Ausbeutung und Armut, als die des Chocó, diese so unzugängliche Urwaldgegend im Herzen Kolumbiens. Im Chocó leben Siedler in Subsistenzwirtschaft, die Nachfahren afrikanischer Sklaven, die in den Goldminen schürften, und jene indianischen Stämme, die nun immer weiter in die Unterläufe der Flüsse hineingedrängt werden, mal mehr, mal weniger gut zusammen. So abgelegen sind diese regenreichen Wälder, dass selbst der schier unendliche Bürgerkrieg sie kaum berührte.

Seit die Gewalt auch in diesen Landstrich kam, ist es mit der trügerischen Ruhe und Abgeschiedenheit vorbei. Das Massaker von Bojayá am 2. Mai 2002, bei dem 79 in die katholische Ortskirche geflüchtete Dorfbewohner von einer Bombe der Guerilla und der Wucht der von dieser ausgelösten Gasexplosion getötet wurden, traf die Seele des Landes. Jedes zweite Opfer dieses Schreckenstages war noch keine 18 Jahre alt.

Das Kriegsverbrechen symbolisiert die Hilflosigkeit einer Zivilbevölkerung, die zwischen den Fronten der Paramilitärs und der Guerilla steht. Der Staat hat es nie vermocht, in den vielen entlegenen Gegenden fernab der Hauptstadt die Kontrolle über das Territorium und die Leute zu gewinnen. Als der Krieg nach Bojayá und dem benachbarten Bellavista kam, gab es dort nicht einmal eine feste Telefonverbindung. Jede Hilfe kam zu spät.

ist an diesem Versuch gescheitert. Selbst der Untergang des Sowjetsozialismus und das große Finale des Kalten Krieges Anfang der 1990er-Jahre eröffneten der verfahrenen Situation in Kolumbien keinen neuen Ausgang. Diesen schier endlosen Konflikt zu verstehen und zu bewältigen, gehört zum Gepäck, das jeder Kolumbianer durchs Leben trägt.

Die kolumbianische Tragödie, ein „gefrorener Konflikt"

In der Fachwelt spricht man in Fällen wie dem kolumbianischen von „eingefrorenen Konflikten." Die Konfliktparteien machen selbstredend nur die jeweils andere Seite als Quelle allen Übels aus. Die Gewaltforschung (violentología) hingegen konstatiert für Kolumbien eine **Überlagerung der Konflikte.** Das macht ihre (Auf-)Lösung so schwierig.

Natürlich versuchten alle Konfliktparteien, das Fanal am Río Atrato für ihre Zwecke einzusetzen. Das Massaker von Bojayá fiel mit dem Abbruch der Friedensverhandlungen von Caguán zusammen. Kurz darauf kam mit Uribe ein erklärter Hardliner an die Macht. Er forcierte die militärische Auseinandersetzung mit den Guerillatruppen der FARC. Bojayá diente ihm zugleich als öffentlichkeitswirksame Chiffre staatlicher Fürsorge: Projektgelder flossen, der Ort wurde ein paar Kilometer weiter flussaufwärts aufwendig wiederaufgebaut. Das neue Bellavista sollte als Symbol für den Mut und die Kraft der leidtragenden Zivilisten stehen, aber auch als Wiedergutmachung für das traditionelle Weggucken in dieser von der Nation vernachlässigten Provinz.

Heute aber ist der Alltag der Siedler nicht minder hart. Der Fluss versandet, die Fischvorkommen sinken drastisch. Militärpatrouillen unterbinden das traditionelle Fischen bei Nacht - „aus Sicherheitsgründen", heißt es. Sie, die überlebt haben, stehen jeden Tag aufs Neue zwischen den Kräften mächtiger Interessen, auf die sie nur wenig Einfluss haben: militärisch ausgebildete bewaffnete Truppen, Großgrundbesitzer, Großkonzerne aus dem In- und Ausland. Die „Chocoanos" und ihre wasserreiche Heimat zwischen den Ozeanen bleiben auch heute, eine Dekade nach dem Untergang von Bojayá, für den Rest des Landes weithin unsichtbar. Daran ändert auch der internationale Erfolg der Hip-Hop-Band ChoQuibTown nichts, Kinder dieses verlorenen Landstrichs, die derzeit von Miami aus die Charts erobern. Dabei liegt Quibdó, das Zentrum dieser von der Außenwelt und den eigenen Mitbürgern noch immer übersehenen Provinz, nur eine Flugstunde von Bogotá entfernt.

Eine Grundbedingung für den Dauerkonflikt ist die **Schwäche des Staates.** Dass das „Gewaltmonopol" je allein beim Staat gelegen habe, wird für Kolumbien niemand behaupten. Vor Ort griffen lokale Eliten seit jeher zur Selbsthilfe.

Als besonders kontraproduktiv entpuppte sich eine kurzsichtige politische Praxis der Exklusion. Die von der Ermordung *Gaitáns* ausgehende **Gewaltwelle** wurde von *Pinillas* Diktatur zwar eingedämmt, schwappte jedoch weiter. Die anschließende politische Herrschaft der Frente Nacional verdrängte **soziale Brennpunkte** wie die Bauern- und Landfrage. Erst diese Vernachlässigung, der kategorische Ausschluss aller linksoppositionellen Kräfte, verwandelte einen randständigen Bauernaufstand in eine regelrechte Guerillabewegung. Die **Guerillagruppen** wie FARC, EPL und ELN zementierten den internen Konflikt, der im linken politischen Spektrum geradeheraus als Bürgerkrieg bezeichnet wird.

Auf diese Konstellation setzten sich seit den 1970er-Jahren Interessenskonflikte eines bald milliardenschweren Drogenhandels. Wo es Pfründe zu verteidigen galt, heuerten Großgrundbesitzer und Industrielle **Paramilitärs** an. Die FARC beorderte ihrerseits just dort Entführungen und Erpressungsgelder. Kriminelle Vereinigungen einer **Narco-Mafia,** die längst auch auf anderen Feldern aktiv ist, sichern heute die Beutewege und Gebietsmarkierungen. So bleibt es kein Zufall, wenn sich die Konflikte mal in die Smaragdvorkommen Boyacás, die Bananenplantagen Urabás, die Erdölgebiete Santanders oder Araucas, die Kokapflanzungen im Orinoquía oder die Kohlegebiete Cesars verschieben. „Die Bonanza", der **Boom rund um die Energie- und Rohstoffvorkommen,** schreibt *Hernando Gómez Buendía,* Chefredakteur des politischen Onlinemediums Razón Pública, „hat sich in den Treibstoff verwandelt, der die Konflikte im Lande antrieb."

Heute verdienen alle Konfliktakteure – Militär, Paras, *bacrims,* Guerilla – an den illegalen Geschäften im Lande.

Kriegsakteure: Militär – Paras – „Bacrims" – Guerilla

Milliardenschwere Rüstungsprogramme haben den Informationsvorsprung und die Schlagkraft der Spezialeinheiten im Kampf gegen die Guerilla drastisch erhöht. Vor zwanzig Jahren noch als dilettantischer Haufen verspottet, präsentiert sich die kolumbianische Armee heute als **hochgerüsteter Militärapparat.** Spätestens mit dem groß angelegten und über sieben Milliarden Dollar schweren *Plan Colombia,* der Ende der 1990er-Jahren mit den USA zusammen entwickelt, vor allem von letzteren finanziert wurde, hat sich das Kräftegleichgewicht zugunsten des Militärs verschoben. Der Orion-Feldzug (2002) drängte die Guerilla aus Medellíns berüchtigter Comuna 13, die kurz darauf eingeleiteten Operationen *Libertad I und II* befreiten die Großstädte aus der Einkreisung durch die FARC. Militärausgaben belaufen sich nach Angaben des Stockholmer Friedensforschungsinstituts SIPRI seit Jahren auf über 3 % des Bruttoinlandsproduktes – in Südamerika liegt nur Chile höher. Schon in der Legislaturperiode vor *Uribe* hatte sich die Zahl der Berufssoldaten verdoppelt, am Ende der Ära *Uribe* standen 283.000 Kolumbianer unter Waffen, die 160.000 Mann starke nationale Polizei und den 2011 aufgelösten Inlandsgeheimdienst DAS nicht mit eingerechnet.

Die **paramilitärischen Verbände** (*paramilitares*) wurden ihrerseits seit den 1980er-Jahren von lokalen Allianzen aus Großgrundbesitzern und Industriellen (und, so heißt es, dem einen oder anderen multinationalen Konzern) vorgeblich zunächst zur Selbstverteidigung, tatsächlich aber zur Absicherung ihrer Interessen aufgebaut. Der Drogenhandel half, sie zu finanzieren, irgendwann waren die „Paras" wie alle Konfliktparteien fest ins Geschäft verstrickt. In ihrer stärksten Phase in den 1990er-Jahren hielten sie über 40.000 Milizionäre im Dienst. Ihre gemeinsamen Gegner waren linke politische Gruppierungen, soziale Bürgerbewegungen und die Guerilla, zu deren Bekämpfung waren ihnen oftmals nahezu alle Mittel recht. Menschenrechtsorganisationen zufolge verantworten *paramilitares* eine **lange Liste schwerer Kriegsverbrechen.** 1997 formierten sich die selbsternannten „Selbstverteidiger" auf nationaler Ebene als politisch sichtbarer Dachverband Autodefensas Unidas de Colombia (AUC) mit dem berüchtigten *Carlos Castaño* an der Spitze. Den Paramilitärs wurde von Beginn an große Nähe zum Militär nachgesagt. Später wurden der AUC enge Verbindungen ins Parlament und in höchste politische und wirtschaftliche Staatskreise nachgewiesen.

Auf Initiative *Álvaro Uribes* und motiviert von einer laxen Übergangsjustiz (**„Ley de Justicia y Paz"**) haben sich zwischen 2003 und 2006 über 32.000 Paramilitärs kollektiv demobilisiert. Weniger als 10 % von ihnen mussten sich bis heute vor einem Richter verantworten, die Anführer sollten einen Anreiz haben, sich zu den Gräueltaten zu bekennen. Nachfolgeorganisationen der Paras setzen seither – viele von ihnen vordergründig als bloße kriminelle Banden (*bandas criminales,* kurz: *bacrims*) bezeichnet – das Gewalthandwerk fort. Die Nähe dieser gut organisierten **„bacrims"** zu den alten paramilitärischen Verbänden ist belegt. Offizielle Zahlen gehen von rund 4000 Mitgliedern aus, Menschenrechtsorganisationen schätzen ihre Organisationsstärke auf bis zu 10.000. *Bacrims* wie die Rastrojos, Urabeños oder die Águilas Negras bauen landesweit das Drogengeschäft aus und säen Terror als Mittel sozialer Kontrolle. In den ersten fünf

Jahren nach dem offiziellen Waffenstillstand der Paras (Dezember 2002) sollen sie mindestens 4300 Menschen auf dem Gewissen haben. Strukturell sind sie von ihren Vorgängerorganisationen kaum zu unterscheiden und **als organisierte Kriminalität nur verharmlosend eingestuft.** Wie *paras* üben sie in ihren Einzugsgebieten starke soziale und politische Kontrolle aus. Gleichzeitig scheinen sie pragmatischer als die einstigen Paramilitärs und gehen lokale Bündnisse mit der Guerilla ein, wenn es ihren Machenschaften dient. Besonders einflussreich sind sie in einstigen Hochburgen der Paras wie Antioquia, Córdoba, Nariño und Norte Santander.

Als dritter großer Akteur wollte die linksgerichtete Guerilla den Staat zu tiefgreifenden Reformen zwingen. 1964 gründeten sich die **Fuerzas Armadas Revolucionarias de Colombia,** kurz **FARC,** und suchten die Nähe zu Moskau, fast zeitgleich die auf Kuba bezogene, etwas kleinere, von Intellektuellen und radikalen Katholiken geführte **Nationale Befreiungsarmee ELN.** Später kommt es zur Gründung weiterer bewaffneter Verbände wie der EPL, einer nach China orientierten Guerillagruppe, und M-19, eine vor allem auf symbolische Aktionen spezialisierte urbane Stadtguerilla. Ende der 1990er-Jahre war die FARC, inzwischen die dienstälteste Guerillabewegung auf dem Kontinent, auf dem Höhepunkt ihrer militärischen Schlagkraft. 1998 eroberte sie die Provinzhauptstadt Mitú und stand vor dem Einstieg in einen offenen Krieg mit der Regierung. Fast 17.000 Kombattanten standen zu Hochzeiten in ihren Diensten.

Von dieser Stärke ist die Guerilla heute weit entfernt. In weiten Teilen der Bevölkerung hat sie seit den gescheiterten Friedensgesprächen von Caguán (1999–2002) ihre Legitimation als Interessenvertreterin der Unterprivilegierten eingebüßt, ihre Führung präsentiert sich **heute militärisch und politisch stark geschwächt.** Zwischen 2002 und 2009 verlor die FARC 12.000 Kämpfer, weitere 12.000 wurden gefangen genommen. 2012 schätzte man sie noch auf rund 9000 Kombattanten. Dennoch gilt die FARC noch immer als ernsthafter und im Feld kaum zu besiegender Gegner. Ihre **Grundfinanzierung** scheint weiterhin relativ stabil, neben Einnahmen aus dem Drogengeschäft sind es vor allem erpresste Schutzgelder, die sie tragen. Auch die auf 3000 bis 4000 Kämpfer geschätzten Truppen der ELN, auf Attacken auf Ölpipelines und Stromleitungen spezialisiert, finanzieren sich auf gleichem Wege. Offenbar gelingt es der Guerilla, die Verluste in ihren Reihen durch Neurekrutierungen wettzumachen– ein Hinweis auf die desperaten Verhältnisse in den marginalisierten Gebieten, aus denen heraus die FARC operiert.

Neben den bewaffneten Verbänden und ihren Unterstützern gibt es eine rege Zivilgesellschaft, welche sich mit Nachdruck für die Opfer einsetzt. Unter den vielen namhaften politischen Akteuren spielen **Men-**

schenrechtsaktivisten eine sichtbare und erwartbar umstrittene Rolle. Organisationen wie CINEP sammeln primär Daten, andere wie die Comisión Colombiana de Juristas, das linksgerichtete Juristenkollektiv Colectivo de abogados oder die vom Ex-ELN-Mitglied *León Valencia* geführte NGO Nuevo Arco Iris (dt. „Neuer Regenbogen") beobachten das Vorgehen des kolumbianischen (Para-)Militärs mit kritischem Blick. Für Hardliner aus dem Uribe-Lager gelten Menschenrechtsverteidiger als rotes Tuch. Ihre Stigmatisierung als guerillafreundlich macht sie indes anfällig für politische Gewalttaten. Nicht zu unterschätzen ist schließlich die Einflussnahme von internationalen Beobachtern und Menschenrechtsorganisationen wie Human Rights Watch sowie die Gelder der Entwicklungszusammenarbeit (s. auch das Kapitel „Politische Landschaft und Kultur"). Zu den größten Geberländern gehören die USA, die EU, Kanada und die skandinavischen Länder.

Gewalt ohne Ende? Der Konflikt im Alltag der Menschen

Die gegenwärtige Lage ist unübersichtlich. Auch wenn sich die **Sicherheitslage in den großen Städten zuletzt drastisch entspannt** hat und in der Provinz vielerorts Opferzahlen, Entführungen, Bombenattentate rückläufig sind: In ländlichen Regionen von Putumayo, Nariño, Caquetá oder Meta bleiben die Fronten bis heute heiß, der Einfluss und die Kampfkraft der Guerilla ungebrochen. Attentate, Straßensperren und Gefechte sind dort an der Tagesordnung. Mit **Streikaufrufen** *(paros)* legten Nachfolgeorganisationen der Paras regelmäßig ganze Städte lahm, wie etwa die Rastrojos im Falle Santa Martas Anfang 2012. Die FARC isoliert auf dieselbe Weise regelmäßig Regionen wie den Chocó.

Tatsächlich prägt der Konflikt noch immer den Alltag von Hunderttausenden von Menschen. Eltern auf dem Lande fürchten die **Zwangsrekrutierungen** der FARC. Patrouillen, Minen und Kontrollen schränken die Mobilität ein. Für die lokale Bevölkerung wird der Zugang zu Bildungseinrichtungen, Jagdrevieren oder entfernten Märkten mit Verweis auf die strategischen Belange der Konfliktakteure eingeschränkt. Auf dem Lande nicht zwischen die Akteure zu geraten, gleicht einer Gratwanderung. Selbst die unter Gewaltandrohung erpresste „Unterstützung" wird vom Gegner oft schon als „Kooperation" und Verrat interpretiert. Frauen und Kinder gehören zu den besonders Betroffenen der Gewaltzyklen. **Prostitution, Menschenhandel** und **Zwangsarbeit** begleiten den Konflikt wie ein Krebsgeschwür; die Opferzahlen sexueller Gewalt können aufgrund ungenügender staatlicher Aufklärungsarbeit und ungenauer Statistiken nur erahnt werden.

034kb Foto: os

In hohem Maße gefährdet sind auch Menschenrechtsaktivisten, Gewerkschaftler, Journalisten und Richter – Bürger, die als politische Repräsentanten oder von Berufs wegen vor Ort mit den Verbrechen und Opfern politischer Gewalt befasst sind und sich die Gegnerschaft von Paramilitär oder lokaler Mafia zuziehen. Oft genügt der Versuch, sich als Opfer politischer Gewalt Gehör verschaffen oder eine Anzeige erstatten zu wollen, um politischer Gewalt ausgesetzt zu sein. **Einschüchterung, Drohbriefe und Erpressung** sind wie die Angst vor Attentaten und Auftragsmorden Teil ihres Alltags. Die Vertreibung von Interessensgegnern und Oppositionellen gehört zum Standardrepertoire sozialer Kontrolle.

Ins Visier der Guerilla geraten zumal staatliche Institutionen und Repräsentanten wie Polizei, Militär und Verwaltung. **Polizeistationen sind strategische Zielscheiben.** Da diese nicht selten mitten in den Ortschaften liegen, werden Zivilisten kalkulierterweise in Mitleidenschaft gezogen. Vielerorts bittet die Bevölkerung deshalb um den Abzug der militärischen Präsenz oder die Verlagerung von Armeestützpunkten an den Rand der Städte. Die Menschen vor Ort haben von der Übermacht einer Konfliktpartei vergleichsweise am wenigsten zu befürchten. Richtig schlimm wird es für sie, wenn zwei oder mehr Akteursgruppen präsent sind und um Vorherrschaft ringen.

Die Spuren des Konflikts haben in den letzten Jahren für die städtische Bevölkerung an Sichtbarkeit eingebüßt. Einige Daten deuten auf eine Drosselung des Konfliktkreislaufs hin. **Entführungen** dezimierten sich in der letzten Dekade auf 305 pro Jahr (Stand: 2011), ein gutes Zehntel des einstigen Höchststandes. Andere Zahlen belegen jedoch eine Verrohung des Konflikts. Menschenrechtler weisen auf die Zunahme von Erschießungen von Zivilisten hin. Fast 3000 Militärs stehen unter Mordanklage, rechtskräftig verurteilt wurden bislang nur einige wenige. Vor allem dringt

⌃ Militär gehört noch immer zum Straßenbild, hier: Colina de San Antonio in der Altstadt von Cali

die **Gewalt immer weiter in randständige Gebiete** vor. Über 34 indigene Gemeinschaften sind auch infolge der kriegerischen Einflüsse vom Aussterben bedroht. **Massaker** wie die von Segovia (1988) und Mapiripán (1997) oder das von Bojayá, bei dem 2002 mehr als 70 Schutz suchende Zivilisten in einer Dorfkirche von einer Rohrbombe der FARC getötet wurden, sind wie Hunderte anderer nur die weithin sichtbare Zuspitzung einer Gewaltspirale, welche sich wie ein Bandwurm durch die Gesellschaft frisst.

Der von vielen im Lande gefeierte Hardliner *Álvaro Uribe* mochte jahrelang die Hoffnung genährt haben, ein militärischer Sieg über die FARC sei möglich, und anhaltendes Wirtschaftswachstum allein könne den **sozialen Frieden im Lande** wieder herstellen. Wahrscheinlicher ist hingegen, dass sich die Konfliktherde nur auf andere Felder übertragen, solange die politischen Sprengsätze wie die ungleiche Landverteilung und die Drogenökonomie, die Armut und die dramatische Flüchtlingssituation nicht entschärft werden.

Längst ist die **Alltagskriminalität** von der politischen Gewalt nicht mehr zu trennen. Die letzten beiden Regierungen haben stark auf Bodenschätze und Erdöl als „Lokomotiven der Wirtschaft" gesetzt. Im kolumbianischen Fall steht zu befürchten, dass diese Strategie die Konflikte weiter anheizt und die Ausbeutung dieser enormen Ressourcen in jene gewalttätigen Auseinandersetzungen hineingezogen wird. Die Aussicht auf schnelles Geld könnte sich so in einen **„Fluch der Ressourcen"** verwandeln und die Umweltzerstörung, Konzentration der Reichtümer und das Hochschnellen von Korruption weiter beschleunigen.

Friedensprozess und das Weiterdrehen der Gewaltspirale

In den letzten Jahrzehnten kam es immer wieder zu Verhandlungen mit der Guerilla, die mal in politischen Zugeständnissen, meist jedoch im Niemandsland endeten. Der letzte große **Befriedungsversuch von Caguán** endete 2002 in einem politischen Desaster. Ihm folgte die harte Hand *Uribes* und der eine Dekade während Versuch, die Guerilla militärisch besiegen zu wollen. *Uribes* militärisch flankierte „Politik der demokratischen Sicherheit" versetzte der FARC zweifellos einen Schlag, behob jedoch nicht die sozialen und wirtschaftlichen Ursachen des Konflikts.

Inzwischen aber redet das ganze Land wieder über einen *proceso de paz*, den lange ersehnten **Weg zum Frieden.** Bis in die höchste Generalität besteht die Einsicht, dass eine rein militärische Strategie allein das Ende des Konflikts nicht herbeiführen wird. Im Sommer 2012 verabschiedete das Parlament den *marco legal para la paz*, eine von der politischen Rechten torpedierte Verfassungsänderung, die eine Übergangsjustiz regelt und als Voraussetzung für Erfolg versprechende Friedensverhandlungen gesehen wird. Nach lancierten Indiskretionen sah sich Präsident *Santos* im Sommer 2012 gezwungen, die geheimen Verhandlungen einzuräumen und formelle **Friedensverhandlungen** anzukündigen. Seit dem 17. Oktober 2012 treffen sich die Unterhändler **zunächst in Oslo, später in Havanna** zu offiziellen Friedensgesprächen. Beide Seiten schicken ranghohe und mit Vollmachten ausgestattete Vertreter. Die Regierungen von Norwegen und Chile, Venezuela und Kuba begleiten als Beobachter und Garanten die Verhandlungen.

Viele Landsleute erhoffen sich eine Einigung. Der politische Analyst *Gómez Buendía* indes gehört mit seiner Einschätzung nicht zu den Optimisten. Für ihn ist ein Weiterdrehen der Gewaltspirale der realistischere Ausblick, selbst wenn es zu einem Friedensvertrag mit der FARC käme. Der „neue Krieg", glaubt er, warte bereits um die Ecke.

Gewalt und Drogenökonomie

Aus europäischer oder nordamerikanischer Sicht ist „das Drogenproblem" noch immer eines, das man bekämpfen kann – mit Polizei, Spürhunden, gründlichen Zollkontrollen und der Frage: Wie kann ich den Konsum und dessen gesundheitliche Folgen kontrollieren?

Aus der Perspektive eines Produzentenlandes wie Kolumbien stellt sich das Problem anders dar. Denn nicht der – vergleichsweise niedrige – Konsum, sondern die **schwindelerregenden Gewinnmargen** der Drogenökonomie haben die Destabilisierung des Landes rasant verschärft. Korruption, Kartelle und Drogenkriminalität müssen mit dem rechtsstaatlichen Arsenal verfolgt werden, die Ursachen des weitflächigen Kokaanbaus lassen sich anders nicht aus der Welt schaffen.

Wie das Geschäft mit den Drogen Kultur und Politik durchdringt und zersetzt

Die Produktion und der Handel von Drogen wurden für Kolumbien erst **in den 1980er-Jahren** zu einem gesellschaftlichen Problem. Ein Jahrzehnt lang hatte der Export von Marihuana Geld ins Land gespült.

Richtig groß und entsprechend umkämpft wurde das Geschäft dann durch das begehrte weiße Pulver, das einen rasanten Siegeszug durch die modernen Salons der ersten Welt anzutreten begann: Kokain.

Als Rauschmittel und Medizin war die **Kokapflanze** seit jeher fester Bestandteil indigener Kulturen. Der Anbau für den Eigenbedarf war in der Andenregion nie ein Problem. Doch dem Druck der sich Bahn brechenden Drogenökonomien war Kolumbien nicht gewachsen. Der Staat war zu schwach, seine Sanktionskraft zu wenig abschreckend, die Grenzen zu den Nachbarländern zu porös – die Geschäftemacher fanden geradezu ideale Voraussetzungen für ihre illegalen Anbau- und Produktionseinheiten. Eine akute Wirtschaftskrise in urbanen Zentren wie Medellín oder Cali hatte die Bereitschaft unter den lokalen Kaufleuten erhöht, neue Geschäftsfelder aufzubauen. Das fruchtbare Land, ganzjähriger Anbau, eine rentable Pflanze und die Nähe zum kontinentalen Markt Nordamerikas taten ihr Übriges: **Kolumbien vereinte alle Wettbewerbsvorteile** und entwickelte sich binnen Kürze zum weltweit führenden Lieferanten von Kokain.

Große Familien und Clans teilten sich das brutale Geschäft um Marktanteile. Mit Hilfe von Kartellen versuchten sie, das unübersichtliche und schnell wachsende Terrain abzustecken. Die neureichen Profiteure begannen, in die politischen Eliten einzuwandern, bis schließlich ein Attentat auf Justizminister *Rodrigo Lara Bonilla* (1984) die Interessenskonflikte schonungslos aufzeigte. Die **Narco-Mafia forderte den Staat nun offen heraus:** Es folgten Bombenattentate auf den Inlandsgeheimdienst, weitere Minister, den Chefredakteur des Espectador Fidel Cano und, am 27. November 1989, auf den Avianca-Inlandsflug 203 von Bogotá nach Cali. Als *Pablo Escobar,* der Chef des Medellín-Kartells, Kopfgeld auf Polizisten auslobte, fielen etwa 300 bis 600 von ihnen den Auftragsmördern zum Opfer. Höhepunkt der Machtdemonstration war der Präsidentschaftswahlkampf von 1990, dem drei Bewerber, darunter der aussichtsreiche *Carlos Galán,* zum Opfer fielen.

Der **Staat, in seinen Grundfesten erschüttert,** schlug mit allen militärischen Mitteln zurück. Die größte Sorge der Kartell-Bosse war, an die USA ausgeliefert zu werden, ihr Motto war der Kampf um jeden Preis: *Preferimos una tumba en Colombia a una cárcel en Estados Unidos:* „Lieber ein Grab in Kolumbien als ein Gefängnis in den USA." *Escobar* wurde im Dezember 1993 auf der Flucht aus seinem Privatgefängnis von Spezialeinheiten erschossen, das Kartell in Cali suchte seiner Zerschlagung durch Kooptation der politischen Elite bis hin zum Präsidentenpalast *Ernesto Sampers* (Processo 8000) zu entgehen.

Die Großstrukturen der Kartelle hatten ausgedient, doch das Business – inzwischen ein weltumspannendes Milliardengeschäft – blühte jetzt richtig auf. Die Mafia reorganisierte sich in kleineren Einheiten, verband sich lokal mit Akteuren des bewaffneten Konflikts und unterwanderte systematisch die politischen Entscheidungsgremien der Republik. In Kooperation mit der organisierten Kriminalität in Mittelamerika, Mexiko und den USA wurde das Geschäft ausgebaut.

Mit der Zeit profitierten immer mehr von den **Kreisen, die das Drogengeld zog:** nicht nur die Kokabauern selbst (sie wohl am allerwenigsten), die Händler und Kuriere, die Auftragsmörder und Bodyguards, auch die Transporteure, die Rohstofflieferanten und Buchhalter. 60 % der Einnahmen, heißt es, gehen direkt wieder in den Produktionskreislauf zurück, zählt man dazu Bestechungsgelder, Anlagen zur Geldwäsche (Immobilien, Einkaufszentren, u.a.), Tarnorganisationen und die entsprechende Phalanx an Notaren oder Rechtsanwälten.

Die Drogenökonomie begann, das kulturelle Leben zu prägen, was sich in den Telenovelas, in Konsum, Mode und Markenbewusstsein widerspiegelte. Auch wenn sich die alte Geldelite eine Zeit lang abzuschotten versuchte, **verschwammen** allmählich die sichtbaren **Grenzen zwischen altem und neuem Geld.** In der Populärkultur fand der Traum vom schnellen Geld seinen Niederschlag in von der Mafia aufgekauften Schönheitswettbewerben und Fußballklubs, dem Kult der plastischen Chirurgie, einem sehr speziellen Musikgeschmack (*corridos prohibidos*) oder einer neuen ostentativen Konsum- und Partykultur. Als Eskorte leisteten sich Drogenprofiteure nicht mehr nur gewöhnliche Prostituierte und willige Mädchen von der Straße, sondern Studentinnen aus dem Bildungsmilieu, die als *prepago* („Vorausbezahlte") ihre Luxusdienste anboten (s. auch das Kapitel „Prostitution und Sextourismus").

Die gesellschaftlichen Kosten einer Drogenökonomie sind enorm. Drogengelder verlängerten und brutalisierten den bewaffneten Konflikt Schier unbezahlbar wirkt der Aufwand, mit dem der Staat die illegalen Geschäfte zu begrenzen sucht. Allein der von den USA unterstützte *Plan Colombia* kostete in der letzten Dekade über sieben Milliarden US-Dollar. Immens ist auch der ökologische Schaden, der durch Anbau, Produktion und Bekämpfung der Kokaplantagen entsteht (s. auch das Kapitel „Ökologie und Umweltbewusstsein"). Mit Zahlen kaum vermittelbar ist die **Alltagserfahrung stets präsenter Käuflichkeit.** Behörden, das reguläre Geschäftsleben, die Gefühlswelt und Selbstachtung eines jeden Bürgers sind der Verlockung des schnell verdienten Geldes permanent ausgesetzt.

Neue Anstöße einer integrierten Drogenpolitik

Laut UN-Schätzung produziert Kolumbien die **Hälfte des weltweit konsumierten Kokains,** die CIA taxiert den Anteil gar auf zwei Drittel. Und das, obwohl im vergangenen Jahrzehnt über 20.000 Drogenlabore entdeckt und zerstört sowie weit mehr als 10.000 Tonnen Kokain konfisziert wurden. Die gefeierten Schläge gegen die kolumbianische Mafia wurden international kompensiert durch den Aufstieg der Anbauländer Peru und Bolivien, Exportverluste durch den Ausbau der Binnennachfrage wettgemacht. Da Anbaubekämpfung und marktfähige Angebote alternativer Agrarwirtschaft nicht Hand in Hand gehen, kehren die Bauern trotz Ernteverlusten oft genug zum illegalen Anbau von Einkommen produzierenden Pflanzen zurück.

Von den im globalen Drogenhandel umgesetzten 200 Milliarden Euro verbleiben am Ende weniger als 10 % im Andenstaat selbst –ein gutes Siebtel des nationalen BIP (Bruttoinlandsprodukt). Präsident *Santos* kennt diese Daten und brach ein Tabu, als er sich unlängst auf die Seite der Legalisierer stellte. Von einer **Legalisierung bestimmter Drogen** verspricht sich sein Lager eine Senkung der Gewinnmargen. Wenn man, wie beim Alkohol oder Nikotin, Steuern auf Kokain und Marihuana erheben würde, hätte ein Produzentenstaat wie Kolumbien neue Ressourcen für die anderen Felder einer integrierten Drogenpolitik.

Die Befürworter eines Paradigmenwechsels in der internationalen Drogenpolitik gewinnen an Zulauf. In Lateinamerika machen sich seit einigen Jahren die Ex-Präsidenten *Gaviria* (Kolumbien), *Cardoso* (Brasilien), *Zedillo* und *Fox* (Mexiko) für eine Legalisierung, Entkriminalisierung und Regulierung des Drogenhandels stark. Auch die UN-Kommission zur Drogenpolitik hat sich unter der Leitung von *Kofi Annan* für eine Richtungsänderung ausgesprochen. Auf dem Amerikagipfel Anfang April 2012, bei dem sich über 30 Staatschefs aus Nord-, Mittel- und Südamerika in Cartagena trafen, stand die **Überprüfung der bisherigen Drogenpolitik** auf der Tagesordnung. Unterdessen haben Mexiko und Guatemala längst damit begonnen, Kolumbien als brutalsten Schauplatz der Kartellkriege abzulösen.

Geschlechter und Familie

◁ Freunde seit Kindertagen: Adán und Juliet
(036kb Foto: os)

In Kolumbien war das Leben bis vor Kurzem nur in der heiligen Dreifaltigkeit von Mann, Frau, Familie zu denken. Der Mann hatte das Sagen, die Frau durfte sich fügen, die gemeinsame und möglichst groß geratene Familie sollte Erfüllung bringen. Doch seit den Kolonialtagen waren Haushalte sehr viel flexibler, als es der Mythos von der patriarchalischen Großfamilie wahrhaben will, gab es dort die unterschiedlichsten Familienkonstruktionen jenseits des bürgerlichen und kirchlich abgesegneten Bundes fürs Leben. Die Frauenemanzipation hat die Verhältnisse zuletzt weiter aufgerüttelt. Machismus und der im Katholizismus tief verwurzelte Marienkult treiben zwar weiter ihre Blüten, zumindest in den Städten aber gehören alternative Lebensentwürfe zum Alltag. Die alten Herausforderungen und Konflikte familiären Zusammenlebens sind geblieben: Die Quoten alleinerziehender Mütter, Teenager-Schwangerschaften und häuslicher Gewalt bleiben erschreckend hoch und präsent.

Rollenverhalten von Männern und Frauen

Die Rollen und Handlungsmuster von Männern und Frauen verändern sich laufend. Der u. a. von der Frauenbewegung ausgelöste Wertewandel hat neue Verhaltensweisen hervorgebracht, neue Freiheiten, Spielräume und erschütternde Gewissheiten. Man mag von einem „Kampf der Geschlechter" reden – oder von deren immerwährender Gegensätzlichkeit. Klar ist nur, dass innerhalb dieser unendlichen Geschichte von den Geschlechterverhältnissen ernste Dinge verhandelt werden: Macht, Kontrolle, Ideale. Man muss nicht der 1968er-Generation angehören, um zu spüren, dass es bei den Diskussionen im eigenen Haushalt immer auch um gesellschaftliche Veränderungen geht; dass das eigene Selbstbewusstsein als moderne Frau, als moderner Mann auch damit zusammenhängt, wie man die eigenen Vorstellungen mit den Erwartungen anderer zusammenbringt und sich daraus ein einträgliches Zusammenleben entwickelt.

Latin Lover, Macho, Ehemann: Männer in der Gesellschaft

Das Bild, das man sich gemeinhin vom Latino macht, ist voller Klischees. Das heißt nicht, dass es völlig abwegig ist. Ähnliches lässt sich vom Stereotyp eines Kolumbianers behaupten: Das Erste, was einem Europäer zum Mann aus den Anden einfällt, sind zwei einfache Silben: **Ma-cho.**

Laut Lexikon ist der Macho ein ziemlich perfektes Wesen, das leider allerdings an einem ziemlich einseitigen Weltbild krankt. Im archetypischen Macho treffen **idealisiertes Männerbild** und die Kritik an eben diesem zusammen. Hand in Hand mit dieser Vorstellung von Männlichkeit geht das Abziehbild vom *Latin Lover.* Demzufolge üben Kolumbianer unwiderstehliche Anziehung auf jede weibliche Entourage aus, Salsa-Artisten auf einer lebenslangen Eroberungstour durch die magische Welt der Frauen. Drittens lebt der Kolumbianer, wie man weiß, gefährlich. Das Leben ist in seinem Land nicht sehr viel wert. Ob aus Eifersucht, dem Glauben an die Revolution

037kb Foto: os

oder vermeintlicher Liebe zur Heimat: Seinen Mann zu stehen, heißt die archaische Tradition des Kämpfers fortzusetzen. Abgesichert wird diese Männerethos von seiner tatsächlichen Herrschaft. Der *caudillo* (s. auch den Exkurs „Der Caudillo – Lateinamerikas Beitrag zur politischen Weltgeschichte"), der politische Anführer hispanischer Herkunft, ebenso wie der *cacique,* der traditionelle Führer indigener Verbände, gehören fest zum Kosmos dieser **von Männern dominierten** Welt.

Diesem kulturellen Hintergrund entsprechen heute noch gängige Verhaltensmuster. Kleider machen Leute: Selbst wenn der *oficinista,* der Büromensch, nur drei Anzüge im Schrank hängen hat, ein Nadelstreifen muss es sein und die ebenso fette wie farbige Krawatte dazu. In der besitzenden Klasse gilt das Auto als Statussymbol. Selbst wer keine Finca mit Feldwegen besitzt, schafft sich, sobald er kann, einen Pick-up oder Station Waggon *(cuatro por cuatro)* an. Wer sich so etwas nicht leisten kann, und das ist nach wie vor die große Mehrheit der Bevölkerung, leiht sich ein Auto vom Kumpel oder fährt demonstrativ mit dem Motorrad vor. Wer sich gar nichts leisten kann, hat immer noch einen Bauch, den er vor sich herträgt. Auf die Spitze treibt dieses Imponiergehabe die kolumbianische Variante des *nouveau riche,* der *narco(traficante)* – Händler aus dem Drogenmilieu. Der hält sich nicht nur die jeweiligen Schönheitsköniginnen als Groupies und besorgt ihnen neue Brüste, sondern kommt am besten kettenbehangen mit dem roten Ferrari vorgefahren. Wer's hat, muss es auch zeigen, lautet das Credo des schnellen Geldes, das in diesem Punkt mit dem Mantra des Machismo glatt übereinstimmt.

⌃ Der Mann in der Krise? Der Rollenwandel der Geschlechter ist in vollem Gange

038kb Foto: os

Die kolumbianischen Männer aber haben sich weiterentwickelt und sind nicht mehr dieselben Gockel auf der Höhe ihrer Selbstherrlichkeit. Viele von ihnen fördern – als Väter, Lehrer oder Nachbarn – die Begabungen junger Mädchen von früh an, viele von ihnen haben sich für deren Rechte starkgemacht. Viele befördern sie in die höchsten Etagen des Staates und honorieren ihre Leistungen im Berufsalltag, auf der Straße, in den Büros und auf den öffentlichen Bühnen – und das nicht aus blankem Eigeninteresse. Neben den unverbesserlichen Machos gibt es unzählige **bekennende Schwule, rührige Väter, liebevolle Partner** auch nach 40 Jahren Ehe. Und es gibt die Variante des verunsicherten Ehemanns, der zu Hause nichts (mehr) zu sagen hat, dagegen aber nicht mehr aufbegehrt, und der sich in seinem schweigsamen, stillen, ja verletzten Stolz am Wochenende auf die Finca zurückzieht.

Der Kolumbianer der Gegenwart hat allen Grund, sich **verunsichert** zu fühlen. Weniger denn je kann er davon ausgehen, dass sich die Frauen um ihn herum noch unterordnen und in den häuslichen Bereich verbannen lassen wie noch vor zwei, drei Generationen. Das Gros der Großmütter mag es von alters her nicht anders gekannt haben. Die Mädchen von damals heirateten mit 18 Jahren, eine Ausbildung wurde ebensowenig erwartet wie eine feste Arbeit. (Dass viele von ihnen zu einer solchen gezwungen waren, weil sie von den Vätern ihrer Kinder im Stich gelassen wurden, ist eine andere Geschichte.) Von den Ehefrauen wurde damals im Grunde nur das eine verlangt: Kinder, Kinder, Kinder. Familienplanung war auch seitens der Kirche nicht vorgesehen. Die Frau verwaltete den Haushalt mitsamt dem Budget, sie sollte um Gottes willen die heilige Familie zusammenhalten. Der Mann arbeitete draußen und war wie seine Söhne, abgesehen von handwerklichen Tätigkeiten an Haus und Hof, für häusliche Arbeit nicht zu gebrauchen.

⌃ Vater und Tochter im Barrio San Judas (Quibdó)

Zwischen Himmel und Hölle: alte und neue Rollenbilder

Schon in der Generation der Eltern hatte sich diese **klassische organisatorische Aufteilung und soziale Hierarchie** zu bewegen begonnen. Geheiratet wurde später, Frauen suchten und fanden Arbeit, auch wenn diese schlechter bezahlt wurde und oft keine Ausbildung verlangte. Zu den (weithin ungenutzten) Verhütungsmitteln kam die Pille, über die Frauen (wenn sie davon wussten) selbst verfügen konnten. Immer mehr Frauen konnten die Institution der Ehe in Frage stellen, ohne sozial geächtet zu werden. Keine Generation später hat sich bereits die **„mujer maravilla"**, das Superweib, zu einem Leitbild entwickelt. Und mit ihr die Wunderformel der Fast-Alleskönnerin: Arbeit und Haushalt – dazu, wenn das Geld dafür da, ist eine bewusstseinserweiternde und eheverlängernde Psychotherapie. Die Kolumbianerin von Welt hat die Männer eingeholt, sie beherrscht längst auch zwei der traditionellsten Männerbastionen: die Kriminalität und die Untreue.

Die alten Erwartungen und Verhaltensweisen sind deshalb noch lange nicht verschwunden. Im Gegenteil: Sie fallen in der modernen Welt des zur Schau gestellten Konsums mehr auf denn je. Die **selbstbewusste Ehefrau zeigt sich devot,** wenn sie abends von ihrem Mann zur Schau gestellt wird. Als Mütter kümmern sich Frauen noch immer um den Kinderkram, später um die alternden Eltern. Ganz selbstverständlich erwarten Mütter von ihren Töchtern, dass sie, egal wie selbstständig sie ihre Wege gehen, vor allem „gute Töchter" sind. Studium, na gut, aber bitte erst mal eine Familie gründen!

Die Vorbilder für das richtige Verhalten kommen heute aus allen Richtungen. „Die Reichen schauen nach Spanien, die Mittelklasse in die USA, die *clase popular* schielt nach Mexiko," heißt es in Kolumbien. Die Orientierung an der nordamerikanischen Kultur nimmt unter den Wohlhabenden zu. Tatsächlich ist der **Einfluss Hollywoods** nicht zu übersehen: Die Brustvergrößerung erhält man von seinen Eltern oft schon zum 15. Geburtstag, zum Friseur gehen alle Frauen einmal die Woche, wer es sich leisten kann auch gerne zweimal, graue Haare trägt man eher selten offen, Färbung gehört zum guten Ton, derzeit sind wieder einmal blonde Strähnen „in". Selbst in bescheidenen Verhältnissen werden jede Woche ein paar Pesos in Maniküre und ordentliche Fingernägel investiert. Wer wissen will, was die kolumbianische Frau von heute interessiert (oder zu interessieren hat), schalte morgens um 10 Uhr die **„Muy Buenos Días-Show"** von und mit J. Mario Valencia an. Dort spiegelt sich ein guter Teil der geschlechterspezifischen Popkultur in Reinform: Beauty und Telenovela-Tratsch, Horoskope, Klamotten und etwas Aufklärung *light*.

Archaische Bilder und moderne Ansprüche prallen innerhalb dieses Landes ohne Dämpfung aufeinander. Soziale und mentale Strukturen wie aus dem 19. Jahrhundert treffen auf das postmoderne Bewusstsein global vernetzter Cyberbürger, der klassische Patriarch auf die Kampflesbe. Kolumbianer sind wahrlich nicht die einzigen auf der Welt, denen diese Erschütterungen anzumerken sind. Aber ihre Verunsicherung im Umgang mit den neuen Zeiten, ihre Reaktion auf die veränderten Ansprüche an männlichen Selbstwert sind besonders eindringlich und erklären die enormen Schwankungen ihres Frauenbildes zwischen Himmel und Hölle – zwischen einer Verklärung der Hl. Jungfrau Maria und der Verdammung der teuflischen Hure, von der Seligsprechung der Mütter zur alltäglichen

Bolillos Fall: Warum Kolumbiens Jogi Löw zurücktreten musste

Unter seiner Führung war die kolumbianische Fußballnationalmannschaft auf gutem Wege. Die Ergebnisse, vor allem aber das Gefüge und Zusammenspiel innerhalb der Mannschaft, gaben zuletzt zu der Hoffnung Berechtigung, dass Kolumbien bei der WM 2014 dabei sein könnte – und das im Nachbarland Brasilien. Gómez alias „Bolillo", der Nationalcoach, schien entspannt, als er seinen Partyabend in Bogotá begann, der ihn ein paar Stunden später seinen Job kosten sollte.

Dass er, wie er später zu Protokoll gab, zunächst ein paar Beruhigungsmittel nahm, war seine Privatsache. Dass er darauf den Alkohol gab, nimmt man hier Männern weithin ebensowenig übel wie die Tatsache, dass seine Begleiterin nicht seine Frau war, sondern eine bezahlte Escortdame. Zu Bolillos Leidwesen allerdings vertrug sich die Mischung von Tranquilizer und Aguardiente (kolumbianischer Schnaps aus Anis und Zuckerrohr) nicht so recht, mit der Begleitung gab es Schwierigkeiten. Als die beiden schließlich frühmorgens die Bar verließen, kam es zwischen ihnen zu Handgreiflichkeiten auf der Straße. Der Nationalcoach vergaß sich und schlug seine Begleiterin vor den Augen der Bodyguards und einiger herumstehender Gäste. Um die Sache wenigstens unter den herumstehenden Männern auf sich beruhen zu lassen, besann sich Gómez darauf, den Hütern des Einganges noch ein gehöriges Trinkgeld zuzustecken, ehe er mit seiner Begleiterin die Szene verließ.

Trotzdem machte der Vorfall am nächsten Tag schnell die Runde. Eine anonyme Anzeige gegen den Nationalcoach wurde öffentlich. Der Coach be-

Verprügelung ihrer Töchter, weil sie sich wie „Schlampen" verhielten. Frauen mögen auch in Kolumbien auf dem Vormarsch sein. Gleichzeitig stoßen sie in wichtigen Fragen auf dicke gesellschaftliche Brandmauern einer gewachsenen Männergesellschaft. Und auch ihnen sind die Widersprüche der neuen Geschlechterordnung anzumerken. Die Spannung zwischen verehrter Mutter und knallharter Karrierefrau muss erst einmal in ein **neues Gleichgewicht** gebracht werden. Auch eine emanzipierte Individualistin muss mit hergebrachten sozialen Zwängen und familiären Erwartungen umgehen lernen. Kurzum: Nicht nur der kolumbianische Mann, auch die kolumbianische Frau muss in die Pantoffeln hineinwachsen, die ihnen das 21. Jahrhundert vor die Tür gestellt hat.

ließ es zunächst bei einem kurzen Statement und ließ ausrichten, es handle sich um seine Privatangelegenheit. Der Verbandsboss sprang für seinen Angestellten in die Bresche und ließ keinen Zweifel aufkommen, dass der kolumbianische Fußball hinter Gómez stehe. In den nächsten Tagen schwoll der Vorfall zum Skandal an. Gómez trat tränenreich vor die Kameras, Frauenverbände forderten Konsequenzen, viele Kommentatoren in den Medien wollten sich mit dieser Form der Selbstentschuldigung nicht zufriedengeben.

Der Fall schlug Wellen. Die U-20-WM war gerade im eigenen Lande angelaufen, die Fußballwelt und mit ihr die internationale Fachpresse weilten in Kolumbien. Nur Tage zuvor hatte Fifa-Generalsekretär Josef Blatter dem Land in Aussicht gestellt, demnächst eine Weltmeisterschaft zugesprochen zu bekommen.

Die Angelegenheit war also brisant und die Reaktionen sehr gemischt. Zu spüren war der Instinkt einiger Offizieller, den Vorfall als Bagatelle oder „Privatsache" schnell aus der Schusslinie nehmen zu wollen. Denkwürdig blieb auch die Intervention einer renommierten Senatorin, die ohne genauere Aktenkenntnisse die Unschuldsvermutung allein auf den Mann anwendete und zu verstehen gab, der Nationalcoach müsse einen guten Grund gehabt haben, handgreiflich zu werden, seine Begleiterin habe die Handschelle sehr wahrscheinlich provoziert und verdient gehabt.

Schließlich machte Präsident Santos, als er bei der Eröffnungsfeier der U-20-WM auf der Ehrentribüne neben dem Verbandschef saß, seinen Einfluss geltend.

Am nächsten Tag war der Rücktritt besiegelt, den Bolillo „freiwillig" einreichte und auf einer wiederum tränenreichen und recht dramatischen Pressekonferenz bekanntgab.

Trügerische Emanzipation: Frauen in der Gesellschaft

Formal haben Kolumbianerinnen die Gleichstellung innerhalb der lange herrschenden Männerwelt erlangt. 1954 setzte General *Rojas Pinilla* das allgemeine Frauenwahlrecht durch – etwas später als im südamerikanischen Durchschnitt, doch allemal früher als in der Schweiz, die dieses Recht erst 1971 verbindlich einführte. Die Antibabypille gab der Frauenbewegung auch in Kolumbien den lange erhofften Schub; weibliche Sexualität war von nun an nicht mehr automatisch mit unkontrolliertem Kinderkriegen verknüpft. Die Verfassung von 1991 kodifizierte die neuen Rechte und schaffte die Voraussetzungen für die heutige Rechtsprechung zum *gender mainstreaming.*

Unstrittig sind die Fortschritte, welche die Frauenbewegung auch in Kolumbien erzielt hat. Wie im restlichen Kontinent haben sich Frauen in vielen Bereichen von den engen Rollenerwartungen und sozialen Kontrollen der Männerwelt emanzipieren können. Sie haben Zugang zu fast allen Bereichen des Bildungssektors und Arbeitsmarktes. Das Bildungsniveau liegt im Durchschnitt bereits über dem der Männer. Ihre durchschnittlichen Löhne sind um ein Vielfaches gestiegen, ihre **ökonomische Unabhängigkeit** ist entsprechend gewachsen. Mit der Selbstbestimmung über die Familiengröße kam der Spielraum, Familienleben und Beruf besser vereinbaren zu können. Vor allem der Zugang zum formalen Arbeitsmarkt hat die Autonomie der kolumbianischen Frau in der Gesellschaft ungemein gestärkt. Nicht mehr auf den häuslichen Bereich beschränkt sind Frauen längst in den höchsten öffentlichen Ämtern angekommen.

Auch **in der Politik** lässt sich das neue **Selbstbewusstsein** ablesen. Frauen sind auf Regierungsbänken und in den Chefetagen der Behörden zu finden. In der ersten Amtszeit von Präsident *Juan Manuel Santos* (2010–1214) steht *Viviane Morales* an der Spitze der *fiscalía* (Generalstaatsanwaltschaft), einem der wichtigsten Ämter der Landes, *Sandra Morelli* führt den Bundesrechnungshof, *María Ángela Holguín* mit Erfolg das Außenministerium. Seit den 1990er-Jahren haben sich Spitzenpolitikerinnen wie *Noemi Sanín* (Konservative), *María Emma Mejía* (Unabhängige) oder *Ingrid Betancourt* (Grüne) um die (Vize-)Präsidentschaft beworben. Schon um die Jahrtausendwende lag Kolumbien mit fast 17 % Frauenanteil an den politischen Posten im Lande im guten lateinamerikanischen Schnitt. Seither ist das weibliche Führungspersonal mit der im Jahr 2000 verbindlich eingeführten **Quotenregelung** von 30 % weiter gestiegen.

▷ Junge Schauspielerin: im Spannungsfeld zwischen
traditionellem Rollenbild und Emanzipation

Nicht immer führten die Gleichstellungsbemühungen sofort zum Ziel. Einige wünschenswerte Ansprüche zogen in der Praxis tatsächlich erst einmal paradoxe Konsequenzen nach sich. Die Einführung des Mutterschutzes etwa hatte erst einmal zur Folge, dass in manchen Betrieben weniger Frauen formelle Anstellungen erhielten.

Auch auf anderen Feldern muss vielerorts ein auffälliger Spagat zwischen der formalen Gleichberechtigung und den statistisch nachweisbaren Benachteiligungen, mit denen sich Frauen noch immer konfrontiert sehen, vollführt werden. Ihre Möglichkeiten mögen sich potenziert haben, doch gerade Frauen der ärmeren Schichten können vielerorts nicht ernsthaft von Chancengleichheit sprechen.

039kb Foto: os

Bei den **Einkommen** ist die Kluft zwischen den Gehältern von Männern und Frauen notorisch: Sie liegt nach Schätzungen international einschlägiger Organisationen wie der International Labor Organisation (ILO) und der UN-Behörde für Arbeit bei rund 25 %. Damit befindet sich Kolumbien im lateinamerikanischen Mittelfeld. Im informellen Sektor liegt das Einkommen um fast ein Drittel niedriger. Noch auffälliger ist die Diskriminierung, wenn man sich das Einkommen indigener und afrokolumbianischer Frauen ansieht (s. auch das Kapitel „Ethnische Diskriminierung und Minderheitenpolitik" in „Politische Konflikte und politische Gewalt"). Frauen arbeiten sehr viel stärker als Männer im Bereich des informellen Arbeitsmarkts. Während Männer auf fast allen Beschäftigungsfeldern aktiv sind (und sich im Transportwesen und dem Bausektor besonders konzentrieren), sind Frauen bevorzugt im Dienstleistungssektor, im Handel und in der Landwirtschaft tätig. Der Beruf der Hausangestellten ist praktisch alleine den Frauen vorbehalten.

Die andauernde Diskussion über die **„Feminisierung der Armut"** bleibt kontrovers. Einerseits liegt die weibliche Erwerbslosenquote um mindestens 30 % über der der Männer. Die soziale Absicherung disproportional vieler Frauen im sogenannten informellen Sektor ist noch immer prekär. Andererseits sind viele Frauen weniger arm als noch vor einer Generation, ihre Unabhängigkeit gegenüber den Männern ist nachweislich gestiegen.

Auch die Repräsentanz in exponierten Ämtern ist nicht so weit gediehen, wie sich das viele wünschen. Der sichtbaren Präsenz in nationalen Ämtern widerspricht eine frappierende **Unterbesetzung auf regionaler und lokaler Ebene.** In der Lokalpolitik besteht trotz Frauenquote noch eine Männerdominanz mit einem Verhältnis von 12:

040kb Foto: os

1. Ähnlich unterrepräsentiert sind Kolumbianerinnen in Machtzentren wie dem Verfassungsgericht, gewichtigen Ministerien wie dem Verteidigungs- und dem Arbeitsministerium oder den Konzernspitzen.

Im **Bildungssektor** sind Frauen statistisch bereits erfolgreicher als Männer; als Doktorandinnen, im akademischen Mittelstand und in den Fakultäten allerdings bleiben sie unterrepräsentiert. Und auf dem für die Frauenbewegung so zentralen Feld der reproduktiven Selbstbestimmung ist Kolumbien vergleichsweise konservativ. Trotz der 2006 eingeführten **Indikationen-Regelung,** die Schwangerschaftsabbrüche unter bestimmten Bedingungen erlaubt, ist dieselbe dank des starken Einflusses der katholischen Kirche in diesem Land gesellschaftlich noch immer „verboten".

Zu den Erfolgen und Misserfolgen der Frauenbewegung gesellen sich neue Herausforderungen in den Aushandlungen zwischen den Geschlechtern, denn das wachsende Selbstbewusstsein unter modernen Kolumbianerinnen hat seinerseits soziale Konsequenzen. Noch nie gab es so viele Scheidungen, noch nie so viele Mütter, die einen Haushalt alleine verantworten mussten, noch nie so viele alleinstehende Singles, die **um ökonomische Selbstständigkeit ringen.** Neben dem formalen gibt es nach wie vor einen riesigen informellen Arbeitsmarkt, der von einer chronischen Unterbezahlung der Frauen geprägt ist.

Das scharfe **Anwachsen der Zahl alleinerziehender Mütter** ist ein markantes Beispiel für die ambivalenten Fortschritte, welche Frauen in den letzten Jahren erzielt haben. Schon immer war die kolumbianische Familienstruktur in Wirklichkeit heterogener als das starre Klischee von der patriarchalischen Großfamilie (s. auch das Kapitel „Familie und Kinder in der Gesellschaft"). Bereits für das 17. Jahrhundert geht man davon aus, dass etwa ein Viertel bis zu der Hälfte aller Familien Neugranadas von Frauen angeführt wurde. Oft waren die Haushalte gar nicht so groß, viele Väter abwesend – Ehepaare waren beileibe nicht die vorherrschende familiäre Grundeinheit und sogenannte „illegitime" Kinder eher die Regel als die Ausnahme. Das gilt in verschärfter Form für die Sklavenquartiere in den

Kolonien. Zu dem historischen Grundmuster der **„jefaturas femeninas"** („Frauenführung") gehören seit jeher Faktoren wie häusliche Gewalt, notorisch untreue Männer, hohe Trennungsraten. Diesen Trend verstärkte seit den 1970er-Jahren die von der katholischen Kirche lange blockierte Legalisierung der Scheidung und, in den 1990er-Jahren, die massive Emigration von Männern nicht zuletzt in die USA.

Die aus dem 50-jährigen Bürgerkrieg gewachsene **Gewaltkultur im Lande betrifft Frauen in besonderer Weise.** Mit der Politik der *seguridad democrática* unter der Regierung *Uribe* geriet die Zivilbevölkerung auf dem Land erst richtig **zwischen die Fronten.** Das Militär suchte mithilfe der Paramilitärs die Bauern verstärkt als Informanten, warb unter ihnen viele neue Soldaten an und verfolgte Sympathisanten der Guerilla. Frauen sind wie überall die ersten Opfer des andauernden Konflikts: Sexuelle Gewalt ist laut UN-Bericht „das vorrangige Mittel, das die bewaffneten Gruppen gegen Frauen einsetzen". Zu den Schreckenserfahrungen des Alltags zwischen den Fronten gehört der erzwungene Arbeitseinsatz, Strafen für freundschaftliche oder familiäre Beziehungen zu Akteuren auf der jeweils anderen Seite, Vergewaltigungen, Zwangsprostitution, Entführung und Verstümmelung auch von Mädchen.

Vertreterinnen in Frauenverbänden, Lokalredaktionen und Menschenrechtsorganisationen, Gewerkschaften und Gemeindevorständen werden gezielt unter Druck gesetzt und verfolgt. Besonders gefährdet erscheint die **Lage der Landfrauen.** *Campesinas* haben auf nationaler Ebene traditionell eine schwache Lobby.

Der gesellschaftliche Konflikt und die physische Aggression setzen sich allzu oft im eigenen Haushalt fort. **Häusliche Gewalt** hat vielerlei Gründe (siehe auch das Kapitel „ Familie und Kinder in der Gesellschaft"). Meist sind es Frauen, die Opfer männlicher Aggression werden. Wie weit der Weg noch ist, den Geschlechterkampf zu zähmen, zeigt die vorherrschende Tendenz in der lokalen Berichterstattung, Gewaltakte wenn nicht zu rechtfertigen, so doch zu erklären – etwa mit Hinweisen auf Untreue, aufreizendes Verhalten seitens der Frau und daraus resultierende (berechtigte) Eifersucht. *Crimenes de pasión,* die Eifersuchtsdramen mit gewalttätigem Ausgang, gehören zu den quer durch alle Gesellschaftsschichten weit verbreiteten Verbrechen. Affekthandlungen im Vollrausch gehören zum Repertoire wie die Bestellung von Auftragskillern. In den letzten Jahren liest man immer häufiger von Attacken, bei denen Gesicht und Körper der Opfer mit ätzender Säure entstellt worden sein sollen.

◁ Liliana, Ehrenamtliche im Vereinsvorstand einer kleinen Fußballschule

„Diversidad!" LGBTI kämpfen um ihre Rechte

Neue Freiheiten – Politik der kleinen Schritte

Schwule und Lesben wurden in diesem erzkatholischen Land traditionell an den Rand der Gesellschaft gedrängt. Norm war die heterosexuelle Orientierung, etwas anderes durfte es laut offiziell vorherrschender Meinung nicht geben.

Doch die Schwulen- und Lesbenbewegung hat auch in Kolumbien in den letzten Jahren viel erreicht. Unter dem Label LGBTI – *Comunidad*

Florence Thomas: „Zur Feministin wurde ich erst in Kolumbien"

Als sie im Sommer des Jahres 1967 zum ersten Mal nach Kolumbien kam, begegnete Florence Thomas „keinen Frauen, nur Müttern." Ein Erdbeben erschütterte das Avianca-Hochhaus, ein Wahrzeichen des modernen Bogotá. Es war das Jahr 13 nach Einführung des allgemeinen Frauenwahlrechtes: Selbst an der rebellischen Universidad Nacional war das Wort Patriarchat noch weitgehend unbekannt und auch wenn es bereits zahlreiche Studentinnen auf dem Campus gab, waren diese auf die „ciencias blandas", die „weichen Frauenfächer" in den Geistes- und Erziehungswissenschaften beschränkt.

Thomas kam, wie sie sagt, „wegen der Liebe". An der Sorbonne hatte sie studiert, in einem Paris, das seinerzeit ganz unter dem Bann von Simone de Beauvoir und Jean-Paul Sartre stand, und dort, unter all den Studenten, hatte sie sich in den „einzigen Kolumbianer" verliebt. Das Paar zog in das Andenhochland. Als Professorin für Psychologie an der Nacional wandte sie sich den Frauenstudien zu, die damals bei Null anfingen. „Es gab nichts, keine Zahlen, keine Statistiken und Erhebungen." Gewalt in der Familie? Fehlanzeige. Alles war mit einem Tabu versehen. „La ropa sucia se lava en casa", heißt es vielerorts noch heute, „die dreckige Wäsche wäscht man besser zu Hause."

Thomas hat aus ihrer ersten Ehe zwei erwachsene Kinder, die ebenfalls in Bogotá leben. Jedes Jahr fährt sie nach Paris, der Familienbesuch aus Frankreich hält sich in Grenzen. Ihre Bücher wie „El macho y la hembra reconstruidos" (1985) oder „Conversación con un hombre ausente" (1997) haben eine Generation von Kolumbianerinnen für die Emanzipation der Frauen gewonnen. Heute, offiziell im Ruhestand, schreibt sie weiterhin ihre

de Lesbianas, Gays, Bisexuales, Transgeneristas e Intersexuales – werden Schwule, Lesben, Bisexuelle, Transgender und Intersexuelle zusammengefasst. Die Bewegung gehört zu den politisch aktivsten in ganz Südamerika. Lobby-Organisationen wie Colombia Diversa oder Dejusticia, private Unternehmen und öffentliche Einrichtungen machen sich für eine sozial offenere und inklusive Gesellschaft stark und gewinnen immer mehr die öffentliche Meinung auch außerhalb der großen Städte.

Sich zur *Comunidad Gay* offen zu bekennen, ist heute nicht mehr strafbar. Die Verfassung von 1991 hat sexuelle Selbstbestimmung verfassungsrechtlich verankert. Noch ist die sogenannte Homoehe zwar

wöchentliche Kolumne für El Tiempo, ist Mitglied in der Forschergruppe Frauen und Gesellschaft (Mujeres y Sociedad) und sitzt am Mesa por la Vida y la Salud de los Mujeres („Runder Tisch für das Leben und die Gesundheit der Frauen"), der sich mit Erfolg für die rechtliche Gleichstellung von Frauen stark macht. „Mit unserem Credo, dass das Private und Persönliche politisch sind, lagen und liegen wir richtig." Ende 2011 erhielt sie aus den Händen des Präsidenten die Ehrenbürgerurkunde. Thomas ist nun Französin und Kolumbianerin.

Der von ihr mitinspirierte kolumbianische Feminismus lebt. Gerade erst haben Frauenverbände ein Rückrudern der Rechtsprechung zur Abtreibungsfrage verhindert. Die Verfassung gehört zu den fortschrittlichsten in ganz Lateinamerika, „wenn auch nur auf dem Papier." Die politische Agenda für die nächsten Jahre? Ganz oben stehen für Thomas Themen wie die (reproduktive) Selbstbestimmung, die Schwulen- und Lesbenehe, intrafamiliäre Gewalt und die Einkommensschere zwischen Männern und Frauen. Akut bleibt auch das Defizit bei der Beteiligung der Frauen im politischen Leben. Offiziell hat das Land bereits vor Jahren eine 30 %-Frauenquote für die höheren Ämter in Parteien und Staat eingeführt. „Dieses Drittel braucht man, um nachhaltig Änderungen im Geschlechterverhältnis durchzusetzen. Doch davon sind wir hier noch weit entfernt."

Ein besonderes Anliegen ist ihr das, was Frauenrechtler heute die „economía de cuidado" nennen. Die in den Haushalten „ehrenamtlich" geleistete Arbeit entspricht geschätzten 25 % des Bruttoinlandsproduktes. Dennoch wirkt sich das noch immer unzureichend auf die staatlichen Versorgungsleistungen gegenüber den weitgehend un- oder unterbezahlten häuslichen Arbeiterinnen aus. Wir brauchen kein Frauenministerium, sagt Thomas, sondern eine Geschlechterpolitik, die in allen Ämtern und Institutionen zum Tragen kommt.

„Kolumbien", sagt Florence Thomas, „verändert sich".

nicht gesetzlich zugelassen, doch wegweisende Gerichtsurteile gestehen gleichgeschlechtlichen Paaren in einigen gesellschaftlichen Bereichen inzwischen gleiche Rechte zu wie traditionellen Ehepaaren und freien Lebensgemeinschaften. Das gilt für das Trennungs- wie Erbrecht, die Renten- wie Gesundheitsversorgung. Wer nachweislich zwei Jahre zusammengelebt hat, erwirbt – mit oder ohne Trauschein – dieselben Rechte und Sozialansprüche für den Lebenspartner (companero/a permanente). Die einschlägige Beglaubigung erhält man ziemlich unbürokratisch vom Notar, auf der Grundlage entsprechender Belege aus dem gemeinsamen Haushalt. Allerdings haben wesentliche Rechtsunterschiede weiterhin Bestand. Gleichgeschlechtliche Paare dürfen etwa nicht adoptieren. In einem wichtigen Grundsatzurteil befand das Oberste Verfassungsgericht, dass das Parlament **bis Mitte 2013 eine Neufassung des Zivilrechts** vorzunehmen habe, das die Ehe bislang noch als „Union zwischen Mann und Frau zum Zwecke des Zusammenlebens, der Fortpflanzung und wechselseitigen Hilfe" definiert.

Zu den Vorreitern jeder Gleichstellungspolitik gehört seit einigen Jahren die Hauptstadt Bogotá. Das Rathaus sponsert Aufklärungs- und Erziehungskampagnen und finanziert über eine Behörde – die „Dirección de Diversidad Sexual" – die Bildung von unterstützenden Einrichtungen in der Stadt. Mit den Nachbarschaftszentren LGBTI schafft sie Räume der Begegnung und der Entfaltung. Hier erhalten Interessierte juristische, psychologische und organisatorische Hilfen oder ganz einfach – über Filmabende, Leseklubs, akademische Workshops, Sportgruppen – sozialen Anschluss.

Ungleiche Entwicklung: Stadt vs. Land

Das Herz des liberalen und modernen Bogotá schlägt in **Chapinero.** In diesem Viertel unweit des Stadtzentrums ist die schwul-lesbische Community gut vertreten. Die Mischung aus Cafés, Restaurants, Buchhandlungen, Diskotheken, die relativ zentrale Wohnlage und noch einigermaßen erschwinglichen Mieten haben dem Viertel Leben eingeflößt. Das Bürgermeisteramt im Barrio war zuletzt von einer bekennenden Lesbe besetzt. Hier finden sich die einschlägigen Szenelokale, Diskotheken wie das weit über die Stadtgrenzen bekannte Teatrón und zahllose Räume („gay friendly"), in denen sich die Selbstghettoisierung der früheren Jahre verflüchtigt hat.

Auch andernorts, wie in Medellín oder im Departamento Valle de Cauca, bemüht man sich seitens der öffentlichen Stellen, Vorurteile in der Bevölkerung abzubauen und die Toleranz für alternative Lebensformen zu erhöhen. Zu **den aktiven Parteien** auf diesem Felde gehören die Liberalen, die Grüne Partei und der Polo Democrático Alternativo mit seinem im Polo de Rosa zusammengeschlossenen Parteiflügel der Gender-Aktivisten. Eine lesbische Aktivistin ist gerade erst in den Stadtrat von Bogotá eingezogen. *Gina Parody,* die parteiunabhängige Kandidatin für den Bürgermeisterposten, unterstützt die Anliegen der LGBTI. Ihr Achtungserfolg bei den Wahlen Ende 2011 lässt es in naher Zukunft möglich erscheinen, dass in einer Stadt wie Bogotá – wie andernorts in Paris oder Berlin – Homosexuelle offen auf dem Rathaussessel sitzen.

Die Stadtpolitik erhält dabei wichtige Impulse aus der Gesellschaft selbst. Die Organisation Colombia Diversa, unter der Leitung von *Marcela Sánchez,* berät Stadtbehörden und zugleich den Kongress, Radio Diversia geht seit 2008 übers Internet in die Öffentlichkeit. In REDDES (Red Interuniversitaria por la Diversidad de Identidades Sexuales) haben sich über die Universitätsgrenzen hinweg Studenten zusammengeschlossen. Schwul-lesbische Elterngruppen unterstützen sich gegenseitig, auch wenn ihr Organisationsgrad noch schwach ist. *La mamagrande,* die Mutter eines schwulen Sohnes, ist über Facebook ein ebenso prominenter wie wohl informierter Anlaufpunkt für die Sorgen und Nöte von Eltern und ihren Kindern geworden.

Im städtischen Alltag haben sich schwul-lesbische Identitäten in den letzten Jahren stärken können. Impulse aus den weltweit organisierten sozialen Bewegungen und das Medium Internet spielen bei diesem Prozess eine wichtige Rolle. Wie anderswo wird am 28. Juni in den Hauptstraßen der wichtigsten Städte zur Erinnerung an die Ausschreitungen 1969 im New Yorker Stonewall Inn mit karnevalesken Umzügen der Christopher Street Day gefeiert – **„el Día del Orgullo Gay".** Etwas weniger Aufmerksamkeit erfährt der nationale Feiertag gegen Homophobie und Transphobie am 17. Mai, dem Tag, an dem die Weltgesundheitsorganisation Homosexualität als natürliche Variation menschlicher Sexualität anerkannt hat.

Während das Klima in den großen Städten sich spürbar liberalisiert hat, muss die LGBTI-Gemeinde in den Kleinstädten und in den Dörfern mit Diskriminierung rechnen. Neben den scheelen Seitenblicken und leisen Kommentaren von Passanten gehört offener Spott durchaus zum Alltag. Küsse und Umarmungen auf der Straße lösen in einer Stadt wie Medellín oder Barranquilla bei vielen Mitbürgern unvorhersehbare Reaktionen bis hin zu physischer Gewalt aus. Diese Reaktionen lassen auch in den kleineren Städten und Dörfern den offenen Umgang mit gleichgeschlechtlichen Gefühlen noch immer nicht geraten erscheinen. Das wird beispielsweise bei einem Thema wie AIDS deutlich. Der Virus wird dort noch immer stigmatisiert und primär den Praktiken in homosexuellen Kreisen zugeschrieben.

Familie und Kinder in der Gesellschaft

Stellung der Familie

Ideologisch gesehen gilt „die Familie" in weiten Teilen der Gesellschaft als das höchste Gut. Sie kommt direkt nach Gottvater, weit vor Freunden, Nachbarn, den lieben Kollegen. Kinder wohnen bis zur Heirat bei den Eltern. Die Tochter telefoniert, wenn irgendwie möglich, jeden Tag mehrmals mit ihrer Mutter. Samstags oder sonntags trifft sich die Großfamilie, soweit sie sich am Ort befindet, geschlossen zum Mittagessen. Familienunternehmen haben hierzulande eine lange Tradition, familiäre Bande sind auch in korrupten Seilschaften, kriminellen Gangs und Drogenkartellen von besonderer Bedeutung. Der **Familienname** ist heute noch vielen wichtiger als Land, Flagge oder Nation. Die kolumbianische Familie – Wichtigeres scheint es auf Erden kaum zu geben.

Doch das Bild und die soziale Realität der Familie haben sich zu wandeln begonnen. Zunächst der demografische Knick: Dank erfolgreicher **Geburtenkontrolle** in den 1960er und 1970er-Jahren hielt sich der befürchtete Bevölkerungsanstieg in Grenzen. Anstatt prognostizierter 60 Millionen leben heute „nur" 45 Millionen Menschen in Kolumbien. Von der US-Entwicklungshilfeagentur USAID drei Jahrzehnte lang unterstützte Aufklärungskampagnen haben dazu beigetragen, die Geburtenrate binnen dreier Jahrzehnte signifikant zu drücken. 1966 wurde die Asociación ProBienestar de la Familia Colombiana gegründet und bald danach in **Profamilia** umgetauft. Mit mobilen Einheiten erreichte die Sexualerziehung bald das gesamte Land.

041kb Foto: os

Lag die **Geburtenrate** 1965 noch bei rund sieben Kindern pro Frau, gehörte dieselbe 2011 mit 2 Kindern pro Frau (2,15) zu den niedrigsten in Lateinamerika (mit Chile als geburtenärmstes Land). Die Unterschiede innerhalb des Landes variieren dabei gewaltig: In Medellín liegt sie deutlich niedriger (2005: 1,4) als an der Karibikküste (3,4), in den bildungsreichen Schichten (1,4) weit unter den Raten bildungsferner, ärmerer Milieus (4,1).

Trotz der Aufklärungserfolge bleibt der Gebrauch des Kondoms offenbar ein Glücksspiel. Besonders betroffen vom **laxen Umgang mit Verhütungsmitteln** sind junge Mädchen. Die Zahl von Schwangerschaften unter Minderjährigen liegt im regionalen Vergleich auffällig weit oben – Tendenz steigend. Um 2000 war laut Gesundheitsbehörden eine von fünf Jugendlichen schwanger. Zu schaffen macht den Gesundheitspolitikern die strikte **Abtreibungsgegnerschaft in den konservativen Kreisen** der Gesellschaft. Bis 2006 herrschte absolutes Abtreibungsverbot. Seither hat das Verfassungsgericht drei Indikationen zugelassen, im Falle derer ein legaler Schwangerschaftsabbruch vorgenommen werden kann: Erstens, wenn es sich um eine angezeigte Vergewaltigung handelt. Zweitens, wenn der Fötus schwere Schäden aufweist, die ein Weiterleben unmöglich machen. Und drittens, wenn die Schwangerschaft das Überleben der Mutter gefährdet.

Das andere Thema, das das Bild der trauten Familienidylle ankratzt, ist die Gewalt in den eigenen vier Wänden. **Häusliche Gewalt** ist allen Beschwörungen zum Trotz, oder gerade deswegen, auch in Kolumbien noch weitgehend ein gesellschaftliches Tabu. Doch Umfragen ergeben ein anderes Bild vom vermeintlich heilen Familienleben. Zwei Drittel aller Kolumbianerinnen geben an, innerhalb der Familie Situationen erlebt zu haben, in denen sie in ihrer Würde und Freiheit beschnitten wurden. Vier von zehn Frauen bezichtigen ihre Männer, physische Gewalt angewandt zu haben. Jede zehnte Frau sagt, sie sei von ihrem Partner sexuell bedrängt worden, jede fünfzehnte gibt zu Papier, in ihrem häuslich-familiären Umfeld sexuell missbraucht worden zu sein.

Neues Phänomen: die Singles

Das Grundmuster der kolumbianischen Familie bleibt **im rapiden Wandel** begriffen. Die Zahl alleinerziehender Mütter steigt ebenso wie die Zahl der Singles. Die Institution Ehe ist längst nicht mehr sakrosankt und verliert selbst dort weiter an Bedeutung, wo sie noch als standesgemäß empfunden wird. Scheidungsraten schießen nach oben, die Zahl der Zweitehen und freien Lebensgemeinschaften ebenso. In den großen Städten leben Tausende von Schwulen und Lesben in *unión libre* und Verwitwete im Rentenalter inzwischen ohne Trauschein gemeinsam unter einem Dach.

Wenn die kolumbianische Familie in den Augen vieler Mitteleuropäer dennoch eine besondere Aura zu versprühen scheint, dann vielleicht auch deshalb, weil *la familia* als praktische Solidargemeinschaft im Leben

◁ Geschwisterpaar in San Antonio (Sucre)

vieler Latinos eine zentralere und wenig in Frage gestellte Rolle spielt. In Europa dagegen bieten sich bewährte, wenn auch nicht unproblematische Alternativen zur klassischen Familie an: der Wohlfahrtsstaat (für die soziale Absicherung), die Arbeiterbewegung (Solidarität unter Seinesgleichen), organisierte Verbände, Nachbarschaftsgruppen oder *peer groups* für gemeinsame Partikularinteressen – und nicht zuletzt des eigenen Glückes Schmied: die Utopie des sich selbst verwirklichenden Subjekts, das moderne Individuum, der Konsument von Angeboten aller Art. Bei allem Abgründigen, das ein Blick hinter die Kulissen einer kolumbianischen Familie auch zutage fördern mag, weckt dieser zugleich die Sehnsucht nach jenem „natürlichen" und unhinterfragten Zusammenhalt, der **Bindekraft** der *familia colombiana*.

Kinderfreundlichkeit

Unter einem besonderen Stern steht die Beziehung der Latinos zu ihren **Kindern.** Der Nachwuchs ist überall mit dabei, nur in den wirklich wohlhabenden Kreisen leistet man sich Nannies oder Babysitter, die auf die Kinder zu Hause aufpassen. Freunde treffen sich in Parks, in den Einkaufszentren, im eigenen Haus. Klettergerüste und Schaukel gibt es inzwischen an vielen Ecken, doch für die Mehrheit der Kinder bleibt die Straße der zentrale Spielplatz. Die Möglichkeiten in den ländlichen Gebieten sind vielerorts beschränkter, zumindest was die Präsenz öffentlicher Einrichtungen für Kinder angeht. Millionen von Kindern leben mit ihren Eltern wie die ersten Siedlerfamilien in abgelegenen Teilen des Landes. Hof, Wald und Acker sind ihre Spielwiesen.

Die **Zugewandtheit** gegenüber Kindern ist eine Gabe. Egal wie inhuman die Stadtplanung, wie obszön unterentwickelt der öffentliche Raum sein mögen, eines lassen sich die meisten Menschen nicht nehmen: den Zwergen Tag und Nacht das Gefühl zu geben, Riesen in ihren Herzen zu sein. Das fängt bei den Nachbarn an, die sich die Zeit nehmen, die Kleinen ins Gespräch zu verwickeln. Das geht im Kindergarten geradewegs weiter, wo die Betreuerinnen frühmorgens das Gefühl vermitteln, man gäbe ihnen dort ihre ureigenen Kinder zurück, die sie nur nachts an uns ausgeliehen hätten. Am Abend verschwinden die eigenen Kinder regelmäßig bei den Nachbarn, die sie mit einem alten Klavier, dem Papagei und bunten Früchten ködern, vor allem aber mit Zeit und unbedingter Aufmerksamkeit.

▷ Spielkameraden auf dem Schulhof: Wajúu-Kinder (Provinz La Guajira)

04.2kb Foto: os

Auch auf dem Land lassen sich Eltern inzwischen von jedweder Art von Medien unterstützen. Der Fernsehkonsum von klein auf kennt seitens der Eltern nur wenige Vorbehalte. Ein **Eintrittsalter für die Glotze** gibt es nicht und das klassenübergreifend. Wie anderswo sind die US-amerikanischen Programme wie DiscoveryKids, Nickelodeon oder Cartoon Network gang und gäbe, Raubkopien der neuesten 3-D-Filme bringen „Toy Story" oder „Shrek" früh in die Köpfe der Kleinen. In den Städten kennen die Heranwachsenden das Neueste aus dem Leben eines *Justin Bieber, The Jonas Brothers, Miley Cirusy* und wer gerade „in" ist. Man sollte nicht überrascht sein, wenn auch in den Dörfern das entsprechende Spezialwissen abrufbar ist.

In krassem Widerspruch zu diesen Beobachtungen stehen die vorherrschenden **autoritären Erziehungsmethoden.** In weiten Teilen der Bevölkerung gehören der Schlag mit der offenen Handfläche und Hausarrest zum innerfamiliären Alltag.

Kolumbianischen Austauschschülern oder Besuchern fällt es nach ihren Aufenthalten in Europa oft schwer, sich wieder in die **engen Netze** familiärer Einbindung zu begeben. Die Frei- und Spielräume, die Jugendlichen etwa in Deutschland oft eingeräumt werden, gibt es zu Hause längst noch nicht. Die eigene Familie in der eigenen Stadt auf einer Distanz zu halten, über deren Grenzen man selbst bestimmt, fällt vielen oft schwerer als sich dem **„Familienknast"** gänzlich zu entziehen und sein Glück anderswo zu versuchen. Bei allen Experimenten und **Emanzipationsversuchen** bleibt unter Eltern die Versuchung groß, bei den eigenen Kindern die traditionellen Erwartungen und Rollenbilder zu reproduzieren.

Der Lebenszyklus: Geburt, Jugend, Alter, Tod

Die Lebenswege und die Riten, welche die Übergänge von einer Phase in die nächste markieren, sind je nach Region und ökonomischer Lage höchst verschieden. Vor allem die **Bräuche auf dem Land und in der Stadt** unterscheiden sich bisweilen noch immer sehr. Die Art und Weise, wie der Eintritt in ein Lebensalter gefeiert wird, reflektiert immer auch den Status und sozialen Rang der jeweiligen Familien.

Geburt

Die Geburt gehört zu den großen Ereignissen des Lebens. Sie verbindet die Wünsche und Sehnsüchte des Einzelnen mit dem Fortbestand der Gemeinschaft. Ein, spätestens zwei Jahre nach der Heirat erwartet die traditionell orientierte Großfamilie mit großer Anteilnahme eine Schwangerschaft. Sich gegen Kinder zu entscheiden oder keine gebären zu können, ist in konservativen Kreisen immer noch mit einem Makel verbunden. Unfruchtbarkeit hält man dort für ein persönliches Problem, das oftmals den Frauen zugeschrieben wird. Ohne Kind gilt vielen die Ehe als unvollständig, das „arme" Paar (*los pobrecitos*) wird mit innerer Anteilnahme bemitleidet, Großmüttern versagt hier weithin jedes Verständnis, als hätten sie ein Anrecht auf den Empfang von Enkeln.

An der **Schwangerschaft,** wenn sie denn einmal Form gewinnt, nimmt die ganze Familie Anteil. Schon im Vorfeld bilden Großeltern mit Tanten, Cousins oder Geschwistern ein breites Netzwerk für die anstehende Nestbildung. Dort, wo nächste Verwandte fehlen, bieten enge Freunde und Nachbarn ihre Hilfe an. Die Hilfe kann viele Formen annehmen. In wohlhabenden Kreisen oder unter Bürokolleginnen organisiert man vor der Geburt Babypartys (ganz wie in den USA). Hier treffen sich Familie und Freunde, um ihre Verbundenheit zu zeigen, die mitgebrachten Geschenke dienen der finanziellen Unterstützung der jungen Familie – und oftmals der Bestätigung traditioneller Rollenerwartungen. Männlichen Sprossen legt man blaue Kleidung, Autos oder Actionfiguren, den Mädchen Rosarotes, Puppen und mit dem häuslichen Bereich verbundenes Spielzeug in die Wiege. Die allermeisten Paare wissen schon früh, ob sie einen Sohn oder eine Tochter erwarten. Ist das Geheimnis noch nicht gelüftet, ist gelb die bevorzugte Farbe.

Der Geburtsvorgang selbst kennt verschiedene Varianten. In den Städten werden die Kinder derzeit überwiegend in Krankenhäusern und von den zuständigen Ärzten zur Welt gebracht. Hausgeburten waren hier bis vor Kurzem unüblich, der Beruf der Hebamme so gut wie unbekannt. Entsprechend häufig ist inzwischen die Zahl der **Kaiserschnitte.** Sie lassen sich vom Mediziner besser planen. Zugleich sorgt das herrschende Schönheitsideal dafür, dass sich immer mehr Mütter für den schnellen Schnitt entscheiden. Angeblich, so sagt man sich, um den Körper straff und die empfindsamen Zonen erogen zu halten. Selbst aufs Stillen verzichten wohl immer mehr auf jugendliches Aussehen erpichte Mütter – und nicht nur die im Showgeschäft tätigen. Die Narbe am Bauch lässt sich hingegen kaschieren. In jüngster Zeit ziehen zumal in den Reichenvierteln die **modernen Methoden** der ersten Welt ein: Hausgeburten, Wassergeburten, auch die Geburtshelferinnen (*parteras*) sind im Kommen. Auf dem Lande ist diese Form der Selbsthilfe seit jeher viel üblicher, schon aufgrund der oft weiten Entfernungen und mühsamen Anfahrten zu Krankenhäusern.

Bei der **Pflege von Neugeborenen** kommen je nach Region unterschiedliche Bräuche zum Tragen. In ländlichen Gebieten ist es durchaus noch üblich, dass sich Mütter untereinander beim Stillen unterstützen und Muttermilch austauschen.

Kindheit und Jugend

In vielen Landstrichen wie der Karibikküste ist der Bund fürs Leben nie die einzig dominante Grundeinheit des Familienlebens gewesen. **Nichtehelichen Kindern** erwachsen dort aus ihren (aus bürgerlicher Sicht) informellen Verhältnissen per se keine Nachteile. Sie haben Glück, solange es am Ende mindestens zwei Erwachsene gibt, die sich ihrer verantwortlich fühlen.

110kb Foto: os

Die katholische Kirche nimmt ihrerseits mit der **Taufe** ein Kind Gottes in die Gemeinschaft der Gläubigen auf. Der Festakt selbst hängt von dem Preis ab, den die Familie aufzubringen bereit ist. Eine Massentaufe im *Barrio* ist schon ab 10 Euro zu haben, eine separate Messe für die Großfamilie kostet entsprechend mehr. Eine besondere Rolle wird bei dieser Zeremonie den beiden Taufpaten (männl. *padrino,* weibl. *madrina*) zuteil. Gewöhnli-

▷ Ganz in Weiß zur Kommunion

cherweise wählen die Eltern dafür einen ihnen nahestehenden Mann und eine Frau aus. Sie kommen aus der Familie oder dem engeren Freundeskreis, nicht selten fragt man auch den Chef im Büro oder ein Mitglied der Familie, bei der man angestellt ist. Die Paten sollen nicht nur Zeit ihres Lebens Ansprechpartner in Dingen sein, welche die Patenkinder *(ahijados)* nicht unbedingt mit den Eltern besprechen möchten. Von ihnen wird auch erwartet, dass sie einspringen, wenn den Eltern etwas zustößt oder das Patenkind einmal in finanziellen Nöten stecken sollte.

Das Ende der Kindheit feiert die Kirche mit dem Ritus der heiligen **Kommunion.** Diese wird in der Regel nicht kollektiv, sondern von jeder Familie eigenhändig organisiert. Dazu laden die Eltern ihre Familien zu einem Gottesdienst ein. Das Kind erscheint in Weiß, die Angehörigen kommen teils in festlicher Kleidung, teils in Alltagsklamotten. Für die Kirche ist dies ein wichtiger Geschäftszweig.

Im Anschluss an die Kirchenfeier trifft sich der Familienkreis zu Hause, das Kind darf eine oft mehrstöckige, meist sehr süße Torte *(ponqué)* anschneiden. Man sitzt im Kreise und unterhält sich angeregt, die einen mit, die anderen ohne Alkohol. Das persönliche Geschenk wird heute zunehmend abgelöst vom mit Geldscheinen gefüllten Couvert.

Die **Pubertät** ist auch in der lateinamerikanischen Familie ein heikles Terrain. Vor allem die jungen Mädchen werden von ihren Eltern genauestens überwacht. Filmklubs und der *paseo,* bei dem die Jugendlichen gruppenweise am frühen Abend an der Plaza vor der Kirche sitzen oder sonntags die Hauptstraße entlang flanieren, sind beliebte Optionen, um Gleichaltrige aus der Nachbarschaft kennenzulernen. Die Kinder der besser Situierten werden von ihren Eltern in die privaten Klubs eingeschrieben, in denen Familien mit ähnlichem sozioökonomischem Status verkehren und oftmals ganze Wochenenden verbringen. **„Minitecas"** feiern die Jugendlichen noch schön zu Hause oder im *salón comunal,* den weit verbreiteten und beliebten Gemeinschaftsräumen in den mehrgeschossigen Wohngebäuden der Mittel- und Oberschicht. Diese oft gar nicht so kleinen Räume im Erdgeschoss oder in der ersten Etage kann man bei der Hausverwaltung bei Bedarf reservieren, manchmal gegen eine kleine Gebühr. Es gibt Musik, Getränke, und wie hoch es dabei hergeht, hängt von den Eltern ab. Am einfachsten ist es, wenn die Eltern gar nicht erst dabei oder gar verreist sind.

Der vorletzte Schritt zum offiziellen Erwachsenwerden ist das pünktlich zum 15. Geburtstag inszenierte **Fest der „quince."** Das wird traditionell von den Eltern ausgerichtet, welche Freunde und Familie persönlich einladen. Es sind, je nach Wohlstand, mal mehr, mal weniger Gäste. Der Friseur ist zuständig für ein perfektes Aussehen, der Fotograf ist der Regisseur des

Tages und verantwortlich für das Bild, das sich die Familie ein Leben lang von diesem Festtag macht. Je bescheidener der Familienstand, desto größere Bedeutung dürfte dieser Zäsur beigemessen werden. Denn dieses Fest soll in die Zukunft ausstrahlen, jetzt spätestens gelten die Kinder als heiratsfähig. Von dem Tag an tragen die Mädchen Ringe (die ihnen die Mütter besorgen), das Haar wird nun glatt gezogen und jeden Morgen aufwendig onduliert. In den wohlhabenden Kreisen in der Stadt trifft man sich aus diesem Anlass in einem Klub oder organisiert ein Bluejeans-Fest bei sich zu Hause. Manche Familien genehmigen sich eine Reise (besonders beliebt: Disneyworld in Orlando) oder spendieren ihren Schützlingen die erste Schönheits-OP.

In diesen von der *fiesta de quince* geprägten Zeitraum fällt bei vielen Jugendlichen auch der **erste sexuelle Kontakt.** Männliche Freunde sind den Eltern junger Mädchen suspekt. Tatsächlich sinkt auch in Kolumbien das Alter, in dem die Pubertierenden ihre Jungfräulichkeit verlieren, mit jeder Dekade. Die Großeltern selbst hatten vor einer Generation noch oft bis zur Heirat gewartet, die damals aber auch entsprechend früh vollzogen wurde. Noch in den 1990er-Jahren lag das Eintrittsalter bei 16 bis 18 Jahren. Heute, heißt es, haben 13 bis 15-Jährige ihren „ersten Sex". Die Statistik der Sexualforschung weist hier je nach Region Unterschiede aus. Die Zahl ungewollter und vorzeitiger Schwangerschaften ist erschütternd. Die florierende Kultur der Stundenhotels ist ein kaum zu übersehendes Indiz dafür, dass sich die Heranwachsenden nicht an alles halten, was ihnen die Erziehungsberechtigten raten.

Die **Erziehungseinrichtungen** spielen natürlich eine große Rolle für die Entwicklung ihrer Eleven. Als Faustregel gilt: Wer es sich leisten kann, steckt seine Kinder in private Schulen, die große Mehrheit der Bevölkerung ist auf öffentliche Schulen angewiesen. Mit einem Jahr gehen die Kinder in die Kindergärten, mit drei oft schon auf die Vorschulen; mit fünf beginnen die Schulen ihr Programm. Die meisten Privatschulen werden von **katholischen Kirchenorden** geführt, nur wenige – wie etwa die Französischen Schulen (Colegios Franceses) in Bogotá, Pereira oder Cali – berufen sich ausdrücklich auf eine kirchenferne Grundausbildung.

Die gesetzlich vorgeschriebene **Schulzeit** dauert elf Jahre, in manchen der an Europa oder den USA orientierten privaten Schulen setzt man ein zwölftes Schuljahr drauf. Danach haben die 16–18-Jährigen ihren ersten Schulabschluss, den **„bachillerato",** mit dem sie sich an einer Universität oder anderen Bildungseinrichtungen bewerben. Natürlich haben dabei nicht alle dieselben Zugangschancen. Die besseren öffentlichen Universitäten haben nur ein begrenztes Kontingent an Studienplätzen und entsprechend harte Aufnahmeverfahren, zumal für die beliebten Studiengänge wie Jura, Medizin oder Ingenieurwesen. Die privaten Hochschulen sind nicht weniger umkämpft, doch da gibt es immerhin die Möglichkeit, sich mit den entsprechenden Mitteln den Zugang der Söhne und Töchter zu erkaufen.

Eintritt ins Erwachsenenleben

Mit 18 Jahren erreichen die jungen Kolumbianer ihre Volljährigkeit. Sie erhalten einen Personalausweis, die **„Cédula de Ciudadanía"**, und haben nun alle Rechte und Pflichten eines Staatsbürgers. Wenn das Geld dafür da ist, machen sie den Führerschein – vor allem aber erst einmal eine kleine Reise. Beliebte Ausflugsziele sind Karibikinseln wie San Andrés, Aruba oder Punta Cana. Danach heißt es: Geld verdienen oder weiter studieren. In technischen oder handwerklichen Berufen gibt es zwei bis dreijährige Ausbildungen, die Universitätsstudien dauern vier bis fünf Jahre.

Bis zum Abschluss der Ausbildung, also mindestens bis zu ihrem 21. Lebensjahr (Berufsschüler) oder auch dem 24., 25. Lebensjahr, wohnen die allermeisten Kinder bei ihren Eltern. Diese **eingeschränkte Unabhängigkeit** hat viele Gründe. Vor allem aber sind es ökonomische. Wohnungen sind nicht billig, die Ausbildungswege teuer genug. Formal beschäftigt sind in diesem Alter nur die wenigsten, das soziale Netz des Staates verdient noch nicht den Namen, den es trägt. Selbst die privaten Universitäten bieten keine Wohnheime, auch studentische Wohngemeinschaften sind noch rar.

Doch die übergeordnete **Ideologie der Familie als Sinn- und Zweckgemeinschaft** besorgt schon im Vorfeld den Kitt für das halbwegs einvernehmliche Auskommen im elterlichen Hausstand. Anpassung und Einordnung innerhalb eines Familienverbandes sind Werte, mit denen Kinder frühzeitig sozialisiert werden. Die endgültige Ablösung vom Elternhaus ist heute eine Frage der finanziellen Selbstständigkeit. Und diese Gewähr ist in einem Land, in dem gut 40 % der Bevölkerung in Armut leben oder in unsicheren Arbeitsverhältnissen stehen, noch immer ein Privileg, nicht die Regel. Weniger verständnisvolle Beobachter sehen in einer nicht enden wollenden Kindheit den tatsächlichen Grund für das unverminderte Phänomen der **Nesthockerei.** Nicht selten geht es vom Hotel Mama direkt ins gemachte Bett der Ehe.

Während minderjährige oder alleinstehende Mütter nicht selten auf ihre Eltern oder Großeltern angewiesen bleiben, binden sich die noch Ungebundenen oft **nach Abschluss ihrer Ausbildungsjahre** und gründen zwischen dem 25. und 30. Lebensjahr eigene Familien. Je höher der Ausbildungsstand, desto höher das Alter derer, die zur Familie bereit sind.

044kb Foto: os

Arrangierte Ehen sind selten geworden, auch die Schönheitswettbewerbe, die junge Damen der Oberschicht über die Stadtgrenzen hinaus in die entsprechenden Zirkel vermitteln sollten, haben nicht mehr dieselbe Bedeutung wie früher. Aber eine Klassengesellschaft wie die hiesige schreibt ihre eigenen Gesetze. Die Familien sehen zu, dass die Partnerwünsche ihrer Kinder einigermaßen standesgemäß bleiben. Das gilt an den Rändern der Städte nicht weniger als in den Klubs der Reichen. Die Kinder sollen es ja mindestens ebenso gut, nach Möglichkeit noch etwas besser, haben.

Offiziell regiert die Idee von der Entscheidung eines jeden Einzelnen, die auf Zuneigung gründende Bindung, die **Liebesheirat**. In Parks, auf Partys und den *paseos* hält die Jugend Ausschau nach dem Lebenspartner für die Zukunft. Beim Flanieren auf der Dorfstraße, dem „Cruisen" am frühen Abend, geht es auf den ersten Blick weniger individualistisch zu als in Mitteleuropa. Die jungen Mädchen und Männer streifen meist nach Geschlechtern getrennt umher und ziehen an den Abenden oft in Gruppen los.

Der Flirt, das erotische Radschlagen, wird im besten Fall mit einem angemessenen Bund fürs Leben gekrönt. Die Trauung ist heute aber nicht mehr ausschließlich der Kirche vorbehalten, zur **formalen Eheschließung** genügt ein moderner Standesbeamter oder ein Notar – und zwei Trauzeugen. Rechtlich hat die von der Verfassung garantierte Trennung von Staat und Kirche die Lebensgemeinschaften modernisiert. **Unverheiratete Paare** *(unión libre)* haben nach zwei Jahren des Zusammenlebens dieselben Ansprüche aneinander wie Ehepartner. Bei Trennung hätten die jeweiligen Partner auch einer „wilden" Ehe Anspruch auf 50 % vom Eigentum des Partners. Die Zahl der Eheschließungen ist indes weiter auf dem Rückzug. Ein gutes Drittel davon findet, wie übrigens auch die Hälfte aller Scheidungen, im Fest- und Ferienmonat Dezember statt. Dass jede vierte Ehe wieder gelöst wird, überrascht auch in einem vom Katholizismus geprägten Land wie Kolumbien nur noch die wenigsten.

⌃ Traditionelle Paisa-Hochzeit in gut situierten Kreisen

Doch **Hochzeiten** haben beileibe nicht ausgedient. Zu attraktiv bleiben deren lange Tradition und die gesellschaftlichen Aufmerksamkeiten, die seit Menschengedenken mit dem rauschenden Fest für Jungvermählte verbunden werden. In den eleganten Zirkeln bieten Läden wie *cachevache* für Dekoratives, Haushaltspraktisches und Krimskrams der gehobenen Art entsprechende Geschenklisten an, immer beliebter wird der Geldregen *(lluvia de sobres)* in Form von in Kuverts verschlossenen Scheinchen. In einer Nacht kurz vor dem Schwur ziehen die Junggesellen noch einmal mit ihren Freunden los zum **Junggesellenabschied** *(despedida de soltero/a)*.

Am Tag selbst darf der Bräutigam seine Anvertraute erst am Altar wieder zu Gesicht bekommen. Nicht nur in konservativen Kreisen führt der Vater, wenn es denn einen gibt, seine Tochter in die Kirche, dahinter im Gänsemarsch die *pajelitos* genannten Blumenmädchen. Das Fest danach ist eine Mischung aus Brauchtum und Reden – und darin den mitteleuropäischen Gepflogenheiten nicht unähnlich. Dem Empfang – je nach Milieu und Region gibt es Aguardiente oder Champagner – folgt ein üppiges Mahl, oft ein gesetztes Essen mit Tischordnung. Zum Pflichtprogramm gehört die Hochzeitstorte, die als Nachspeise serviert wird, danach spielt, wenn irgendwie möglich, Live-Musik. Spontaneität bleibt weitgehend auf die Tanzfläche beschränkt. Dass das Brautpaar in der Nacht zum ersten Mal seinen biblischen Eheplichten nachkommt, dürfte aber selbst in entlegenen Andentälern kaum einer mehr ernsthaft erwarten. Wahrscheinlicher ist da, besonders in den einkommensstarken Kreisen, der rechtzeitige Abschluss eines **Ehevertrags,** der das in die Ehe eingebrachte Vermögen und Familienerbe im Fall einer Trennung absichert.

Alter und Tod

In der kolumbianischen Gesellschaft herrscht trotz allen Umbruchs noch das **Senioritätsprinzip:** Die Alten gelten als erfahren und weise, ihnen gebührt Respekt.

Das „dritte Alter" beginnt mit 65 Jahren oder mit dem offiziellen Ende des formellen Arbeitslebens. Die Alten bleiben auch danach nicht untätig. Sie werden in den Familien gebraucht als Ratgeber, als Haushaltsunterstützung, als Hüter der Enkel und Urenkel. Sie gelten nicht als Last, sondern als Hilfe und bleiben im **Mittelpunkt der Familie.** Ob Matriarchin oder Patriarch – die Alten sind gefragt als Entscheidungszentralen und Schiedsgerichte in der Großfamilie oder in der Nachbarschaft.

Frauen leben länger und bleiben, zumindest in der älteren Generation, nach dem Tod ihrer Männer oft Witwen. Männer lassen sich häufiger scheiden, leben fast immer mit jüngeren Frauen zusammen und heiraten lieber noch ein zweites Mal, als das Alter ohne Partnerin zu verbringen. Die Angehörigen kümmern sich nach Kräften um ihre Senioren. Wer es sich leisten kann, holt sich zusätzliche Unterstützung ins Haus. In jedem Fall teilen sich die Kinder die Aufmerksamkeit für ihre Eltern.

Die Städte selbst sind wenig seniorenfreundlich und schon gar **nicht barrierefrei** gestaltet. Wer auf einen Rollator oder Rollstuhl angewiesen ist, kann auf den Straßen kaum alleine unterwegs sein. Der Alltag alter Menschen spielt sich bevorzugt innerhalb der Familien und im unmittelbaren Umfeld des eigenen Wohnblockes ab. Wer es sich leisten kann, lässt sich zugleich von (vergleichsweise preiswert zu engagierenden) Pflegekräften unterstützen. Staatliche Programme für das „Dritte Alter" haben keine lange Tradition, Altenheime sind noch immer unüblich. Ihnen geht der Ruf voraus, hier verbringe nur der sein Alter, der von seiner Familie im Stich gelassen wurde.

Auf dem Land erlauben die Verhältnisse oft noch eine unkompliziertere Einbindung der Altvorderen in den Alltag. Doch auch in den großen Städten lebt der hergebrachte Grundrespekt für das Alter weiter. In intakten Familien sorgen sich die Kinder und Kindeskinder um ihre Älteren.

Beim **Tod eines Angehörigen** versammelt sich die Familie. Mancherorts ist die Aufbahrung noch üblich. Direkt nach dem Tod kommen Freunde und Familie zusammen, um sich vom Toten zu verabschieden. Man sitzt um die Toten, rezitiert aus der Bibel oder stößt auf sie an. An den Küsten erinnern Totenfeiern bisweilen ein wenig an Karneval im Kleinen, mit Musik und Aguardiente. In den Städten ist man in den letzten Jahren dazu übergegangen, die Toten sofort in die privaten Leichenhallen zu fahren. Wer seine Verstorbenen noch einmal sehen möchte, muss sich allerdings beeilen. Binnen zweier Tage wird der Tote begraben oder eingeäschert. Krematorien sind erschwinglicher als Friedhöfe. Anzeigen werden entweder in der Lokalzeitung geschaltet oder vom Leichenbestatter auf einem DIN-A3-Poster ausgedruckt, das dann an der Hauswand der Trauernden ausgehängt wird.

Am Tag der Bestattung kommt die Familie zusammen. In der Regel gibt es einen Gottesdienst, danach sieht man sich im Haus des oder der Verstorbenen. Mancherorts gibt es noch den Brauch der *novena,* man trifft sich an neun Tagen nach der **Trauerfeier** zur Andacht. Üblich ist auch, vier Wochen nach dem Begräbnis noch einmal einen Gottesdienst anzusetzen und danach im Kreise der Familie und Freunde zu sitzen. Zu diesem Anlass druckt man gerne auch eine Karte vom Verstorbenen und reicht sie zum Andenken herum. Gerne gedenkt man der Toten auch an den Jahrestagen und lässt auch noch Jahre später zu diesem Anlass Messen lesen.

Alltag

◁ Uniformen gehören zum Alltag – auch in der Schule (045kb Foto: os)

Arbeit und Brot

Unterschiede auf dem Arbeitsmarkt

Auf dem Arbeitsmarkt in Kolumbien gibt es ein großes **Gefälle zwischen dem formellen und dem informellen Sektor.** Diese Spaltung, historisch gewachsen, hat sich durch die Liberalisierung der Wirtschaft in den 1990er-Jahren noch einmal verschärft. Ob Arbeitszeiten, Sozialversicherung oder Einkommen: Kolumbianerinnen und Kolumbianer arbeiten zu extrem unterschiedlichen Konditionen. Die 1991 von der Regierung *Gaviria* betriebene **Öffnung gegenüber den internationalen Märkten** restrukturierte den heimischen Arbeitsmarkt. Billige Importe von oftmals höherer Qualität bedrängten nun den Industriesektor. Um den Rückgang der Produktion zu kompensieren, erhielt der Export von Rohstoffen, vor allem von Erdöl, neues Gewicht (s. auch das Kapitel „Wirtschaftslage und Konjunktur"). Der formelle Arbeitsmarktsektor hingegen wurde im Zuge dieses Wandels dereguliert, die Arbeitsrechte aufgeweicht, die Gewerkschaften verloren an Boden.

Der **aktuelle Arbeitsmarkt** in Kolumbien teilt einige allgemeine Trends mit anderen sich rasch entwickelnden Volkswirtschaften *(emerging markets).* So ist die Zahl der berufstätigen Frauen, das Berufseintrittsalter und auch das durchschnittliche Alter der Arbeiter und Angestellten in den letzten Jahrzehnten rapide gestiegen. Der (Aus-)Bildungsstand ist ebenso gewachsen wie die Gehälter. Die **tatsächlichen Arbeitsbedingungen** hinken jedoch selbst im formellen Sektor oft **noch weit hinter den gesetzlichen Garantien** hinterher. Jeder dritte Beschäftigte arbeitet mehr als die offizielle Obergrenze von 48 Stunden, ein Viertel hat noch immer keinen Zugang zur gesetzlichen Gesundheitsversorgung und nur 15 % sind überhaupt an Rentensysteme angeschlossen.

Ausgesprochen niedrig erscheint für europäisches Empfinden der Preis für eine einfache Arbeitskraft. Der gesetzliche **Mindestlohn** liegt derzeit bei knapp über 200 Euro, wenn man die Sozialabgaben, Urlaubsanspruch und medizinische Grundversorgung hinzurechnet bei knapp über 300 Euro monatlich. Wie davon eine vierköpfige Familie ernährt werden soll, bleibt den Besserverdienenden ein Rätsel. Umso erschütternder sind die Zahlen im informellen Sektor, wo ohne Vertrag und ohne Stundenbegren-

▷ Öffentliche Schreiber machen sich zu Anwälten ihrer Kunden. Ob Zahlungsaufschub, Liebesbrief oder formgerechter Antrag – die „Tintenkleckser" erledigen das für wenig Geld.

04&pu Foto: os

zung für ein bis zwei Euro am Tag gearbeitet wird. **Mehr als jeder zweite Kolumbianer** verdingt sich **am Arbeits- und Steuerrecht vorbei,** laut Experten ist dieser Anteil in den letzten Jahren trotz Arbeitsmarktreformen sogar noch weiter angestiegen.

Das Zusammenspiel von Schwarzarbeit und unverminderter Armut hält auch den **Teufelskreis der Kinderarbeit** aufrecht: Nach Schätzungen arbeiten bis zu neun von zehn Kindern aus einkommensschwachen oder armen Familien, insgesamt mehr als 780.000 Kinder zwischen 8 und 11 Jahren und mehr als 1,6 Millionen 12- bis 17-Jährige – selbstredend auf Kosten einer geregelten Ausbildung, die sie für einen sozialen Aufstieg gut gebrauchen könnten.

Das Gehalt für die im informellen Sektor Beschäftigten liegt weit unter den in den formalen Beschäftigungsverhältnissen erzielten Gehältern, Ähnliches gilt für die **Lohnunterschiede zwischen Männern und Frauen.** Weibliche Berufstätigkeit ist weit verbreitet, Frauen verdienen aber auch in Kolumbien im Schnitt noch immer deutlich weniger als Männer.

In den wohlhabenden Kreisen wird die berufliche Eigenständigkeit emanzipierter Frauen von der Arbeitskraft anderer Frauen ermöglicht. Es sind schließlich Hausangestellte, die die Wohnung reinhalten, einkaufen und sich ab mittags um die Kinder kümmern, die aus den Kindergärten und Schulen an den Mittagstisch heimkehren. In Kolumbien gibt es weder Ganztagsschulen noch Kitas, die bis 17 Uhr geöffnet haben. Die Haushaltshelferinnen haben oft lange Anfahrtswege (ein bis zwei Stunden sind in Bogotá keine Seltenheit) und erhalten in der Regel das monatliche Mindesteinkommen von rund 300 Euro. Dafür arbeiten sie 45 Stunden in der

Woche. In vielen Haushalten übernachten die Angestellten in Kammern von nicht mehr als fünf Quadratmetern. Wie einst der Dienstmagd auf dem Hof, der Kammerzofe in Adelsfamilien oder dem Kindermädchen im europäischen Großbürgertum ist den **(„empleadas) internas"** ein geregeltes Privatleben kaum möglich. Viele von ihnen kommen aus bescheidenen Verhältnissen, leben weit von ihren Familien entfernt und besuchen diese an den zwölf gesetzlich garantierten Urlaubstagen.

Markante Differenzen über die Entlohnung hinaus bestehen auch zwischen der **Arbeit auf dem Land und in der Stadt.** Auf dem Land verdient man sich das Brot primär über den Tagelohn, Fischfang, Ackerbau, Viehzucht und Tätigkeiten rund um die industrialisierten Agrar-, Rohstoff- und Energiesektoren. Der städtische Arbeitsmarkt ist etwas komplexer. Dort sind die meisten Menschen im Handel tätig (ca. 30 %), dahinter folgen Dienstleistungen (25 %) sowie Transport und Telekommunikation (25 %). In der industriellen Produktion sind nur noch rund 16 % der in der Stadt Tätigen aktiv. In einem städtischen Umfeld wie dem kühlen Bogotá beginnt die Arbeit zwischen 7 und 8 Uhr in der Früh und geht üblicherweise mit einer Stunde Mittagspause bis 17 oder 18 Uhr. In wärmer gelegenen Städten ist die Mittagspause gewöhnlich etwas länger, die entgangene Arbeitszeit wird am Tagesende angehängt.

▽ Auf den Straßen treffen sich Stadt und Land

047kb Foto: 05

Gewerkschaften: verfolgt, kritisiert, geschwächt

An der Verbesserung der Arbeitsbedingungen der Industriearbeiter hatten organisierte Gewerkschaften ihren gehörigen Anteil. Eine vergleichsweise späte und vielerorts nur schwach entwickelte **Industrialisierung** erschwerte zweifellos eine flächendeckende und starke Interessenvertretung. Bis weit ins 20. Jahrhundert wurde die Arbeiterbewegung als illegal deklariert und verfolgt. Während die Mittelklasse in den letzten Dekaden stetig größer wurde, konzentriert sich die Industriearbeiterschaft bis heute auf ein paar städtische Bastionen wie Bogotá, Barranquilla und Bucaramanga, dazu ein paar industrielle Zentren wie Medellín und das von industrieller Zuckerrohrproduktion lebende Valle bei Cali.

Historisch wurden bereits die Vorläufer der Gewerkschaften einer anfangs noch relativ kleinen Arbeiterklasse von den herrschenden Klassen als Bedrohung empfunden. So schlug im Jahr 1929 die herbeigerufene nationale Armee den Aufstand der Bananenarbeiter in der karibischen Küstenstadt Ciénaga Magdalena brutal nieder. 25.000 Arbeiter hatten für höhere Löhne gestreikt, bis zu 3000 von ihnen, so schätzt man, wurden zusammengeschossen. Erst im darauf folgenden Jahrzehnt kam es zu **strukturellen Verbesserungen für die Arbeiterklasse.** Die Liberale Partei unter ihren Anführern *Alfonso López Pumarejo* und *Jorge Eliécer Gaitán* brachte die entsprechenden Gesetze ins Parlament ein und ebnete so den Weg zu ersten kollektiven Vereinbarungen über Arbeitszeiten und Gesundheitsvorsorge.

Die historisch der politischen Linken zuzuordnenden Gewerkschaften haben bis heute **keine zentrale Dachorganisation.** Stattdessen gibt es regionale und sektorbezogene Spitzenverbände wie die 1935 als erste Gewerkschaft gegründete Confederación de Trabajadores de Colombia (C.T.C.) und andere Verbände wie die Unión de Trabajadores de Colombia (U.T.C.) oder auch die Confederación de Trabajadores Democráticos de Colombia (C.T.D.C.). Zu den heute einflussreichsten Verbänden gehören die C.U.T. (Central Unitaria de Trabajadores) und die Gewerkschaft der Lehrer und Hochschullehrer Fecode (Federación Colombiana de Educadores).

Die Liberalisierung der Wirtschaft im Jahr 1991 hatte einen doppelten Effekt auf die Gewerkschaftsbewegung. Einerseits bot die neoliberale Öffnung zum Weltmarkt neue Angriffspunkte; die Auswirkungen von Deregulierung, Flexibilisierung und Aufweichung der Sozialgesetzgebung waren schnell absehbar. Andererseits wurde durch die Umstrukturierungen am Arbeitsmarkt die **politische Legitimation der Gewerkschaften geschwächt.** Bei der Privatisierung staatlicher Unternehmen mochten sie noch einträgliche Vorruhestandsregelungen und Abfindungsfonds aushandeln, doch mit den Fusionen und Entlassungswellen einher gingen massive Einbußen bei den im öffentlichen Sektor traditionell starken Mitgliederzahlen. Die zwischen einzelnen Unternehmensführungen und informellen Arbeitnehmervertretungen ausgehandelten Einzeltarifverträge höhlten verbindliche kollektive Vereinbarungen aus.

Begleitet wurde die politische Schwächung von einer ungebremsten, ja brutalen Verfolgung seitens der Paramilitärs und ihrer Alliierten. Gewerkschaftsmitglieder gehören in Kolumbien wie Journalisten, Bürgermeister, Richter, Bürgerrechtler und lokale Aktivisten zum gefährdeten Personenkreis. So wie die Unión Patriótica (UP), die zwischen 1987 und 1994 fast 3000 Mitglieder durch Gewaltakte verlor, waren Gewerkschaftler als potenzielle Unterstützer der Guerilla seit Jahrzehnten dem **Terror der außerparlamentarischen Rechten** ausgesetzt. Im Jahr 2002 wurden 191 Gewerkschaftler ermordet, 2009 waren es 39. Auch wenn staatliche Programme zum Schutz gefährdeter Personen Wirkung gezeigt haben, sind **Gewaltandrohung, Einschüchterung und Entführungen** immer noch an der Tagesordnung. Bei den Freihandelsverhandlungen (TLC), die Kolumbien zuletzt mit der EU und den USA führte, war dieses Thema ein besonders brisantes. Die Obama-Administration drängte bis zur Ratifizierung im Herbst 2011 darauf, den Schutz der Arbeitnehmerverbände in Kolumbien zu verbessern.

Nicht alle Gewerkschaften scheinen gleichermaßen gefährdet. Vergleichsweise unproblematischen Sektoren wie Banken, Luftfahrt oder der produzierenden Industrie stehen andere Sektoren gegenüber, die dem bewaffneten Konflikt vor Ort ausgesetzt sind, wie die Rohstoffindustrie (Öl, Palmöl, Bananen), der Bildungssektor, das Baugewerbe oder die öffentlichen lokalen Behörden. Zwei Drittel der Auftragsmorde gegen Gewerkschaftler richteten sich gegen Interessenvertreter aus den Sektoren Bildung, Öl und Bananen. Die Gewalt gegen Gewerkschaftler ging in den letzten Jahren zurück, eine Entwarnung kann angesichts der Zahlen jedoch nicht gegeben werden.

Es bleibt den Gewerkschaften die Herausforderung, sich neue Aufgaben und Zielgruppen zu suchen, während das Freund-Feind-Denken des bewaffneten Konflikts noch immer die Fronten verhärtet. Die Kritiker kommen von rechts wie von links. Die größere Gefahr droht auf lange Sicht vom weitverbreiteten Eindruck, die Gewerkschaften wären allein ihrer speziellen Klientel verpflichtet. Schon *Ernest Bevin,* der große englische Arbeiterführer Mitte des 20. Jahrhunderts, redete seinen Genossen ins Gewissen: „Es gibt nichts Konservativeres als eine Gewerkschaftsbewegung, die sich damit zufrieden gibt, ihre Privilegien zu bewahren."

Alkohol, Rauchen, Drogen

Drogen

Ein gemeines Vorurteil nimmt ein ganzes Andenvölkchen in Sippenhaft: Genüsslich zieht der Witzbold aus Europa beim Smalltalk eine imaginäre Linie **Koks** in die Nase. Es ist aber kein Witz: Überaus unangenehm fühlt es sich für Einheimische an, wenn sie ohne nähere Begründung an den Botschaften abgewiesen werden, obwohl sie nur zum ersten Mal ihre in Kanada geborene, fünf Jahre alte Enkelin besuchen wollen. Und jeder kolumbianische Freund kann ein Lied davon singen, wie er bei der Passkontrolle das besondere Augenmerk und den Tastsinn der Grenzer auf sich zieht. Geradezu selbstverständlich hält die Welt Besitzer kolumbianischer Pässe für Abnehmer von Drogen aller Art. Professionelle Drogenkuriere haben sich längst darauf eingestellt und wechseln die Pässe.

Anders als das gängige Klischee aber war der **interne Markt** für illegale Drogen bis vor Kurzem überraschend, fast vernachlässigbar klein. Erst im 21. Jahrhundert, da der internationale Drogenmarkt nicht mehr ohne Weiteres zu wachsen bereit ist, suchen Produzenten wie Händler auch im eigenen Land verstärkt nach Abnehmern.

Nicht immer lag alle Aufmerksamkeit auf Pflanzen wie Marihuana und dem aus dem Kokastrauch gewonnenen Kokain. Mitte des 20. Jahrhunderts wetterte *Laureano Gómez,* kurzzeitig Präsident (1950–1951), gegen **„chicha",** den aus Mais gewonnenen Gärsaft des einstigen Volkes der Muisca. Gemeinsam mit den Konservativen suchten die „Laureanisten" die Nation vor dem schädlichen Einfluss der indigenen Kulturen zu bewahren, verboten *chicherías* (die Geschäfte, in denen der Saft verkauft wurde) und verfolgten die Produzenten (vornehmlich indigene Familien). Auch diese **prohibitionistische Phase** überstanden die Nachfahren der Urvölker: Heute ist die handwerkliche Herstellung von Chicha, trotz hygienisch oft zweifelhafter Braustätten, wieder erlaubt. La Perseverancia, ein traditionelles Viertel von Bogotá, feiert seit 1995 jedes Jahr im Oktober ihm zu Ehren ein Fest.

Für **Marihuana** ist seit 1994 eine Minimaldosis freigegeben. Im Urteil „C–221" entkriminalisierte der Richter *Carlos Gaviria* den Besitz kleiner Mengen für den Eigengebrauch. Zur Abschreckung wird die Androhung von Gefängnisstrafen, Krankenhaus oder Entzugsklinik zwar aufrechterhalten, doch Kontrollen auf der Straße sind derzeit nicht mehr zu befürchten (es sei denn man wird beim Verkauf beobachtet) und auch beim Filzen am Eingang von Großveranstaltungen werden die Taschen nur auf **größere Mengen** geprüft, die auf einen bevorstehenden Verkauf hinweisen.

035kb Foto: fo©RioPatuca Images

Drogenabhängige erwartet indes die Rehaeinrichtung. Die **Privatkliniken** kosten bis zu 1500 Euro im Monat, eine sechsmonatige Behandlung dort ist nur etwas für Gutverdienende. Für ökonomisch schlechter Gestellte bieten die Kommunen, oft in Kooperation mit der Kirche oder lokalen NGOs, kostenlose Programme von allerdings oft bescheidener Qualität und zweifelhafter Erfolgsaussicht für den Entzug.

Nur selten sieht man Drogenkonsumenten auf offener Straße. Der öffentliche Konsum ist – anders als bei den legalen Drogen wie Zigaretten oder Flaschenbier – noch immer verpönt. Clochards wie Cliquen ziehen sich dafür in Parks oder etwas abgelegene Ecken zurück. Unter Studenten sind Marihuana und Acid (LSD) verbreitet – bevorzugt wird zu Hause und in den Klubs konsumiert. Auf den elektronischen Partys gibt es Kokain und wie in Europa synthetische Drogen aller Art, zuvorderst Ecstasy. Die Drogenart bestimmt sich aus den lokalen und altersgemäßen Moden, nicht zuletzt aber durch den Marktwert. Am billigsten kommt **„basuco" (PBC),** der aus der Kokainproduktion anfallende rauchbare Abfallstoff. Marihuana und Kokain sind vergleichsweise günstig, während die einschlägigen Pillen den Stoff für die Reichen bilden.

Über Kolumbien sind viele zutreffende Außenbetrachtungen und medial verstärkte Bilder im Umlauf. Dass es hier billige Drogen gibt, ist richtig. Der Konsum auf dem Heimatmarkt liegt hingegen weit unter dem der Hauptabnehmer im Weltdrogengeschäft, den Europäern und den Gringos in Nordamerika.

Am Ende der Einkommensleiter begnügen sich Obdachlose mit „Boxer" oder „Sacol". Der durch Mund und Nase eingesogene **Klebstoff** vernebelt ihnen die Sinne und vertreibt, zumindest vorübergehend, das Hungergefühl.

Ein ganz eigenes Thema ist die Drogenkultur der Indigenen. Dort haben psychoaktive Pflanzen wie **„yagé"** – eine Liane, die vor allem in den Regenwäldern des Amazonasbeckens zu Hause ist – nicht zuletzt medizinische oder religiöse Funktionen.

⌂ Kokablätter

Eine effektivere Drogenpolitik ist vor diesem Hintergrund verständlicherweise ein Dauerthema in der kolumbianischen Innen- wie Außenpolitik. Seit zwei Jahrzehnten ist die staatliche Politik eng angelehnt an die Vorgaben der USA mit ihrer ebenso rigiden wie weltfremden, noch auf *George Bush Sen.* zurückgehenden „Just Say No-Politik" der Prohibition. Doch auch ein milliardenschwerer *Plan Colombia* mit Priorität der Kriminalisierung der Produktion und des Handels hat an den sozialen Wurzeln des Drogenanbaus und den Bedingungen ungebrochener Absatzmärkte in Übersee so gut wie gar nichts verändert. Kolumbiens Regierung ist deshalb längst zu einem Schwenk in der internationalen Drogenpolitik bereit – weg von der polizeilichen Verfolgung hin zu einer **bedingten Legalisierung der Drogen.** Nur wenn Preise fallen und die arme Landbevölkerung mittels alternativer Anbauprodukte nicht mehr auf den lukrativen Anbau auf dem Weltmarkt nachgefragter Pflanzenprodukte angewiesen wäre, würde sich an Kolumbiens einträchtigster Einnahmequelle etwas ändern. Und nur dann, so die gute Hoffnung, könnte der Staat über Steuern und Abgaben an den Überschüssen einer legitimen Agrarwirtschaft beteiligt werden und sich umgekehrt um eben jene sozialen, ökonomischen und ökologischen Probleme kümmern, die eine illegale Schattenwirtschaft seit Jahrzehnten befeuern.

Was legal und was illegal ist, bestimmt der Zeitgeist

Auch das Verbot von Rauschmitteln ist Moden unterworfen. „Chicha", das Maisbier der Muisca, war im 20. Jahrhundert lange verboten. Heute ist auch Aguardiente unter Jugendlichen längst kein Tabu mehr und trotz aller Widerstände liberalisiert sich der persönliche Gebrauch von Marihuana – einer Droge, die wie das Kokablatt seit jeher in den Kulten der Andenvölker eine große Rolle gespielt hat. Ein aktueller Stand des gesellschaftlich (nicht) geduldeten Drogenkonsums:

Illegal: Kokain, Basuco (Abfallprodukt der Kokainherstellung), Marihuana, Synthetische Drogen (Ecstasy et al.), Pilze

Legal: Alkohol, Selbstgebrautes (wie „chicha"), Nikotin, Antidepressiva (mit Verschreibung), Boxer, Sacol (Klebstoffe)

Tabak und Zigaretten

In Kolumbien wird eine Vielfalt von Zigarettenmarken gehandelt, darunter Belmont, Marlboro, Kent, Lucky Strike oder Pielroja. Die Männer bevorzugen den starken, Frauen hingegen mit Menthol oder anderen Geschmäckern versetzten Tabak. Die Preise, deutlich niedriger als in Europa oder den USA, liegen bei ein bis zwei Euro pro Schachtel. Es fehlen die andernorts üblichen hohen Steuern. Als Begründung dient die Erklärung, die Steuererhöhung würde den unverzollten Handel noch weiter anheizen. Bis vor Kurzem wurden auf der Straße auch einzelne Zigaretten (*sueltos*) lose verkauft, meist **Schmuggelware.** Das ist seit Neuestem verboten. Die Anti-Krebs-Hilfe Liga Colombiana Contra el Cáncer macht Rauchen für den Tod von 25.000 Landsleuten verantwortlich und kämpft gegen die auf Jugendliche abzielenden PR-Programme der Tabakindustrie. Wie bei allen Drogen, den legalen wie den als illegal gebrandmarkten, gelten Jugendliche ab 11 Jahren als dankbare Zielgruppe. Nicht ganz zufällig wird der zunehmende Drogenkonsum in dieser Altersgruppe mit dem Einsetzen der Pubertät (und bewussten Erleben der eigenen Sexualität) in Verbindung gebracht. Auf zwei Erwachsene käme derzeit bereits ein jugendlicher Raucher, nach Angaben der Liga raucht in Kolumbien jeder vierte Jugendliche.

Auffällig sind die **Anti-Raucher-Kampagnen,** die nun auch in Südamerika auf der politischen Tagesordnung stehen. Öffentliche Orte sind plötzlich rauchfrei, in Büros treffen sich die Raucher vor dem Haupteingang (oder am Fenster), in den Bars vor der Tür oder gleich im Café nebenan. Wer rauchen möchte unter Freunden, bittet auch im eigenen Haus um Erlaubnis bei den Umstehenden. Eingeschränkt wurde unterdessen die öffentliche Zigarettenwerbung, etwa in Kiosken oder bei Großveranstaltungen wie dem Profifußball. Die Getränkeindustrie stößt dankbar in das Werbevakuum. Nach dem Rückzug der Zigarettenmarke Mustang aus der Fußballliga wurde diese in Copa Postobón umgetauft, benannt nach Kolumbiens großem Getränkeimperium.

Alkohol

Alkohol erfährt nicht annähernd so viel Diskriminierung wie andere Drogenarten. Schon das Verbot von indigenem Chicha im letzten Jahrhundert wurde begleitet von schweren Subventionen für die Brauereiindustrie. *Santo Domingo,* der vielleicht reichste Familienclan im Lande, begründete seinen geschäftlichen Erfolg mit einem auf das bayerische Reinheitsgebot zurückgehenden (aber schnell verdünnten) Gerstensaft, **Bavaria,** der bis heute erfolgreichsten einheimischen Biermarke. Das Wochenende beginnen nicht nur Studenten bereits am Freitagnachmittag.

Am Eckkiosk kostet ein Bier je nach Marke etwas mehr als 50 Cent, in der Bar bereits gut das Doppelte, in den extravaganteren Ausflugszielen oder Klubs locker auch das Dreifache. Longdrinks sind, gerade dort, wo kein Eintritt verlangt wird, erstaunlich kostbar. Schon aufgrund seines bescheidenen Ausgangspreises ist Bier das populärste Getränk, allerdings sind die heimischen Sorten nicht unbedingt mit mitteleuropäischen zu vergleichen. Eine Ausnahme macht der neuerliche Trend zur Hausbrauerei. Ketten wie die Bogotá Beer Company bieten da auch schon mal am Guinness orientierte Eigenproduktionen an.

Das alkoholische Nationalgetränk ist ein hochprozentiger Schnaps aus Zuckerrohr und Anis, **Aguardiente** (*agua* = Wasser, *ardiente* = brennend). Gesetzlich geschützt brennt jedes Departamento seine eigene Marke: Antioqueño, Blanco de Valle oder Nectar (Cundinamarca), die es landesweit vertreiben kann. An die in den letzten Jahren aufkommenden Tetrapacks muss man sich erst gewöhnen, doch immerhin ist man so sicher, keinen in leere Flaschen gefüllten, selbst gebrannten Fusel zu erhalten. Mit den Alkoholgewinnen finanzieren die Provinzen ihren Bildungssektor und, nun ja, ihre Gesundheitspolitik.

Eine ausgesprochen **hohe Alkoholismusrate** ist der Preis für die einseitige Drogenpolitik. In der einkommensschwachen Bevölkerung ist der Konsum besonders ausgeprägt, an Markttagen mischen auch die Frauen kräftig mit. „Anschreiben" ist auch hier eine der Kreditkarte vergleichbare Möglichkeit, den nächsten Monat schon im Voraus zu verpfänden. Abzulesen ist die Institution des Anschreibens besonders gut an Sonntagen, wo Trinkgemeinschaften landauf, landab gerne mal den ganzen Tisch mit leeren Flaschen zudecken. Was dem Fremden auf den ersten Blick wie eine trinkfeste Machogeste erscheint, hat handfeste Gründe: Gegen Ende eines solchen Festtages nämlich entsteht nicht selten Uneinigkeit über die Höhe der Rechnung. Da diese aber nicht ohne den Wirt gemacht wird, belässt dieser den Streitwert, das *Corpus Delicti,* der Einfachheit halber direkt auf dem Tisch, sodass das Faustpfand in Gegenwart aller Beteiligten, auch der schon angeheiterten und zahlungsunfähigen, einvernehmlich aufgerechnet werden kann.

Alkohol am Steuer ist weiterhin ein großes gesellschaftliches Problem und alles andere als ein Tabu; die Zahl der (zumal tödlichen) Unfälle ist in Kolumbien ungebrochen hoch (s. auch das Kapitel „Verabredungen, Ausgehen, Nachtleben" in „Umgangsformen"). Im Zweifelsfall sind es noch immer eher die Frauen, die sich zurückhalten, um das Lenkrad zu übernehmen.

Gesundheit und Vorsorge

Offiziell ist es seit 1993 verbrieft: Der Staat garantiert allen Bürgern gleichermaßen Zugang zum Gesundheitswesen. Verglichen mit dem Rest Lateinamerikas ist ein Kolumbianer gut versichert und versorgt, seine Gesundheit statistisch betrachtet überdurchschnittlich gut. Dennoch gilt auch hier das ungeschriebene Gesetz der sozialen Ungleichheit. Während Gutverdiener sich europäischen Standard leisten können, muss sich die Mehrheit der Bevölkerung nach wie vor mit einer Mindestversorgung zufriedengeben.

Das „Gesetz 100" aus dem Jahre 1993 sollte neben dem Rentensystem zugleich auch die Gesundheitsvorsorge modernisieren. Der Privatsektor sollte als Akteur hinzutreten, ein neuer Gesundheitsfonds sollte die staatlich garantierte Unterstützung organisieren. Schließlich hatte jeder Werktätige das Recht, sich seine Gesundheitsversicherung auszusuchen.

Leider hatte die Regierung *César Gaviria* die Trägheit des alten Systems unterschätzt. Das Gesundheitssystem ist heute eines der reformbedürftigsten Felder in der kolumbianischen Innenpolitik. Was ist passiert? Erstens: **Wenige zahlen ein, viele lassen sich unterstützen.** Aufgrund der neoliberalen Ökonomie der 1990er-Jahre wuchs die Zahl der informell Beschäftigten überproportional an. So umgingen Unternehmen die aus der Konstitution von 1991 erwachsenen wohlfahrtsstaatlichen Rechte, darunter den Gesundheitsfonds oder die rasch ansteigenden Mindestlöhne. Zugleich aber hatte das **„Ley 100"** Zugang für alle versprochen, auch denjenigen, die im informellen Sektor tätig waren. Während immer weniger Kolumbianer (nur noch ein Drittel) in die Kassen einzahlten, wuchsen die Leistungsansprüche an.

Die Marktliberalisierung war zudem von der Erkenntnis getragen, dass im Falle Kolumbiens staatliche Dienstleistungen korrupt und ineffizient waren. Das staatliche Monopol teilweise zu privatisieren, mochte da als Druckmittel recht kommen, doch ebenso fiel die Regulierung der freien Marktkräfte weg. Das führte zu der aktuellen Erkenntnis: Ein unregulierter Markt ist ebenso korrupt. Die Regierung *Santos* hat ein halbes Dutzend Gesundheitsfonds auflegen lassen, weitere werden folgen. Ein besonders augenfälliges Beispiel sind die **Preise für Medikamente,** die zu den weltweit höchsten zählen. Health Action International fand heraus, dass das in Kolumbien angebotene Antibiotikum Ciprofloxacin unter 93 Ländern das teuerste war. Als Grund sind die vielen Zwischenhändler – die Krankenhäuser und Apotheken, Versicherungen und staatlichen Fonds – ausgemacht worden, die vor der Ausgabe der Medizin an den Patienten etwas nebulös, aber kräftig mitverdienen.

Bei dermaßen undurchsichtigen Rahmenbedingungen überrascht es nicht, wenn die Bürger dazu übergegangen sind, ihre Rechte einzuklagen. Immer mehr Patienten holen sich so ihre Versorgungskosten per Gerichtsbeschluss wieder herein. Fast jeder Patient hat vom Arzt schon einmal den Spruch gehört: „Bringen Sie mir einen Bescheid und ich untersuche Sie."

Kino und Theater

Neue Perspektiven: Cine Paraíso zwischen „tropischer Gotik" und brutaler Not

Das kolumbianische Kino stand im kontinentalen Wettbewerb stets im Schatten von Filmnationen wie Mexiko oder Argentinien. Aufstrebende Talente und Ressourcen wurden stattdessen vom florierenden TV-Geschäft gebunden. In den letzten Jahren allerdings verzeichnet die Filmwirtschaft einen spürbaren Aufschwung.

Das cineastische Geschäft nahm in Antioquia und dem Valle de Cauca seinen Anfang. Allen voran einige spanische und italienische Einwanderer hatten in den 1920er-Jahren ihre Liebe für das neue Medium aus Europa mitgebracht und versuchten diese in ihrer neuen Heimat mit Kommerz zu verbinden. Die *Doménico Brothers* in Cali setzten, wie anderswo auch, auf Wochenschauen und Entertainment. *Arturo Acevedo* produzierte mit seinen vier Söhnen 1924 den ersten Stummfilmstreifen überhaupt, **„La tragedia del silencio"**, dem im darauf folgenden Jahr ein zweiter folgte: „Bajo el cielo antioqueño". In dem gut geführten Filmarchiv der Fundación Patrimonio Fílmico (Carrera 13 No. 13–24, 9. Stock) sind beide noch einzusehen. Dass Kolumbien die goldenen Filmdekaden nach Einführung der Tonspur im Jahr 1927 verpasste, hing nicht zuletzt mit den hohen Produktionskosten zusammen.

In den 1950er-Jahren dann setzte General *Pinilla* alles daran, das Fernsehen für seine Zwecke einzuspannen und förderte vorrangig das TV-Geschäft. Nach Kuba war Kolumbien das zweite lateinamerikanische Land, das die Fernsehtechnik einführte (ironischerweise war Kolumbien, wiederum nur überflügelt von Kuba, auch das zweitletzte Land, das TV-Sender privatisierte). Zur einjährigen Machtergreifung eröffnete *Pinilla* 1951 den **ersten Fernsehsender** im Andenstaat. Das Filmgeschäft hingegen wollte nicht recht blühen, auch weil der Staat lange dessen Förderung hintanstellte. Das 1978 mithilfe des Kultusministeriums gegründete FOCINE (Companía de Fomento Cinematográfico) beteiligte sich im Laufe seiner 15-jährigen Existenz an zahlreichen größeren und kleineren Produktionen, doch

049kb Foto: os

in Erinnerung bleibt von diesem ersten staatlichen Subventionsversuch nur ein großer Erfolg, *Cabreras* „La estrategia del caracol" („Strategie einer Schnecke"). Im Mittelpunkt dieser Story steht eine Hausgemeinschaft, die sich gegen den drohenden Abriss ihres Gebäudes und damit gegen die übermächtige Verbindung von Politikern, Richtern, Spekulanten und Bauunternehmern auflehnt. Während der Mitbewohner *Romero,* ein Jurist, Zeit schindet, tragen die Nachbarn unter der Führung des spanischen Exil-Anarchisten *Jacinto* das Haus, La Casa Uribe, ab, um es an anderer Stelle wieder aufzubauen. Nur die Fassade bleibt stehen.

Nichtsdestotrotz brachte das kolumbianische Kino einige nennenswerte Regisseure hervor wie **Carlos Mayolo, Luis Ospina oder Victor Gaviria.** Die größten Impulse kamen lange Zeit aus Cali mit seiner in den 1970er-Jahren florierenden Theaterszene um *Andrés Caicedo* und andere. Der Autodidakt *Carlos Mayolo* prägte mit Filmen wie „Carne de tu carne" einen „gotisch-tropischen" Stil. Das gemeinsam mit *Ospina* produzierte „Agarrando pueblo" gilt als sein Meisterwerk, eine Parodie auf die von ihm attackierte **„Pornomiseria",** ein voycuristisches Mitleid, das seiner Ansicht nach sowohl die opportunistische Filmindustrie als auch die – nicht zuletzt in Europa beheimatete – Filmöffentlichkeit auszeichnete: „Man suhlt sich in der Armut und in der menschlichen Misere, um Geld zu machen und sich einen internationalen Ruf zu erwerben."

Gegen die sensationalistische Verklärung der Wirklichkeit drehten auch andere Regisseure an. *Victor Gaviria* stützte sich in seinen Filmen auf Nichtschauspieler aus dem „echten Leben". „La vendedora de rosas" hat es 1998 als erster und einziger kolumbianischer Film in den Wettbewerb von Cannes geschafft. Dessen Erfolgsgeschichte verfolgte die weibliche Hauptrolle, *Leidy Tabares,* aus dem Knast. *Tabares,* die auch im richtigen Leben Blumen verkaufte, war in der Zwischenzeit wegen Mordes zu 26 Jahren Haft verurteilt worden.

⌃ Alljährliches Theaterfestival im April in der Hauptstadt, das größte Festival dieser Art auf dem Kontinent

Das Filmgesetz von 2003: Von der Förderung zum Aufschwung

Den Aufschwung des Films aber verdankt die nationale Kinoindustrie auch einer Gesetzesinitiative von 2003. Das **„Ley de Cine"** („Gesetz 814") institutionalisierte Maßnahmen zur Förderung der Filmwirtschaft, darunter eine Steuerbefreiung und die Regel, dass alle TV-Sender auf den entsprechenden Sendeplätzen mindestens 10 % heimische Produktionen zeigen mussten.

Mit dem Wettbewerb stieg auch die Qualität der Filme. Zu den bekannten Produktionen zählen die Literaturverfilmungen „Paraíso Travel" *(Simon Brand)* und „Satanás" *(Andy Baiz)*. „El vuelco del cangrejo" („Die Krabbenfalle") schildert die Begegnung eines wohlmeinenden Aussteigers, der allein durch seine Präsenz schon die Dynamik im Dorf La Barra verändert. Dieser Streifen von *Oscar Ruíz Navia* lief 2010 auf der Berlinale und gibt einen einfühlsamen Einblick in das Leben an der ebenso wunderschönen wie konfliktträchtigen Pazifikküste. Der Antikriegsfilm „Los colores de la montañas" („Die Farben der Berge"), aus der Perspektive eines Kindes gedreht, hat es 2012 immerhin in die Vorauswahl der Oscar-Nominierungen für ausländische Filme geschafft.

Das kolumbianische **Kino ist urban;** nur in 43 der über 1000 Städte im Lande gibt es überhaupt kommerziell betriebene Kinosäle. Die hiesige Kinokultur wird geprägt von modernen Großfilmtheatern wie CineColombia, die von Blockbustern leben und einen guten Teil ihres Gewinns aus dem eimerweisen Verkauf von Popcorn und Getränken beziehen. Nach einer Untersuchung dieser mächtigen Filmkette (sie allein verkauft ein Drittel aller Kinotickets) wissen fast zwei Drittel der Anstehenden erst beim Kartenkauf, in welchen Film sie überhaupt gehen wollen. Erwartungsgemäß **dominiert Hollywood** das Geschäft mit dem Massenpublikum. Der beliebteste Film des Jahres 2010 war der 3-D-Streifen „Toy Story", der allein mehr als zwei Millionen Besucher vor die Leinwand holte – deutlich mehr als alle heimischen Filmproduktionen zusammen! Neben den großen Filmketten gibt es eine Reihe von Programmkinos, die wie Cinemania oder Cinema Paraíso in Bogotá den europäischen Film pflegen. Dienstags ist Kinotag, da kostet der Besuch nur halb so viel.

Wer lieber ins **Theater** geht, trifft vor allem in Medellín und Bogotá auf eine relativ kleine, aber aktive Szene. Das *Festival Iberoamericano de Teatro* lockt alle zwei Jahre im Frühjahr Gruppen und Zuschauer aus dem ganzen Kontinent nach Bogotá und verwandelt die Straßen der Stadt für ein paar Tage in ein **großes Freiluftspektakel.** Das internationale Theaterfestival in Manizales präsentiert seit 1968 alljährlich eine erstaunliche Bandbreite an Aufführungen, die einen Ausflug in die Kaffeezone lohnen.

Esskultur und Restaurantszene

Die traditionelle kolumbianische Kost entstammt den Küchen der Armen und war ursprünglich nicht für Feinschmecker gedacht. Viele Kohlehydrate, relativ milde Würze und frische Zutaten prägen die hiesige Kochkultur. Mit der Orientierung an „westlichen" Arbeits- und Lebensweisen verfeinerten sich die kulinarischen Gewohnheiten, der Wohlstand ließ ein Restaurant nach dem anderen entstehen. Doch Masse bedeutet nicht sofort Klasse und so tritt der neuen Kochkunst nicht zu nahe, wer den Genuss an extravaganten Inneneinrichtungen einiger moderner Etablissements vielen tatsächlich angebotenen Speisen vorzieht.

Was dem Fremden zuallererst auffällt, ist die Menge an Kohlehydraten, die den meisten Gerichten innewohnt. Die harte Arbeit auf den Feldern und in den Bergen musste entsprechend befeuert werden. Kein Gericht ohne Reis und es ist völlig normal, wenn man auf demselben Teller Kartoffel, *yuca* (Maniok), *plátano* (Kochbanane) und Reis wiederfindet, dazu ein Stück Hähnchen oder Fleisch, Fisch wenn man an der Küste wohnt. Für Reisende mag ein solches **„plato fuerte"**, die landläufige warme Hauptmahlzeit, auf Dauer etwas eintönig wirken. Hinzu kommt in Kolumbien eine Neigung, die Speisen nicht zu sehr durch Gewürze aufzupeppen. Zu bestimmten Gerichten serviert man *ají,* eine scharfe Chili-Soße mit Zwiebeln und Tomaten. Doch der Schärfegrad liegt weit unter dem etwa der mexikanischen Küche.

Kompensiert wird die kohlehydratlastige Einträglichkeit vom schier unüberschaubaren Reichtum an **frischen Zutaten:** Den gerade aus dem Fluss geholten Fischen, dem gestern geschlachteten Rind, den soeben gepflückten Früchten vom Baum. Vor allem die verführerische Auswahl an **exotischen Früchten** wird Gäste von der Nordhalbkugel in Verzücken versetzen. Die Mango oder die Minibanane wurden nicht grün eingepackt und

051kb Foto: os

◁ Tropenfrüchte – süßer geht es nicht (Ananaspflanze mit Frucht)

Mit Finger, Löffel oder als Saft:
die 20 wichtigsten Früchte

Anón	erkennbar an der hellen, grünen Schale, süß und cremig
Borojó	runde Regenwaldfrucht aus dem Chocó (Name von den Emberá entlehnt: „boro" = Kopf, „nejo" = Frucht), häufig zu Saft verarbeitet
Carambolo	gelbe Sternfrucht mit wächserner Haut, sehr sauer, gut geeignet für Saft
Chirimoya	Wie ein weicher, breiter Tannenzapfen, der Anón ähnlich; süßes, weißes Fruchtfleisch, die Samen werden gelutscht.
Coco	frische Kokosnuss(-milch), Verwendung mit Reis (Karibik) oder zu Nachspeisen
Curuba	außen gelb, innen braun; gut geeignet für Säfte
Durazno criollo	kleiner kreolischer Pfirsich, raue Haut
Guama	Ähnelt Bumerang und Riesenbohne, unterarmlang, samtige Kerne zum Lutschen. „Que guama!" („Was für eine sympathische Frau!")
Gulupa	Passionsfrucht, sieht aus wie dunkelgrüne bis pupurfarbene Tomate, sauer, als Saft geeignet
Granadilla	Wird aufgeknackt, wackelige Innenfrucht, wird mit Löffel gegessen oder ausgetrunken, wirkt verdauungstreibend
Guanábana	auffällige Riesenfrucht mit grüner, stacheliger Außenhaut, weißes Fruchtfleisch, leckerer Saft (mit Milch)
Guayaba	dt. Guave, bleiche Schale, leicht bekömmlicher Saft
Lulo	Gelbe Außenhaut, sauer, wird nur als Saft verwendet „Que lulo!?" – „Was für ein Netter!"
Mamoncillo	Tamarindenfrucht: große, saure, kaffefarbene Frucht, die als Fruchtmasse in Folie verpackt an Obstständen hängt.
Mango	Hängt überall ganzjährig in den Bäumen und das in allen Farben: rot-gold-gelb (wenn zuckersüß und reif), grün für Salat (mit Salz)
Maracuyá	gelb, sauer, nur als Saft oder für Nachspeisen
Níspero	braun, süß, weich, leichter Mandelgeschmack, auch als Saft
Pitaya	faustgroße, gelbe Frucht, saftiges und verdauungsförderndes Innenleben, mit Löffel gerne auch kühl zu verzehren
Tomate de árbol	Tamarillo oder Baumtomate: rot, oval, beliebter Saft
Zapote	Erinnert etwas an den Erdapfel: außen braun, innen dunkelorange, interessante Textur

mit dem Transportschiff zur Reifung nach Europa gebracht, sondern am selben Morgen direkt vom Baum gepflückt. All die Papayas, Guaven, Maracujas, Mandarinen ... Die Früchte schmecken hier süßer, saurer, intensiver. Und was für eine Vielfalt! Hat man jemals schon Mispel *(níspero)* oder Ochsenherzapfel *(guanábana)* gekostet, die dunkelgrüne Passionsfrucht *gulupa* oder *borojó,* die braune Kugel aus dem Regenwald? Man könnte jede Woche eine unbekannte Frucht erkunden und wäre auf seiner Entdeckungstour nach einem halben Jahr noch lange nicht am Ende der kulinarischen Testfahrten.

▷ Typischer Kiosk am Straßenrand (La Calera – über den Dächern von Bogotá)

Ojo! Tipps für das Essen auf der Straße

Beim Essen auf der Straße ist Vorsicht angesagt. Die fliegenden Händler („vendedores ambulantes") benötigen zwar oft Zulassungen, doch die Papiere des lokalen Bürgermeisters beziehen sich meist nur auf die Erlaubnis, auf den Wegen der Kommune verkaufen zu dürfen. Für die Überprüfung des hygienischen Zustandes der Grillware am Straßenrand muss der Käufer schon selber sorgen. „Ojo!" Sagt der Kolumbianer, „guck genau hin!" Wie sieht der Grill aus, ist der Maiskolben schon hart und ausgetrocknet, lacht mich das Würstchen an? An stark befahrenen Straßen zögern selbst hartgesottene Einheimische zuzugreifen. Die Hände, die die Früchte zubereiten, zählten gerade noch die Geldscheine, weit und breit kein fließendes Wasser. Wenn ein Stück Fleisch allzu lange im Dunst der Autobahn gegangen hat, kann das unter Umständen auch für hungrige Mägen nicht sehr gesund sein.

Ein paar einschlägige Tipps wird jeder Tropenbesucher von zu Hause mitbringen: Auf Eiswürfel im Saft nach Möglichkeit verzichten - die Qualität des Leitungswassers ist doch sehr schwankend. Mineralwasser, (kolumbianische) Cola oder Tee gehen immer und im Zweifelsfall sollte man fragen oder darum bitten, abgekochtes (oder in Flaschen abgefülltes) Wasser zu verwenden. In manchen Regionen schwören Einheimische auf die Güte ihres Trinkwassers, in anderen sollte man unbedingt die Finger davon lassen. Und tatsächlich kann man für Kolumbien in dieser Hinsicht kaum ein pauschales Urteil abgeben. Das Wasser in der Hauptstadtmetropole zum

Beispiel kommt direkt vom nahe gelegenen Páramo im Nationalpark Chingaza – derselben Gegend, aus der der Coca-Cola Abfüller sein Mineralwasser bezieht, in Flaschen bringt und teuer verkauft.

Grundsätzlich kann der Fremde in den andinen Zonen und in Städten
wie Bogotá, Buccaramanga oder Medellín relativ unbesorgt Wasser und
sogar Eiswürfel konsumieren; auf dem flachen Land sollte er davon abse-
hen. Wenn man sich nicht sicher ist, fragt man besser andere Reisende oder
Einheimische. Wem es auf Dauer lästig und zu teuer ist, nur verpacktes
Wasser zu trinken, mag versuchen, am Abend vor dem Zähneputzen einen
Schluck Leitungswasser zu probieren und so allmählich seine eigene Resis-
tenz aufzubauen. Es soll funktionieren.

Mayonnaise und Softeis müssen auch nicht unbedingt sein – die Mit-
tagssonne hat rund um den Äquator noch jede Kühlung zum Stillstand
gebracht, wenn das aufgesuchte Etablissement überhaupt je einen Kühlschrank besessen hat. Wenn der frische Fruchtsalat lockt, dann sollte er
vor den eigenen Augen mit sauberen Händen zubereitet werden. Auch bei
den Avocados ist es angeraten, seine Portion direkt aus einer geschlossenen
Frucht schneiden zu lassen.

Die Beliebtheit eines Straßengrills ist nicht immer, aber oft ein hilfreicher
Fingerzeig: Wo viele Einheimische (mit ihren Kindern) essen, schmeckt es
tatsächlich gut. Wer die lokale Küche ausreizen will, kann sich nur an die
Faustregel halten, am Beginn einer Reise vorsichtig zu sein, um mit der
Erfahrung und der Gewöhnung zunehmend experimentierfreudiger zu
werden.

Auch in Kolumbien ist die Mobilität rapide gestiegen. Büroarbeiter kommen mittags kaum noch nach Hause; immer mehr Frauen sind mittlerweile berufstätig und haben tagsüber keine Zeit, den Herd anzuwerfen. Der Trend, außer Haus zu essen, nimmt weiter zu – in der Stadt wie auf dem Land. Äußerst populär, weil kostengünstig, bleiben die einfachen **Garküchen und Essensstände am Straßenrand.** Straßenhändler verkaufen ihre *arepas* (Fladen aus Maismehl, gegrillt, gebacken, auch angebraten, mit Käse), Würstchen *(chorizo),* Maiskolben *(mazorka),* geschnittenen Früchte oder Avocados zu günstigen Preisen. Mit einer Portion *fritanga* – gebratenen Innereien wie Herz, Leber oder Niere – versorgt man die ganze Familie. Wer sich zum Essen gerne hinsetzt, trifft sich mittags in der *tienda* an der Straßenecke. Dieser Imbiss bietet Handwerkern, Bauarbeitern und Büroarbeitern *sopa y seco,* also Suppe mit einem (trockenen) Hauptgericht.

Juan Valdez und der Aufstieg der Kaffeekultur

Es ist das Schicksal wirtschaftlich fremdgesteuerter Länder: Kolumbien mochte den besten Kaffee der Welt produzieren, zu Hause trank man davon nur einen Abklatsch. Die besten Bohnen gingen in den Export und wurden auf anderen Kontinenten als Espresso konsumiert. Der „tinto" im eigenen Land aber blieb bestenfalls ein schwarz gefärbtes Wässerchen und war selbst mit einem Schuss Milch als „perico" kaum der Rede wert.

Das hat sich zuletzt gewaltig geändert. Den Tinto gibt es zwar nach wie vor an jeder Ecke für ein paar Münzen. Doch mit dem Wohlstand in einem Teil der Bevölkerung wurde nun auch der Heimatmarkt entdeckt und entwickelt. Die nationale Kaffeeföderation förderte das Image und den Konsum kolumbianischen Kaffees. Und Juan Valdez, die Kette derselben Föderation, wurde zum Symbol der Aufwertung jenes Exportproduktes, mit dem Kolumbien bis heute am ehesten in Verbindung gebracht wird.

Die Figur des Juan Valdez mit seinem Esel Conchita wurde 1959 kreiert als verbindliches Logo für 500.000 Familien, die in der Kaffeebranche tätig waren, aber auch als Antwort auf den verstärkten Wettbewerb auf dem internationalen Kaffeemarkt. Kaffee war das Exportprodukt - ja lange Zeit das einzige weltmarktfähige Produkt - der einstigen Kolonie. Nun musste der Ruf des Kaffees „made in Colombia" verteidigt werden.

Zur Markenbildung kam die in Zeiten der Globalisierung unausweichliche Diversifizierung der Produktpalette: organischer Kaffee et al. und seit 2002 die kommerzielle Vermarktung als Cafékette à la Starbucks. Inzwischen gibt es Kaffeeshops in Chile, Ecuador, Spanien und den USA;

Das kann, wenn es schnell gehen muss, eine Kleinigkeit wie *empanadas* sein, die mit Hühnchen oder Käse gefüllten Teigtaschen, oder ein *menú ejecutivo*, mit der allgegenwärtigen Kombination von Reis, *plátano* und gebratenem Hähnchen nebst einem Glas mit frischem Saft.

Allzu viele können sich in diesem Land selbst diese Schonkost nicht leisten. Auch wenn viele den Hunger aus ihrem Land vertrieben sehen, ist er noch immer allgegenwärtig. Das Essensrecycling der Verarmten, die in Mülltonnen wühlen und Abfälle am Rande der Markthallen durchstöbern, verstören Einheimische wie Ausländer, die sich an die himmelschreienden Klassenunterschiede nicht gewöhnen möchten. Zur Bekämpfung des Hungers unterhalten immer mehr Städte Suppenküchen, Vorreiter war die Hauptstadt mit ihrem Programm „Bogotá Sin Hambre" („Bogotá ohne Hunger").

der größte Markt bleibt der heimische mit 120 Geschäften in den größeren Städten und Flughäfen. Ab 2011 will Procafecol S. A. mit Lizenzen für kleinere Express-Cafés Kaffeekultur in ganz Lateinamerika anbieten. Ob es gelingt, mit dieser Wachstumsstrategie auch in den chinesischen Markt oder – über die Iberische Halbinsel – weiter nach Europa einzudringen, wird sich zeigen.

Dennoch haftet den Kaffeeläden im eigenen Land noch etwas Snobistisches an. Einen Euro achtzig für einen Cappuccino zu bezahlen, ist nicht gerade jedermanns Sache. Hier sitzt die vermögende Jugend, hier zeigt sich der Businessman mit dem Handy am Ohr, hier treffen sich die jungen Aufsteiger in der Fußgängerzone. Das Sitzen im freien öffentlichen Raum ist in der Tat noch für viele gewöhnungsbedürftig. Bis vor Kurzem führte das gesteigerte Sicherheitsbedürfnis dazu, dass die Städter, zumal wenn sie tatsächlich genug Geld hatten und es sich leisten konnten, ihren Kaffee auf der Finca tranken, auf dem eigenen Balkon, aber nicht einfach auf der Straße. Die neue Offenheit und ein gestiegenes Vertrauen in öffentliche Sicherheit (selbst wenn sie von einem Wachmann vor dem Geschäft geschützt werden muss) traf sich mit der Erfindung des Gaspilzes, der das Sitzen im Freien auch im bisweilen kühlen Bogotá angenehm, wenngleich nicht unbedingt ökologisch verträglich gestaltet.

095kb Foto: os

053kb Foto: os

Konkurrenz droht den traditionellen Schnellimbissen am Straßenrand von **Restaurantketten,** die inzwischen ziemlich flächendeckend in Kolumbien angekommen sind. Internationale Fast-Food-Konzerne haben sich noch nicht wirklich etabliert. Preislich liegen sie über dem Ortsüblichen und firmieren interessanterweise als Schaufenster der Gutbetuchten: Hier isst, wer es sich leisten kann. Doch andere *cadenas,* im ganzen Land in Serie eröffnete Restaurationen, sind zumindest in den Städten richtig populär. Ketten wie Corral locken die Fleischesser und Burgerfreunde, Wok (in und rund um Bogotá beheimatet) und andere erfüllen die gehobenen Erwartungen der internationalen Fusionsküche. Eine der bemerkenswertesten Erfolgsgeschichten erzählt man sich von dem 1981 gegründeten Restaurationsbetrieb Crepes & Waffles. Deren Geschäftsstrategie geht auf eine Idee dreier Betriebswirtschaftsstudenten zurück. Das besondere Markenzeichen war, ausschließlich alleinerziehende Mütter als Kellnerinnen einzustellen.

Einen ähnlichen Wandel vollzieht derzeit auch die Kaffeekultur. Bis vor einigen Jahren trank man im Land des Kaffees, man glaubt es kaum, nur Filterkaffee. Von den Errungenschaften eines Cappuccinos keine Spur. Die allermeisten Restaurants und Bars haben keine Espressomaschine. Den traditionellen *tinto* trinkt man dort immer noch an derselben Theke, mit Blick auf die Fritteuse. Doch revolutionierten urbane Kaffeeläden wie Oma's und seit 2002 die Kette Juan Valdez den Markt. Das hier Gebraute kostet zwar ein Vielfaches des einfachen Kaffees an der Ecke, aber das Getränk nahm endlich die Qualität an, die der Exportkaffee schon seit Jahrzehnten im Ausland genießt. In diesen Jahren **entdecken Kolumbianer „ihren" Kaffee** neu. In den Stadtvierteln der Bessergestellten gibt es einen regelrechten Boom an Gourmet-Cafés. Wer die Pesos dafür hat, nimmt dazu einen Muffin oder ein Croissant und genießt die suggestive Modernität dieser an Starbucks orientierten Kaffeeläden *made in Colombia.*

⌃ Frische Meeresfrüchte gehören zu den
nahrhaften Leckereien der kolumbianischen Küche

Im oberen Preissegment kann man in den Städten von einer regelrechten Explosion des Gastronomiesektors sprechen. Manche Restaurants können preislich mit den anderen Metropolen dieser Erde locker mithalten. Die Gutbetuchten haben das Geld, die Öffnung und Internationalisierung des Landes seit den 1990er-Jahren hat die Geschmäcker verfeinert und für ausländische Küchen empfänglich gemacht. Auch illegales Narco-Geld findet so seine Wege in die Realwirtschaft; die Gastronomie gehört nicht nur in Kolumbien zu den dankbarsten Branchen, um dunkles Geld schnell und möglichst unauffällig reinzuwaschen.

Erwähnenswert ist der Boom der **peruanischen Küche,** die – wie japanisches Sushi vor einigen Jahren – weltweit in Mode gekommen ist und seit einiger Zeit die Gastronomie des andinischen Nachbarlandes bereichert. Dank verbesserter Logistik ist es heute kein Unterfangen mehr, auch im Landesinneren täglich frischen Fisch von der Küste zu erhalten. An Lima orientierte Restaurants wie „Nasca", „La Mar" oder „14 Inkas" bieten Genuss für den hungrigen Magen sowie den Gourmand und das in fast allen Preislagen. Wer beim peruanischen Nationalgetränk *pisco sour,* klassisch oder mit einem Schuss Maracuja serviert, nicht mit der Zunge schnalzt, muss von allen guten Geistern bereits verlassen sein. Der auch hierzulande erhältliche Traubenschnaps wird mit Zitrone, Zucker und geschlagenem Eiweiß gemixt, eisgekühlt und in kleinen Gläsern serviert.

Dass die gegenwärtige kulinarische Internationalisierung nicht das Ende der traditionellen kolumbianischen Küche bedeuten muss, liegt auch an einigen Klassikern auf der Speisekarte, die Moden und Zeiten überstehen werden. In den Bergen sind dies nicht zuletzt die **großartigen Suppen** wie *ajiacco* oder *sancocho, mazamorra* oder *changua.* In Medellín bleibt die *bandeja paisa* die regionale Leibspeise: Grillfleisch und Blutwürste jeder Art mit Bohnen und Reis, ein Fest für Cholesterinjunkies, als Eintopf serviert. *Chocolate y queso,* heiße Schokolade mit Landkäse, macht den meisten Gästen als zweites Frühstück oder Snack für zwischendrin schnell gute Stimmung. Wem das alles zu gewöhnlich ist, sollte sich bei der nächstbesten Gelegenheit im Süden des Landes, in Pasto, *curi* servieren lassen. Die Meerschweinchen werden dort in einem Stück am Spieß gegrillt und gelten als Delikatesse.

Die Geheimnisse regionaler Küchen muss man vor Ort selbst erkunden. Wer sich dabei helfen lassen mag, kann sich auf eine der vielen Kochschulen verlassen, die derzeit überall wie Champignons aus dem Boden schießen. Ob bei der Meisterausbildung oder der Nachhilfe im Zubereiten von leckeren Nachspeisen, ob in der Schulküche oder *a domicilio* mit guten Freunden zu Hause: Mit ein wenig Fantasie kommt man in Kolumbien auf den Geschmack.

Lifestyle, Moden und Marken

Mode ist mehr als nur ein Geist der Zeit. Mode spiegelt das Leben einer Gesellschaft, ihr Ringen zwischen Alt und Neu, Zugehörigkeitsgefühl und Abgrenzungsbedürfnis, ihre Ordnung. Mode kann verändern, drücken sich in ihr doch auch Protest und ein eigener Stil aus, die herrschende Spielregeln unterwandern. Sie ist naturgemäß vielfältig und artikuliert sich in Kleidung, Musik, Essen, Tanz, Konsum und vielen anderen kulturellen Ausdrucksformen. Sie bringt regionale, altersmäßige oder soziale Unterschiede zum Vorschein und ist hernach einem **permanenten Wandel** unterworfen – auch in Kolumbien.

Schon im 19. Jahrhundert konnte man das gesellschaftliche Kastenwesen am Äußeren erkennen. Den Indios und Ex-Sklaven waren Hut und *mantilla,* die leichte Wolldecke, verboten. Mit der Revolution von 1811 und der Einführung einer formal demokratischen Grundordnung wurden die Modekarten neu gemischt. Kleidung aber diente weiterhin als Mittel, um **soziale Unterschiede** zu markieren. Die Reichen machten die Vorgaben: geschlossene Schuhe und *ruana* (Poncho) gehörten zur Pflichtausstattung. Die Öffnung des Landes gegenüber der Weltwirtschaft verschob die bis dato fast ausschließliche Orientierung der Eliten an spanischen Vorbildern in Richtung Frankreich und England. Sich wie die europäische Oberschicht zu kleiden, wurde auch in Bogotá zum ernsten Gesellschaftsspiel. Die Herrenmode beinhaltete nun erstmals Anzüge und edlen Zwirn wie im fernen London, die Damen orientierten sich an der feinen Welt von Paris.

Die Moden brauchten freilich ihre Zeit, ehe sie den Weg über den Atlantik gefunden hatten – eine Verzögerung von rund zwanzig Jahren, ehe ein Stil aus den europäischen Metropolen auch in der Neuen Welt prägend wurde, war für damalige Verhältnisse völlig normal. Die ärmeren Klassen begnügten sich mit einer einfachen Jacke und Stoffsandalen *(alpargatas)* und gaben sich lange Zeit mit der landeseigenen Baumwolle aus der Region um Socorro (Santander) zufrieden. Auch im Hochland war es für viele Arbeiter und Bauern bis vor 50 Jahren durchaus üblich, den Arbeitsalltag ohne Schuhe zu bestreiten.

Doch die Importe wurden zusehends billiger und die Kaufkraft im eigenen Land durch den erfolgreichen Kaffeeexport stärker. Kolumbianer reisten nach Übersee und Modezeitschriften brachten den *dernier cri,* den letzten Schrei, in die Anden. **Serienfabrikation** verdrängte den Maßschneider. So konnten sich im Laufe des 20. Jahrhunderts auch die Gesellschaftsschichten aus einfacheren Verhältnissen die Stoffe aus Europa leisten. Dazu kam die zunehmende Ausrichtung an der nordamerikanischen

Kultur. Mit ihr fand die Arbeiterkluft der Bluejeans und nicht zuletzt die Kleidung der modernen, arbeitenden Frau Einzug, die sich erst Hosen seit den 1960er-Jahren Miniröcke als Zeichen der Emanzipation leistete.

Der **Kleidercode** ist in Kolumbien vergleichsweise **konservativ.** Im Büro laufen die meisten Männer mit Anzug und Krawatte herum, die Frauen in Kleidern. In manchen Vorzimmern sind Sekretärinnen gehalten, Uniformen zu tragen. Dasselbe gilt auch für öffentlich Angestellte wie Polizeibeamte und Postboten, Offiziere und Busfahrer oder für Privatangestellte wie Türsteher oder Hausangestellte. Die offiziell registrierten Taxifahrer am Hauptstadtflughafen sind verpflichtet, ihre beiden Schlipsfarben dem jeweiligen Wochentag anzupassen. Dienstmädchen haben indes Anspruch auf zwei Dienstkleider im Jahr und tragen dieselben gewöhnlich selbst dann, wenn ihre Arbeitgeber nicht darauf bestehen. Auf Spielplätzen sind sie so von den Müttern gewolltermaßen und auf den ersten Blick zu unterscheiden.

Im 21. Jahrhundert dominiert, wie überall auf der Welt, der Trend zur Individualisierung, zur Vielfalt und zur Vermischung einstmals klarer Botschaften. War freizügige Bekleidung früher das Privileg der Küstenbewohner, sieht man seit einigen Jahren auch in der eher kühlen Hauptstadt Bogotá mehr und mehr Haut, was nicht zuletzt auf die wärmespendende Qualität moderner Industriestoffe zurückzuführen ist. Gab man sich im Landesinneren traditionell bedeckt, ist dort inzwischen Farbe eingezogen – die **„Karibisierung" Kolumbiens** ist nicht zu übersehen.

Ähnliches gilt für altersbedingte Unterschiede. **Farbiges Outfit** war bis vor nicht allzu langer Zeit fast ausschließlich das Privileg der Kinder. Die Alten kleideten sich gedeckt in Schwarz oder *medioluto* („halb-trauernd"), erwachsene Männer konnten Schwarz mit Grau, Kaffeebraun oder Blau abwechseln, während den Frauen immerhin etwas mehr Farbe zugestanden wurde. Berufs- und Freizeitkleidung, Rock und Hosen, elegante Ausstattung und ihre Imitate: Das alles hat sich längst abgeschliffen und miteinander vermischt. Auch eine immer mehr an der materiellen Welt der USA orientierte Oberschicht gibt sich betont informell. Turnschuhe, Sonnenbrille und Jeans gehören nun zu den **Statussymbolen der Reichen,** die ihrerseits von der Mittelschicht und den Neureichen imitiert werden. Was *Louis Vuitton* oder *Gucci* für die Oberschicht, ist der Mittelschicht *Tommy Hilfiger* oder *Gap*. Wer auf kolumbianische Kleidermode setzt, kauft Herrenanzüge von *Arturo Calle* oder Lederware von *Mario Hernández*. Da die feinen Unterschiede im Design kaum noch mit bloßem Auge festzustellen sind, spielen Marken eine immer größere Rolle – ein Fetisch, der wiederum durch gekonnte Fälschung und Billigschmuggelware aus China ad absurdum geführt wird.

Geblieben ist das Bedürfnis nach Distinktion. Eine Andersartigkeit, die einerseits Zugehörigkeit signalisiert, andererseits **Individualität.** *Everything goes,* auch in Kolumbien: Frauen tragen Hosen, Männer Farbe, die Jugend Ringe an allen Körperteilen. Studenten imitieren mit ihren *mochilas,* den obligaten Tragetaschen im Ethnolook, die indigene Bevölkerung, in den ärmeren Vierteln gilt hingegen der Rapperstil als cool, mit Sporthemden in Übergrößen und Trainingsanzügen von Nike und Adidas, selbst in der Sonntagsmesse.

Der **„traqueto",** der in Drogendeals verwickelte Geschäftemacher, repräsentiert wie kein zweiter dieses zweischneidige Bedürfnis dazuzugehören und gleichzeitig ganz anders, einzigartig zu sein. Sein Stil heißt schlicht: Auffallen um jeden Preis. Teure Autos vom knallroten Porsche bis zum panzerähnlichen Hummer mit getönten Scheiben, das Radio bis zum Anschlag aufgedreht. Markenkleidung von Versace, Brillen von D&G, auffällige Klunker an der Hand und schweres Gepränge am Hals. Diese Mischung aus Hip-Hop-Star und Gigolo ist wahrlich nicht zu übersehen. Man muss die entsprechende Damenbegleitung der Dealer noch gar nicht gesehen haben, um zu wissen, mit wem man es zu tun hat. Doch wie es eben so ist mit der Mode. Kaum haben *traquetos* diesen Stil geprägt, wenden sich die Gutbürgerlichen, die selbst gerade noch auf eben diese Marken gestanden haben, von ihm ab, um mit dem zweifelhaften Ruf der neuen Insignienträger nicht in Verbindung gebracht zu werden.

054kb Foto: os

Schönheitsideal glattes Haar: Wer kann geht zum Friseur – oder zum Nachbarn

Im Zerrspiegel der Medien: Print, Radio, TV, Internet

Printmedien

Kritische Reporter leben nach wie vor gefährlich in Kolumbien, die Redaktionen sind nicht nur Beobachter, sondern auch Zielscheiben im schier endlosen Bürgerkrieg. Der Printjournalismus hätte alle Voraussetzungen für eine Erfolgsgeschichte. Die scharfen sozialen und politischen Konflikte bieten genug Stoff. Nicht zufällig hat die Journaille **starke Persönlichkeiten** hervorgebracht: Kolumbien gehört zu den Ländern mit der größten Dichte an Journalisten, die im Laufe ihrer Karriere ins politische Fach gewechselt sind. Unter den großen Präsidenten im 20. Jahrhundert firmieren mit *Lleras, López* und *Santos* drei Publizisten.

Das **investigative Fach** hat indes eine lange Tradition. Schon *García Márquez,* einer der ganz Großen der Reporterzunft, ehe er ins literarische Fach wechselte, erlebte 1948 als junger Reporter den *Bogotazo* hautnah mit, die blutigen Unruhen nach der Ermordung des Volkstribuns *Gaitán,* und erschrieb sich in diesen Jahren seine ersten Sporen. Erst als er aufgrund einer umstrittenen Veröffentlichung seinen Job verlor, konzentrierte er sich auf seine literarischen Neigungen. Nicht wenige sehen im späteren Nobelpreisträger noch immer den alten Reporter in neuen Gewändern.

Tageszeitungen wie El Tiempo und El Espectador oder die Wochenzeitung Semana zählen heute zu den besten Printmedien auf dem Kontinent. In der politischen Öffentlichkeit erfahren unabhängige Stimmen wie die von *Daniel Coronel* oder *Claudia López* eine hohe, wenn auch nicht unumstrittene Anerkennung. Und sie bleiben nicht ohne Echo. Der investigative Journalist *Hollman Morris,* der seit über einem Jahrzehnt mit seinem regierungskritischen TV-Programm „Contravía" die, wie er sagt, „Barbarei des Krieges" begleitet, bekam für seine **hartnäckige und mutige Arbeit** zuletzt große internationale Unterstützung im Ausland und Auszeichnungen (u.a. den Menschenrechtspreis der Stadt Nürnberg), ehe er Anfang 2012 die Leitung des Hauptstadt-TV-Senders Canal Capital übernahm.

Und dennoch halten selbst Wohlwollende und Gutmeinende die publizistische Zunft in Kolumbien insgesamt für zu zahm und oberflächlich. Allein an den Hungerlöhnen und der mangelhaften Ausbildung von Redakteuren liegt es nicht. Auch der intellektuelle Zuschnitt auf weite Teile der politischen Eliten kann die Konformität der Mainstream-Presse nicht rechtfertigen. Die meinungsführende Oberschicht bildet eine relativ schmale Leserschaft – sie konnte zu keinem Zeitpunkt das bis heute in Kolumbien

schwach ausgeprägte Bildungsbürgertum ersetzen, das in der alten Welt die großen Medien heranreifen ließ. Warum also gibt es **gerade mal drei überregionale Printprodukte,** die es zu lesen lohnt?

Zum einen ist da das **Fast-Monopol** auf dem Markt der Tages- und Wochenzeitungen. Neben El Espectador ist das Traditionsblatt El Tiempo die einzige Tagespresse mit einer nationalen Leserschaft (von den kleineren, rechtskonservativen Organen El Siglo und La República einmal abgesehen). Alles andere sind lokale und regionale Zeitungen wie El Colombiano (Medellín), El Heraldo (Cartagena) oder El País (Cali). Sie haben zum Teil beachtliche Auflagen und betreiben oft mutige Recherchen, doch ihre Reichweite ist begrenzt. Auch das Nachrichtenmagazin Semana ist ohne Konkurrenz. Wettbewerb unter den Blättern belebt nicht nur das Geschäft; er hilft vor allem, die Qualität zu heben. Nur vorübergehend bereicherte die Neugründung „Cambio" das investigative Handwerk. Das von *Gabriel García Márquez* 1999 mitbegründete Magazin wurde wieder eingestellt.

Als weitere Erklärung bieten sich die besonderen **Eigentumsverhältnisse** an. Das Leitmedium El Tiempo ist seit Generationen im Besitz einer Familie, die in den letzten 70 Jahren einen Vizepräsidenten und zwei Präsidenten stellte – darunter den jetzigen Staatschef *Juan Manuel Santos.* Auch wenn dessen Bruder während des Wahlkampfes die Geschäfte als Herausgeber ruhen ließ, ist die Regierungsnähe der wichtigsten Tages-

⌃ Die bunten Printmedien sind nicht für jeden Geldbeutel erschwinglich

zeitung nicht zu überlesen. Als das zum selben Verlagshaus gehörende Nachrichtenmagazin „Cambio" einen Abhör- und Spitzelskandal ans Licht brachte, übte die amtierende Regierung *Uribe* Druck auf das Konsortium aus. Casa Tiempo möchte in den nächsten Jahren verstärkt auf den TV-Markt drängen und benötigt dafür die entsprechenden staatlichen Lizenzen. Nicht wenige Beobachter sehen die überraschende Einstellung des Blattes als willfährigen Tribut an den Regierungsapparat.

Ein dritter Grund könnte in der **weitgehenden Oppositionslosigkeit** liegen, die dem politischen System eigen ist. Seit der kontroversen zweiten Amtszeit von *Álvaro Uribe,* so scheint es, löcken die Top drei der Zeitungs- und Zeitschriftenlandschaft verstärkt wider den Stachel der Macht.

Die politischen Kolumnisten, zumal bei Semana, geben sich ausgesprochen widerspruchsfreudig. Das allein ist in einem Land, in dem Journalisten gefährlich leben, keine geringe Leistung. Die Einschüchterung und Bedrohung kritischer Journalisten seitens der am Konflikt beteiligten Akteure ist zynischer Alltag. Wenn die Berichterstattung bei alledem oft kurzsichtig und allzu sehr auf Personen und den eigenen Bauchnabel ausgerichtet scheint, so liegt das eben auch an den speziellen Qualitäten kolumbianischer Innenpolitik. Es ist nun mal so: Programmatische Debatten kommen auch im Parlament recht kurz, der Präsident bestimmt die Agenda – und Opposition will keiner sein. Diesen Mangel an kontroverser Diskussionskultur kann auch eine aufmerksame Presse allein nicht kompensieren.

Umso erstaunlicher erscheint die Leistung der drei Leitmedien, die zumal im Design und Layout auf der Höhe der Zeit sind. Da braucht man sich gar nicht erst – oder mehr – über die groteske Regenbogenpresse wie El Espacio oder sogenannte Kulturmagazine wie „Soho" (mit seinen an den „Playboy" angelehnten Elementen des Softpornos) den Kopf zu zerbrechen.

Rundfunk

Das Radio genießt in Kolumbien einen guten Ruf. Die Hörer erhalten dort Hintergrundberichte und Kulturprogramme, wie man sie dem einen oder anderen Printmedium nur wünschen kann. Zu tun hat die profunde Radiokultur mit dem Zeitpunkt seiner Inbetriebnahme in den 1930er-Jahren, als im Zuge des *New Deal* die Massenkommunikation entdeckt und **neue Wege zur Volkserziehung** gezielt ausprobiert wurden. Schon der allererste Kanal HJN verschrieb sich einer Bildungspolitik, zu der Unterrichtseinheiten in Geschichte und Philosophie ebenso gehörten wie Sprachausbildung in Englisch und Französisch. 1940 übernahm der landesweite Radiosender Nacional diese Funktion.

An diese Tradition knüpfte in den 1970er-Jahren das Programm „Schulabschluss im Hörfunk" („Bachillerato por radio") an. Die **Alphabetisierungs- und Bildungskampagne** erreichte damit selbst die entlegensten Gebiete; innerhalb der nächsten 30 Jahre sollten über zwei Millionen Kolumbianer mithilfe dieser Schulsendungen ihren Schulabschluss erreichen.

Im Rundfunk herrscht heute eine große Vielfalt. In den einzelnen Städten erfreuen sich verschiedene Privatkanäle der Beliebtheit bei den Hörern, darunter meist auch die Musiksender Olimpica Stereo, Tropicana Stereo und Rumba Stereo. In Universitätszirkeln gehören Radioactiva, La Mega, Vibra und Los 40 Principales zu den beliebten Sendern. Eine treue Hörerschaft verzeichnen Programme wie „La Luciérnaga" oder „El Cocuyo", die jeden Nachmittag hochprofessionell und mit viel Unterhaltungswert Kritik und Satire zu politischem Humor vermischen. Bemerkenswert sind auch Radiosendungen wie „Las Voces del Sequestro" („Stimmen der Entführung"), in denen Familien Nachrichten an ihre oft über lange Zeiträume verschleppten Angehörigen senden können.

Fernsehen

Das kolumbianische Fernsehen kann mit der Qualität im Hörfunk nicht mithalten. Dabei hatte alles gut begonnen. General *Pinilla* hatte die Einführung des Fernsehens frühzeitig gefördert. Nach Kuba war Kolumbien das zweite Land, das die Fernsehtechnik auf dem Kontinent installierte. Was dem Filmgeschäft versagt blieb, gelang dem TV-Geschäft: Es blieb auf Augenhöhe mit Argentinien und Mexiko, vor allem die Kultur der Telenovelas wurde im Laufe der Zeit immer beliebter – auch über die Grenzen Kolumbiens hinaus. Praktisch jeder Haushalt hat mindestens eine Glotze, zwei Drittel sogar mindestens zwei. Selbst in den sehr bescheidenen Siedlungen am Rande der Städte sind **Flachbildschirme** – Kreditkarten und Schwarzmarkt sei Dank – weit verbreitet.

Trotz der frühen Einführung des TV war Kolumbien, wiederum nur überflügelt von Kuba, das zweitletzte Land, das die Sender privatisierte. Das öffentlich-rechtliche Fernsehen ist, obwohl nicht sehr beliebt, durchaus von Qualität. Die Kanäle Senal Colombia und Senal Institucional übertragen live aus dem Parlament und versorgen den Erziehungssektor mit Material. Regionalsender wie Tele Caribe und Tele antioquia liefern ihren Zuschauern Nachrichten, die in den landesweiten Programmen nicht auftauchen. Die Sahne allerdings schöpfen die beiden großen **Privatkanäle RCN (Radio Cadena Nacional) und Caracol TV** ab. RCN wird von *Ardila Lülle,* einem der Superreichen des Landes, betrieben. Caracol ist mehrheitlich im Besitz des Unternehmerimperiums der Familie *Santo Domingo.*

Stadt und Land unterscheiden sich in ihren Fernsehgewohnheiten gar nicht so sehr, auch wenn das ländliche Publikum tendenziell das Frühstücksfernsehen favorisiert und abends zeitig ins Bett geht. Der Nachmittag ab 14.30 Uhr wird von **Telenovelas** dominiert. Ob „La hija del mariachi" („Tochter des Mariachi"), „La fuerza del destino" („Macht des Schicksals") oder „El triunfo del amor" („Triumph der Liebe"), der Name ist Programm. Die Nachrichten werden über den Tag verteilt, die hiesige Tagesschau („Noticias Caracol" oder „Noticias RCN") wird um 19 Uhr gesendet. Ab 20 Uhr gibt es bevorzugt Spiele, Reality-TV, ab 21 Uhr einmal mehr fast nur noch Serien. Nur für Eins-A-Sportevents wie Länderspiele oder die Champions League werden Telenovelas abgesetzt oder verschoben – ein untrügliches Zeichen für die Präferenzen des Massengeschmacks. Kinderprogramm ist auf Samstag und Sonntag früh beschränkt.

Seit der Einführung des Kabel- und Satellitenfernsehens bedienen immer mehr internationale Sender das Publikumsinteresse. **US-Sender** wie Fox News oder Discovery Channel dominieren, in den Sportsbars laufen durchgehend ESPN oder FoxSports. Da ist es nebensächlich, dass kolumbianische Sender noch gar nicht ausgerüstet sind für die technologischen Standards der neuen Flachbildschirme, deren Erwerb in den besser gestellten Kreisen ein Statussymbol geworden ist. Den Flachbildschirm nur deshalb zurückzugeben, weil „der Terminator" eine ungesund gold glänzende Hautfarbe hat und seine Knarre radioaktiv in den Raum strahlt, darauf käme keiner.

Internet und Mobilfunk

Der private Besitz von PCs und Laptop ist noch beschränkt, was wiederum den Netzzugang im eigenen Haus limitiert. Doch Bibliotheken und Schulen werden zunehmend ans Netz angeschlossen, den Rest besorgen die überall aus dem Boden sprießenden Internetcafés. Die Hälfte der Kunden in den Internetcafés kommt aus den armen Bevölkerungsschichten. Für 500 bis 2000 Pesos (20 bis 80 Cent pro Stunde) können die Nutzer dort unbegrenzt surfen, telefonieren und arbeiten. E-Mail und SMS, Musikdownload und Bedienen der sozialen Netze sind besonders beliebt. Mit dem allgegenwärtigen Handy ist die Kommunikation mobiler geworden, auch wenn den ökonomisch bescheiden lebenden Schichten oft das Geld fehlt, um ihre Handyguthaben aufzuladen.

Irgendein Zugang aber findet sich immer. Was zählt, ist der Besitz eines **Handys,** besser noch eines Smartphones, das höchste aller mobilen **Statussymbole.** Schon der ostentative Besitz ist ein sozialer Wert an sich. Die Fetischisierung wirft allerdings ihre Schatten: *Robos de celulares* (Handydiebstähle), nicht selten mit Todesfolge, zeichnen auf ebenso gewöhnliche wie dramatische Weise die Sicherheitslage in den Städten. Über 100.000 gestohlene Handys, schätzt man, gelangen jedes Jahr allein über die venezolanische Grenze nach Kolumbien. Die Polizei empfiehlt Bürgern, bei Überfällen das Handy widerstandslos herauszurücken.

Eine weitere Eigenart der Kommunikationskultur ist das permanente Spielen mit mobilen Geräten. Im Café streicht bestimmt ein Drittel der Gäste wie selbstverständlich über die Tastaturen. In Geschäftsbesprechungen tippen Mitarbeiter wenig diskret in ihre Smartphones, selbst wenn der Chef das Wort ergreift. Es ist völlig üblich, jedes Gespräch umstandslos zu unterbrechen, sobald ein Anruf eingeht. Selbst der Meditationslehrer legt das Gerät in Sichtweite vor sich, als Ersatz für eine geregelte Uhr. Man darf dann davon ausgehen: Innerhalb weniger stiller Minuten wird im Raum ein Mobilgerät nach dem anderen zu surren beginnen.

☑ Fernsehen ist beliebt – beinahe jeder Haushalt verfügt über einen Anschluss

103kb Foto: os

Musik und Tanz

Kolumbien ist ein gefundenes Fressen für Musikologen, ein Paradies für Freunde der Musik. Hier gibt es einen schier unendlichen Reichtum an Rhythmen, Instrumenten und Melodien. Hier haben sich Traditionen und Stile erhalten – und zugleich vermischt: das Ländliche und das Städtische, mündliche Überlieferung und elektronischer Sound, das Tradierte und die Avantgarde. Salsa und Vallenato streiten sich um die Krone der Aufmerksamkeit, doch die große Vielfalt regionaler Musikkulturen hält dem stromlinienfördernden Druck der Massenmedien stand und bleibt im Alltag der Menschen lebendig.

Im Hochland zwischen Medellín, Cali und Bogotá dominiert die sentimentale Musik. Saiteninstrumente wie *tiple,* eine 12-saitige Gitarre, oder Flöte werden rhythmisch unterlegt. Bei Songs wie der „Guabina Chiquinquirena" oder „Bunde Tolimense" singen alle lauthals mit. Bei Privatfesten lädt man gerne ein Gitarrentrio hinzu, das im Chorus landläufig bekannte **Serenatas** anstimmt, in welche die geladenen Gäste eher früher als später einstimmen. Zur Abwechslung lädt man auch mal einen Trupp *mariachis* ins Haus. Die kolumbianischen **„mariachis"** sind völlig ernsthaft bei der Sache – von Racheakten seitens ihrer mexikanischen Originale ist nichts bekannt. Um Punkt 22 Uhr stehen sie vor der Tür, mit Cowboystiefeln, Sombrero und Trompete. Der Sänger bringt einen kleinen Lautsprecher mit, der wie das Radio in den 1930er-Jahren vor sich hin knistert und dem Auftritt einen authentischen Anstrich verleiht. Die Bands, vielerorts stundenweise zu mieten, werden gerne für Hochzeiten und runde Geburtstage engagiert. Ihre Mitglieder stehen tagsüber unübersehbar an den Ausfallstraßen und warten auf Kunden. Die Preise variieren bisweilen erheblich, entsprechen aber nicht selten der Qualität des Auftritts.

In der **östlichen Llanos-Ebene** hat sich indes eine ganz eigene Musikkultur etablieren können, die von der Harfe *(arpa llanera),* der nur viersaitigen Gitarre *(cuatro)* und *maracas* (Rasseln) getragen wird. Schon diese Kombination spiegelt die Kulturbegegnung von Spaniern und *indígenas* wider. Die Texte handeln vom ebenso harten wie romantischen Alltag in den großen Ebenen, getanzt wird dazu in Paaren der dem Walzer verwandte **Joropo** und seine Spielarten.

Der Pazifikraum wird musikalisch von afrokolumbianischen Sounds und Instrumentierung geprägt. Die Songs folgen weithin dem Ruf-und-Antwort-Schema, das von einer für Europäer noch immer atemberaubenden Polyrhythmik angetrieben wird. Neben dem variantenreichen Trommelwerk – *redoblante, bombos* oder *cununo* – geben Klarinetten und Flöten die Melodie vor, das Publikum singt mit einer selbstverständlichen In-

brunst mit. Dem Ganzen die besondere Note verleiht die Marimba, die als **„Urwald-Piano"** erst unlängst den Status als UNESCO-Welterbe erlangt hat. In der pazifischen Kultur kommt Musik bei fast allen sozialen Anlässen zum Einsatz und ist immer auch von Tanz begleitet.

Populäre Volksmusik jenseits des Kommerz: die Gaiteros de San Jacinto

Tanzmusik im ursprünglichen Sinne ist auch die Volksmusik an der karibischen Küste. Die Entwicklungen des Salsa und der Cumbia sind von ihr maßgeblich gefärbt worden.

Gruppen wie die *Gaiteros de San Jacinto* stehen für eine wahrlich populäre Volksmusik, welche weder exotisiert noch weltweit als Weltmusik vermarktet werden muss. Die *Gaiteros* wurden Mitte der 1940er-Jahre in San Jacinto im Süden der Provinz Bolívar vom inzwischen verstorbenen *Toño Fernández* gegründet. Mehr als 60 Jahre gibt es sie schon, längst spielen die Kinder und Enkel der Gründer in der dritten Generation. Die *Gaiteros,* allesamt Männer, verbinden bis heute die indigenen Instrumente

⌃ Joropo ist die Musik der Llaneros:
Die viersaitige „cuatro" steht im Mittelpunkt.

der *gaitas* (Flöten aus Zuckerrohr) und *maracas* (Rasseln zur Percussion) mit dem afrikanischen *tambor* (Trommel) und einer Prise spanischen Erbes. Sie machen einfach Musik, ohne sich wie *Buena Vista Social Club* aus Havanna an eine multinationale Industrie verkauft zu haben.

Auf den Karibikinseln San Andrés und Providencia wird eine Musik gepflegt, die eher am *Reggae* orientiert und von der Rastakultur beeinflusst ist. Auch der **Calypso** ist dort noch lebendige Kultur, wiewohl eher bei den Inselälteren.

Wenn es aber eine Musikrichtung gibt, die inzwischen weite Teile des Landes erfasst hat und den volkstümlichen Sound auf den Landstraßen prägt, dann ist es der ursprünglich im Tal rund um Valledupar beheimatete **Vallenato.** Gespielt wird er in kleinen Gruppen, in denen auf jeden Fall ein Akkordeon, die *guacharaca* als waschbrettartiges Rhythmusinstrument und eine Trommel aufeinandertreffen. Traditionell waren die Sänger des Vallenato Vagabunden, die Neuigkeiten mitbrachten und Geschichten erzählten. In den oft unglaublichen Erzählungen vermischen sich Erfahrungen, Erlebnisse und Verzauberung, doch die wahren Troubadoure lassen bei ihrem Publikum keinen Zweifel aufkommen, dass sich alles tatsächlich so zugetragen hat. Unbedingt besuchenswert ist das große Festival de la Leyenda Vallenata in Valledupar, ein tagelanges Musikfest, bei dem die Bands immer auch um die Gunst des Publikums wetteifern. Hier hat so manche Sängerkarriere begonnen – und geendet. Vallenatosänger dichten ihre Texte selbst. Ein wahrer Künstler, wer die Reime spontan (oder auf Zuruf) zusammenbaut – ein König, wer in Valledupar gewinnt.

Pop, Rock – der Drang zum Mainstream: Carlos Vives und Juanes

Wenn es einen Musiker gab, der die traditionsreichen Rhythmen von Kolumbiens Karibik für die Welt des Pop geöffnet hat, dann war es dieser **Junge aus der Küstenstadt Santa Marta.** Aus seiner Heimat brachte er den Vallenato erst nach Bogotá, dann über die Landesgrenzen hinaus in die weitere hispanische Welt.

Carlos Vives drängt es früh zu Höherem. Eine besonders markante Stimme hatte er, der Sohn wohlhabender, weißer Eltern, eigentlich nicht. Er sang einfach gerne für seine Freunde. Bekannt wurde er zunächst als Schauspieler in Telenovelas wie „Escalona, un canto a la vida" („Eine Ode auf das Leben"). Wie es kam, spielte er dort **Rafael Escalona,** den vielleicht größten Komponisten und Sänger des Vallenato, den das Land je gehört hat. Der Soundtrack dieser Telenovela gehört zu den hier meistverkauften CDs – ein Erfolg auf dem sich aufbauen ließ. Seine produktivste Phase als Musiker hatte er in den 1990er-Jahren, in denen sich Kolumbiens Kultur eine starke Dosis Karibik verabreichte. Der Mädchenschwarm *Vives* verkörperte eine ersehnte Leichtigkeit, die den Härten der sozialen und politischen Realität tanzend entkommen konnte. Mit seinen kurzen Fransenjeans entsprach er dem Ideal des weißen Lebemanns mit karibischem Gemüt und dem märchenhaften Schein der Bacardi-Werbung.

Heute gehört *Carlos Vives* noch immer zu den beliebtesten Künstlern. Trotz eines zwischen Miami, der Karibik und Bogotá hin- und herpendelnden Lebens im Jetset gilt er als bodenständiger Musiker, der seine Wurzeln nicht gekappt hat. In „Gaira", dem mit seinem Bruder *Guillermo* gemeinsam geführten Musiklokal im Norden der Hauptstadt, tritt er, der Pate des „Tropipop", gerne als Überraschungsgast auf.

Shakira: WakaWaka – Kolumbiens Stern in der Welt

Der Aufstieg war ihr weder in die Wiege gelegt worden noch in dieser Form absehbar. Überhaupt darf man in ihrem besonderen Falle darüber spekulieren, was der Weltsuperstar noch mit dem am 2. Februar 1977 an der Flussmündung des Río Magdalena geborenen Mädchen Shakira Isabel Mebarak Ripoll aus Barranquilla gemein hat.

Shakira (arab. „die Dankbare") hatte bereits mit 14 Jahren bei BMG Sony angeheuert, die ersten beiden Teenie-Platten allerdings blieben Ladenhüter, die erst Jahre später zu begehrten Sammlerobjekten wurden. Sie machte ihren Schulabschluss, verdingte sich in der Telenovela „El Oasis" („Die Oase"), ehe sie zur Musik zurückkehrte. Ihr erstes Album „Pies Descalzos" („Barfuß", 1996) war mit 5 Millionen verkauften CDs gleich ein Riesenerfolg. Zu diesem Zeitpunkt schrieb sie ihre Songs noch selbst, sang auf Spanisch, tanzte nicht und trug wallendes schwarzes Haar. Die meisten Lieder waren binnen Kürze auf allen Radiokanälen Kolumbiens zu hören. Ihr zweites Album, „Dónde están los ladrones?" („Wo sind die Diebe?") war schließlich die Eintrittskarte zum restlichen Kontinent. Nun begann sie, ihre arabischen Wurzeln zu vermarkten und den Bauchschwung sowie ihren eigentümlichen, an Zigeunermusik angelehnten Singsang, der manche an Jodeln erinnert, als Markenzeichen zu entwickeln. Dieses Album war so erfolgreich, dass MTV sie 1999 zu einer „Unplugged Session" einlud.

Von da ab ging es steil bergauf in den Himmel der globalen Popindustrie. 2001 veröffentlichte sie ihr erstes zweisprachiges Album „Laundry Service/Servicio de lavandaría". Sie war nach Florida übergesiedelt und

Dass auch die internationalen Strömungen ihren Eindruck in der musikalischen Kultur hinterlassen haben, lässt sich an zwei anderen Namen festmachen. Die Rockband **Aterciopelados** war in den 1990er-Jahren Kolumbiens Beitrag zur Rockgeschichte. Ihre Texte sind ebenso volksnah und poetisch, der Sound verschmilzt Rock mit autochthonen Stilen und folkloristischen Motiven. Mit Songs wie „Bolera falaz" („trügerischer Bolero") erfassten sie das Lebensgefühl der städtischen Jugend. Das soziale Engagement teilen sie mit einem anderen Großen des Latin Rock'n'Roll, dem Gitarristen und Songschreiber *Juanes*.

Wie *Carlos Vives* drängt es **Juanes** zum Mainstream, zum großen Publikum, zur *música fácil*. Im Gegensatz zu *Shakira* singt er nur auf Spanisch. Doch der Wandel, den der frühere Rockero auf dem langen Weg zum Popstar durchlief, ist in vieler Hinsicht nicht minder erstaunlich.

ließ sich von Gloria Estefan und ihrem Mann Emilio in den nordamerikanischen Markt einführen. Ihre ersten Texte erstellte sie angeblich noch mit dem Reimlexikon. Nun erschloss sie den englischsprachigen Markt und wandelte sich zu dem Sexsymbol, das sie in Kolumbien nie gewesen war. „Oral Fixation", Volume 1 und 2 (2005) mit der inzwischen einschlägigen Mischung von Pop und Latin Rock, fixierte sie als Global Player. Von Miami flüchtete sie auf die Bahamas, um sich dem Trubel der Fans wie dem allzu engen Zugriff des Fiskus zu entziehen. Bei der Weltmeisterschaft 2010 in Südafrika gab sie der Großveranstaltung mit „WakaWaka" den Hit und ihr Gesicht.

Während einige der frühen Shakira und ihren Qualitäten als Songschreiberin hinterhertrauern, verweisen andere auf den Preis, den jeder Star für seine Weltgeltung bezahlen muss. Unstrittig ist indes ihr Bestreben, mit sozialer Arbeit ihrer Heimat etwas von dem zurückzuschenken, was ihr vorher auf den Weg gegeben wurde. Seit 1997 schiebt ihre Stiftung „Pies Descalzos" in Quibdó, Bogotá und nicht zuletzt in ihrer Heimatstadt Barranquilla zahlreiche Bildungsprojekte für hilfsbedürftige Kinder an. Seit 2003 ist sie UNICEF Botschafterin.

Unvermeidlicherweise ist auch ihr Privatleben, wie es sich für einen Popstar gehört, inzwischen Allgemeingut. Nach wechselhaften Verbindungen, bevorzugt mit Schauspielern, war sie fast ein Jahrzehnt mit Antonio de la Rúa, dem Sohn eines argentinischen Ex-Präsidenten zusammen, ehe sie sich 2010/2011 unter großer Anteilnahme der weltumfassenden sozialen Netzwerke entlobte und zu Gerard Piqué, dem Fußballweltmeister von 2010 und bärtigen Verteidiger des FC Barcelona, wechselte.

Juan Esteban Aristizábal Vásquez kommt ursprünglich aus einem kleinen Städtchen im Norden Antioquias und zog bald schon nach Medellín, wo er mit der Trashmetalband *Ekhymosis* erste Erfolge feierte. *Juanes* hatte lange Haare, war dünn wie ein Hemd und pflegte *parlache,* die Sprache der Straße, die selbst für Spanier oft schwer zu entschlüsseln ist. Der Hit „La Tierra", eine patriotische Hymne, wird heute noch am 20. Juli, dem nationalen Feiertag, oder bei Spielen der Fußballnationalmannschaft eingespielt.

Sieben gefeierte Platten später nahm Star-Manager *Fernán Martínez* den sympathischen Rocker unter seine Fittiche. *Juanes* durfte ins Fitnessstudio, die Haare kamen runter, Medellín hatte plötzlich seine Version von *Ricky Martin.* Bis heute ist *Juanes* der musikalische Halbgott mit Sitz in Medellín, bei den Bürgerskindern wie in den *comunas* gleichermaßen zu Hause; **sein vielleicht bekanntester Song** ist „La camisa negra" („Das schwarze Hemd"), in dem er eine verlorene Liebe besingt.

Mit dem Starkult einher ging *Juanes'* Engagement als Friedensstifter, seine Verwandlung in eine Art *Bono* für Kolumbien. Von MTV erhielt er 2007 einen Preis als „Botschafter des Wandels". Er unterhält eine eigene Stiftung für Minenopfer und organisierte 2008 gemeinsam mit *Miguel Bosé* das Konzert „Frieden ohne Grenzen" („Paz sin fronteras") an der Grenze zwischen Kolumbien und Venezuela.

Totó la Momposina: Magie afrokolumbianischer Diaspora

Ein Kult ganz anderer Art gibt es um das Leben und Wirken von *Totó la Mompesina,* die leidenschaftlich extrovertierte Königin der afrokolumbianischen Musikwelt. Ein „Star" für alle – wie *Vives, Juanes* oder *Shakira* – ist sie nie geworden. Dazu ist das schwarze Kolumbien zu marginalisiert, dazu gilt die folkloristische, aus Afrika mitgebrachte Tradition noch immer als zu exotisch. Dennoch hat *Sonia Bazanta Vides,* die große *Totó,* ohne Zweifel die Tore zur Welt des Mainstream ein weiteres Stück geöffnet.

„Cantadoras", die altehrwürdigen Sängerinnen, haben in den Afrogemeinden eine lange Tradition. Es geht hier immer schon um mehr als nur die Stimme; Gesang ist Mittel der Kommunikation der Unterprivilegierten. In ihrer Kultur pflegen sie eine Art Geheimsprache gegenüber der sie schindenden und missachtenden Mestizengesellschaft. Die Sängerinnen sind immer auch Gemeindevorsteherinnen, anerkannte *líderes* in ihren Kommunen und Nachbarschaften. „Cantadoras", sagt Totó, „gehören zum Kern der Familie, sind Teil einer Dynastie, sie werden respektiert, aber sie müssen auch bereit sein, jedes andere Amt zu übernehmen: Kochen, Nähen, Heilen."

Totó selbst kommt aus einer Familie von Musikern und Künstlern und, wie fast alle *cantadoras,* aus der Region um die pittoreske Kolonialstadt **Mompox.** Ihren Künstlernamen entlehnte sie dem trockenen Schlag der Tambor-Trommel: to-tó. Sie studierte Musik und Gesang am Konservatorium der Universidad Nacional de Colombia, Tanzgeschichte an der Sorbonne in Paris, den Bolero in Santiago und Havanna. *Gabriel García Márquez* nahm sie 1982 mit nach Stockholm, um seinen Literaturnobelpreis in Empfang zu nehmen.

Ihre vier Jahre Aufenthalt in Paris, wo sie 1983 ihre erste Platte („Totó la Momposina") aufnahm, brachten ihr auch in Übersee Anerkennung. *Porros, cumbias, currulaos* und *mapales* heißen die Rhythmen und Gesänge aus ihrer Heimat. 2002 wurde sie für den „Grammy Latino" nominiert. Fast zehn Jahre später erhält die nun 71-Jährige den Nationalpreis des Kulturministeriums für ihr Lebenswerk und gilt als *Grande Dame* einer Musiktradition, die im eigenen Land noch immer einen Touch der Diaspora verkörpert.

Salsa: Essenz eines Lebensgefühls

Mehr als alles andere dürfte man mit Kolumbien eine Musikwelt verbinden, die sich schon seit geraumer Zeit unter dem Label „Salsa" verkauft. Dessen **Ursprünge liegen auf Kuba** und den Stilrichtungen Son, Mambo, Changó und Cha-Cha-Cha. Mit den Revolutionsflüchtlingen schwappte die Musik über Miami in die einschlägigen Klubs New Yorks, wo sich schnell eine begeisterte Szene zu bilden begann. Erst in den 1960er-Jahren kehrte die exportierte Musik wieder zurück nach Lateinamerika – und damit auch nach Kolumbien.

Schnell wurde auch hier die heiße Tanzmusik absorbiert, der Pulsschlag für die Weiterentwicklung kam aus dem regen **Nachtleben von Barranquilla und Cali,** ehe der Salsa in den 1980er-Jahren seinen Siegeszug weltweit fortsetzte.

International gelten heute kubanische Bandformationen wie *Irakere* und *Los Van Van* oder *Ruben Blades* (Panama) als führend. Über ihnen allen schwebt bis heute die 2003 verstorbene Exilkubanerin **Celia Cruz,** die zwischen den USA, Kolumbien und der Welt hin- und herpendelnd in Cali eine zweite musikalische Heimat gefunden hatte.

Unter den kolumbianischen Orchestern ragen **Grupo Niche** (Cali) und **Guayacán** heraus, der erfolgreichste Musiker des Genres war *Joe Arroyo,* der sich nach kurzer Karriere und langer Leidensgeschichte 2011 für immer von seinen Fans verabschiedete.

057kb Foto 05

Sport und Spiele

Die kolumbianische Gesellschaft steht auf Radsport und Boxen, in manchen Regionen wie der Karibik ist Baseball die große Leidenschaft. Neue Trendsportarten haben sich auch hier, wie überall, ihre Nischen gesucht. König unter den beliebten Sportarten aber bleibt ohne jede Frage unter Männern wie Frauen der Fußball.

Fußball – die beliebteste Sportart

Der **professionelle Fußball** nahm 1948 in einer Profiliga mit 18 Teams (*Primera A*) seinen Lauf, eine zweite Division mit ebenso vielen Mannschaften (*Primera B*) wird von Halbprofis bestritten. Jedes Jahr gibt es zwei Saisons, Februar bis Juni und August bis Dezember. Großstädte wie Bogotá (Santa Fé, Millonarios), Cali (América, Deportivo), Medellín (Atlético Nacional, Deportivo Independiente) haben je zwei rivalisierende Profiklubs, die sich ein städtisches Stadion teilen. Die Vereinsmannschaften spielen für Weltfußball-verwöhnte Augen einen eher durchwachsenen Fußball; doch auch nicht ganz so effektiv aufgezogenes modernes Kurzpassspiel hat aufgrund seiner Unberechenbarkeit durchaus Unterhaltungswert. Die traditionell populärste Mannschaft sind die **Millonarios,** die bereits in den 1950er-Jahren ihre große Zeit hatten und zahlreiche Titel gewannen. In jüngerer Zeit erfolgreicher waren allerdings **América de Cali** und **Atlético Nacional.** Letztere und Once Caldas (Manizales) sind die einzigen Teams, die den **Copa Libertadores,** die südamerikanische *Champions League,* gewinnen konnten.

Die Nationalmannschaft blickt indes auf eine sehr wechselvolle Geschichte zurück. Lange Zeit konnte sie sich nicht für die Weltmeisterschaften qualifizieren. 1986 sollte der Weltfußball nach Kolumbien kommen, doch die Austragung wurde wegen der Gewaltwelle, die das Land Mitte der 1980er-Jahre erfasste, kurzerhand nach Mexiko verlegt. 1990 wähnte man sich politisch wie fußballerisch endlich auf der Höhe der Zeit und reif für höhere Ambitionen. Spieler wie Torhüter *René Higuita,* Spielführer **Carlos „El Pibe" Valderama** und Flügelstürmer wie *Freddy Rincón* oder „El Tren" *Valencia* weckten Hoffnungen auf ein kolumbianisches Fußballjahrzehnt. Die Elf qualifizierte sich dreimal hintereinander für die WM.

Bei der WM 1990 trotzte sie dem späteren Weltmeister Deutschland in der Hinrunde immerhin ein 1:1 ab und erreichte – aus kolumbianischer Sicht „nur" – das Achtelfinale. Vollends in den Himmel stiegen die Erwartungen, als die Elf um den strohgelben Lockenkopf „El Pibe" die große Fußballnation Argentinien in der Qualifikation für die WM 1994 mit 5:0 an die Wand spielte. Cartoons zeigten am Tag darauf einen *Diego Maradona,* der kniend vor „El Pibe" um Gnade bat. Bis heute erinnert sich jeder Kolumbianer, der damals Zugang zu einem Fernseher hatte, an dieses Spiel. Kolumbien wurde von einigen sogar zum Geheimfavoriten für das nächste Weltturnier erklärt. An diesem Druck sollte die Nationalelf bald darauf scheitern.

Trauriger Höhepunkt der überzogenen Erwartungen war das WM-Turnier 1994 in den USA, wo die vermeintliche Jahrhundertelf schon in der Hinrunde sang- und klanglos ausschied. Zum Trauerspiel fügte sich die Tragödie, als der Abwehrspieler *Andrés Escobar,* der mit seinem Eigentor das Ausscheiden besiegelt hatte, in seiner Heimatstadt Medellín kurz darauf erschossen wurde.

Die Nationalelf war innen- wie außenpolitisch Spiegel eines zerrissenen Landes. Daran änderte sich vorerst auch nichts, als die nächste Generation 2001 die „Copa América", den Titel des Südamerikameisters, nach Hause brachte.

◁ Auf dem Fußballplatz: Bei den jungen Mitspielern der Fußballschule Thimos herrscht große Begeisterung

Fußballschulen: die Fundación Thimos und die „fútbol chicas"

In La Floresta, einem randständigen, aber nicht völlig abgehängten Viertel im Süden der Hauptstadt, möchte Thimos (griech. „Seele") zur Stärkung eines traditionell schwach organisierten Stadtteils beitragen. 2001 fing alles mit ein paar Büchern an, einer kleinen Bibliothek in einem Kirchenraum. Heute hat das Team von Ehrenamtlichen einen Kinoklub, eine Theatergruppe und Taekwondo-Trainingskurse aufgebaut. Herzstück aber bleibt die Fußballschule, in der heute über 80 Kinder zwischen 5 und 16 Jahren kicken. Es gibt vier Jungenmannschaften und eine Mädchenmannschaft. Die „fútbol chicas" haben gerade erst wieder ein Turnier gewonnen.

Die meisten dieser Kinder sind nicht bettelarm; zu essen haben sie zwar nicht immer gut, aber genug, sie tragen feste Schuhe und die allermeisten besuchen eine Schule. Doch die Chancen, je aus ihrem Barrio herauszukommen, sind begrenzt. Soziologen nennen das „strukturelle Armut". Wer Glück hat, wird eine Lehre machen, die man im benachbarten Industriegebiet gut gebrauchen kann. Die Drogen in den Straßen und häusliche Gewalt gehören zum Alltag wie die Aussicht, schon als Minderjährige schwanger zu werden. Väter, die zu Hause wohnen und sich um ihre Familien kümmern, sind nicht unbedingt die Regel.

In derselben Nachbarschaft haben sich vor einiger Zeit „recicladores", die Müllsammler der Stadt, angesiedelt: Familien mit Pferd und Karren, die – oft mit den Kindern auf der Pritsche – zwischen den Hyundais und Mercedes durch die Straßen der Megacity traben, um Plastikfolien, Pappe oder verwertbaren Sperrmüll aufzusammeln. Den Pferdemist kippen sie in den Kanal, an manchen Tagen schwebt ein übler Geruch über dem Viertel. Über ihren Blechhütten warten die Aras, Aasgeier, auf Nachschub.

Die Kinder dieser Familien, die wie sesshaft gewordene Zigeuner am Rande der Gesellschaft leben, in die Nachbarschaft einzubinden, ist eines der Ziele der Fußballschule. Durch regelmäßige Treffpunkte wie Trainings oder die Teilnahme an Ligaspielen will man den Abenden und Wochenenden Gestalt geben und die Kinder über die Jahre zu verantwortlichen Mitgliedern ihrer Teams heranziehen. Als Gegengewicht innerhalb einer Freizeitkultur, die von Banden und einem Sich-irgendwie-Durchschlagen bestimmt ist.

Und was gibt es hier für sportliche Talente: Diego ist ein begnadeter Fußballer. Camilo Aurelio, sein älterer Bruder, war bei einem Unfall aus dem dritten Stock gefallen und lag sechs Monate im Koma; er gilt als eher „schwierig" und trainiert deswegen auch mit der Taekwondogruppe. Die Brüder Brandon (11) und Esteban (12) sind auch immer mit dabei, ihre

Eltern kommen nicht mit zum Training, weil sie schon am Sonntagmorgen ihren kleinen Imbiss „Valluno" aufmachen. Ximena (8) kickt seit drei Jahren mit den Jungs mit, bis sie einmal alt genug ist für das Mädchenteam. Ihre Mutter ist immer beim Training dabei, ihren Vater kennt sie nicht.

Die ehrenamtlichen Betreuer um Diego Acosto oder Liliana leisten vorbildliche Arbeit. Die meisten aus dem Trainerteam sind Studenten oder Sozialarbeiter, manche wie Alejandro, ein bei der Stadt angestellter Psychologe, stehen schon im Beruf. Alle wohnen vor Ort, rund um den Parque La Zona Equidad („Gleichheit"), und kennen sich aus der Gemeindearbeit. Für sie ist die Fußballschule ein Engagement im Namen des Herrn.

Die Mittel sind bescheiden, der Auftrag ist klar. Fußball ist die Passion, die in den Straßen Anklang findet. Jeden Monat kommen neue Freunde, die mittrainieren wollen. Jeder hat hier ein lokales Lieblingsteam, in diesem Viertel sind für viele die Millonarios die wahren Helden. Die „barras", Fußballgangs, haben ihre Präferenz in dicken Lettern an die Wände am Park gemalt. Natürlich hat jeder der Kicker auch einen Traum: Real Madrid, der FC Barcelona, die Stars in Europa.

Auf Nachfrage kennt man auch den FC Bayern, manche auch Borussia Dortmund. Ob man in Deutschland Brasilianisch spricht, wollen sie wissen. Ob man Özil kennen würde. Oder Messi, „persönlich?" In der Nähe unterstützt Real Madrid eine Fußballschule, mit der kann Thimos natürlich nicht mithalten. Als 80 Nachwuchskicker aus dem ganzen Stadtgebiet ausgewählt wurden und für eine Woche nach Madrid durften, waren viele von ihnen zum ersten Mal überhaupt außerhalb der Region um Bogotá. Kalt war's, sagen sie. Aber Ronaldo haben sie gesehen. Und das Bernabéu-Stadion. Für die Fußballjugend war es eine unglaubliche Erfahrung.

Zu Hause sammeln ihre Trainer unterdessen weiter, um das Nötigste anschaffen zu können: Bälle, Tore, Tornetze, Luftpumpen etc.

059kb Foto: os

Der Boom des kolumbianischen Profifußballs in den späten 1980er- und frühen 1990er-Jahren ist nicht zu trennen von den Tentakeln, die das sogenannte Narco-Business auf dem Zenit seiner Macht über die gesamte Gesellschaft gelegt hatte. Drogenbosse leisteten sich Klubs wie Spielzeuge, die „großen Tiere" die etwas größeren Teams, die kleineren Chargen eben die etwas kleineren. Verlockt vom großen Geld zog es Trainer und Spieler aus dem ganzen Kontinent nach Kolumbien. Von diesen zumindest finanziell glanzvollen Jahren ist nicht mehr viel übrig geblieben. Auch wenn noch immer Familien mit ihrem begeisterten Nachwuchs in die Stadien strömen, machen gewaltbereite Ultra-Fankurven *(barras bravas)* den Klubs und ihren Sponsoren immer mehr Sorgen. Gewalt rund um die Stadien hat vielerorts Gegeninitiativen hervorgerufen – das Ergebnis bleibt abzuwarten.

Zahlreiche Sportschulen ziehen unterdessen die Kicker von morgen heran. Die Guten schaffen den Sprung in die europäischen Ligen, die Juniorenkader geben einmal mehr zu größerer Hoffnung Anlass. Während das Land gespannt verfolgt, ob die Männerelf den Sprung zur WM 2014 ins Nachbarland Brasilien schafft, heimsen die Frauenfußballerinnen international längst Erfolge ein. Neben den Brasilianerinnen, den USA und einigen nordeuropäischen Nationen gehören sie seit Jahren ziemlich konstant zur Weltspitze. Die Frauen-WM 2010 in Deutschland wurde ausführlich in den hiesigen Medien kolportiert – eine interessante Fuß(ball)note in einem Land, in dem Männer im öffentlichen Leben noch immer meist den Ton angeben.

Jenseits der Fußballmania: Baseball, Radsport und Boxen

Einziger Teamsport, der es in manchen Regionen mit der Beliebtheit von Fußball aufnehmen kann, ist **Baseball.** Es ist an der Karibikküste besonders verbreitet. Die Nähe zu den USA und das schwüle Klima haben die dortige Neigung für den etwas bewegungsarm erscheinenden Ballsport geprägt. Medien verfolgen die in US-amerikanischen Profiligen spielenden Stars wie *Edgar Rentería* (Barranquilla) oder die Gebrüder *Orlando* und *Jolbert Cabrera* (Santa Marta). 2010 gab es einen Versuch, in Kolumbien eine Profiliga zu etablieren. Dieser Anlauf scheiterte an der widrigen Regenzeit – die Spielsaison musste abgebrochen werden.

Am Wochenende sitzt, wie es scheint, halb Kolumbien schon **früh auf den Rädern:** In bunten Radklamotten, mit Helm und dunkler Sonnenbrille geht es dann ab in die Berge. So nimmt es kein Wunder, wenn zu Kolumbiens erkennbaren Sportexporten die sogenannten „Bergspezialisten" *(escarabajos)* gehören, die Jahr für Jahr die steilen Etappen der Tour de

Microfútbol: Spezialität der Amateure

Fußball ist der weltweit führende Volkssport. Das heißt freilich nicht, dass er überall gleichermaßen ausgeübt werden kann. Gerade in den Städten fehlt es an Rasenplätzen, die wenigen Parks sind oft weit weg. Ohne eigenes Gefährt haben die „aficionados" kein Mittel, um zu den Wiesen vor der Stadt zu gelangen. Ihnen bleibt die Straße, der Hartplatz – oder kleine Hallen.

„Microfútbol", auch „fútbol 5" oder „micro" genannt, ist unter diesen Umständen die Kleinfeldvariante für jene Kicker, denen das Geld, die Zeit oder das Stück Rasenfläche fehlt, das man für einen Freizeitkick braucht. Und weil in Großstädten wie Bogotá die Raumnot noch etwas größer ist als anderswo, bringen es die Micro-Fußballer hier zu besonderer Kunstfertigkeit.

Gespielt wird in der Regel fünf gegen fünf. Bauarbeiter in ihren Gummistiefeln spielen oft in der Mittagspause auf der Nebenstraße; einer bringt zwei Tore mit – und einen Ball. Meistens aber geht es erst abends nach getaner Arbeit richtig zur Sache: Auf den „plazas", den Basketballfeldern oder, wer es sich leisten kann, in eigens dafür eingerichteten Hallen mit Netzen. Von außen sehen diese oft aus wie Autowerkstätten oder private Parkgaragen. Hier wird teilweise bis Mitternacht gekickt. Es gibt Ligen und Turniere, Schiedsrichter und frische, aus China über Panama eingeführte Trikots. „Micro" ist Fußball im Bonsai-Format: Der Ball ist kleiner und härter, gespielt wird schnell und technisch äußerst versiert, oft nur aus dem Fußgelenk und auf kleinstem Raum. 2011 wurde Kolumbien in dieser Disziplin Weltmeister.

France oder des Giro d'Italia mitentscheiden (ehe sie ihre Gutschriften im Zeitfahren und flachen Land wieder verlieren). Zu den bekanntesten Radsportlern gehören *Martín Emilio „Cochise" Rodríguez,* in den 1980er-Jahren *Fabio Parra* und *„Lucho" Alberto Herrera,* zuletzt auch *Santiago Botero,* der *Jan Ullrich* und *Lance Armstrong* in den Alpen das Leben noch schwerer machen konnte. Doping ist kein großes Thema. Dass die hiesigen Profis ohne leistungsfördernde Präparate auskommen sollen, darf indes bezweifelt werden. Von Vorteil ist ihnen zweifellos das Höhentraining in den kolumbianischen Bergen, das die Zahl der roten Blutkörperchen bereits auf natürliche und kostenarme Weise hochschnellen lässt.

Bei der **Vuelta a Colombia,** landesweit das Radsportereignis des Jahres, sind Radio und Fernsehen selbstverständlich live dabei. Den Sieg machen die Schwerarbeiter aus Antioquia, Cundinamarca oder Boyacá meist un-

Tejo: nationaler Freizeitsport

Der Name „tejo" stammt von „Turmequé", der namensgleichen indigenen Volksgruppe in der Nähe von Tunja im Norden der Hauptstadt. Knallfrösche und Flaschenbier prägen dieses populäre Freizeitvergnügen, die körperliche Betätigung beschränkt sich auf das Werfen eines faustgroßen Steines in einen gepflegten Hügel aus schmierigem Lehm.

Tejobahnen findet man überall im Land, meist direkt an den Landstraßen und oft in direkter Verlängerung der Bars und ihrer Tresen. Fast 20 Meter lang, zweieinhalb Meter breit, sind sie mal überdacht, mal notdürftig mit Plastikfolie gegen den Regen geschützt, nicht selten auch einfach unter freiem Himmel. Ziel des Spiels ist es, einen fast zwei Kilo schweren metallischen Stein (den „tejo") in einen aufgeschütteten Lehmhügel zu werfen, in dem ein Ring oder ein Dreieck das Ziel markieren. Die Intention ähnelt somit in den Grundzügen dem angelsächsischen Hufeisenwerfen.

Trifft man ins Herz dieses Ringes („bocin") und liegt näher an dessen Mitte als die anderen, gibt es einen Punkt. Trifft das Wurfgeschoss - eine eiserne Halbkugel - auf eine von vier markierten Stellen direkt am Ring, knallt das „mecha", eine kleine mit Schießpulver gefüllte Papiertasche. Dafür gibt es drei Punkte. Ein Mecha-Knall toppt also den gelungenen Wurf ins Zentrum. Gültig sind allein die direkten Treffer, landet der Stein über Umwege - Tische, Boden oder Zäune - im Ziel, zählt der Treffer nicht. Zwei Mannschaften (oder Einzelspieler) spielen jeweils gegeneinander, in der Regel zwei gegen zwei oder vier gegen vier. Gewonnen hat, wer zuerst 27 Punkte erzielt hat. Das unterlegene Team übernimmt die nächste Getränkerunde. Bei den Indígenas drehte sich noch alles um das Maisferment Chicha, heute sind es Aguardiente und Bier.

Das „tejo" ist heute keine reine Männersache mehr. Während die langen Bahnen zumeist noch von Männern frequentiert werden, sind beim „minitejo" die Bahnen kürzer, die Geschosse leichter und damit ideal auch für Frauen oder Nichteinheimische, die nicht gleich beim ersten Mal die Lehmhügel gefährlich verfehlen möchten.

058kb Foto: wp©luis perez

◁ Tejo-Tor

ter sich aus: Idole der Jugend, gewöhnlich aus einfachen Verhältnissen. Viele haben sich ihre Räder aus gebrauchten Teilen zusammengebaut. Den Volkssportcharakter des Zweirads erkennt der Fremde an autofreien Sonntagen, an denen Tausende von Radfahrern in den Städten sich, beschützt von der Polizei, für einige Stunden ihre autobeherrschten Straßen zurückerobern.

Auch das **Boxen** blickt auf eine stolze Tradition zurück. *Antonio Cervantes* **„Kid Pambelé"**, vier Jahre lang WBA-Weltmeister in der Gewichtsklasse bis 70 kg, war im 20. Jahrhundert Kolumbiens vielleicht erfolgreichster Sportler – zugleich der erste Sportler, der international Anerkennung bekam. Heute hat der Boxsport außerhalb der karibischen Küste seine einstige Bedeutung weitgehend eingebüßt.

Darüber hinaus ist die Popularität von Sportarten heute eine oftmals nur vorübergehende und vom Erfolg einzelner Sportler abhängige Angelegenheit. Der **Rennsport** war in aller Munde, solange *Juan Pablo Montoya* mit *Michael Schumacher* seine Runden drehte. Seit dieser nur noch in der amerikanischen NASCAR fährt, ist es stiller um ihn geworden. *Camilo Villegas* und *María Isabel Baena* zogen mit ihren ersten Erfolgen die Aufmerksamkeit auf den Golfsport. Ausnahmesportler wie die 400-Meter-Läuferin *Ximena Restrepo,* die bei den Olympischen Spielen in Barcelona 1992 als erste Kolumbianerin überhaupt eine (Bronze-)Medaille in der Leichtathletik errang, die Gewichtheberin *María Isabel Urrutia,* die bei den Olympischen Spielen in Sydney 2000 Gold holte, oder die Olympiasiegerin 2012 im BMX-Fahren, *Mariana Pajón,* genießen mediales Ansehen und werben für ihre jeweilige Sportart – aber eben nur eine Zeit lang.

Konstant zur Weltspitze gehören die **Inlineskater.** *Cecilia „la Chechi"* *Baena* gewann vor einigen Jahren den Berlin-Marathon, der zu den weltweit größten Inlinewettbewerben zählt.

Wenn man sich nach einem noch im Volk verankerten sportlichen Wettstreit umsieht, dann fällt der erste Blick allenthalben auf **Billard.** Flächendeckend spielt man Karambolage mit drei Kugeln *(carambola),* weitaus seltener das in Europa weit verbreitete Pool-Billard mit den sechs Löchern. Der zweite Platz geht an den **Stierkampf.** Kolumbien ist nach Spanien, dem Mutterland aller Toreros, und Mexiko das drittpopulärste Land in dieser Disziplin. In der Hauptsaison im Januar und Februar (nicht zufällig ist dies Spaniens Nebensaison) ziehen die großen Namen durchs Land. Die *Feria de Manizales* in der Kaffeezone gehört zu den Höhepunkten. Puristen würden einwenden, dass es sich weniger um einen Sport als einen kulturellen Ritus handelt.

Der dritte Ort, an dem sich Sport und Freizeitvergnügen volksnah die Hand geben, sei es unter Planen oder praller Sonne, ist die kolumbiani-

sche Version des **Hufeisenwerfens:** das auf indigene Traditionen zurückgehende *Tejo,* das vor einigen Jahren sogar zum Nationalsport deklariert wurde.

Wo der Sport zum Geschäft wird, ist der **Wettsport** nicht weit entfernt. In Kolumbien hat dieses Business nur wenig Tradition, was manch einen vielleicht überraschen mag. Pferderennbahnen sind rar. Im Fußball hat es wohl Verquickungen zwischen der Drogen- und Wettmafia gegeben, doch der schlechte Ruf (vielleicht auch das strenge Urteil der katholischen Kirche) hat diese Spielart des Sports nie richtig gesellschaftsfähig werden lassen. Der Fall des kolumbianischen Nationalspielers *Andrés Escobar,* dessen Ermordung weltweit Bestürzung hervorrief, ging allerdings auf das Konto eines Narcos, der vergebens viel Geld auf die kolumbianische Nationalmannschaft gesetzt hatte.

Das Spiel mit dem Glück findet andernorts seinen Ausdruck: Die Alten treffen sich zum **Bingo,** andere zocken in immer größerer Anzahl in den aus den USA importierten und gerne auch per TV übertragenen **Pokerrunden.**

Lotterien sind von Staats wegen und lokal organisiert, teilnehmen kann jeder und das an jeder Ecke. Lose werden auch von Straßenhändlern *(loteros)* verkauft, da bedarf es keiner Casinos und Spielhöllen. Die beiden bekanntesten Staatslotterien sind **Baloto (Lotto)** und **Chance.** Erstere, ein Riesengeschäft, lockt mittwochs und samstags mit oft stattlichen Jackpots. Die Tickets kosten umgerechnet etwa 2 Euro. El Chance – eine kolumbianische Institution, bei der man sich eine drei- oder vierstellige Nummer auswählen kann – ist etwas billiger zu haben. Der täglich ausgeschüttete Gewinn ist entsprechend geringer und muss binnen eines Monats eingelöst werden. Kritisch betrachtet mag man das Glücksspiel als „Steuer für Arme" bezeichnen – die Staatslotterien sind notorisch korrupt und ein einträgliches Geschäft für ihre Betreiber. Andererseits und immerhin fließen deren steuerliche Erlöse in regionale Fonds für Gesundheit und Erziehung.

⌂ „Abgeliebt!": Die Hauptsache ist, dass der Ball rollt

Schrift und Sprache: kolumbianisches Spanisch

Auf den Karibikinseln Providencia oder San Andrés spricht man ein **kreolisches Englisch**. In einigen isolierten Ortschaften wie den *palenques* („geschützte Städte") entlaufener Sklaven hat sich ebenfalls ein **Sprachgemisch** (auch **Patuá** genannt) erhalten, das sich nur Einheimischen erschließt. Daneben gibt es sozial bedingte Sprachschätze, die als Abgrenzung gegenüber Außenstehenden dienen – wie beispielsweise der Slang der Jugend oder der *Barrios*. Die Anzahl indigener Sprachen schätzt man auf über 60. Offizielle Landessprache aber ist und bleibt Spanisch.

Die weitläufige Verkehrssprache eint das Land und macht vieles leicht. **Spanisch** ist nur für jene ein echtes Hindernis, die sich allein auf ihr Englisch berufen möchten. Trotz der augenscheinlichen Nähe Kolumbiens zur US-amerikanischen Konsum- und Massenkultur wird die Sprache der Gringos erstaunlicherweise bislang nicht besonders gepflegt. Englisch ist an den Schulen zwar die obligatorische erste Fremdsprache. Dennoch ist das Land von einer Zweisprachigkeit noch weit entfernt. Angeblich sprechen nur vier Prozent aller Kolumbianer ein alltagstaugliches Englisch, die Tendenz ist allerdings steigend.

An Touristenorten, in Universitätsnähe oder in den großen Städten findet man sich auch ohne Spanisch zurecht. Andererseits sollte man nicht erwarten, dass die Taxifahrer in der Hauptstadt mit Englisch etwas anfangen können. Außerhalb der Stadtzentren und erst recht auf dem Land steht man mit Fremdsprachen noch ziemlich allein da.

Aussprache: vergleichsweise akzentfrei

Gemeinhin gilt das kolumbianische Spanisch – genauer noch das in Bogotá gesprochene – innerhalb der hispanischen Welt als vorbildlich. Sprachschulen werben damit, dass hier das beste Spanisch auf dem Kontinent gesprochen würde. Angeblich zieht es wegen des vergleichsweise akzentfreien Spanischs immer mehr Call Center in die Andenregion. Verfechter der kolumbianischen Sprache verweisen auf *García Márquez,* die Literatur und die Medien im Lande. Nicht zuletzt erklären sie den Erfolg der in Kolumbien traditionell florierenden Telenovelaindustrie, die ihre Serienprodukte auf dem ganzen Kontinent und bei *CNN en español* verkauft, mit dem neutralen Spanisch, das hier gesprochen wird. An dieser Sicht ist sicherlich etwas dran.

Denn das Spanisch der Anden ist tatsächlich allgemein verständlich. Der **Ton der Hauptstädter** wirkt freundlich und melodiös. Anders als auf der Iberischen Halbinsel wird das „c" vor „e" und „i" nicht gelispelt (wie im

englischen „th") sondern als scharfes „ß" ausgedrückt. *Placer* („gefallen")
wird so zu „plasssér". Ansonsten sollte man sich an die hispanischen Gepflogenheiten halten und sich seiner ersten Zungenverrenkungen erinnern: Das markante „r" – „carrrrramba!" – wird eben nicht im Rachen ge-
rollt, sondern zwischen Gaumen und Zunge gebildet, das „h" am Wortan-
fang wird vollends verschluckt (*hispánico* also „ispánico" ausgesprochen).

Dem Reisenden begegnen zwar durchaus regional geprägte Akzente
und Sprechweisen, aber besonders stark ausgeprägt sind sie nicht – mit
Ausnahme vielleicht der Küstenregion im Norden. Selbst für ihre Landsleute sprechen **„costeños"** schnell und laut, angeblich um das Rauschen
des Meeres zu übertönen. Duzen ist in der Karibik sehr weit verbreitet
und gerne verschluckt man einzelne Konsonanten oder am Ende die letzte Silbe, vor allem wenn sie auf „n", „o", „r" oder „s" endet (*los costeños*
spricht man also „loh kohtégno"). Historisch ist das kolumbianische Spanisch am ehesten mit dem Andalusisch und dem atlantischen Spanisch
der Kanarischen Inseln verwandt. Ein paar Abschleifungen erinnern aber
auch an die afrikanischen Wurzeln vieler Kariben. „Cartagena" beispielsweise klingt auf der Straße oft wie „Cattahena".

Die **„paisas",** ebenfalls nicht leicht zu verstehen, erkennt man an der
typischen Sprachmelodie. Sie siezen sich selbst innerhalb der Familie und
verwenden das nur im Valle de Cauca und in Argentinien gebräuchliche *vos*
für „du" (genau genommen eine Zwischenform von „du" und „Sie").

△ Die neuen Großbibliotheken liegen in den ärmsten Vierteln:
eine Bibliothek in Medellíns Comuna 1

Das rund um Cali gesprochene **Valluno** setzt selbst unter Freunden gerne auf das formelle „Sie"; es betont die Vokale und verschluckt den Buchstaben „n". Im Südwesten hingegen pflegt man einen Akzent – **Pastuso** – über den sich das restliche Land gerne lustig macht, das Ostfriesisch Kolumbiens. Es ähnelt in seiner Gedehntheit dem im Hochland von Cundinamarca und Boyacá gesprochenen **Cundi-Boyacense.** Letzteres erkennt man am Gebrauch des für europäische Ohren ungewohnten *sumercé,* „Euer Gnaden", einem Überbleibsel aus kolonialen Tagen. Der Akzent im Hochland wird auch als **Cachaco** bezeichnet und ist am ehesten mit Kastellanisch verwandt. Eine Spielart davon ist das vom eigenwillig gerollten „r" geprägte **Rolo** der eingesessenen Hauptstadtbewohner.

An der Pazifikküste ist der afrikanische Einfluss deutlich spürbar, darauf verweist die Häufigkeit des „o" in Ortsnamen wie Chocó oder Quibdó. Auf den Karibikinseln vermischen sich englische, karibische und spanische Elemente zu einem von Nichteinheimischen kaum zu erschließenden **Kreolengemisch.**

Trotz dieser regionalen Unterschiede kommt man als Tourist mit spanischen Grundkenntnissen ohne Dolmetscher aus. Offiziell geht man heute noch immer von mehr als 60 einzelnen Sprachen innerhalb der Landesgrenzen aus. Wenn man die schon ausgestorbenen Sprachgruppen hinzuzählt, sogar von über 100. Doch Binnenmigration und die Omnipräsenz der Medien schleifen die Unterschiede weiter ab. Das Gemeinsame der regionalen Kontraste ist in Kolumbien weit größer als dies zwischen Sächsisch und Schwäbisch, Plattdeutsch und Schwiezerdütsch je der Fall sein wird.

Hochsprache und Alltagssprache

Geprägt wird der Sprachreichtum auch von der sozialen Herkunft der Sprecher. Je nach Gesprächssituation bemüht man sich um Hochsprache, um Dialekt oder um Slang.

Im Gegensatz zum **Castellano,** wie das Spanisch (statt *español*) gerne genannt wird, werden „du" *(tú)* und „Sie" *(usted)* in Kolumbien flexibel gehandhabt. Ist im Spanischen das „Du" wirklich auf Freunde beschränkt, bezieht es sich in Teilen des Andenstaats durchaus auch auf Fremde, während Ehepartner sich und ihre Kinder in manchen Gegenden bisweilen sogar siezen. Gerade in der Großstadt wird im Kampf mit der Anonymität fast alles akzeptiert und vom Busfahrer geduzt zu werden, sollte niemanden überraschen. In dieser weit verbreiteten Informalität ähnelt Kolumbien mehr den USA als Andalusien. (Tipp des gesunden Menschenverstandes: Im Zweifelsfall sollte man Bürokraten, Bankangestellte und Polizisten natürlich siezen und darüber hinaus Gesprächspartnern generell so antworten, wie sie dem Gast begegnen.) Im Übrigen wird in Kolumbien wie in ganz Lateinamerika anstatt *vosotros* („ihr", 2. Person Plural) *ustedes* gebraucht.

Gefasst machen sollte sich der Gast indes auf eine bisweilen aberwitzig **barocke Ausgestaltung** formaler Gesprächssituationen. Die einen interpretieren diesen Formalismus als Höflichkeit, die anderen als Steifheit, dritte wiederum als unsinnige Girlanden. In der Schriftsprache schlägt sich das in Formeln nieder. Wer einen Brief beginnt, kann mit der Einleitung *„por medio de la presente ..."* („hiermit ...") schon mal nichts falsch machen. Auch die ausfernden Schlussformeln haben sich mit **jahrhundertelanger Kolonialtradition** in die zwischenmenschliche Kommunikation eingeschliffen: *„agradeciendo de antemano su atención ..."* („vorab mich für Ihre Aufmerksamkeit bedankend ..."). Wer lange Briefe mag, kommt hier wahrlich auf seine Kosten, Fans altösterreichisch-wienerisch anmutender Sprachschöpfungen ebenso.

Die Bedeutung der Juristerei im öffentlichen Leben, eine starke mündliche Tradition und der bis weit ins 20. Jahrhundert verbreitete Analphabetismus haben verhindert, dass sich die Schriftsprache bislang vereinfachte – und damit popularisierte.

Aber wie anderswo in den alten Kolonien auch blüht gerade in der gesprochenen **Alltagsprache** eine **starke Informalität.** Ohne die Vergrößerungen und Vernniedlichungen aller Art wie durch das Anhängen von *-ito* und *-ita, -cito* und *-cita* oder (noch eine winzige Windung kleiner) *-itico* und *-itica* geht gar nichts. Man denke an *chiquitita* (wie auch der Titel des legendären ABBA-Hits) *oder un poquitico.* Sogar Adjektive werden verkleinert: *más tardecito (späterchen), un café calientico (schön heiß), hágalo rapidito oder despacito* (mach ein bisschen schneller/langsamer). Manchmal wähnt man sich im ewigen Kindergarten, wenn man permanent mit putzigen Verkleinerungsformen durch den Tag geht, hier ein „Käffchen" *(cafecito)* angeboten bekommt, dort ein „Minütchen" *(minutico)* warten soll. Gerade zu Tisch geht es meist sehr „niedlich" zu, auch wenn die **Vernniedlichungen** manchmal alles andere als klein sind: Wenn einen die Bitte um einen *favorcito* (kleinen Gefallen) erreicht, darf man getrost davon ausgehen, dass es sich um einen ziemlich ausgewachsenen Wunsch handelt. Und bei einem *ahorita* (gleich) kann es sich durchaus auch um Stunden handeln.

Andererseits: Selbst beim Arztbesuch wirken derlei Verkleinerungsformen geradezu herzlich – eine familiäre Note gegenüber dem leicht anbiedernden „Wie geht's uns denn heute", das noch immer in manch deutschsprachiger Klinik herrscht.

Ausländer tun sich anfangs oft schwer, diese **herzliche Verbindlichkeit** nicht als gezielte Intimität misszuverstehen. Ein *abrazo* (Umarmung) oder gar *abrazote* (dicke Umarmung) am Ende eines Briefes bedeutet den Einheimischen in der Regel kaum mehr als ein floskelhaftes „liebe Grüße". (Wegen seiner sinnlichen Note ist die Umarmung am Briefende bei Sprachschülern freilich sehr beliebt.) Und wenn eine kolumbianische Freundin *„Te quiero muuuucho"* schreibt, dann ist auch das noch keine Liebeserklärung, sondern zunächst nur ein herzliches: „Ich mag Dich."

Erwartungsgemäß werden **Kosenamen** innerhalb von Familien besonders gepflegt. *Papi/papito* (Vater), *mami/mamito* (Mutter), *hermano/hermanito* (Bruder) sind völlig üblich. *Papi* kann je nach Gesprächssituation fast alles heißen: „mein Sohn", „mein Liebling", „mein Kleiner", „mein Alter" – oder eben auch „mein Vater". Wenn Kinder auf die Toilette gehen, sollte man die Worte *chichi* (Pinkeln) und *popó/popís* (das große Geschäft) kennen.

Slang

Weniger verständlich zeigt sich die Sprache der Straße, der Slang. In den Hafenstädten hielt sich bis vor Kurzem noch ein gewisses Seemannsenglisch (*„Este man está groggy!"*, „Dieser Typ ist fertig!"). Mit dem **Straßenspanisch** der *Barrios* ist das etwas komplizierter. Hier dient Sprache nicht nur der größtmöglichen Verständigung, sondern auch der Abgrenzung, dem Schutz, der Abwehr. Sie entwickelt in kleinen Räumen eine sehr genaue Bedeutung; wer den Code nicht kennt, ihn aber bedienen will, ist als Eindringling schnell geoutet. Hip-Hop-Texte spiegeln dieses ernste Spiel mit der Sprache wider. Anknüpfend an orale Traditionen sowohl der Indigenen als auch der aus Afrika verschleppten Sklaven ist diese Kultur in ständiger Bewegung. Mit dem Aufeinandertreffen der vielen Binnenflüchtlinge in den Städten haben sich die Elemente neu vermischt.

Einer dieser Soziolekte, die ihre Sprecher gegen eine Außenwelt schützen sollen, ist **Parlache**. Ebenso bekannt wie *Cockney,* der Arbeiterslang Londons, oder *Farango,* die Gaunersprache von Buenos Aires, haben einzelne Worte des *Parlache* wie *parce* oder *parcero* (Freund/Kumpel), *ábrase* (verpiss dich), *vieja* (Weib/Tussi), *todobien, todobien!* (alles klar/o.k.) oder *gonorrea/pirobo* (schlechte Person, Arschloch) den Weg in den Mainstream geschafft.

Vermessen und überwacht wird die sprachliche Entwicklung vom **Instituto Caro y Cuervo.** Auf ihre Kosten kommen Sprachforscher, wie man sich denken kann, zumal in den indigenen Volksgruppen, in denen schätzungsweise noch mehrere Dutzend einzelne Sprachen gesprochen werden. Da diese keinerlei Bezug zu europäischen Sprachfamilien haben, wird sich der flüchtige Gast dort nur schwer zurechtfinden. Abzulesen ist der Kulturkontakt an einer Vielzahl von Begriffen und Konzepten, die aus den indigenen Sprachen in das kolumbianische Spanisch eingeflossen sind, z. B.: *cachi-vache* (Tand, überflüssiges Zeugs), *cancha de fútbol* (Muisca, span.: *campo de fútbol,* Fußballplatz), *chorro* (Schluck), *chicha* (Maisschnaps).

Slang und Jargon

Jargon ist indes auch altersbedingt. Begrüßungen unter Jugendlichen sind zwar wortstark, aber meist halb so wild. *„Qué más huévon?"* („Wie geht's Alter?") oder *„Qué-hubo (quiubo) marica?"* („Alles klar, Schwuli?") ist nichts weiter als ein Gruß unter Freunden. Selbst angehende Yuppies geben sich so den **Touch der Straße. Anglizismen** wie *man, show, coctel(ito), bar(cito), baby* (Freundin), *estrés* (Stress), *tenis* (Sportschuhe), *down* (deprimiert*)* und das unvermeidliche *okay* werden gepflegt. Die aus Funk und Fernsehen bekannte US-beeinflusste In-Sprache scheint aber nicht so sehr Kult wie in anderen Andenländern. Ausgesprochen wird sie, im Gegensatz etwa zu der im Deutschen gebräuchlichen Imitation des Angelsächsischen, meist nach spanischen Lautregeln. Die *bluyin* (Bluejeans*)*, von der Königlichen Sprachakademie offiziell abgesegnet, ist ein schönes Beispiel für das Selbstbewusstsein des kolumbianischen Spanischs. Weit verbreitet sind Abkürzungen wie *el cel* (Mobiltelefon), *compu* (für PC), *finde* (statt *fin de semana* für Wochenende), *deli* (lecker, statt *delicioso*), *porta* (bitte, statt *por favor*) oder *peque* (klein, statt *pequeño*).

Dass auf dem Campus manche Dinge wichtiger sind als andere, spiegelt sich im **Code der Studenten:** *cangrejar,* „krebsen" (zum Partner zurückkehren, von *cangrejo* – Krebs), *el animal,* „das Tier" (Ex-Partner), *terapiarse,* „sich therapieren" (Marihuana rauchen), *vector* (männliches Glied).

Kolumbianismen: die Kunst der kreativen Wortschöpfungen

Wortspiele gehören zum Heiligtum einer jeden Kultur. Sie beleben die Fantasie, übertreten Regeln, schaffen Verständnis. Der Gast fühlt sich beim Versuch, diese zu entziffern, schnell wie ein Fremder. Andererseits hält man sich fast schon für einen Einheimischen, wenn man anfängt, den doppelbödigen Humor zu verstehen. Angekommen ist, wer Witze in einer Fremdsprache erzählen, Kosenamen verteilen und sich selbst auf den Arm nehmen kann.

So gibt es Redewendungen, die Spaniern partout nicht geläufig sind und den Sprecher als Kolumbianer zu verstehen geben. Ein Geizhals ist hier kein *tacaño,* sondern ein *amarrado,* ein etwas schräger Vogel *una bo-*

leta, eine Schreckschraube *un gurre,* eine Kopfverdreherin *un bagre.* Wer eine Bitte hat, verlangt nach einem *catorce,* wer faul ist, leidet nicht an *pereza,* sondern an *mamera.* Streber nennt man *noños.* Prominente Beispiele dieser sogenannten **„colombianismos"** sind:

- *galas* – unerzogen (span. *maleducado*)
- *hablar paja* – Quatsch reden (span. *decir mentiras*)
- *un duro/un pilo* – ein Kluger, Cleverer (span. *inteligente*)
- *tragado* – verknallt (span. *enamorado*)
- *tener filo* – Hunger haben (span. *tener hambre*)

Wie zu Hause auch, ist man in der Fremde nicht vor billigen Floskeln gefeit. Sie überbrücken peinliche Momente, lockern verfahrene Augenblicke und bringen das Gespräch wieder in Gang. Die Universalfloskel schlechthin im kolumbianischen Sprachgebrauch lautet *„Qué pena!"* – „Sorry, tut mir leid!" Es hat die formelle Entschuldigung (*discúlpame*) weitgehend abgelöst; wie sehr es die Sprecher wirklich bedauern, ist fraglich (eine Errungenschaft der urbanen Narco-Kultur, wie manche meinen).

Flüche und andere Ausfälligkeiten

In Spanien gängige Klassiker wie *mierda* (Scheißdreck), *teta* (Titte) oder *culo* (Arsch) sind in Kolumbien eher unüblich, ja geradezu verpönt. Stattdessen gibt es eine Reihe von Kraftausdrücken, die sich vom eher beiläufigen *carajo!* und *Ave María!* (Mann-o-Mann!) über *bastardo!* zum *cara de culo!* (Arschgesicht!) steigern. Bei manchen Bezeichnungen muss man aufpassen, wo man sie anwendet: *pendejo* (wörtl. „Schamhaar" mit der Bedeutung „Idiot") ist in Kolumbien durchaus auch unter Freunden üblich, in Mexiko indes eine veritable Beleidigung. Ihre volle Kraft entfalten die Flüche schließlich in betroffen machenden Ausdrücken wie:

- *Hijepuja!* oder *Hijeputa!* – Hurensohn! (Manchmal auch *jueputcha,* von *hijo de puta. Puta,* also „Hure", gilt als nicht salonfähig);
- *Marica!* – Du Homosexueller! (*Hola Marica:* wie *huévon* der Jugendsprache entnommene Begrüßungsformel, Ausdruck katholischer Doppelmoral).
- *Huévon!* – Deine Eier sind zu groß! (So schimpft sich, wer vor lauter Männlichkeit kaum laufen kann oder einfach zu langsam ist.)
- *Perra! Zorra!* – Du Hündin! Du Füchsin! (So münzt man freizügige Frauen. Wie *pierisuelta* – „die mit den offenen Beinen" ein Spiegel der in Teilen noch immer frauenfeindlichen Kultur.)
- *Gonorrea!* – Verdammt! Wahnsinn! Wichser! (Die Gleichschaltung von Fluch und Geschlechtskrankheit ist nicht nur in Bogotá der Renner.)

Ökologie und Umweltbewusstsein

„Qué bonito nuestro paisaje, cierto?" „Ist unser Land nicht schön?" Wenn es um die **Schönheit ihrer Natur** geht, sind sich so gut wie alle Kolumbianer einig. Sie denken dabei an ihre drei Andenketten und zwei Meeresküsten, die bunte Vogelwelt, die weiten Páramos und Urwälder in entlegenen Landesteilen.

Die ausufernden Städte, vom Industriemüll verseuchten Flüsse oder zahlreichen lokalen Umweltkatastrophen blenden sie dabei aus.

Kolumbianer pflegen ein **ambivalentes Verhältnis** zu ihrer natürlichen Umwelt. Auf der einen Seite machen sie aus ihrem Stolz für den biologischen Reichtum, die abwechslungsreiche Landschaft, die imposanten Bergformationen, die fruchtbaren tropischen Gefilde keinen Hehl. Doch diesem Heimatgefühl haftet immer zugleich etwas Postkartenhaftes an. *Campesino* will keiner sein, ein Hinterwäldler ist, wer dort tatsächlich arbeitet. „Bei uns gucken die Großstädter auf die Kleinstädter herab, diese wiederum auf die Leute in den Dörfern, die ihrerseits machen sich lustig über die Leute, die in den Bergen wohnen", fasst der Verfassungsrechtler *Mauricio García Villegas* die im Lande vorherrschende **Abwertung des Agrarischen** zusammen.

Nicht nur *García* zufolge geht das auf zwei aus Europa mitgebrachte kulturelle Traditionen zurück. Franzosen bestünden demnach seit *Montesquieu* darauf, dass Zivilisation nur in den moderaten Klimazonen möglich sei. Die Spanier ihrerseits hätten zwar Landbesitz als Statussymbol anerkannt, doch nicht die Landarbeit. Körperliche Arbeit war unter den Grundbesitzern verpönt, dafür hatte man ja Sklaven und später schlecht bezahlte Landarbeiter.

So steht der Schutz der Umwelt heute mehr denn je im **Spannungsfeld von Armut und Entwicklung,** einer ungeheuren Biodiversität und einem erst schwach verankerten ökologischen Bewusstsein.

Der natürliche Reichtum des Landes steht außer Zweifel. Kaum irgendwo auf der Welt gibt es eine derart große Vielfalt an Flora und Fauna. Über 52.000 verschiedene Spezies sprechen für sich. Weite Landstriche sind unbesiedelt und kaum erforscht. Selbstverständlich werden derart üppige Lebensgrundlagen von den Menschen exzessiv genutzt – und sind deswegen zugleich gefährdet. Großgrundbesitzer brennen Regenwald nieder, um ihre Weideflächen auszubauen; Textilmanufakturen leiten Abwässer ungefiltert in die lokalen Flüsse; der Bergbau greift in sensible Hochebenen ein, welche die Städte mit Wasser versorgen, unzureichend beaufsichtigte Ölraffinerien und Palmölplantagen belasten die Umwelt, ungebremste Tourismusprojekte dezimieren die Mangrovenwälder und

Flüchtlingsfamilien bauen ungenehmigte Siedlungen in gefährdete Berghänge an den Rändern der Metropolen.

Der allgegenwärtige **Raubbau an der Natur** ist in Kolumbien nicht zu übersehen. Flüsse wie der Río Bogotá oder der Río Medellín stinken zum Himmel, sie sind – über Jahrzehnte schamlos missbraucht – zu klinisch toten Abwasserkanälen verkommen. Die Landstraßen werden von Abfällen gesäumt, selbst in der einsamen Guajirawüste sieht man Halden von Plastikmüll vom Winde verweht in den Stacheldrahtzäunen hängen. Die Luftverschmutzung hält sich aufgrund der Armut und des folglich noch relativ niedrigen Grades der Industrialisierung und Automobilisierung vielerorts in Grenzen. Doch in Großstädten wie Cali, Medellín und vor allem Bogotá ist der Blei- und Staubgehalt in der Luft alarmierend. Sensibilisierte und erkrankte Menschen laufen an den einschlägigen Hauptstraßen routiniert mit Staubmasken herum.

In Kolumbien kommen zu diesem ganz normalen Druck auf die Umwelt noch jene Gefährdungen hinzu, die vom bewaffneten Dauerkonflikt und vom Drogengeschäft ausgehen. Der Nationalpolizei zufolge **zerstört jeder Hektar Kokaplantage etwa drei Hektar Wald,** jeder Hektar Mohn annährend das Zweieinhalbfache. Die Chemie, die beim Produktionsprozess eingesetzt wird, verseucht die Böden, die Pisten für Flugzeuge und Transporter schlagen Schneisen in vormals unberührte Natur. Die blutigen Auseinandersetzungen mit der Guerilla haben sich in den letzten Jahren zunehmend in die Grenzregionen verlagert, in den unzugänglichen Regionen boomt das Drogengeschäft. Millionen von Hektar Urwald und Nationalpark wurden auf diese Weise schon vernichtet.

Formal stehen dem kolumbianischen Staat wirkungsvolle Instrumente zur Eindämmung des Raubbaus zur Verfügung. Kolumbien gehört zu den ersten Ländern in Lateinamerika, die **Gesetze zum Schutz der Umwelt** einführten. 1954 gründete der Staat die Corporación Autónoma Regional (CAR). 1959 wurden die Bestimmungen zur Einrichtung der Nationalparks festgelegt – heute gibt es in Kolumbien 56 ausgewiesene Nationalparks mit über 12 Mio. Hektar Fläche, über 11 % der Landesfläche. 1968 schuf man den ersten Prototyp einer Umweltbehörde, das Instituto Nacional de Recursos Naturales y del Medio Ambiente (INDERENA), das sich einerseits um den Abbau der Bodenschätze, andererseits auch um die ökologischen Belange kümmern sollte.

Die Verfassung von 1991 schließlich verankerte wichtige Bestimmungen zum Schutz der Umwelt, zwei Jahre später gründete man das erste Umweltministerium. Dem Staat zur Seite steht dabei eine **Legion von kompetenten Experten** und Organisationen, darunter das Instituto Humboldt, die Fundación Natura, die Universidad Sergio Arboleda oder die

Confederación Colombiana de ONG, der Dachverband der Umweltschutzverbände.

Wenn unter dem Strich die **Ökobilanz** in Kolumbien verheerend auszufallen droht, dann zunächst wegen der strukturellen Defizite im politischen System. Die Aufsichtsbehörden sind in diesem Bereich fachlich unterqualifiziert und notorisch unterbesetzt. Selbst wenn eine Gesetzesübertretung aufgedeckt wird, sind die Sanktionen bis heute wenig abschreckend. Die CAR wollte man 2011 bereits auflösen, sie gelten als Inbegriff von Klüngel und Korruption.

Dazu fügt sich, spätestens seit der Uribe-Regierung, ein Primat zugunsten von Auslandsinvestitionen. *Uribe* schaffte das Umweltministerium ab und vergab die Genehmigung für die rasante **Ausweitung der Abbaugebiete und Schürfrechte für Bodenschätze** von einer Million auf 8,5 Mio. Hektar Land. Dabei nahm er keinerlei Rücksicht auf schon bestehende Umweltgesetze: Heute sind 6,3 % der ökologisch empfindlichen Hochebenen über 3000 Meter *(páramos)* an Lizenzträger vergeben, die Mitsprachemöglichkeiten der Anrainer vielerorts äußerst begrenzt.

Der Bergbau gilt auch unter dem heutigen Präsidenten *Santos* als eine der sieben „Lokomotiven" des Wirtschaftswachstums. Die entsprechenden Steuereinnahmen *(regalías)*, so wird der von Kritikern befürchtete Ausverkauf gerechtfertigt, sollen vor allem der lokalen Infrastruktur zugutekommen. Es steht zu erwarten, dass in diesem Jahrzehnt die Ausbeutung und Auseinandersetzung um Kolumbiens natürlichen Reichtum erst richtig losgehen.

Zu diesen Strukturproblemen kommt ein Phänomen hinzu, das in Kolumbien besonders bunte Blüten trieb: Allzu lange überließ der Zentralstaat die lokalen Geschäfte allein den lokalen Eliten. Aus den Großgrundbesitzern von damals, den *gamonales* (Bonzen) und ihren Familien, wurden regionale Oligarchien, die heute in **klientelistischer oder mafiöser Lokalpolitik** aufgegangen sind. Unter diesen Umständen blieben den Bürgern relativ wenige effektive Mittel, um herrschenden Wirtschaftsinteressen vor Ort demokratische und soziale Belange entgegenzustellen.

Es fehlt nicht an sinnvollen Initiativen und engagierten Bürgern, die sich für **nachhaltiges Wirtschaften** einsetzen. Nicht zuletzt in den Städten, in denen die Belastungen besonders spürbar sind, wächst der politische Willen, den Umweltschutz ernst zu nehmen. Alte Busse werden aus dem Verkehr gezogen. Flüsse werden mit viel Aufwand entgiftet, Müllkippen gesichert. In den großen Städten hat man in den letzten Jahren Fahrverbote und autofreie Tage eingeführt, Radwege gebaut (von Wegenetzen mag man noch nicht sprechen), die öffentlichen Bussysteme modernisiert und Recyclingstationen eingerichtet.

Bei einem Thema wie Wiederverwertung allerdings wird die Kluft zwischen Wunsch und Wirklichkeit deutlich. In einer von Armut geprägten Gesellschaft wie der kolumbianischen gibt es eine darwinistische Kette der Weiternutzung oder **Verwertung von Wohlstandsabfall.** Für Altkleider oder ausrangierte Elektrogeräte braucht es keine Container – jeder kennt jemanden, der jemanden kennt, der gebrauchte, aber funktionstüchtige Hemden und Schuhe oder alte PCs gut gebrauchen – oder reparieren – kann. Pappe und (Zeitungs-)Papier nimmt die Hausmeisterin gerne entgegen, sie verkauft diese an Straßenhändler, die damit ihr Taschengeld aufbessern. Was unsortiert in der Mülltüte und für die nächtliche Müllabfuhr auf dem Gehweg landet, wird allabendlich von den **Müllsammlern** auf seinen Verkaufswert geprüft. Glasflaschen und Plastik kehren so in beträchtlichen Mengen in den Rohstoffkreislauf zurück. Diese Form von Wiederverwertung hat allerdings einen kleinen Haken, denn die *recicladores* gehen bei ihrer Arbeit ohne Rücksicht auf ästhetische oder hygienische Verluste zur Sache und lassen die Müllsäcke aufgerissen auf dem Gehweg zurück.

Recycling gehört inzwischen **in fast allen Schulen zum Lehrplan,** mit immer neuen Kampagnen versucht der Staat, das Bewusstsein dafür zu schärfen. Doch noch immer gehen viele Erkenntnisse auf dem Weg in die Köpfe und Herzen der Menschen verloren. Medikamente und Batterien landen ebenso im Mülleimer wie Bioreste (die auf dem Lande an die Hunde verfüttert werden), Plastiktüten von der Einkaufskasse hält man weithin für eine billige Bezugsquelle von Mülltüten. Das Bewusstsein für Sondermüll wie Farbreste, Chemikalien oder Elektroschrott mag wachsen, aber selbst in den Städten sind die entsprechenden Annahmestellen der Bevölkerung schlicht und einfach nicht bekannt. Neun von zehn Kolumbianern halten, einer repräsentativen Umfrage von LAPOP (Latin-American Political Opinion Poll) zufolge, Mülltrennung für wünschenswert, aber nur ein Drittel bekennt sich dazu, es auch zu versuchen.

In der großen Politik indes ist der Naturschutz als Thema angekommen. Bei der letzten Wahl stand eine als **„Ola Verde"** bekannt gewordene **Bürgerbewegung** zwischenzeitlich vor dem Machtgewinn. Die kurz zuvor gegründete Grüne Partei *(Partido Verde)* mag auf den ersten Blick mit ihren weltweiten Namensvettern nur die Symbolik gemein haben, die weitere Entwicklung der „gelben Sonnenblume" muss abgewartet werden. Doch den Rückhalt, den die Partei unter den Besserverdienenden, den Studenten und in Teilen der urbanen Mittelschicht bekam, deutet auf wachsendes Umweltbewusstsein hin.

Da will die Wirtschaft nicht ganz untätig erscheinen, sie wittert zu Recht ganz neue Geschäftsfelder. Schon aus Imagegründen umwirbt sie die städtischen Eliten mit „grünen" Zeitungsinseraten. Das gilt auch für den umstrittenen Bergbau, dessen Boom in den nächsten Jahren bevorsteht und dem auch wirtschaftsfreundliche Kreise das Potenzial einräumen, das bislang intakte Ökosystem im Land irreparabel zu zerstören. Andererseits gibt es selbst im Bergbau optimistisch stimmende Modellprojekte wie „Oro Verde" (Chocó) oder die Gemeinde La Llanada (Nariño) im Südwesten des Landes, die sich um eine ökologisch und sozial nachhaltige Form des Abbaus bemüht. Seit 1995 wird dort Gold in verhältnismäßig kleinen Mengen geschürft – doch mit klarem Blick auf die Interessen der über 370 Familien, die davon leben.

Auch auf einem anderen Feld – dem **Ökotourismus** – könnten sich die oft gegensätzlichen Interessensgruppen treffen. Gerade ein Land mit derart viel unentwickeltem Territorium wie Kolumbien müsste ein Interesse

Die Ökowelle, noch ganz am Anfang

Nach dem Zivildienst träumte der Verlagskaufmann davon, bei Piper oder Langenscheidt einzusteigen. Doch wie das Leben so spielt, heuerte er beim Medienmanager Thomas Haffa an und ging in die pulsierende Merchandisingbranche. Bei SAT.1 kümmerte er sich auch um Lizenzrechte für „Ran", das mit Beckmann und Kerner der alten „Sportschau" den Rang abzulaufen begann. Schließlich landete er beim Marketing der KirchGruppe, der Internetauftritt von „Laurel und Hardy" gehörte zu seinen Aufgaben, besser bekannt als „Dick und Doof". Für einen jungen Medienprofi verdiente er sehr gut. „Geld stinkt nicht immer", erzählt Alexander von Loebell, „ich war eben ein überzeugter Öko mit Krawatte."

Dann kam die Trennung von Frau und Kind. „Komm doch hierher", sagte ihm sein Vater, ein Industriemakler, der zwischen Salzburg und Bogotá hin und her pendelt. Als Sohn deutscher Eltern war von Loebell in Kolumbien geboren und in Deutschland groß geworden. Nach einem Jahr im väterlichen Geschäft entschloss er sich, aus seiner Überzeugung ein Unternehmen zu machen. Er wollte Kolumbianern nachhaltiges Landwirtschaften nahebringen. Ende 2002 gründete er BioPlaza.

Ökologische Ernährung, erinnert sich von Loebell, spielte da im öffentlichen Bewusstsein noch keine Rolle. Die ersten Produkte kamen von der elterlichen Finca. Dort, zwischen den Blumenhäusern im Nordwesten Bogotás, bewirtschaftete er einen Hof ohne Chemie. „Wir hatten zwar das Know-how, aber keine Ahnung vom Vertrieb." Mit Hilfe eines kleinen Vorerbes und einer Schenkung aus der Familie stieg er in den Handel mit Bio-Ware ein.

haben, einen sanften Tourismus zu fördern, bei dem Flora und Fauna, die sinnliche Erfahrung der Naturerkundung, das Kennenlernen kultureller Wurzeln und der schonende Umgang mit der Natur im Vordergrund stehen. Für Kletterer, Wanderer, Trekker, Vogelkundler, Höhlenforscher oder Biologen bietet Kolumbien ein weithin unerschlossenes Hinterland, das jetzt, da der gesellschaftliche und politische Konflikt nicht mehr überall zu spüren ist, zunehmend offen steht. Einige der vielen grandiosen **Nationalparks** wie die Sierra Nevada de Santa Marta, El Cocoy, Chingaza, Los Nevados oder Volcán Puracé widmen sich bereits und mit Erfolg ausdrücklich dem sogenannten **„ecoturismo".**

Es gibt Ansätze, die zuversichtlich stimmen. Doch solange der Konflikt noch andauert und die soziale Frage ungelöst bleibt, wird es nachhaltig „grüne" Politik in diesem Land weiterhin sehr schwer haben.

Ein Jahrzehnt später hatte BioPlaza drei Filialen und rund zwanzig Mitarbeiter; zwei Zweigstellen wurden über Lizenzverträge in andere Hände übergeben. Die Ökowelle hat das Land noch immer nicht erfasst. Seine Kunden sind vor allem gut betuchte Ehefrauen, Studenten und Büroleute, die mittags auf der Terrasse essen. Sie wollen nicht die Welt retten. „Den meisten geht es um gute Ernährung. Das ist ein bisschen wie Deutschland in den 1980er-Jahren mit seinen Reformhäusern, als die Umweltbewegung auch die Konsumgewohnheiten zu ändern begann."

An Herausforderungen fehlt es dem deutsch-kolumbianischen Ökopionier nicht. Das fängt beim rauen Klima an, die nächste Regenperiode kann eine ganze Ernte vernichten. Die staatliche Unterstützung für alternative Landwirtschaft beschränkt sich auf kompliziert zu beziehende Kredithilfen. Es fehlt an Qualitätsprüfern – „so etwas wie Demeter", mit regelmäßigen Kontrollen und festen Abnehmern. Auch das Lieferantennetzwerk bleibt dünn – oft muss sein Laden nehmen, was geliefert wird.

Trotzdem lässt von Loebell nicht locker. Regelmäßig fährt er übers Land, um Bauern oder Kooperativen für die Bioproduktion zu gewinnen. Immer wieder testet er neue Angebote. Zum 10-jährigen Jubiläum hofft er, ein breites Franchise-System zu entwickeln: die erste Bioladen-Kette im Lande. Zum Unternehmergeist gesellt sich der Überzeugungstäter. „Mit meiner Geschäftsidee möchte ich natürlich auch ein bisschen aufrütteln. Was Monsanto oder Nestlé in der Dritten Welt für Unheil anrichten, tut mir in der Seele weh." Da spricht wieder der „Öko" aus ihm. Der Geschäftsmann, der inzwischen ganz ohne Krawatte auskommt.

Prostitution und Sextourismus

Das älteste Gewerbe der Welt hat auch in erzkatholischen Gesellschaften seinen festen Platz. Die einschlägigen Etablissements kennt jeder Taxifahrer und jeder Straßenhändler. In Bogotá war das Rotlichtmilieu lange Zeit rund um das historische Stadtzentrum angesiedelt, in den 1970er- und 1980er-Jahren entlang der schäbigen Avenida Caracas, inzwischen hat sich die Prostitution weiter dezentralisiert. Anfang der 1990er-Jahre zählte man offiziell über 14.000 Sexarbeiterinnen in der Hauptstadt, jede zehnte davon minderjährig. Die Dunkelziffer dürfte weit darüber liegen.

Die Preise für die Sexarbeit variieren stark, doch unterhalb der Edelprostitution halten sich die Verdienste in Grenzen; mehr als die Hälfte der Sexarbeiterinnen in der Hauptstadt verdient unter 50.000 Pesos (umgerechnet weniger als 20 Euro) pro Kunde. In den schlimmsten Fällen der **Ausbeutung** sehen die Dienstleister nur einen Bruchteil davon; sind sie Kinder, erhalten sie oft nur Essen und Drogen. Denn das Geschäft teilen andere unter sich auf. Nach oben gibt es preislich kein Limit, man spricht dann fein von Escort-Service – und Preisen bis zu fünf Millionen Pesos pro Nacht.

Wie anderswo ist Prostitution einerseits ein **gesellschaftlich geduldetes Tabu**, andererseits ein ziemlich klar **geregelter Geschäftszweig**. Besonders stark vertreten ist das Geschäft mit dem Sex in Touristenhochburgen, Geschäftsstädten wie Medellín und Bogotá oder Transitorten mit viel Durchgangsverkehr. In Hafenstädten wie Buenaventura oder Tumaco haben die Seeleute ihre etablierten Kontakte, die Transporteure pflegen entlang der Straßen und Rastplätze ihre Netzwerke. Dort, wo Rohstoffe und Edelmetalle gefördert werden, wie etwa in Villavicencio oder Barrancabermeja, folgen die Sexarbeiterinnen den *obreros* auf dem Fuß.

Notorisch ist auch die **Prostitutionsszene in Grenzorten** wie Cúcuta, wo das Internet bei der Vermittlung von Kunden etwa aus Venezuela eine immer größere Rolle spielt. Jeder Taxifahrer führt seine Kunden gegen entsprechendes Trinkgeld an die Orte ihres Verlangens. Nichts ginge freilich ohne das Einverständnis der Eigentümer der Hotels und Etablissements. Dass die Polizei an dem einträglichen Business mitverdient, gilt nicht nur in Kolumbien als offenes Geheimnis.

Prostitution und der Sextourismus nahmen in den 1980er-Jahren einen **vom Boom im Drogengeschäft geschürten** Aufschwung, der bis heute anhält. Frauen und Pferde entwickelten sich zu Trophäen der in Geld schwimmenden Drogenhändler. Erst kauften sich diese in die Schicht der *High Society* ein, bald darauf nahmen sie die Mädchen aus einfachen Verhältnissen ins Visier. Mit ihrem Geld, Autos, Markenklamotten und

Schmuck war der **Anziehung der Neureichen** *on the block* kaum zu widerstehen. Die traditionellen Schönheitswettbewerbe verkamen bald zu Brautschauen der Mafia, deren selbstverständlich unbestechliches Urteil am Ende auch die Jury zu bestätigen hatte.

Die **Frau eines Mafiosi** hatte nur einem Klischee zu entsprechen: lange Beine, großer Busen, praller Hintern und möglichst blutjung. Im Tausch gegen Schönheits-OPs und ein schnelles Leben leistete sie ihrem Gönner sexuelle Dienste, darüber hinaus Gesellschaft und begleitete ihn in der Öffentlichkeit. Noch nie floss so viel Geld auf einmal in die Armenviertel. Der Einfluss war in den letzten drei Jahrzehnten dermaßen groß, dass die **Narco-Ästhetik auf die gesamte Kultur übergriff.** Der Trend wurde in den 1990er-Jahren noch verstärkt durch die Öffnung der Volkswirtschaft, die direkt darauf folgende ökonomische Krise und Internationalisierung des Landes. Sowohl Nachfrage als auch Angebot stiegen.

Heute gehört Kolumbien neben Ländern wie Kenia und der Mongolei zu den Destinationen mit den **weltweit größten Wachstumsraten** im Sextourismus. Die Kunden aus dem Ausland bedienen sich auf dem offiziellen Sexmarkt über registrierte und steuerrechtlich eingetragene Betriebe wie Escort-Agenturen. Oft handelt es sich um gut ausgebildete und mehrsprachige Jugendliche und junge Erwachsene aus einkommensstarken Familien, die sich auf Anruf und gegen gutes Geld Touristen oder Geschäftsreisenden zur Verfügung stellen.

Andere Freier suchen nach preiswerteren Angeboten, deren Ausmaß dem formalen Markt mindestens ebenbürtig sein dürfte. Das dramatische Problem bleibt dabei die **Ausbeutung von Minderjährigen.** Allein in Kolumbien gibt es 250 wegen kinderpornografischer Inhalte gesperrte Webseiten. Laut der NGO *Fundación Renacer* soll es aktuell mehr als 30.000 Minderjährige geben, die – nicht selten von Familienangehörigen dazu getrieben – sexuelle Dienste anbieten.

Armut spielt auf der Angebotsseite eine gewichtige Rolle. Rekrutiert werden die Kinder und Jugendlichen bevorzugt in den *zonas de invasión,* den Wellblechquartieren an den Rändern der Stadt und Elendsvierteln, wo die Notdürftigen ein Auskommen suchen. In Cali ziehen „Anbieter" allabendlich aus den lokalen Armutsvierteln in die Partymeilen im Stadtwesten. Bekannt ist auch, dass verarmte Indio-Familien im Zenu wochenends ihre Kinder den Touristen an den Stränden zuspielen. Meist sorgen ältere Familienmitglieder oder Freunde für den Erstkontakt mit den Gästen.

Dieser Realität gegenüber stehen für das Jahr 2010 gerade mal 569 Anzeigen wegen Kinderprostitution und Kinderpornografie, für 2011 ganze 742. Doch der Druck des Schwarzmarkts und die Nachfrage in Übersee sind enorm.

Sicherheit und Unsicherheit

Sicherheit ist ein den Alltag beherrschendes Thema in Kolumbien, also auch permanentes Gesprächsthema. Das persönliche Gefühl von „Sicherheit" ist naturgemäß subjektiv. Für den unvermeidlichen Smalltalk vor Ort sollte man unter anderem folgende Begriffe parat haben:

- **„Bacrims":** *Bandas criminales* („kriminelle Banden") nennt man jene Nachfolgegruppen, die nach der offiziellen Auflösung der paramilitärischen Verbände weiter das betreiben, was sie am besten können: kriminelle Machenschaften pflegen, das Drogengeschäft ausbauen und Terror verbreiten. Derzeit in aller Munde sind Gruppen wie die „Rastrojos", „Urabeños", „Águilas Negras", „Paisas".

- **„Capo" (Bandenboss).** Wie einst *Pablo Escobar* fingen viele Bandenchefs als kleine Fische an. Loyalität innerhalb des Verbandes und unbedingter Gehorsam sind die wichtigsten Voraussetzungen für ihren Aufstieg. Verrat und der richtige Mord zur richtigen Zeit bestimmen hingegen, wer ganz nach oben kommt. Sinnbild dieser mörderischen Hackordnung ist das Ende von *Carlos Castaño,* dem Boss der Paramilitärs in den 1990er-Jahren, der schließlich von seinem eigenen Bruder umgebracht wurde. *Capos* sind auch in der Bevölkerung oft unter ihren selbst gewählten Spitznamen bekannt, der sich interessanterweise häufig an körperlichen Merkmalen orientiert wie „El Negro" („Der Schwarze") oder „ El Tuerto" („Der Einäugige"). *Freddy Rendón Herrera* alias „El Alemán", also „Der Deutsche", wird so wegen seiner hellen Hautfarbe und Ordnungsliebe genannt.

- **„Cartel".** Als „Kartell" bezeichnet man einen Verband von Drogenhändlern, die in einer Region das einschlägige Geschäft beherrschen. Innerhalb eines Kartells schützt man das gemeinsame Geschäft nach außen – wenn es sein muss auch per Krieg mit rivalisierenden Kartellen. Zu den bekanntesten gehörten in ihrer Zeit das Kartell von Cali (Gebrüder *Rodríguez Orejuela*) und jenes von Medellín unter *Pablo Escobar*. Nach einem erbitterten Krieg zerschlug der kolumbianische Staat in den 1990er-Jahren die Kartelle. Seither ziehen Drogenbosse ein politisch weniger exponiertes Dasein vor, anstatt „Pablos" gibt es nun 100 bis 200 „Escobarcitos."

- **„Falsos positivos".** So werden die Morde seitens des Militärs bezeichnet, das seit 20 Jahren die Statistiken aufhübscht, um die Bevölkerung im Glauben zu wiegen, dass der Kampf gegen die FARC gewonnen werde. Auf diesem zynischen Wege, für den bislang nur wenige Verantwortliche juristisch zur Rechenschaft gezogen wurden, fand man offenkundig vom Militär drapierte Leichen in der Verkleidung von

Guerilleros. Unter den ermordeten Personen befanden sich einfache Bürger, Landbevölkerung auf der Suche nach Arbeit, aber auch Behinderte mit Downsyndrom, Straßenkinder und Kleinkriminelle, deren übergezogene Schuhe – wie man später herausfand – nicht der tatsächlichen Fußgröße entsprachen.

- **„Guardaespaldas"** (wörtl. „Rückenschützer"): Neuankömmlingen wird die starke Polizeipräsenz auf den Straßen und in den Hauseingängen auffallen. Ins Auge stechen auch die allgegenwärtigen Personenschützer, welche Politiker, Geschäftsleute und exponierte Personen des öffentlichen Lebens tagaus, tagein begleiten. Ex-Regierungsmitglieder erhalten diesen Schutz noch Jahre nach Ablauf ihrer Amtszeit. Insgesamt sollen in Kolumbien etwa 9000 Bürger mit Bodyguards unterwegs sein.

- **„Mula":** „Maultier" heißen diejenigen, die Drogen in kleinen Mengen im Gepäck, am oder im eigenen Körper über die Grenze schmuggeln. Gepflegt wird dieses Transportwesen vor allem von den mittleren Drogenchargen, kleineren Händlerringen; das große Geschäft nutzt andere Vertriebswege. In spektakulären Fällen werden auch schon mal ehemalige Schönheitsköniginnen gezielt eingesetzt, zuletzt immer öfter auch ausländische (mal besonders naive, mal gewitzte) Touristen.

- **„Paras":** Der Aufstieg der *paramilitares* begann in den 1980er-Jahren. Die Drogenkartelle in Cali und Medellín bildeten eigene militärische Verbände. In den 1990er-Jahren übernahmen regionale Geschäftszirkel und Industrielle die ausgebildeten Söldner (man spricht von bis zu 50.000 Soldaten), um sich vor der Guerilla zu schützen. Vielerorts kam es zur Zusammenarbeit mit dem kolumbianischen Militär und höchsten Etagen des Staatsapparates.

- **„Secuestro":** Entführungen, einst noch mit politischem Kalkül geplant, entwickelten sich zu einem einträglichen Geschäftszweig der Guerilla. Zu deren Blütezeit zählte man zeitgleich mehr als 3000 Entführungen im Lande, inzwischen kein Zehntel mehr davon – zumindest ein klarer Erfolg von *Uribes* umstrittener Sicherheitspolitik. Langzeitentführte wie etwa die frühere Präsidentschaftsbewerberin *Íngrid Betancourt* spielten im politischen Alltag ebenso eine Dauerrolle wie entführte Militärs, die zum Teil über ein Jahrzehnt in den Händen der Guerilla blieben oder es noch sind.

- **„Sicario"** (Auftragskiller): Aus dem vom Drogengeschäft forcierten Berufszweig entwickelte sich der Auftragsmord *made in Colombia*. Ab 300 Euro ist er zu haben. Dass es darunter auch viele Killerfrauen geben soll, gehört eher zu den urbanen Mythen, die von Romanen wie „Rosario Tijeras" oder Filmen wie „Colombiana" (2011, Drehbuch: *Luc*

Besson) befeuert werden. Auftragsmörder haben viele Gesichter: Oft arbeiten sie zu zweit und vom Motorrad aus. Im Vorbeifahren wird das Zielobjekt beschossen, danach sogleich das Weite gesucht. Dem Auftragsmord fallen alljährlich Hunderte von Kolumbianern zum Opfer, darunter öffentliche Personen wie der Chefredakteur von El Espectador, *Guillermo Cano* (1986), der 1989 im Wahlkampf führende Präsidentschaftskandidat *Luis Carlos Galán,* der Vallenato-Sänger *Rafael Orozco* (1992) oder der Komiker *Jaime Garzón* (1999).

Noch keine Entwarnung gibt es beim Thema der **städtischen (Un-)Sicherheit.** In ihren schlimmsten Tagen in den frühen 1990er-Jahren lag die jährliche Mordrate einer Stadt wie Bogotá bei rund 60 Morden pro 100.000 Einwohner. In von Drogenhandel und Bandenkriegen gezeichneten Städten wie Cali und Medellín war die Rate kaum niedriger. Zum Vergleich: In Berlin liegt die Mordrate bei 3, deutschlandweit bei 0,8 pro 100.000 Einwohner (Stand: 2011).

Städte wie Bogotá, Cali oder Medellín werden gerne in den TopTen-Listen der „gefährlichsten Städte der Welt" geführt – in einem Atemzug

„Paseo millonario": unerwünschter Ausflug mit Unbekannten

Neuankömmlinge halten es für einen schlechten Witz oder eine Räuberpistole. Als „Millionärsausflug" - „paseo millonario" - bezeichnen Einheimische den Typ von Raubüberfall während einer Taxifahrt, bei dem der Beraubte in Begleitung seiner unbekannten Häscher (und im Einvernehmen mit dem Taxifahrer) von Bankautomat zu Bankautomat gefahren wird, um dort jeweils die mögliche Höchstsumme von seinen verschiedenen Konten abzuheben.

Manche halten das Phänomen für ein Angstgespenst der Wohlhabenden. Und in der Tat sind Fälle bezeugt, bei denen gelangweilte Ehefrauen aus gutbetuchten Schichten ihr Geld tagsüber in Lotterien oder Glücksspielen verloren, um zu Hause von einem Raubüberfall zu berichten.

Doch diese Vorfälle sind nicht nur ein urbaner Mythos. Es fehlt zwar an genauen Daten, aber die Hinweise auf diese Form des Raubes sind doch vielsagend: die Kampagnen der Polizei, die Popularität der autorisierten Taxis (die gegen einen Aufpreis per Telefon bestellt werden) und schließlich die Versicherungspolicen, die von seriösen Banken zur Absicherung dieses Risikos angeboten werden.

mit Río, Caracas, Ciudad Juárez (Mexiko) und dem neuen bitteren Spitzenreiter San Pedro Sula (Honduras).

Doch inzwischen hat sich die **Sicherheitslage in den kolumbianischen Großstädten verbessert** – zumindest in mancher Hinsicht. Sie liegt bei einem Drittel gegenüber den schlimmsten Zeiten. Im Sommer 2012 verkündete der Bürgermeister von Bogotá die niedrigste Mordrate seit 27 Jahren. Das gibt Hoffnung, tröstet die Großstadtbewohner aber nicht. Noch immer geschehen in einer Megastadt wie Bogotá mit etwa acht Millionen Einwohnern über 1500 Morde im Jahr. Offenbar greifen die in den 1990er-Jahren eingeleiteten Maßnahmen wie Sperrstunde, Alkoholverbot in den Nachtstunden und verstärkte Polizeipräsenz auf den Straßen bislang nur in begrenztem Maße. Die Gewalt ballt sich in einigen **Problembezirken;** wirtschaftlich abgeschlagene Viertel verwandeln die soziale Not in einen Überlebenskampf auf den Straßen. Die Hälfte der Gewalttaten geht auf das Konto von Racheakten. Zwei von drei Morden werden von Menschen aus dem Bekanntenkreis des Opfers begangen. Drogen- und Alkoholkonsum sowie das alltägliche Mitführen von Waffen trägt nach Polizeiangaben wesentlich zu den hohen Raten bei. Jedes fünfte Gewaltopfer wird auf **Widerstand bei Raubüberfällen** zurückgeführt. Die Polizei empfiehlt ihren Bürgern daher, dem Angreifer die gewünschten Gegenstände ohne Gegenwehr zu überlassen.

⌃ Die Ministerien in der Innenstadt von Bogotá werden gut abgeschirmt

Tagesrhythmus

Kolumbien ist ein **Land der Frühaufsteher.** Auf dem Land um 4.30 Uhr das Bett zu verlassen, gehört weltweit zum Los der Bauern. Aber auch in der Stadt erwacht um diese Zeit bereits das Leben. Die Fitnessstudios machen um 4.30 Uhr auf, Minuten später liegen die Ersten auf der Matte. Eltern wanken um diese Zeit an die Frühstücktresen, die Schulbusse sammeln die Eleven ab 5.30 Uhr ein. Um 7 Uhr morgens stehen die Ersten bereits im Stau, das Arbeitsleben ist in vollem Gange.

Der natürliche Grund für die kollektive Bettflucht ist der Gang der Sonne in den Breitengraden rund um den Äquator. Dort gibt es weder Jahreszeiten noch lange Abende. Die Sonne geht um 5 Uhr auf und um 18.30 Uhr wieder unter. Die arbeitende Bevölkerung sitzt also ein Leben lang beim Abendessen im Dunkeln.

Dazu kommt die Abkühlung in den Bergen, sobald die Sonne verschwindet. In den Hochebenen sinkt die Temperatur im Nu auf 10 Grad oder tiefer, an den Berghängen regelmäßig auch unter 5 Grad. Ohne die hierzulande unübliche Zentralheizung verbringt man, zumindest in weiten Teilen des Hochlandes, die kühlen Abende und kalten Nächte am besten im Bett!

Der andere Grund für die Frühaufsteherei ist menschengemacht. Ein zusammenbrechender Verkehr in den großen Städten macht die Anreise zur Arbeit bereits zu einem stundenlangen Spektakel – wenn man nicht rechtzeitig das Haus verlässt. Haushälterinnen und andere Servicebedienstete müssen oft ab 7 Uhr am Arbeitsplatz sein. Wer einigermaßen pünktlich zur Arbeit erscheinen will, muss um spätestens 6 Uhr auf der Straße sein. Außerdem gibt es vielerorts zu wenige Schulen. Die hohe Schülerzahl wird somit in zwei oder drei Schichten auf die Erziehungseinrichtungen verteilt. So beginnt für die Morgeneinheit der Unterricht bereits um 6 Uhr, allerspätestens um 7 Uhr in der Früh.

Man gewöhnt sich ja an alles. Aber ein Grund für die obligatorische **Morgendusche,** die jeder Kolumbianer absolviert, ist sicherlich auch der Versuch, möglichst schnell die kühle Nacht abzuschütteln und den Tag zu beginnen. Davon abgesehen bewegt sich der Tagesrhythmus der Kolumbianer wie anderswo in der Welt zwischen Arbeit und der notwendigen Zeit zum Atemholen.

Zwischen 9.30 Uhr und 10.30 Uhr gibt es oft einen kleinen Snack, auch **„las onces"** genannt. Ursprünglich für Kinder und Frühaufsteher gedacht, die den kleinen Hunger auf dem Weg zum Mittagessen stillen wollen. In Medellín nennt man die Zwischenmahlzeit *el algo,* anderswo *mediasnueves,* an der Küste *la merienda,* im Cauca *entredía.*

Zwischen 12 und 13 Uhr liegt die **Mittagspause,** dann isst man zu Mittag. Eine Siesta wie im Süden Spaniens ist normalerweise nicht vorgesehen, allenfalls an der Küste und in den Dörfern sind viele Läden zwischen 12 und 14 Uhr geschlossen.

Zwischen 16 und 17 Uhr gönnen sich viele noch einen kleinen **Nachmittagssnack zur Teestunde.** Beliebt ist eine heiße Schokolade mit Käse, Kaffee und Kuchen sind hier eher unüblich. Auch diese Pause bezeichnet man als *onces,* die Namensgebung, heißt es, sei früher eine Art Geheimcode unter Männern gewesen, die sich um diese Zeit ihren ersten Alkohol des Tages genehmigen wollten. Aguardiente hat elf Buchstaben, elf – wie *once.*

Kolumbianer arbeiten hart und lang. Um 19 Uhr versuchen aber alle, nach Möglichkeit zu Hause zu sein. Früher galt es noch, Fernsehen und

„Gracias a Dios": Palomino um Punkt sechs

In Palomino um sechs Uhr morgens: Die Mädchen in ihren gebügelten Uniformen und langen, weißen Kniestrümpfen sind auf dem Weg zur Schule, Bauarbeiter schaufeln den Kieswagen aus dem Straßengraben. Die Sonne spitzt durch die Wolkendecke. Die Taschen stehen bereit, als Jairo endlich, eine halbe Stunde später als vereinbart, mit seinem Landrover eintrifft. Hundertfünfzig sei er gefahren, er schwört es, geflogen sei er. Die Gäste, unruhig vom Warten, freuen sich zu früh. Vor der Hütte bricht der weiße Jeep zusammen, wie in einer Schlangengrube dreht sich die Kurbelwelle im Kies. Die Fahrgemeinschaft disponiert um und sitzt Minuten später auf drei Motorrädern: hinten der Rucksack, vorne das Babybett, die Kleine irgendwo dazwischen. Nichts, aber auch gar nichts scheint hier nach einem Plan zu ticken, einer vereinbarten oder irgendwie vereinbaren Ordnung. Seit unserer Ankunft begegnet man immer wieder derselben Einsicht, die den Protestanten nicht recht einleuchten mag: Einfach so läuft in dieser Welt gar nichts, aber - irgendwie - geht hier am Ende erstaunlich vieles, vielleicht sogar alles.

Diese Melodie, die das Leben im Landesinneren mal pfeifend, mal krächzend begleitet, gilt erst recht für den Küstenstreifen an der Karibik, im Norden des Landes, wo die Brücken „El Limón" heißen und die Tankstellen „El Papi". Wo auf den Hecks der Autos, die aussehen wie Schrottlauben vom Autofriedhof, ein silberner Fisch klebt mit der Inschrift: „Jesus" und „gracias a Dios". Wo „Gott sei Dank" das geflügelte Wort dafür ist, das Schicksal, das es wirklich nicht immer nur gut meint, irgendwie gefügig zu halten.

das Abendessen getrennt zu halten, heute fällt beides oft zusammen. Nach den 19-Uhr-Nachrichten ist der Tag nicht mehr lang. Draußen ist es längst dunkel und der nächste Morgen beginnt um spätestens um 5.30 Uhr. Noch etwas Fernsehen vom Bett aus, ein Buch, eine Unterhaltung am Esstisch oder Telefon – um spätestens 21 Uhr gehen die Lichter aus, auch in den Städten.

Freilich unterscheidet sich der Rhythmus je nach Wochentag. Am Donnerstag nach der Arbeit, vor allem aber am Freitag- und Samstagabend gehören ein Bier um die Ecke, eine Einladung, das Kino oder eine Party zum Programm – ohne *fiesta* ist alles nichts. Ausschlafen ist aber am kolumbianischen Wochenende eher relativ. Auch am Samstag in der Früh sind in Städten wie Bogotá und Medellín spätestens um 8.30 Uhr die Durchgangsstraßen wieder voll und der nächste Stau vorprogrammiert. Ruhiger wird es in den Städten nur am Sonntag. Ohne den Berufsverkehr und dessen Erfordernisse erlebt man die Städter so entspannt wie sonst kaum.

Telefon und Kommunikation

Briefe mit der Post zu schicken, ist von gestern, die Telefonie übers Festnetz gilt der jüngeren Generation als altmodisch. Ohne Handy geht gar nichts mehr. Skype braucht, wer ins Ausland telefoniert, und Facebook, wer in den sozialen Netzwerken mitreden möchte. Darin unterscheidet sich Kolumbien nicht vom Rest der Welt.

Was überrascht, ist der Verbreitungsgrad der Mobiltelefone und deren Allgegenwart auch in den ärmsten Teilen des Landes. Weniger als vier von zehn Haushalten haben überhaupt (oder noch) fest installierte Telefone. Demgegenüber besitzen in den Städten inzwischen **fast alle Bürger (mindestens) ein Handy.**

Diese Inflation bei der Mobiltelefonie hat zum einen handfeste ökonomische Ursachen, da die Preise in den letzten Jahren doch um ein Vielfaches gefallen sind. Zum zweiten liegt das an den lange Zeit überteuerten Gebühren beim Telefonieren zwischen den Betreibernetzen – findige Kunden reagierten auf den Wucher, indem sie sich für jedes Netz ein separates Gerät anschafften. Der dritte Grund ist schließlich, wie in den meisten Entwicklungs- und Schwellenländern, die hohe Rate an gestohlenen und gefälschten Mobilgeräten. Neue Geräte sind ab umgerechnet 20 Euro zu haben, auf dem **Schwarzmarkt** erhält man sie für den halben Preis. Handys haben sich zu einem begehrten Raubobjekt entwickelt, je intelligenter das Gerät, desto besser. Vor diesem Hintergrund verwundert es wenig, dass Telefonkarten und **öffentliche Telefonzellen praktisch ver-**

schwunden sind. So sehr das Handy inzwischen zur Grundausstattung gehört, so wenig können sich manche diesen Luxus leisten. Der Minutentarif mag gefallen sein, doch selbst 5 Cent pro Minute muss man sich erst einmal leisten können bei einem Mindestgehalt von 300 Euro im Monat, das viele Kolumbianer längst nicht erhalten.

So ist es zwar üblich, ein Handy zu besitzen, doch Anrufe des Preises halber lieber von der Straße aus zu tätigen. Straßenverkäufer bieten zu diesem Zweck als mobile Dienstleister Telefonminuten (*„minutos, minutos"*) an. Die Händler haben mindestens drei Handys gleichzeitig, für jedes der großen Funknetze eines. Auf dem Universitätscampus sieht man auch schon mal Verkäufer mit zwanzig Geräten, die angekettet vom Baum hängen – so kann mobile Kommunikation aussehen.

Wenn selbst das das Tagesbudget zu sprengen droht, bleibt immer noch die Institution des **„llamada de pobres"**, des „Armenanrufes." Man lässt einmal durchklingeln und die Person am anderen Ende der Leitung meldet sich, mit einem besseren Tarif oder sogar einer Flatrate ausgestattet, umgehend zurück. Kurzum: Wenn irgendwie möglich, hält man sich ein Handy und sei es nur, um stets für andere erreichbar zu bleiben.

Wer das Ende der Schrift heraufbeschwört, der darf die Textnachricht (SMS) nicht vergessen. Die Königliche Sprachakademie in Madrid spielt mit dem Gedanken, ein Wörterbuch für SMS-Nutzer herauszubringen. Eine gar nicht so kleine Szene von *twitteros* experimentiert mit dem Medium. Zumindest in der Kunst, in den sozialen Netzwerken und nun auch – *Barack Obama* sei Dank – in der Politik sind **SMS und Twitter** der Hit. Kein populärer Bürgermeister, kein VIP, kein Spitzensportler, der derzeit nicht selbst oder über seinen Pressesprecher jeden Tag aufs Neue für seine eigenen Schlagzeilen sorgt.

Staatlichen Angaben zufolge unterhalten sich die meisten Bürger bereits mehr am Telefon als über irgendein anderes Medium, das persönliche Gespräch inklusive. Dabei müssen es nicht immer endlose Unterhaltungen sein. Die meisten Anrufe dienen offenbar dazu, sich nach dem Freund oder Familienangehörigen zu erkundigen, Grüße zu bestellen, ein Geburtstagslied zu trällern oder Glückwünsche durchzugeben. Viele Töchter Kolumbiens rufen durchaus drei- bis viermal täglich bei der Mutter durch, um sich nach deren Befinden zu erkundigen.

Die digitalen Technologien revolutionieren weltweit die Gesprächskultur. Dabei zeichnet sich Kolumbien durch einen besonders liberalen Umgang mit **Privatgesprächen im öffentlichen Raum** aus. Kein Gespräch, das nicht durch einen Anruf unterbrochen werden kann. Keine Uhrzeit, zu der man nicht anruft. Smartphones (hierzulande mit „Blackberries" identifiziert) haben die Ablenkbarkeit jeden Gesprächs zum Kult erhoben. In den Cafés sitzen Freunde noch immer am selben Tisch, doch mehr als die Hälfte davon spielt permanent mit dem Kontakt zur Außenwelt. Selbst Paare sieht man in Restaurants oft gleichzeitig in ihre Geräte vertieft und ist der Film im Kinosaal nicht nach dem Geschmack, werden wie selbstverständlich die E-Mails nebenbei gecheckt.

Dank der neuen Entwicklungen ist die Verbindung mit der weiten Welt längst keine Geheimwissenschaft mehr. Kolumbien hat **eine Handvoll Anbieter für Auslandsverbindungen,** darunter *Claro* aus dem Imperium des Mexikaners *Carlos Slim, Tigo* und *Telmex.* Das Staatsunternehmen *ETB* ist noch immer im Besitz großer Teile der Hardware des Telekommunikationsnetzes. Dementsprechend unzuverlässig und kundenfeindlich ist bis heute der Service. Für Anrufe per Skype oder Telefonkarte stehen landesweit viele Tausend Internetcafés und Telefonzentralen zur Verfügung.

„Nos hablamos por skype" („Wir sprechen uns über Skype"), ist auch hier längst ein geflügeltes Wort. Wer es sich irgendwie leisten kann, lädt Skype auf sein Smartphone und kann zumindest von den Städten aus jederzeit nach Übersee funken. Einen Rest von Kommunikationsabenteuer, das ja auch Teil allen Fernreisens ist, bieten die **tropischen Regenstürme,** die noch jede Verteilerstation in Mitleidenschaft ziehen, sowie die unvorhersehbaren und plötzlichen **Überlastungen eines regionalen Netzes,** das sich in den globalen Strom der Kommunikation eingespeist hat.

Treffpunkte

Wo sollen wir uns treffen? Nun, das kommt ganz darauf an. Im öffentlichen Leben der Stadt gibt es für alle Geschmäcker, sozialen Gruppen und Anlässe bestimmte Orte. Die Sportbegeisterten etwa verabreden sich in ihren Hallen, Bädern, Fitnessstudios oder Bolzplätzen. In den **Parks** und auf Nebenstraßen wird ebenso gekickt wie auf dem Hartplatz unter den Basketballkörben oder, oft bis spätnachts, auf dem Kunstrasen in ehemaligen Werkstätten. Bereits um 5.30 Uhr morgens treffen sich die ersten Jogger im Park, die einen zu zweit, die anderen in Gruppen oder mit ihren Bodyguards. Die Radler warten oft, bis der Morgenverkehr vorbei ist oder am besten auf den Sonntagvormittag, wenn die Durchgangsstraßen in der ganzen Stadt gesperrt sind.

Die jungen Eltern sehen sich tagsüber auf **Spielplätzen,** in den Parks oder auf den *plazas.* Wer es sich leisten kann, besucht an Wochenenden mit seinen Kindern die städtischen Zoos oder Erlebnisparks, andere gehen einfach auf die kleine Grünfläche um die Ecke. Eltern-Kind-Cafés wie in Berlin-Prenzlauer Berg wird man vergeblich suchen. Die meisten Frauen, denen man in besser gestellten Vierteln nachmittags an der Schaukel begegnet, dürften Hausangestellte sein. *Empleadas* erkennt man meist schon von Weitem an ihren farbigen Kitteln, die Mütter an den engen Jeans, hohen Lederschuhen oder für den Sandkasten vollends unpassenden Pfennigabsätzen.

Apropos Besserverdienende: Sie geben dem Trend zu zunehmend „exklusiveren" Treffpunkten erst richtig Schwung. Abends trifft man sich in feinen Restaurants mit Türstehern; an Wochenenden fährt man auf seine Finca im Umland und lädt am Samstagabend oder Sonntag die Freunde hinzu. Nicht wenige von ihnen zieht es in die **privaten Klubs** der Städte oder auf dem Land. Ob am Wochenende oder während des Arbeitstages: Hier wird alles geboten, was der Geschäftsmann und seine Familie begehren, vom Frühstück über das 25-Meter-Becken bis hin zum Golfkurs. Kinderbetreuung ist inklusive, Mitglieder setzen ihre Freunde auf die Gästelisten und sind, selbstverständlich, rundum versorgt und unter sich.

Was heute der Klub, war früher **das Café.** Noch im 19. Jahrhundert gab es etwas wie die Salons in den Privathäusern der führenden Familien vor Ort, aber eine Tradition intellektueller Zirkel wie in Europas Hauptstädten wurde nicht gepflegt. Um 1880 herum eröffneten die ersten beiden Cafés in der Hauptstadt, das „Windsor" und das „Automático", in denen sich die politischen Führer, Dichter und Journalisten trafen. Als Ausdruck des bürgerlichen Zeitalters entwickelten sich die Kaffeehäuser zu beliebten Begegnungsorten für den gesellschaftlichen Austausch und zur Entspannung, als Rückzugsorte vom Arbeitsleben, als Abwechslung vom eigenen Wohnzimmer. **Lange** waren es **ausschließlich Männerlokale** – davon zeugen die Pissoirs an der Wand, die selbst heute noch ohne Trennwand neben der Theke angebracht und allenfalls durch einen leichten Vorhang vom Hauptraum getrennt sind. Im Laufe des 20. Jahrhunderts erweiterte sich das Publikum – in Bogotá wurden Läden wie der „Salon de Té" oder die „Heladería Cisne" bald auch von Familien besucht.

Als Besonderheit des bürgerlichen Bogotá entwickelte sich im frühen 20. Jahrhundert eine rege Kultur rund um die **Buchläden.** Zumal in den 1930er-Jahren kamen mit den jüdischen Emigranten aus Europa zahlreiche Bücherliebhaber ins Land. In Buchläden wie *La Gran Colombia* trafen sich in den 1960er-Jahren die revolutionär Umtriebigen. Die Kombination von Büchern und Kaffee wirkt auch heute noch Wunder auf diejenigen, die sich vom Lärm der Straßen etwas zurückziehen wollen. Diese Formel haben sich zuletzt die Stadtplaner angeeignet. Sie setzten in den letzten Jahren eine erstaunliche Anzahl von Großbibliotheken (mit Cafeterias) quer in die Stadtlandschaften, die von der Bevölkerung gut angenommen werden.

„Wie zu Hause": die Ungars und die Librería Central

Ihr Bruder Fritz war 1938, nach der Reichskristallnacht, als Erster aus der Familie nach Medellín emigriert. Ein Jahr später, Tage nach Kriegsausbruch im Herbst 1939, erreichte Lilly Bleier gemeinsam mit ihrer Zwillingsschwester Gertrude und ihrem Vater Puerto Colombia. Lilly war da 17 Jahre alt.

In Wien, am Hitzinger-Gymnasium, hatte sie gerade noch das Abitur absolviert und vor der Abreise in der Enzyklopädie nachgeschlagen, um zu erfahren, wo dieses Kolumbien überhaupt liegt. Vier Wochen hatte die Überfahrt gedauert. Sie, das jüdische Mädchen aus einer vollkommen nicht religiösen Familie, war Hitlers Schergen entkommen.

Lilly hatte Glück im Unglück. Schnell fand sie eine Arbeit als Sekretärin für eine Unternehmerfamilie in Medellín, nach einem Jahr zog der Familienzweig weiter nach Bogotá. In Útica, auf einem Ausflug mit der kleinen österreichischen Emigrantenkolonie, lernte sie den Ökonomen Hans Otto Ungar, ihren späteren Mann, kennen. Der erfüllte sich nach Kriegsende den Traum seines Lebens und übernahm den Buchladen von Pablo Wolff, einem früh emigrierten Wiener Buchhändler, der die „Librería Central" 1926 gegründet hatte und in seiner neuen Heimat verstorben war.

Als das junge Paar die Buchhandlung übernahm, fing es bei Null an. Das Geschäft mit englisch-, deutsch- und französischsprachiger Literatur lief gut. 1956 gründeten die Ungars gemeinsam mit Casimiro Eiger „El Callejón", die heute älteste Kunstgalerie im Lande. Irgendwann hatten sie auch Filialen in Cali und Medellín. In der eigenen Wohnung füllen heute 24.000 Bücher und Bände die Wände. „Lesen", sagt Lilly über ihren Ehemann, „war sein Laster."

Lilly und ihr Mann entschieden sich dagegen, nach Wien zurückzukehren, und haben es nie bereut. Einmal im Jahr besucht sie die Heimat ihrer Jugend. Kolumbianerin ist sie nie geworden. „Aber ich liebe Kolumbien."

In der Hauptstadt allein plante man im letzten Jahrzehnt gleich vier neue Prachtbauten, drei davon – die Bibliotheken *Tintal, Tunal* und *Santo Domingo* – wurden bewusst in sozial schwache Stadtteile gebaut. Im Stadtzentrum hat sich das *Centro Gabriel García Márquez,* einem vom Staat Mexiko gesponserten Kulturzentrum, zu einer sehr beliebten Hausnummer entwickelt. Kunstsinnige und Studenten frequentieren mit großer Begeisterung den Block rund um die **Bibliothek Luis Ángel Arango,** die einen Konzertsaal und Ausstellungsräume beherbergt, zudem nur einen

Steinwurf vom Botero Museum, dem *Casa de la Moneda* und dem Kunst-
museum der Nationalbank entfernt liegt.

Doch selbst in der oft regnerischen Hauptstadt wird deutlich: Das wahre
soziale Leben spielt sich immer noch vorrangig im Freien ab – auf den
Straßen, den *plazas,* an den Straßenecken. Hier trifft man sich zum Tinto
und zum Mittagessen. Hier liest man ein paar Seiten auf der Sitzbank oder
picknickt im Gras. Und hier flaniert man sonntags, wenn die Stadt etwas
zur Ruhe kommt, in seinen besten Kleidern über den Kirchplatz oder zum
Fluss hinunter.

Doch allzu romantisch sollte man mit dem Bild des öffentlichen Lebens
auch in Kolumbien nicht umgehen. Die Gesellschaft ist tief gespalten und
nicht jedermann ist überall gleich gern gesehen. Die **Privatisierung öffentlicher Räume** schreitet weiter voran und wer sich nicht an die Regeln hält,
der wird freundlich aber bestimmt von den privaten Sicherheitsdiensten
darauf hingewiesen.

La Zona Rosa heißt einer der **exklusiven Ausgehorte** in Bogotá, eine
Art Freiluftzentrum für die Gutsituierten. Hier reihen sich Bars, Restaurants, Designer- und Markengeschäfte an Bankautomaten und Juweliere.
Die Kumpels treffen sich abends zur Happy Hour, die Wartenden in den
Schlangen vor den Discos lassen sich von den Eintrittsgeldern, die in etwa
den Tageslohn einer Hausangestellten bedeuten, nicht abschrecken. Zonen wie diese werden schwer bewacht, sind gut ausgeleuchtet und seit
der Erfindung des Heizpilzes sitzt man auch an kühlen Abenden draußen
im Freien, solange es geht.

Cuadra Picha heißt das **Amüsierviertel im Süden** der Stadt. Dort geht
es noch eine Spur bunter zu, die Frauen sind stärker geschminkt, die Aus-
schnitte größer, die Bauchringe unter den hautengen Hemden etwas
sichtbarer. Für das Fitnessstudio fehlt den meisten Leuten hier die Zeit und
Muße; der Alltag ist hart. Doch nachts wird bis spät wild gefeiert: Die Geh-
wege sind voll, die Kellner gestikulieren wild, um Gäste ins Etablissement
zu locken, das Neonlicht, die Leuchtreklame, ein einziges Durcheinander
wie im Karneval.

Studenten zieht es indes eher in Viertel wie das koloniale Candelaria,
mit gepflasterten Plätzen wie dem Chorro de quevedo, auf dem fliegende
Händler und Kunsthandwerker bis in die Abendstunden sitzen. Mit bescheidenen Mitteln kann man auch im trendigen Macarena auskommen
oder gleich in Chapinero („Chapi"), einem entspannten und gemischten
Viertel mit informeller und doch schicker Atmosphäre. Die schwul-lesbische Community hat hier eine ihrer Hochburgen. Wer es nicht glaubt,
möge nur das Theatron aufsuchen. Chapigay hat auch über die Grenzen
Kolumbiens hinaus bereits einen Ruf zu verteidigen.

In den bescheiden Vierteln trifft man sich auf der Straße, am kleinen Gemischtwarenladen *(tienda)* oder an der Straßenecke bei den fliegenden Händlern mit ihrem schnellen Essen. In den **Markthallen** gibt es noch so etwas wie Volksküchen, die den ganzen Tag über traditionelle Gerichte und Säfte frisch zubereiteten und unprätenziös servieren. Beliebter Treffpunkt bleibt unter Männern weiterhin der Friseursalon sowie unter Frauen der *salón de belleza*. In den Schönheitssalons lassen sich die Damen der Schöpfung, wenn es ihre Verhältnisse irgendwie zulassen, mindestens einmal die Woche Finger, Füße, Nägel und Haare aufhübschen und erfahren nebenbei das, was man in der Nachbarschaft so wissen sollte.

Auf dem Land ist das soziale Leben vielleicht nicht minder facettenreich, doch immerhin etwas übersichtlicher. An guten Abenden trifft man sich an der Bar auf ein Bier, an Sonntagen auch zum Poolbillard oder zum *tejo* auf der überdachten Wurfbahn nebenan. Die Messe (je nach lokalen Gepflogenheiten am Sonntagmorgen um 6 Uhr, mittags um 12 Uhr oder abends um 18 Uhr) und der Besuch auf dem Friedhof sind weitere Orte der Begegnung.

Sehen und gesehen werden: Der **„paseo"**, das Flanieren mit der Familie am Sonntagnachmittag, ist in den Dörfern und kleinen Städten durchaus noch gute Sitte, aber längst nicht mehr so verbreitet wie früher. Üblicher ist ein Treffen unter Freunden oder in der Familie, zu dem Suppen in Plastikbehältern oder Töpfen mitgebracht werden (im Volksmund *paseo de hoja,* also „Topf-Spaziergang", genannt). Ob das versprochene Eis mit den eigenen Kindern auf dem Platz vor der Kirche verspeist wird, hängt auch davon ab, ob dort noch die hohen Bäume stehen, die vor Jahrzehnten gepflanzt wurden. Immer mehr Bürgermeister hatten zuletzt die etwas überkommene Idee, die Schattenspender durch Pflastersteine oder schlicht blanken Zement zu ersetzen.

Wo die freie Zeit gemeinsam verbracht wird, hängt auch sehr stark von der jeweiligen **Region** ab. An der Küste suchen die Familien das Meer, in den Llanos die Flüsse, in den Bergregionen Wasserfälle, in Antioquia die Finca. Wer aus der Stadt nicht heraus kann, dem bleiben die Parks, wenn man sich den Eintritt leisten mag auch der Botanische Garten – oder gleich ganz modern: eines der vielen riesenhaften Einkaufszentren.

▷ Inselhütte auf Stelzen im Golf von Morrosquillo:
So wohnen gut gestellte Paisas an ihren Ausflugszielen

Wie wohnen die Menschen?

Die Umwelt und das soziale Umfeld bestimmen maßgeblich die Art und Weise, wie die Kolumbianer wohnen. **Große Unterschiede** in der Wohnform gibt es zwischen dem Land und der Stadt, zwischen Küstenbewohnern und den Menschen in den Bergen einerseits und, ganz eklatant, zwischen armen und reichen Kolumbianern.

Kolumbien war bis vor drei Jahrzehnten eine primär agrarische Gesellschaft. Noch heute leben mehr als 10 Millionen Kolumbianer ein **einfaches Landleben,** wie es sich Mitteleuropäer in ihren Breitengraden kaum noch vorstellen können. Im Westen des Landes ist das Leben geprägt vom Regenreichtum und Küstenklima. Die Hütten werden mit Holz aus der unmittelbaren Umgebung gebaut; sie stehen, je nach Lage, auf Sand oder auf Stelzen. In manchen Gegenden sind schwimmende Häuser üblich. Die Hütten sind einfach gehalten, haben unterschiedliche Ecken für Ruhe und Arbeit und meist einen Raum für Nahrungsmittel, etwa um den Reis zu trocknen. Die Kochstelle ist im hinteren Teil der Hütte, manchmal auch in einer kleinen Nebenhütte untergebracht. Die Fischernetze werden ebenfalls außerhalb gelagert, sie werden von den Männern gereinigt und repariert. Zum Haus gehört oft noch eine kleine Parzelle oder ein etwas größeres Grundstück für Hühner und Gewürzbeete. Kakao, Mais oder Fisch werden indes oft auf der Straße oder auf Plätzen zum Trocknen ausgelegt.

Inzwischen aber leben drei von vier Kolumbianern in einem städtischen Umfeld. Auch da gibt es noch reichlich Unterschiede, etwa zwischen den Kleinstädten und Riesenstädten wie Medellín oder Bogotá. Das jeweilige **Einkommen** bestimmt maßgeblich das Aussehen und die Ausstattung der Haushalte.

Beispiel Bogotá

Von den rund acht Millionen Bewohnern leben geschätzte 400.000 Menschen, also gut 5 % der Stadtbevölkerung, an den informellen Rändern der Stadt. Viele davon sind in die Stadt getriebene Binnenflüchtlinge oder Glückssucher aus ländlichen Zonen. In den vom Bürgermeister als „arm" qualifizierten Vierteln der Stadt (Estrato 1 und 2) leben vier von zehn Einwohnern: Viele von ihnen haben keine feste Arbeit oder schlagen sich und ihre Familien mit schlecht bezahlten und vertraglich ungesicherten Gelegenheitsjobs durch. In bescheidenen oder kleinbürgerlichen Verhältnissen (Estrato 3 und 4) lebt ein weiteres Drittel der Bevölkerung: Hier kennt man feste Arbeitszeiten und hat genug zu essen, Eigentum und oft schon ein einfaches Auto. Bei aller Zuversicht, die das geregelte Leben mit sich bringt, kann man sich nicht in falscher Sicherheit wiegen und hat – mit der Nähe zu den Armenvierteln – die drohende Armut immer vor Augen. In der kleinen Oberschicht (Estrato 5 und 6) indes verdient man gut bis sehr gut und deutlich mehr als der Durchschnitt der Bevölkerung. Man lebt sozial ziemlich homogen unter sich in stark bewachten und ausgebauten Vierteln im Osten und Norden der Stadt, mit Hausangestellten, Fincas, großen Autos und allem anderen, was das Leben für die Bessergestellten bereithält.

063kb Foto: os

⌃ So geht es auch: spektakuläres Haus über der Karibikbrandung

Die alte Hauptstadt –
wie die Oberschicht um 1900 wohnte

An der Wende zum 20. Jahrhundert gab es in Bogotá nur vier Barrios: Catedral, Nieves, Santa Barbara und San Victorino. Im Viertel Catedral konzentrierte sich die politische und soziale Macht, hier stand die Kathedrale am heutigen Plaza Bolívar, es gab bereits einige Familienhäuser mit zwei Stockwerken. Die Stadt war damals kaum größer als der heutige Stadtkern bis zur Calle 10, nicht mehr als 10 % der heutigen Metropole.

Schornsteine waren in den Häusern der Oberschicht nicht üblich. Das zumindest nächtens durchaus kühle und feuchte Klima erschien den Einheimischen (bis heute übrigens) auch ohne Heizquellen erträglich. Öffentliche Parks und Vorgärten gab es in der Tradition hispanischer Stadtanlagen nicht viele. Die Gärten wurden in die Innenhöfe der Häuser verlegt, wo man sich zum Austausch und Zeitvertreib traf. Wer das Grüne schätzte, hatte seine Finca, ein Haus auf dem Land. Restaurants und Cafés waren noch nicht sehr üblich, aber die Innenarchitektur war in stetem Wandel begriffen. In Anlehnung an die Vorbilder aus Europa war die Oligarchie seit Mitte des 19. Jahrhunderts dazu übergegangen, neben dem Salon auch ein Esszimmer einzurichten. Zum inneren Heiligtum der ständischen Männergesellschaft entwickelte sich die Bibliothek, zu der Frauen gewöhnlich keinen Zutritt hatten.

In die **informellen Siedlungen** kommt der Besucher aus dem Stadtnorden nicht so ohne Weiteres. Sie entstanden zunächst an Ausfallstraßen, im Schatten des Großflughafens oder in den Hügeln der Stadt, die sich aus der Nahsicht als denkbar schlechte Fundamente für jede Form der Bebauung erweisen. Die *Barrios* haben oft klangvolle Namen wie „Ciudad Bolívar" oder das nach dem US- Präsidenten benannte „Kennedy". Durch die Bretterverschläge zieht der Wind, der Boden ist feucht und bei jedem Regenguss unterspült das Wasser die Hütten. Das Wasser kommt aus einem von der Stadt verlegten Hydranten, der Strom wird illegal von einer in der Nähe verlaufenden Leitung abgezweigt. Familien leben meist in einem Raum, die kleine Stereoanlage ist vom Schwarzmarkt, ab und an kommt ein Mitarbeiter von Bienestar Familiar, der kolumbianischen Jugend- und Familienbehörde, um sich nach den Kindern zu erkundigen. Mit Glück wird die Stromzufuhr der Stadt in der nächsten Zeit legalisiert und die Siedlung an das Busnetz angeschlossen. So haben die Bewohner

am unkontrollierten Rand der Stadt die Chance, Gelegenheitsjobs wahrzunehmen und ihre Familien aus eigener Kraft zu ernähren.

Im **Estrato 1** sind die Verhältnisse meist nicht viel besser. Die Wege zwischen den Häusern sind nicht gepflastert und in der Regenzeit oft schwer begehbar. Zumindest die Infrastruktur ist nicht ganz so prekär wie in den informellen Siedlungen. Strom, Wasser und Müll sind an die Versorgungsnetze der Stadt angeschlossen. Doch das Wohnen in den Armengegenden von Ciudad Bolívar oder Kennedy, San Crlstóbal oder Usme ist deshalb kaum weniger bescheiden: Die kleinen Häuser sind aus Backstein gebaut, haben ein oder zwei Räume, eine Kochgelegenheit und eine Toilette. Die Kinder schlafen aus Platzgründen oft in demselben Bett wie ihre Eltern, für mehr ist kein Platz, und wenn es mehr Erwachsene als Betten gibt, schläft man in Schichten, zur Not auf dem nackten Boden. Man begegnet in diesen Vierteln auffällig vielen alleinerziehenden Müttern oder Haushalten, in denen beide Eltern arbeiten. In Abwesenheit der Eltern übernehmen Großeltern, Nachbarn oder die ältesten Geschwister die Verantwortung für die Kleinen. Dennoch ist die Anzahl vernachlässigter oder von innerfamiliärer Gewalt gezeichneter Kinder groß.

In den **Estratos 3 und 4** kann man, für kolumbianische Verhältnisse, schon von einer Mittelklasse sprechen. Die Siedlungen dieser sozialen Schicht sind oft noch von traditionellen Strukturen geprägt: ein, zwei

⌂ Auf dem Weg zur Metrostation – „über" den Estratos von Medellín

Stockwerke aus rotem Backstein, mehrere Zimmer, eine Kneipe oder ein Tante-Emma-Laden an der Ecke. Hier hat jedes Familienmitglied sein eigenes Zimmer, Geschwister teilen sich eines. Wohn- und Esszimmer ist oft ein und dasselbe, hier empfängt man Gäste mit einem Tinto. Am Abend und an Wochenenden sitzt die Familie, wenn sie denn intakt ist, zusammen beim Essen. Die Vorgärten wurden in den letzten Jahren wegrationalisiert und wenn es noch einen Vorhof gibt, ist er meist von einem hohen Zaun mit scharfen Zacken, in unsicheren Zonen oft auch mit einem Stacheldraht, umgeben.

Beliebt sind in diesen mittleren Einkommensschichten **Wohnsiedlungen** mit bewachten Eingängen. Wer Besucher empfängt, muss den Gast an der Pforte abholen. Diese Wohnform gilt als ausgesprochen familienfreundlich. Die Gebäude haben nicht mehr als sechs Stockwerke, die Bewohnerschaft bleibt über die Jahre erstaunlich stabil, die Kinder spielen gemeinsam auf den Spielplätzen. In den Küchen brennt das preiswerte Neonlicht. Für Gäste hat man nicht selten bereits eine eigene Toilette mit Duschvorrichtung, Vorhänge bieten etwas Sichtschutz. Den Streit in der Nachbarwohnung bekommt man dennoch hautnah mit.

Die Menschen in den **Estratos 5 und 6** können sich schon deutlich mehr leisten. Ihre Häuser gehen über zwei bis drei Stockwerke, haben einen Garten oder Innenhof, ausreichend Platz für die ganze Familie sowie die Hausangestellten. Das *cuarto de servicio* ist oft ein Schock für den Neuankömmling aus Europa, denn ein Quartier für die einstigen Mägde, das Dienstbotenzimmer, das im Adel und Großbürgertum dazugehörte, scheint man nur noch aus dem Museum zu kennen. Bei der Wohnungssuche stößt man in den Häusern des entsprechenden Milieus nun auf einen an die Küche anschließenden 3–5 Quadratmeter großen Raum, in dem, oft nur mit einem kleinen Kippfenster versehen, genau ein Bett und ein TV-Gerät passen. Daran schließt ein Bad mit Toilettenschüssel und Duschkopf auf einem Quadratmeter an. Dies alles ist bestimmt für die Angestellten des Hauses, die bis vor Kurzem noch mehrheitlich bei der Familie übernachten mussten. Die Institution der Vollzeithausangestellten liberalisiert sich jedoch zusehends. Doch als Rückzugsort für die Mädchen ist die Kammer geblieben.

Bemerkenswert ist auch die **Zahl der Bäder** in wohlhabenden Häusern. Es ist nicht unüblich, dass praktisch jedes Familienmitglied ein eigenes Bad hat. Das Gästebad miteingeschlossen ergibt dies gewöhnlich drei bis fünf Bäder – was dem unvoreingenommenen Gast bisweilen etwas viel erscheint. Zur Standardeinrichtung der Wohlhabenden gehört eine Garage für die beiden Autos – wegen der Beschränkungen hat jedes Auto an zwei Tagen der Woche Fahrverbot, was die Betuchten mit einem zusätzlichen

Auto leichterdings zu kompensieren wissen. Im Schlafzimmer findet man ein großes Bett mit Federkernmatratze sowie einen Plasmabildschirm mit Fernbedienung. In einer Ecke im Flur steht aufgeklappt der Laptop. Zum Esstisch gesellen sich immer häufiger die modernen Küchenbars, an denen man sich auch mal alleine ein schnelles Essen bereiten kann.

In den letzten Jahren sind die wirtschaftlichen Eliten der Großstädte dazu übergegangen, ihre Häuser gegen Wohnungen in *edificios,* den **modernen Wohngebäuden,** einzutauschen. Anlass waren die anziehenden Quadratmeterpreise, die einen Verkauf des Grundstückes rentabel erscheinen ließen. Für den Erlös konnte man sich zwischenzeitlich locker eine eineinhalbmal so große Wohnung kaufen, die zudem bewacht war und vom vierten Stock aus zumindest vorübergehend einen schönen Blick auf die Stadt zuließ. Andere Stadtbewohner kamen freilich schnell auf dieselbe Idee und nach zwanzig Jahren Bauboom stehen in manchen Vierteln durchaus anmutige Glas-Beton-Komplexe nebeneinander. Gehalten hat sich der Run auf die Wohngebäude aber aus zwei weiteren Gründen: Zum einen fühlte sich der reiche Teil der Stadt spätestens mit der Narco-Welle der 1980er-Jahre trotz seiner Zäune nicht mehr sicher und hinter stacheldrahtbewehrten Schutzzäunen auch nicht mehr wohl. Zum anderen spülte der Drogenhandel derart viel Geld ins Land, dass die neuen Zementburgen zuletzt wie Pilze aus dem Boden schossen.

Auf diese wundersame Weise verbanden sich die schwarzen Kassen der Neureichen zum gegenseitigen Vorteil mit den Bankkonten des alten Wohlstandes.

Architektur

Es ist offensichtlich: Kolumbiens Städte bauen auf **Ziegelsteine.** Bis noch vor einigen Jahren wurde praktisch alles vom Menschen Gemachte aus ockerfarbenem oder rotem *ladrillo,* dem klassischen Backstein, erstellt.

Dessen Beliebtheit hat viele Väter. Zunächst ist er preisgünstig und stadtnah zu produzieren, oft schon in kleinen Mengen und in handwerklichen Betrieben. Andere Baustoffe sind weitaus kostspieliger und von der bescheiden haushaltenden breiten Bevölkerung nicht zu finanzieren. Zudem ist er ein vergleichsweise warmes Baumaterial, was seinen Einsatz in allen klimatischen Gefilden und nicht zuletzt in den höheren Lagen, wo Zentralheizungen noch immer die Ausnahme sind, vorteilhaft macht. In den letzten Jahren haben sich die Bauweisen modernisiert, Beton und Glas kommen zumal bei Bürogebäuden und in Industrievierteln verstärkt zum Zuge. Doch noch immer dominieren unverputzte Backsteinfassaden die kolumbianischen Städtelandschaften.

Rogelio Salmona – Kolumbiens Beitrag zum architektonischen Welterbe

Mit Gebäuden wie dem UNESCO-Welterbe der repräsentativen Torres del Parque im Stadtzentrum von Bogotá, der Bibliothek Virgilio Barco oder dem Sitz des Vizepräsidenten hat der renommierte Stararchitekt Rogelio Salmona (1929–2007) eine urbanistische Handschrift hinterlassen, die auch international Anklang gefunden hat.

Doch auch andere Architekten haben sich in der Fachwelt einen Ruf erarbeitet. Simón Vélez konzentrierte sich auf die Einbindung traditioneller Baumaterialien wie „guadua" und andere Bambusgattungen. Dank ihrer Flexibilität sind sie auch für instabile Lagen interessant, als nachwachsende Rohstoffe für nachhaltiges Bauen geeignet. Mit zunehmender Eleganz wuchs sich dieser Baustil in den letzten Jahren zu einer Modeerscheinung aus.

Zu den im Lande viel diskutierten und über die Modephase einer Saison hinaus etablierten Architekten gehört mit Sicherheit auch Daniel Bermúdez. Der Architekturprofessor begründete seine Karriere mit dem Neubau des Universitätscampus von Kolumbiens prestigereichster Universität, der Universidad de los Andes. Zuletzt erhielten seine Großbauten wie die Bibliothek Julio Mario Santo Domingo oder die Bibliothek und das Museum für bildende Kunst (Artes Visuales) der Universidad Jorge Todeo Lozano überschwängliche Kritiken.

Architektonische Glanzlichter und Juwelen sind die neuen Großbibliotheken in den größeren Städten. Dort wurden in der letzten Dekade mithilfe von Mäzenen Volkspaläste der Kultur geschaffen, die auch anderswo Echo fanden. Bibliotheken wie die Germán Arciniegas in Villavicencio, die Bibliotéca España in Medellín oder Virgilio Barco in Bogotá zeigen zudem, dass wirkungsvolle Architektur durchaus funktional und vor allem nicht teuer sein muss.

Das historische Zentrum der Stadt Mompox in Bolívar ist bereits Weltkulturerbe, Popayán im Süden und Barricharra im Norden des Landes stehen auf der Top-Ten-Liste jedes Rundreisenden.

In Bogotás Candelaria sind in unmittelbarer Regierungsnähe in den letzten zwei Jahrzehnten ganze Straßenzüge der vor dem Verfall stehenden historischen Altstadt mit viel Liebe und Geld wieder belebt und herausgeputzt worden. Und Cartagena („Perle der Karibik") schließlich birgt ein auf koloniale Glanzzeiten gründendes städtisches Ensemble mitsamt Festungsanlagen, wie sie auf dem gesamten Kontinent heute nicht mehr oft zu finden sind.

104kb Foto: os

Als Fremder im Kulturkreis

„Kolumbien macht sich". Diese Formel hört man oft, wenn man sich unter Deutschen, Österreichern und Schweizern, die in Kolumbien leben oder reisen, umhört. Jeder von ihnen hat seine eigenen Erfahrungen gemacht mit dem Land und seinen Leuten. Von den Menschen und ihrer Gastfreundschaft sind viele begeistert wie am ersten Tag, über anderes schütteln sie den Kopf. Manche Gepflogenheit erweist sich Fernbesuchern und Auswanderern auch nach Jahren noch als fremd. Und selbstverständlich bleibt auch im Andenland manches Heimweh unverarztet.

Wie der Einzelne mit seinen Sehnsüchten und Gewohnheiten umgeht, entscheidet sich von Fall zu Fall. Aber ein bisschen lässt sich, kulturell geprägt wie wir sind, doch vorsichtig verallgemeinern. Von den Affronts und liebevollen Missverständnissen, wechselseitigen Vorurteilen, den jeweiligen Abgrenzungen und Annäherungen zwischen Kolumbianern und (deutschsprachigen) Mitteleuropäern soll hier die Rede sein.

> Deutsche Würstchen und Döner Kebab in Kolumbien: der Euro-Snack

Euro-Grill: zusammen braten, was zusammengehört

„Kolumbien macht sich" sagt auch Mike Andres. Der ehemalige Postbeamte aus Berlin kennt das Land seit den späten 1990er-Jahren, als er zum ersten Mal hierher reiste. Nach der Privatisierung suchte die Postbehörde händeringend nach Mitarbeitern, die bereit waren, sich vorzeitig in den Ruhestand schicken zu lassen. Mike, inzwischen 39 Jahre alt, war einer von ihnen. Noch im selben Jahr entschied er sich, mit seiner Familie das Weite zu suchen. 2005 kam er nach Bogotá, seit 2009 arbeitet er für Frank Schiffers im Euro-Grill an der Calle 85. Der Imbiss führt zusammen, was längst zusammengehört: Bratwurst und Gyros. Jeden Tag geöffnet von mittags bis abends um 22 Uhr, fast ausschließlich Laufkundschaft. Die Preise sind für lokale Verhältnisse gehoben: Die Wurst kostet 6200 Pesos (ca. 2,60 Euro), der Döner 12.500 Pesos (ca. 5,20 Euro). Zumindest das Schafsfleisch gibt es in Berlin-Kreuzberg für die Hälfte. Für das importierte Erdinger Weizen muss der Kunde gar 14.000 Pesos hinlegen, umgerechnet fast 6 Euro. Das allerdings zahlt man auch in den Bars für gute Biere. Fleisch lassen die Jungs nach eigenen Rezepten zubereiten, ab und an legt der Stiefvater von Frank auch Sauerkraut selbst ein. Doch das ist schon nach einem Tag wieder weg. „Ich brauche ein größeres Fass zum Einlegen." Er ist zufrieden, das Geschäft brummt. „Hier in Kolumbien lassen die einen weitgehend

in Ruhe. Viel weniger Bürokratie als bei uns in Deutschland.“ Die Eltern waren nachgezogen, nachdem beide Söhne nach Bogotá ausgewandert waren und dort ihre Familien gegründet hatten. Der ältere ist Deutschlehrer an einer renommierten Privatuniversität, auch seine Frau verdingt sich als Sprachlehrerin, denn die deutsche Sprache gilt im wohlhabenden Teil der Hauptstadt noch immer als Eintrittsticket in ein erfolgreiches Arbeitsleben. Frank, der andere Sohn, führt den Euro-Grill seit nunmehr 12 Jahren. Freitagabends bis Sonntagmittag ist am meisten los. Nach Feierabend wird noch zwei Stunden aufgeräumt und geputzt, gegen Mitternacht geht der Rollladen runter. „Passiert ist noch nichts, kein Überfall, keine Erpressung.“ Toktoktok. Frank klopft auf die neue Theke, die sie erst vor Weihnachten eingeweiht haben. Am vorherigen Standort verweigerte die Hausgemeinschaft die Zustimmung für zusätzliche Tische. Die erlaubten zwei Meter fünfzig gestatteten nur einen läppischen Tisch. Jetzt sind es deren vier. Der Service ist flott, die Stimmung unter den kolumbianischen Mitarbeitern gut. An den Wänden hängen keine Flaggen, keine Fotos mit Promis, wie sie Gastwirte im Fernexil gerne zelebrieren. An Deutschland erinnert außer der Bratwurst selbst und dem Döner auf den ersten Blick nicht viel. Nur unter dem Glastisch, am Eingang, sieht man einen Autoreifen von Goodyear. „Ist von einem Freund“, sagt Franky. „Der kennt den Michael Schumacher.“

Deutsche in Kolumbien

Deutsche Viertel hat es in Bogotá oder in anderen Städten **nie** gegeben. Auch heute verstreuen sich die in Kolumbien lebenden Deutschen. **Treffpunkte** gibt es aber sehr wohl, dazu gehören etwa in der Hauptstadt die Kneipen und Imbisse wie das „Edelweiß", der „Euro-Grill" (siehe auch den Exkurs „Euro-Grill: zusammen braten was zusammengehört") oder „Bei Harald", eine Wirtsstube an der Avenida Suba und Boyacá. Dessen Gründer und erster Besitzer ist schon vor langer Zeit gestorben, doch sein langjähriger Angestellter *Fercho* führt den Laden weiter. Und dann gibt es noch „Die Glocke", mit holzgetäfelter Stube und Buntglasfenstern, die dem Laden einen süddeutschen Touch verpassen. Es sind allesamt Imbisse oder das, was zu Hause gerne „gutbürgerliche Küche" genannt wird. Den Skatrunden geht zwar der Nachwuchs aus. Doch ein noch immer etwas männerbetonter **Stammtisch** trifft sich gut alle drei Monate in jeweils einer der deutschen Lokalitäten. Hier mischen sich die unterschiedlichsten Charaktere und Berufe zu einem offenen Austausch.

Wer in den großen Städten die deutschsprachige Community zur Nestwärme braucht, der wird am schnellsten in den **deutschen Schulen** Anschluss finden. Hier treffen sich die Familien mit Kindern. Dank der deut-

⌄ Horst Damme, der blinde Schreiner, bei der Arbeit in seiner Werkstatt mit seiner Frau Marcela und einem langjährigen Mitarbeiter

schen Staatsbürgerschaft haben die Kinder von Emigranten und Auslands-deutschen automatisch Zugang zur **Schule,** aber sie müssen sich die Aus-bildung im Gegensatz zum Heimatland etwas kosten lassen. In der Haupt-stadt etwa erheben die beiden deutschsprachigen Schulen, das *Colegio Andino* und die „Schiller-Schule", jeweils fast 500 Euro Schulgeld im Mo-nat, Fahrtkosten für die Schulbusse und Schulspeisung miteingerechnet. Allein für die Anmeldung ihrer Kinder müssen die Eltern gut 3000 Euro auf den Tisch blättern – das Jahreseinkommen einer Hausangestellten.

Zum anderen gibt es die **deutschen Kirchengemeinden.** San Mateo – die etwas größere, protestantisch-lutherische – hat ihren Sitz an der Car-rera Séptima im Norden der Stadt: ein weiträumiges Grundstück, auf dem an den großen Kirchenfesten Passionsmusik und Krippenspiele aufgeführt werden. Der katholischen Gemeinde „Sankt Michael", südlicher an der Calle 26 gelegen, steht nur eine Kapelle zur Verfügung. Neben den Got-tesdiensten und besonderen Kirchenfesten bieten sich das Goethe-Institut und die Deutsche Botschaft hin und wieder als nicht religiöse Versamm-lungsorte an.

Der **deutsche Nationalfeiertag** am 3. Oktober wird interessanterweise als Fest der Diplomaten und geladenen Gäste organisiert. Das Fußvolk muss sich entweder unter einem guten Vorwand in den überfüllten Ball-saal dazuladen oder wartet auf das einige Tage später angesetzte loka-le **„Oktoberfest".** Mit etwas Glück trifft man dort nicht nur die üblichen Verdächtigen und kommt in den Genuss waschechter Bierzeltmusik aus Bayern.

In den Köpfen: deutsch-kolumbianische Bilder der Gegenwart

Das Bild, das man sich hierzulande von Deutschen und ihrer Heimat macht, ist vielfältig. Ein älterer Dorfbewohner, der in seinem Leben noch keinem Deutschen begegnet ist, hat andere Vorstellungen als die Studen-tin an einer städtischen Privatuniversität, die demnächst ein Praktikum in München absolvieren wird. Manche kennen deutsche Emigranten und ihre Familien, andere haben Bekannte in Deutschland. Die einen pflegen Geschäftsbeziehungen mit deutschen Firmen oder bewundern Hightech *made in Germany,* andere lernen Deutsch am Goethe-Institut, schicken ihre Kinder auf deutsche Schulen oder arbeiten mit in Projekten der deut-schen Entwicklungszusammenarbeit. Doch selbst wer mit Mitteleuropä-ern noch nie in Berührung gekommen ist, dem sind Prominente wie *Franz*

Beckenbauer, Michael Schumacher oder *Angela Merkel* – *La Presidenta, La Mujer* oder die „Eiserne Dame", *La Dama de Hierro* – ein Begriff.

Kolumbianer aus den ärmeren Bevölkerungsschichten tun sich schwer, einen Deutschen einzuordnen. Wer einen komischen Akzent hat und nicht dunkelhaarig ist, gilt für viele zunächst einmal als **„mono"**, also blond, und als **„gringo"** – „Ami" oder eben einfach „Ausländer". Wer sich als Europäer outet, hat es oft schon etwas leichter, denn Kolumbianer verbindet, wie viele Mittel- und Südamerikaner, ein ausgesprochen zwiespältiges Verhältnis mit den Nachbarn aus dem Norden. Obwohl der Revanchismus sich in Grenzen hält, hat man nicht vergessen, dass es die USA waren, die Panama Anfang des 20. Jahrhunderts aus Großkolumbien herausgelöst und zur Unabhängigkeit verholfen haben. Andererseits gibt es kein anderes Land, dessen Kultur auf die meisten einen größeren Reiz ausübt:

Toy Story ist der Box Office Hit des Jahres, die Reichen haben ihre zweiten Wohnsitze in Miami, Disney World gehört zum Pflichtprogramm einer Mittelschichtskindheit.

Diese Ambivalenz kennt man gegenüber Deutschland und seinen gleichsprachigen Nachbarländern nicht. Unter den ersten Assoziationen dürfte sich zwar auch eine Anspielung auf *Hitler* und den Zweiten Weltkrieg befinden. Doch nicht selten erhält man den Nachsatz, dass sei lange her und eine Schande, die schönen deutschen Städte so zerstört zu haben. Viel wahrscheinlicher aber wird man anderen Klischees begegnen. Von **Fleiß und Pünktlichkeit** wird oft die Rede sein, mit Bewunderung gerne von *el orden,* dem Organisationstalent, der Ordnung. Natürlich auch vom Wohlstand *(mucha plata),* der Industrie, den Autos und der Autobahn als Inbegriff des Leistungsdenkens und der wirtschaftlichen Macht.

Und was charakterisiert die Deutschen? Sie gelten den Andenbewohnern – von Ausnahmen abgesehen – als groß und blond, **reich und reiselustig,** als aufgeschlossen und neugierig, modern und tolerant, als sprachgewandt und zumindest an der spanischen Sprache interessiert. Auch wenn die deutschen Gäste oft als zuverlässig und zugewandt beschrieben werden, stehen sie auch im Ruf, auf die Einheimischen **bisweilen etwas „frío",** distanziert und unterkühlt, zu wirken. Dies gilt natürlich nicht für die weltweit berüchtigte europäische Kneipenkultur, das deutsche Bier und das Augenfunkeln hervorrufende „Oktoberfest". Wer also heute das Land besucht oder bereist, dem begegnen aller Wahrscheinlichkeit nach eher **positiv besetzte Vorurteile** und eine überwiegend gute Meinung von Deutschland und den Deutschen. Und das, obwohl die meisten Kolumbianer das Land nicht kennen und es kaum jemals persönlich kennenlernen werden.

Gewöhnungsbedürftig dünken manchen Kolumbianern allein ein paar Details der deutschen Kultur. So zögen die Deutschen auch mal an zwei Tagen hintereinander dasselbe Kleidungsstück an, duschten sich angeblich nicht jeden Tag und ja, einige sollen in ihren Sandalen noch (helle) Socken tragen. Ein Trost: Zumindest die Birkenstock-Sandale, die eine Generation lang das deutsche Erscheinungsbild im Ausland geprägt hat, scheint in der Wahrnehmung nicht mehr die Rolle zu spielen, die sie in den 1990er-

069kb Foto: os

Jahren noch hatte. Rätsel gibt ihnen bisweilen auch der Tonfall untereinander auf: Wenn sich zwei Deutsche intensiv unterhalten, denkt manch ein Kolumbianer im Stillen, sie würden sich streiten und beschimpfen.

In den Medien allerdings spielt Mitteleuropa **keine besonders große Rolle.** Von der aktuellen Situation in Deutschland erfährt der Medienkonsument nur wenig. Berichtet wird von dem Rücktritt des einen oder anderen Staatsoberhauptes, gelegentlich auch von einem Wellen schlagenden Plagiatsskandal. Im Wirtschaftsteil mag man von der geplatzten Fusion der Deutschen Börse lesen, während im Feuilleton deutschsprachige Filme oder der Besuch von international umtriebigen DJs wie *Paul van Dyck* angekündigt werden. Das globale Rockgeschäft, das seit einiger Zeit auch Bogotá auf seinen Tourplan setzt, bietet immerhin eine mediale Plattform für in Kolumbien bekannte deutsche Formationen wie Rammstein, die Scorpions oder Kraftwerk.

Das Fenster in die Welt der Deutschen ist auch für Fernsehzuschauer eher bescheiden klein. Der US-amerikanische History Channel beleuchtet in regelmäßigen Abständen die **Nazizeit,** das war's auch schon. Selbst der weithin beliebte **deutsche Fußball** findet auf den regulären Kanälen derzeit praktisch nicht statt. Daran ändert auch eine von der „Deutschen Welle" ausgestrahlte halbstündige Zusammenfassung der Bundesliga nicht viel.

⌃ Deutsch-kolumbianisches Schwesternpaar

Geschichte der deutschen Einwanderung

In Kolumbien gibt es eine lange Vorgeschichte deutscher Einwanderung. Die ersten Deutschen kamen bereits mit den ersten Kolonisatoren im 16. Jahrhundert ins Land. Ihre Motive waren so verschieden wie die der Siedler, die ihnen folgten. Viele kamen als Eroberer, Abenteurer oder Soldaten, von ihren Herrschern geschickt und auf der Suche nach Glück und Gold. Einige wollten nur kurzzeitig bleiben, andere in der Neuen Welt ein anderes Leben beginnen. Zu entdecken, zu arbeiten und auszubeuten gab es in der neuen Welt wahrlich genug.

Im 17. Jahrhundert zog es Bergleute ins Land – auf der Suche nach Edelmetallen und Bodenschätzen. Die **Minen** in Antioquia und im Chocó

Nikolaus Federmann und die Welser: Suche nach El Dorado

In der Frühphase der Kolonisierung Kolumbiens, von 1525 bis 1546, spielte das Augsburger Bank- und Handelshaus der Welser ein paar Jahrzehnte lang eine nicht ganz unbedeutende Rolle. Als Dank für ihre finanzielle Unterstützung Karls V., dem Habsburger Regenten auf dem Thron der Spanier, wurde den Augsburgern zunächst Santo Domingo, dann ein karibischer Küstenstreifen von 900 Kilometern Länge zur Exploration übertragen. Die Westgrenze der Provinz wurde vom Cabo de la Vela im heutigen Kolumbien abgesteckt. Mit der Statthalterschaft von „Klein-Venedig" stand ihnen der Streifen bis zur Südspitze des Kontinents, also bis nach Patagonien, zur Ausbeutung und Besiedelung offen. Als Gegenleistung sollten die Welser für den spanischen König Städte gründen, die Ureinwohner zum Katholizismus bekehren und erste Verwaltungsstrukturen in den Überseegebieten aufbauen.

Zu diesem Zwecke schickten sie zwei Ulmer Bürger und Abenteurer, Ambrosius Dalfinger (in manchen Quellen als Ehinger bekannt) und Nikolaus Federmann als Statthalter in die Provinzhauptstadt Neu-Augsburg (Coro, im heutigen Venezuela). In unmittelbarer Nähe wurde Neu-Nürnberg gegründet (Maracaibo, gegenwärtig die Ölhauptstadt Venezuelas), während sich die beiden sogleich auf Erkundungsreisen begaben - und auf die Suche nach dem sagenhaften Gold der Muisca. Dalfinger überquerte als erster Europäer die kolumbianische Ostkordillere, fiel aber bei Kämpfen mit Indios. Federmann gründete erst das heutige Riohacha, fand schließlich ebenfalls

ließen sie, die nun zu den Privilegierten in der Kolonie gehörten, mit gutem Gewinn ausbeuten. Nach **Santander** zog es früh die Händler, die mit Orchideen, Kaffee oder Kakao Handel trieben. Überhaupt: Handel und Geldanlagen waren die bevorzugten Tätigkeitsfelder, weniger die Arbeit auf dem Feld. Man siedelte oft in Enklaven und hielt untereinander zusammen, organisierte Selbstverwaltung, unterhielt Milizen, manchmal sogar lokale Währungen. Gemeinsames Liedgut und eine starke kulturelle Identität dienten als Bindemittel, das alle verband.

Um den historischen Austauschbeziehungen einen Akzent zu verleihen, betont die Literatur gerne die **Begeisterung Alexander von Humboldts** auf seiner Reise auch durch Kolumbien. *Humboldt* erforschte 1800/01 erst den Orinoko, dann den Magdalenenstrom und die Andenketten, er

einen Pass über die Andenkette und wäre um ein Haar der Pate Bogotás geworden, wäre ihm nicht Jiménez de Quesada von Santa Marta aus um ein paar Wochen zuvorgekommen. Federmann zog im Streit vor das Gericht in Sevilla, starb aber bald darauf, zermürbt von den Auseinandersetzungen mit den auftraggebenden Welsern, früh im Alter von 35 Jahren im Gefängnis von Valladolid (1542). Sein posthum veröffentlichter Reisebericht „Indianische Historia", eine der wenigen deutschsprachigen Quellen jener Zeit, gehört bis heute zu den eindrücklichsten Schilderungen der frühen Conquista.

Die Welser verloren ihrerseits bald darauf ihre Ansprüche, die überseeischen Besitzungen weiter auszubauen. Die Spanier waren zu dem Schluss gekommen, dass die Augsburger Statthalter nur wenig Interesse am Aufbau von Kolonialherrschaft in der neuen Provinz hatten, sondern sich alleine auf den Handel mit Sklaven und die Suche nach El Dorado konzentrierten. Zudem gerieten die Expeditionszüge wegen ihrer ungeheuren Brutalität gegenüber den Einheimischen in zunehmende Kritik an der Heimatfront. 1542 wurden die „Neuen Gesetze" („Nuevas Leyes") verfügt, welche die Indio-Bevölkerung vor den hemmungslosen Eroberern aus Europa schützen sollten. „Die Deutschen", schrieb der Missionar und spätere Bischof von Guatemala Bartholomé de Las Casas, „sind schlimmer als die wildesten Löwen." Dass Dalfinger Lutheraner war, mochte seine scharfe Anklage zusätzlich befeuert haben. Doch die Spanier standen den deutschen Konquistadoren in nichts nach. 1546 wurden Moritz von Hutten und Bartholomäus Welser der Ältere, die Nachfolger von Dalfinger und Federmann, auf der Rückkehr von einer langen Expedition ins Orinokogebiet brutal ermordet. Karl der V. beendete im selben Jahr den Vertrag mit den Augsburgern.

traf den großen spanischen Botaniker *José Celestino Mutis* und wurde seinerseits von der kleinen wissenschaftlichen Gemeinde in der neuen Welt enthusiastisch empfangen. *Humboldt* überzeugte wohl auch wegen seiner aufgeklärten Haltung und intellektuellen Unterstützung der Unabhängigkeitsbewegung, welche die Eliten in Neugranada erfasst hatte. Von *Humboldt* stammt die erste komplette Kartierung des Magdalenenstromes und ein Vorschlag, wie die notorisch problematische Schifffahrt ausgebaut werden könnte. Heute noch zeugen das wissenschaftliche In-

Geo von Lengerke: der herumirrende Gott von Zapatoca

Zu Lebzeiten war er schon legendär und hätte es ihn nicht tatsächlich gegeben, ein Literat hätte seine Vita erfunden und zum Leben erweckt. Georg Ernst Heinrich („Geo") von Lengerke kam am 31. August 1827 in Dohnsen bei Braunschweig zur Welt und wuchs, als eines von acht Kindern, in eine von Bürgern und Adeligen geprägte Familie hinein. Sein Vater starb früh, Geo galt ebenso früh als großes Talent. Mit 25 Jahren verließ er das Haus von Lengerke und seine alleinerziehende Mutter. Bei einem Duell hatte er seinen Widersacher erschossen und flüchtete aus dem Land. Angeblich soll der Vorschlag, es mit Sudamerika zu versuchen, von seinem adeligen Zeitgenossen Alexander von Humboldt gekommen sein. Geos restliches Leben darf man getrost als abenteuerlich bezeichnen.

1852 kam der groß gewachsene Rotschopf mit dem Schiff erst nach Havanna und zog dann weiter zum Kontinent. Fotografien zeigen ihn mit hoher Stirn und großem Schnauzer, beschrieben wird er als charismatischer Lebemann, der fünf Sprachen beherrschte und selbstverständlich Klavier und Geige spielte. In Santa Marta ging Geo von Lengerke als Einziger von Bord. Über Barranquilla fuhr er den Magdalenenstrom hinauf und gelangte nach Bogotá. Die lange Anreise muss von amourösen Aventüren geprägt gewesen sein, doch von Lengerke wollte zuerst einmal sein Leben neu organisieren.

Er entschied sich für Bucaramanga, wo eine stattliche Zahl deutscher Siedler Wurzeln zu schlagen begonnen hatte und ihr Glück versuchte. Lengerke mischte sogleich mit in der lokalen Agrarwirtschaft, die vom Export von Kaffee, Kakao und Chinarinde („quinua") lebte. Die Deutschen exportierten Lebensmittel und importierten auf dem Rückweg aus Europa Maschinen und die neuen Produkte der aufsteigenden Chemiebranche.

stituto Humboldt, die Fundación Humboldt (welche das Colegio Andino trägt) auf das kulturelle Erbe des großen Weltreisenden und Gelehrten.

Alles in allem aber verlief die anschließende Immigrationsgeschichte ruhig – verglichen mit Einwanderungsländern wie Argentinien, Brasilien, Mexiko oder Chile, die deutsche Immigranten im großen Maßstab anzogen. Gesucht wurden insbesondere **Handwerker, Bauern und Ingenieure,** die das unbebaute Land und nicht zuletzt die Landwirtschaft entwickeln sollten. So gründeten badische Siedler im benachbarten Venezuela 1843

Von Lengerke wusste seinen Grundbesitz schnell zu mehren. Richtig reich aber wurde er mit dem Ausbau der Infrastruktur. Er hatte einen Ingenieurstitel mitgebracht und die Siedler in Santander brauchten nichts mehr als Wege und Brücken. In Kürze besaß von Lengerke mehr als 12.000 Hektar Land und eine eigene Währung, er bewirtschaftete stattliche und zum Teil heute noch existierende Haciendas wie „Montebello" und „El Florito" und genoss das Leben im angenehmen „Seidenklima" Santanders in vollen Zügen. In seinen Gütern hingen Repliken von Rubens und Botticelli: Die scheelen Blicke, die die Abbilder nackter Frauen bei seinen katholisch-klerikalen Gästen auslösten, störten ihn nicht. Seine Gelage waren legendär.

Als Verfechter des Freihandels machte er sich freilich auch Feinde, wie die Handwerker von Bucaramanga, und er scheiterte mit seinem Versuch, eine alternative Route zum Magdalenenfluss zu bauen. Sein aufwendiger Lebensstil passte sich nicht schnell genug dem Niedergang mancher landwirtschaftlicher Märkte an, wie dem Handel mit medizinisch nutzbarer Chinarinde. Nur 55-jährig starb Geo, ein paar Jahre zuvor noch Inbegriff der Tatkraft und des Fortschritts, vom Alkohol gezeichnet 1861 in Zapatoca.

Geblieben sind zahlreiche Mythen und die Manifestationen seiner Ingenieurskunst: Wege, Brücken und Straßen. In Zapatoca erinnert der lokale Rundfunksender „Radio Lengerke" an den Abenteurer und Großgrundbesitzer, die schwarz-rot-goldene Trikolore ziert sein Grab auf der Friedhofsanhöhe. In der Region soll es zahlreiche Abkömmlinge geben, unter all den Mestizen dürfte eine entsprechende Schar von Rothaarigen kaum zu übersehen sein. Zu Lebzeiten hatte von Lengerke sich nie fest gebunden, immerhin zwei seiner Statthalter hat er zum Ende als legitime Erben eingesetzt. „La otra raya del tigre" („Der andere Streifen des Tigers") heißt der Roman, in dem Pedro Gómez Valderrama das Leben von Lengerkes nachzeichnet. Mit den Tigerstreifen sind die Wegeadern gemeint, die von Lengerke durch Santander gezogen hat, um es mit dem Magdalenatal zu verbinden. Die Hauptfigur der Erzählung ist „dios errante", der „umherirrende Gott".

die „Colonia Tovar", in Paraguay die „Kolonie Neuland" oder im brasilianischen Santa Catarina die nach ihrem Gründer benannte „Kolonie Blumenau". Im Norden Südamerikas hielt sich die **Abschottung in Grenzen,** eigene Kolonien wie auf dem restlichen Kontinent oder deutschsprachige Landstriche wie etwa in Chile gab es nicht.

In Kolumbien siedelten die Deutschen nicht zuletzt in Santander und Antioquia. Allein in Bucaramanga, am Magdalenenstrom, siedelten Mitte des 19. Jahrhunderts über 100 deutsche Familien. Der Kaffee- und Kakaoexport und die Modernisierung der Agrarwirtschaft hatten es den handeltreibenden Emigranten besonders angetan. Die **Neu-Kolumbianer heirateten** bevorzugt **in die lokale Oberschicht** hinein und passten sich den Gepflogenheiten in der inzwischen unabhängigen Republik weitgehend an. Nur ein paar Gemeinden wie Zapatoca (Santander) berufen sich heute noch auf eine stark von Deutschen geprägte Ortsgeschichte.

Im 20. Jahrhundert gab es noch einmal drei spürbare **Einwanderungswellen.** Nach dem Ersten Weltkrieg suchten aus der Bahn Geworfene in Südamerika einen Neuanfang. Arbeitslose deutsche Kriegspiloten gründeten in aller Welt Flugbereitschaften und im Dezember 1919 in Barranquilla mit SCADTA die weltweit zweite Fluglinie.

In den 1930er-Jahren suchten Juden aus den deutschsprachigen europäischen Gebieten Zuflucht. Sie wurden nicht immer mit offenen Armen empfangen. Vielen von ihnen gelang die Einreise nur mit gefälschten Pässen, gehörte ein Nachweis katholischer Taufe doch zu den Einwanderungsvoraussetzungen. Kolumbien galt lange als **restriktives Einwanderungsland.** Brisant gestaltete sich auch deshalb der Umgang mit den Einwanderern, die dem Dritten Reich zu entkommen suchten: allen voran jüdische Bürger und politische Oppositionelle aus Hitlers Einzugsgebiet. Wie viele andere Länder begrenzte Kolumbien in diesen Jahren den **Zuzug jüdischer Flüchtlinge.** 1938 gab es 2900 deutsche Emigranten im Lande, über die Hälfte davon lebte in Bogotá oder in Barranquilla. Zwei Jahre später, nach Kriegsbeginn, gab die kolumbianische Regierung dem Druck der USA nach und drosselte die Quote für die Immigration aus dem deutschsprachigen Raum.

Unter den deutschsprachigen Emigranten bildeten sich Spannungen. Nicht wenige der alteingesessenen Deutschstämmigen identifizierten sich mit den Zielen der Nazis, während die gerade aus dem Boot gestiegenen Flüchtlinge dem Dritten Reich in großer Not entkommen waren. Mit Kriegsbeginn setzten die USA die kolumbianische Regierung unter Druck, **Sympathisanten der Nationalsozialisten** zu observieren und zu kontrollieren. Viele von ihnen fanden sich plötzlich auf schwarzen Listen wieder. Ein Listenplatz hatte für die Betroffenen ökonomische Konsequenzen. In

Cachipay und Fusagasugá entstanden zwei kleinere Sammellager – mit Stacheldraht umzäunte Gelände.

Am 18. Dezember 1941 kam es schließlich zum **Bruch der diplomatischen Beziehungen** Kolumbiens mit Nazi-Deutschland. Der Zuzug deutscher Emigranten wurde endgültig gestoppt, deutsche Staatsbürger wurden ausgewiesen. Deutsche Institutionen wie die deutschen Schulen in Kolumbien mussten schließen, das Eigentum wurde konfisziert. Viele Emigranten tauchten in den Untergrund ab. 1943 schließlich folgte Kolumbien den Vorgaben der USA und erklärte dem Deutschen Reich den Krieg.

Nach dem Ende des Zweiten Weltkriegs kam noch einmal ein Schwung deutscher Einwanderer. Viele zogen nach Kolumbien, um der wirtschaftlichen Not im Nachkriegseuropa zu entfliehen, andere suchten Unterschlupf, als die Nationalsozialisten zur Rechenschaft gezogen wurden. Ihnen allen diente Kolumbien als Einwanderungsland, wenn auch in weit bescheidenerem Maße als beispielsweise Argentinien oder Chile.

„Die Informanten" – ein aufgehelltes Kapitel deutsch-kolumbianischer Kriegsgeschichte

Der in Bogotá geborene und derzeit in Barcelona lebende Autor Juan Gabriel Vásquez (Jg. 1973) gehört zu den vielversprechendsten Autoren der jüngeren Generation. In seinem vorletzten Roman „Die Informanten" nimmt er ein lange tabuisiertes Thema – die komplexen Verhältnisse innerhalb der deutschsprachigen Emigrantengeneration der 1930er-Jahre – zum Anlass, um eine Geschichte über Schuld und Sühne, Verrat und Verschweigen zu schreiben. Im Mittelpunkt steht die fiktive Biografie der Sara Gutermann, die als junger deutsch-jüdischer Flüchtling 1938 ins Land gekommen war. Die von dem kolumbianischen Journalisten Gabriel Santoro aufgezeichnete Lebensgeschichte wird von dessen angesehenem Vater, einem Rhetorikprofessor, aufs Schärfste verrissen.

Erst später, nach dem Tod des Vaters, wird der Sohn herausfinden, was dessen Leben mit dem der Familie Gutermann zu tun hatte. Der Roman beschreibt nicht nur die komplexen Beziehungen in und nach einem vom Weltkrieg gezeichneten Land. Er thematisiert auch den demoralisierenden Kreislauf und die Eigendynamik von Hass und Gewalt. Erinnerung und Erinnerungskultur gehören zu den Leitmelodien in Vásquez' Frühwerk. In den 1940er-Jahren habe sich das Ressentiment als Grundmotiv tief ins politische Leben des Landes eingepflanzt, sagte Vásquez in einem Interview: „Damals ist die politische Klasse Kolumbiens unwiderruflich erkrankt."

Spuren deutscher Einwanderung

Spuren deutschsprachiger Einwanderung findet man in vielen Ecken der kolumbianischen Gesellschaft. Eine der augenfälligsten Erbschaften bleibt bis heute die allgegenwärtige Präsenz des **Brauereiimperiums Bavaria,** das vor über 120 Jahren vom deutsch-jüdischen Immigranten *Leo Siegfried Kopp* begründet wurde. Der gebürtige Offenbacher, das neunte Kind eines Textilhändlers, war 1886 mit seinem Bruder Emil ausgewandert und baute drei Jahre später im Hauptstadtviertel San Diego eine Bierfabrik, Bavaria Kopp's Deutsche Bierbrauerei. Das von ihm eigens für seine Arbeiter errichtete und damals schon mit Frischwasser ausgestattete Viertel Perseverancia gibt es heute noch. Die ersten Jahre waren nicht einfach, mussten sich die Produkte wie „Pilsener" oder „Bock Bier" erst einmal gegenüber dem traditionellen Maisferment Chicha durchsetzen. Erst das zum 100-jährigen Bestehen der Republik präsentierte, preiswerte „la Pola" (in Anspielung auf die gleichnamige Freiheitskämpferin) brachte den Durchbruch. Heute ist Cervecería Bavaria S. A. die größte Brauerei des Landes und nach einer Fusion mit SABMiller weltweit unter den zehn größten Brauereien zu finden – mit den nationalen Marken Águila, Club Colombia, Poker oder dem Malzgetränk „Pony Malta". Kopps Grabstein auf dem Zentralfriedhof von Bogotá ähnelt heute einem Wallfahrtsort.

Nicht zuletzt sind die Impulse der Generation, die in den 1930er- und 1940er-Jahren nach Kolumbien kam, heute noch vielerorts spürbar. In der Architektur brachte der 1936 eingewanderte *Leopold Rother* wichtige Elemente der **Bauhaus-Bewegung nach Kolumbien.** Eines seiner markantesten Werke war der Plan für die Universidad Nacional. In demselben Zeitraum wirkten *Ernst Blumenthal* und der österreichische Architekt *Karl*

070kb Foto: os

Brunner von Bogotá aus auf die Umsetzung eines modernen Urbanismus hin. *Brunner* leitete von 1934 bis 1939 das Amt für Städtebau und Stadtentwicklung in Bogotá und war maßgeblich daran beteiligt, die koloniale Blockstruktur zu überwinden und die mobile – damals hieß das noch die autogerechte – Stadt mit Boulevards, Diagonalen, neuen Parks und Plätzen zu denken und durchzusetzen. *Rother, Blumenthal, Brunner:* dieses Trio verhalf den neuen Ideen im Städtebau zum Durchbruch, die sich nach 1945 mit gefeierten Besuchen des Stararchitekten *Le Corbusier* und seinen kolumbianischen Schülern, allen voran *Aurelio Sarmona,* vollends durchsetzten.

In der Fotografie kamen schon sehr früh wichtige Impulse von Immigranten wie *Emilio Herbruger,* der Mitte des 19. Jahrhunderts als einer der ersten Kameramänner das Land durchkreuzte. In den 1930er-Jahren gehörten *Otto Moll* – in Cúcuta geboren, ausgebildet in München und Berlin – und der aus Bogotá stammende, in der Schweiz und Deutschland ausgebildete *Erwin Krauss* zu den Meistern ihres Faches. Zumal in der **Luftfotografie** gehörten die Deutschen und die Technik von *Zeiss* zu den Pionieren. In Kolumbien waren dies Experten wie *Hermann Kuhl, Rodolfo Bethke* und *Heribert Wolff,* der in den 1930er-Jahren von der US-amerikanischen Regierung zu einem von 218 Landesfeinden der USA erklärt wurde. Der 1935 eingewanderte Ingenieur *Federico Guillermo Menderhausen* bildete die Techniker am Geografisch-Militärischen Institut in der Luftfotografie aus.

In den Erziehungswissenschaften nahmen sie Einfluss auf die **Bildungseinrichtungen** im Lande. Die deutschen Schulen entwickelten eine Reputation, die weit über die deutschsprachige Gemeinde hinausging. Besonders stark ausgeprägt war der Einfluss deutscher Bildungskultur und Erziehungsmethoden in jenen Landesteilen, in denen die deutsche Einwanderung stärker vertreten war – so in Santander und in Antioquia. In Medellín wurde die erste, 1864 gegründete Kunsthandwerksschule „Artes y Oficios" vom Ingenieur *Enrique Häusler* geleitet. Im 20. Jahrhundert formierten sich die deutschen Schulen zunächst in Barranquilla (1912), dann in Bogotá (1922), schließlich in Cali (1935). Medellín erhielt diese als Nachzügler erst 1968. Den deutschen Emigranten ging es zunächst um eine zweisprachige Ausbildung ihrer Kinder, nach dem Zweiten Weltkrieg aber auch verstärkt darum, die Zugangsberechtigung zu deutschen Universitäten zu erhalten. Die **solide Ausbildung und das Prestige** zogen immer mehr kolumbianische Schüler in die deutschen Erziehungsanstalten. Sie gehören heute – wie das Colegio Helvetia, die Schweizer Schule in Bogotá – zu den teuersten und begehrtesten Privatschulen im Lande (s. auch das Kapitel „Kindheit und Jugend" in „Der Lebenszyklus: Geburt, Jugend, Alter, Tod").

Der Personenverkehr zwischen der Alten und der Neuen Welt ist keine Einbahnstraße. Der Arbeitsmarkt, aber auch die Ausbildungsangebote ziehen heute **mehr Kolumbianer denn je nach Europa.**

◁ Deutsches Bier ist rar, aber gefeiert

„Wie gestern": deutsches Holzspielzeug als kolumbianisches Nationalgut

Jeder nicht ganz arme Hauptstädter kennt seine Produkte und denkt gerne an das, was sie ihm geschenkt haben: Kindheitserinnerungen. Kaum ein Erwachsener, der nicht schon eines der robusten Holzspielzeuge in den Händen hielt. Schlichte Formen, klare Farben – und natürlich abwaschbar. Juguetes Damme, der Spielzeug-Damme, war zwei Generationen von Bogotanos ein Begriff.

Die Dammes waren in den 1930er-Jahren unfreiwillig und auf abenteuerliche Weise nach Kolumbien gekommen. Vater Willy, ein Sozialdemokrat, hatte sich mit den Nazis angelegt und musste mit seiner Familie Berlin und das Land verlassen. Das war im März 1933, ein paar Wochen nach Hitlers Machtergreifung. Die Dammes versteckten sich mithilfe von Parteifreunden erst in der Tschechoslowakei, ehe sie, unterstützt von einer englischen Organisation, über Genua nach Südamerika flüchteten. In Brasilien wartete der Großvater mütterlicherseits auf sie, doch vergeblich: Am Ende kam alles anders, das Schiff landete in Panama. Nach einer kurzen Pause ging es weiter nach Buenaventura. Dort, am 16. März 1937, gingen die Gäste von Bord, eine Gruppe von rund 30 Deutschen zog weiter nach Popayán, der alten Universitätsstadt Kolumbiens.

Die Odyssee war damit nicht beendet. Die Idee, als Landarbeiter im Süden des Landes den Krieg zu überdauern, zerschlug sich und die Dammes verschlug es in die Hauptstadt, wo der Vater eine Stelle als Mann-für-alles im noblen Polo Klub annahm. Um ein bisschen Extrageld zu machen, begann der Vater, in der Weihnachtszeit Spielzeug für die Familien des Klubs zu fabrizieren. Die Techniken dazu hatte er sich in den Jahren der Flucht und zunächst in Prag erworben. Horst, sein Sohn, half ihm.

Nach Kriegsende verwandelten die Dammes ihr Hobby allmählich in den Brotberuf. Einer der ersten Großaufträge kam vom Rathaus, der Bürgermeister Bogotás bestellte gleich 3000 Spielzeuge. Nach ein, zwei Fehlversuchen etablierten Vater und Sohn ein Geschäft an der Ecke Carrera 13 und Calle 67, dort, wo sich heute der Blumenmarkt verkehrsgünstig angesiedelt hat. Die Dammes hatten so etwas wie das Monopol auf Holzspielzeuge. Vor allem das Weihnachtsgeschäft florierte. Zur besten Zeit arbeiteten 40 Mitarbeiter in der Werkstatt und in den Spielwarenläden.

Mit seiner Heirat machte sich Sohn Horst selbstständig und baute seine eigene Werkstatt auf. Zwanzig Jahre ging alles gut. Er hatte drei Kinder, bewohnte ein Penthouse in einem guten Viertel und zu seinen Kunden gehörten stadtbekannte Persönlichkeiten, als eine Auseinandersetzung seinem

Leben eine drastische Wendung gab. Ein Nachbar wollte seine Holzwerkstatt kaufen, Horst aber weigerte sich. Eines Tages eskalierte der Streit, der Nachbar hielt eine Flinte in der Hand, drückte ab und traf den Spielzeugmacher mitten ins Gesicht. Von diesem Tag an war Horst Damme blind.

Damme zog sich zurück, igelte sich ein, schlief auf einer Matratze in einer Ecke seiner Werkstatt in La Floresta, seine Frau und seine Kinder trennten sich von ihm. Doch mit der Krise kamen irgendwann die Lebensgeister zurück. Als ein Streik unter seinen Holzarbeitern das Weihnachtsgeschäft zu ruinieren drohte, stellte sich Damme eines Tages wieder selbst an die Sägemaschinen. Die Maße hatte er im Kopf. Was ein Erstaunen, als die Mitarbeiter am nächsten Morgen das sauber gestapelte Tagwerk des blinden Schreinermeisters vorfanden.

Kaum ein Hauptstadtbewohner aus der Mittel- oder Oberschicht, der nicht den Damme-Klassiker - ein schwarz-weiß gesprenkeltes Schaukelpferd - im Kopf behielt oder im Herzen trägt. Vor einigen Jahren erhielt Damme hierfür von der Präsidentengattin einen der sichtbarsten Designerpreise des Landes, den „Lápiz de Acéro" (dt. „Stahlstift"), für sein Lebenswerk. Sein Spielzeug steht heute im Stadtmuseum von Bogotá und ist offiziell zum „patrimonio cultural", zum nationalen Kulturerbe, erklärt worden. Das Geschäft ging die letzten Jahre nur noch schleppend, groß ist die ungleich billigere Konkurrenz aus China.

Seit ein paar Monaten hält er sich von den Sägen fern, das Stehen fällt ihm, dem 85-Jährigen, zusehends schwerer. Seinen Geburtsort Berlin und Deutschland hat er seit seinem vierten Lebensjahr nicht mehr erlebt. „Die Arbeit ging immer vor." Geblieben ist ihm die Liebe zum Sound seiner Kindheit.

Auf dem Plattenspieler liegt eine Schallplatte von Polydor „Zacharias spielt Strauss".

Deutschsprachige Touristen

Der deutsche Tourist, ist er denn einmal als solcher erkannt, erfährt vor diesem historischen Hintergrund gemeinhin eine gute Behandlung. Sei es aufgrund seines historisch gewachsenen Prestiges als (weißer) Europäer oder in Erwartung sprudelnden Trinkgeldes muss er in der Regel nicht mit Diskriminierung oder stereotyp bedingter Unaufmerksamkeit rechnen. Ein weiterer Grund dieser für Reisende erfreulichen Grundeinstellung der Einheimischen ist sicherlich die Tatsache, dass die Deutschen (von der frühkolonialen Welser-Episode einmal abgesehen) in Lateinamerika nie Kolonialmacht besaßen – und sie heute noch nicht zum Massentourismus beitragen. Ganze zwei Prozent des Reisestroms nehmen in Deutschland ihren Anfang – das ist guter europäischer Durchschnitt. Nur in der Kreuzfahrt-Hochburg Cartagena muss man damit rechnen, von Händlern vorsorglich auf Deutsch angesprochen zu werden. Die Amerikaner machen ihrerseits ein Viertel der Besuchermenge aus, die Nachbarländer Ecuador und Venezuela zusammen ein weiteres Viertel. Ihnen bleibt es nicht erspart, in manchen Hochburgen wie Herdentiere behandelt zu werden.

Die **Zahl der deutschen Urlauber und Reisenden** ist in den letzten Jahren, parallel zum gesamten Tourismussektor, deutlich gestiegen. 2009 und 2010 gab es **Wachstumsraten** um die 10 %. Die Lufthansa AG hat 2010 ihre vor einer Dekade geschlossene Niederlassung in Bogotá wieder aufgemacht, seither ist Kolumbien wieder direkt von Frankfurt aus in etwa elf Stunden zu erreichen. Die Reisebüros sind zuversichtlich, dass der Trend anhält. Individualreisende und Pauschalurlauber halten sich hierzulande die Waage.

Die Deutschen gelten nicht zu Unrecht als kulturbeflissen. Nach Kolumbien kommen sie weniger, um sich an den Strand zu legen, sondern um das Land kennenzulernen. Entsprechend sind bestimmte Stationen auf den organisierten Rundtouren so gut wie immer gesetzt, darunter Cartagena, der Tayrona Nationalpark bei Santa Marta, die archäologischen Fundstätten in San Agustín und Tierradentro, Cauca mit der Kolonialstadt Popayán und der Salsametropole Cali, meist auch das klimatisch angenehme Kaffeedreieck zwischen Manizales, Armenia und Medellín.

Wenn es die Reisepläne zulassen, suchen Kulturinteressierte auch das UNESCO-Welterbe in Mompox und das Kolonialjuwel Barrichara auf, obwohl beide geschichtsträchtigen Städtchen etwas schwer zugänglich im Landesinneren liegen. Die Hauptstadt Bogotá gilt unter den Pauschaltouristen noch immer eher als bloßer Ankunfts- und Abflugort, dem man allenfalls wegen der Dichte gut gemachter Museen und dem nahegelegenen Städtchen Villa de Leyva zusätzlichen Aufenthalt einräumt.

Der **Individualtourist und Backpacker** hält sich prinzipiell erst einmal an die schon etablierten Wege. Die Sicherheitslage hat unbotmäßige Experimente lange Zeit ausgeschlossen. In den letzten fünf Jahren stehen viele Landesteile den Reisenden wieder offen. Ob Ciudad Perdida im Norden oder Nuquí am Pazifik, ob der Nationalpark Puracé, die Guajirawüste oder Cucuy, das Bergmassiv an der Grenze zu Venezuela: Vieles, was unlängst noch als *No-go-Area* gehandelt wurde, steht den Reisenden wieder offen. Freilich werden auch die Abenteuersucher und Outdoor-Fans immer wieder auf sich verändernde Sicherheitslagen hingewiesen.

⌃ Beach Hut in Tayrona

Wer in Kolumbien reist, erkundigt sich Tage zuvor, wie andernorts die Situation ist. Wen es in abgelegene Regionen zieht, sollte damit rechnen, dass die Polizei oder lokale Behörden sich auf die öffentliche Ordnung (*orden público*) berufen und davon abraten. Eine solchermaßen umschriebene Warnung signalisiert: Diese Gegend wird gerade von der Guerilla oder anderen bewaffneten Gruppen kontrolliert. Der Reisende darf in Kolumbien **alles, nur nicht naiv** sein.

Unter den Individualtouristen gibt es viele **Sprachstudenten,** die zum Erwerb des Spanischen die hiesigen Sprachschulen besuchen. Großstädte wie Bogotá, Medellín oder Cali sind für einschlägige Sprachkurse bekannt, aber auch in Mittelstädten wie Bucaramanga, Cartagena oder Barranquilla werden Kurse angeboten.

Einen eher zweifelhaften Ruf genießen jene Touristen, die allein wegen der zweifellos billigen Drogen nach Kolumbien kommen, die hier sogenannten **„narco-turistas".** Festhalten sollte man aber, dass Kolumbien kein besonders liberales Pflaster ist. Offener Drogenkonsum wird in weiten Kreisen der Gesellschaft nicht goutiert und an den Zollstellen gibt es scharfe Hunde und außergewöhnlich strenge Kontrollen.

Abzuraten ist von jeder Form des Drogenschmuggels. Auf der anderen Seite der Landesgrenze mag ein Jackpot winken. Doch die Stichproben sind gründlich, die Strafen empfindlich. Ausländer mögen auf der Straße mit kleinen Mengen zum Eigengebrauch glimpflich davonkommen, selbst an der grünen Grenze, heißt es, soll der entsprechende Geldschein in der Hand plötzlich Sand in die Augen des Grenzers streuen. Doch spätestens am Flughafen hört der Spaß auf. Zuletzt kam es verstärkt zu Zwischenfällen, bei denen Ausländer als *mulas,* sogenannte „Maultiere", eingesetzt wurden. Das passiert inzwischen täglich. Wer bei der Zollinspektion erst mal aufgeflogen ist und in der Zelle sitzt, dessen Geduld muss grenzenlos sein, bis geklärt ist, ob das Päckchen wirklich so unwissentlich zugesteckt wurde.

Für ihre Urheber haben Stereotypen die beruhigende Funktion, sich selbst so von anderen abgrenzen und vielleicht besser einordnen zu können. Das Bild, das man sich in Kolumbien von deutschstämmigen Kolumbianern, von deutschsprachigen Touristen und ihren Herkunftsländern macht, ist deshalb **nicht weniger exotisch** (oder exotisierend) als viele Bilder, die sich unsereins aus der Ferne von Kolumbien und seinen Bewohnern macht. Der Ruf, den bestimmte Nationalitäten im Ausland genießen, spiegelt immer auch ein wenig von dem wider, was man selbst gerne wäre – oder auf keinen Fall sein möchte.

Das heißt nicht, dass die Bilder in den Köpfen jeder Grundlage und tatsächlichen Erfahrung entbehren.

Was dem Fremden sofort auffällt

Auf den ersten Blick

Wer zum ersten Mal in Kolumbien ist und in Bogotá hinter dem Zollausgang mit dem Taxifahrer in die Calle 26 einbiegt, den erwartet mit großer Wahrscheinlichkeit der erste satte **Dauerstau.** Die Zubringerstelle in die Innenstadt gehörte bei ihrem Bau in den 1950er-Jahren zu den modernsten Pisten im Lande und war noch vor wenigen Jahren eine baumgesäumte Allee, der Stolz der Stadtplaner. Heute sind *El Dorado,* der Flughafen, und die *autopista* ins Stadtzentrum eine einzige Baustelle und eindrucksvolle Demonstration der Unkoordiniertheit, zu der das Land fähig ist. Sind Großprojekte erst einmal mit jahrelanger Verspätung der Einweihung nahe, ist deren Kapazität oft schon wieder von der Wirklichkeit überholt. Auch *El Dorado,* der größte Flughafen des Landes und Eintrittstor der Gäste, der seit Jahren modernisiert wird, ist für den Flugverkehr von heute schon wieder zu klein. Die Fähigkeit, die Gäste mit einem **Verkehrschaos** zu begrüßen, wird nur übertroffen von der beeindruckenden Tugend vieler Landesbewohner, dieses **stoisch zu ertragen.**

Zweiter Eindruck bei der Landung in Bogotá: **nicht überall wachsen Bananen** in den Himmel! Wer sich auf tropische Schwüle eingestellt hat, kommt zum Beispiel in Bogotá nicht auf seine Kosten. Die Hauptstadt liegt auf der Höhe unserer Alpengletscher, die Vegetation ist mehr von oliv-fahlen Eukalyptusbäumen geprägt als tropischen Regenhölzern. Den **Regen** allerdings wird der Besucher sein Lebtag nicht vergessen: Wenn es regnet, dann spricht Gott zu seinen Menschen. Im Nu fluten die Straßen, der Verkehr kommt zum Stehen. Hält der Guss ein paar Tage an, was je nach Region und Jahreszeit der Fall ist, geht das Leben trotzdem weiter, auch wenn alles überflutet ist. Regelmäßig steht das halbe Land unter Wasser – alle zwei Jahre gibt es ein nationales Krisenmanagement wie bei der Oderflut. *Wel-*

073kb Foto: fo©P Lievano

▷ Die Plaza de Bolívar in Bogotá kurz vor dem großen Regen

come to the jungle! Wie Straßenhändler, Obdachlose und die Armen in den Bretterverschlägen ohne Fußboden dieses fast tägliche Spektakel zu leben gelernt haben, bleibt dem Neuankömmling ein Rätsel.

Über den tatsächlichen **Reichtum im Lande** vermögen Autos und der Großstadtverkehr nicht repräsentativ Auskunft zu geben. Einerseits wimmelt es nur so von SUVs und abgedunkelten Limousinen. Andererseits fungieren koreanische Kias als Standardtaxis, kleine gelbe Kisten, die nicht mit den heimatlichen Mittelklasselimousinen zu vergleichen sind. Sie klappern eher früher als später und können die Löcher der Straßen durch ihre Federung nicht im Geringsten mildern. Doch zuverlässig sollen sie sein, zumindest im Stadtverkehr, manche von ihnen erreichen angeblich 500.000 Kilometer und mehr. Am Berg geht ihnen schon mal die Luft aus, zumal wenn sie, was aufgrund der Preisentwicklung immer populärer wird, gasgetrieben sind. Sollte es der Fahrer beim erstbesten Verkehrsstau mit einer Abkürzung versuchen und durch die Wohnviertel der Hauptstadt fahren, wird dem Erstbesucher schnell klar, dass er nicht mehr in Europa ist. Selbst bescheidene *Barrios* schützen ihre Häuschen mit **meterhohen Mauern und Stacheldraht,** auf den Gehwegen liegt Müll, die Straßen sind von Schlaglöchern übersät.

Die **Ungleichheit** der Wohnverhältnisse und die **Armut** vieler Viertel selbst in der Stadtmitte irritieren. Eine perfekt geteerte Straße kann ohne Warnung übergehen in eine Sandpiste, eine Shopping Mall kann umgeben sein von illegalen Baracken, fehlende Gullydeckel – schneller gestohlen als ersetzt – werden, wenn überhaupt, notdürftig mit einem Holzbrett markiert. Im Land fehlt es am Notwendigen: an Brücken und Unterführungen, an Kanalisation und Kläranlagen, an Kaminen, Heizungen oder trockenen Fußböden in den Bergen. In der Regenperiode bleiben Dörfer wochenlang ohne Außenkontakt, Hänge rutschen ab und verschütten die Blechhütten. Die Siedlung am Río Magdalena wird weggerissen, weil weit oben am Flusslauf ein Staudamm Wasser ablässt. Nur wenn sie Glück haben, werden die Betroffenen vorher von den Behörden informiert. Das **ungefilterte Nebeneinander von Arm und Reich,** von Modernität und Unterentwicklung schockiert den Gast aus weniger polarisierten Gesellschaften.

Aber ist dieser erste Schock erst mal verdaut, drängen sich die anderen Eindrücke ins Bewusstsein. Wie **neugierig** die Menschen sind auf die Fremden – hier wird der Zugereiste nicht behandelt wie einer von vielen oder gar wie ein „Eindringling", sondern wie ein auserwählter und gern gesehener Gast. Freundlich sind sie auch noch, die Gastgeber, und es ist **keine aufgesetzte Freundlichkeit.** Das Interesse an Kindern wirkt herzlich, der Augenkontakt ist direkt, die Körpersprache schätzt die Berührung und signalisiert Nähe und menschliche Zuwendung. Dazu kommt ein **Gleichmut,** mit dem der oft harte Alltag, der uns Fremden wie ein permanenter Ausnahmezustand vorkommt, bewältigt wird. Warten auf Godot? *„Estamos en Colombia",* wir sind eben in Kolumbien.

Ja und weil Arbeit hier noch immer billig zu haben ist, gibt es **überall Hilfen** und Dienste, tags wie nachts, die man so aus der Heimat gar nicht kennt. An jeder Straßenecke stehen Kaugummiverkäufer, an jeder Ampel Gaukler; **Schuhputzer** kommen im Café vorbei, **fliegende Händler** bieten allenthalben Notwendigkeiten des Alltags an. Im Supermarkt muss man an der Kasse seine Ware nicht selber einpacken, für ein Trinkgeld werden die Tüten selbstverständlich nach Hause getragen.

Europäisch geschulte Augen registrieren zunächst den vergleichsweise kompakten Körperbau vieler Andenbewohner, die markanten Züge vieler Indigener und die gelegentlichen – dafür aber umso auffälligeren –, langbeinigen, goldgeteinten und hochhackigen Schönheitsköniginnen. Die meisten Mitteleuropäer werden ihrerseits auf ihre blonden Kinder angesprochen, als wären sie allesamt Jesuskinder. Oder auf ihre Körpergröße – eine Statur, die sie im öffentlichen Transportsystem schnell selbst zu spüren bekommen. Entweder nämlich blickt man als durchschnittlich gewachsener Europäer über alle Köpfe hinweg oder schlägt sich die Birne in den *busetas* an. Die **Blonden fallen hier auf** und werden automatisch mit *gringo* assoziiert und als Ausländer identifiziert.

Blondieren gehört im Übrigen zum guten Ton der *Upper Class.* Und wenn man schon bei Äußerlichkeiten ist: Nicht zu übersehen ist die große Zahl derer, die mit Spangen ihre Zähne richten. Mit der Zeit wächst der Blick für korrigierte Nasen, geliftete Gesichtszüge und getunte Brüste. Die **Körperkosmetik** unterhält längst eine eigene Industrie und ist spätestens mit dem Aufstieg der Narco-Kultur **kein Privileg der Oberschicht mehr.**

Auf der Straße

Das Leben auf der Straße gehört für denjenigen, der die vergleichsweise geordneten Verhältnisse Mitteleuropas gewohnt ist, zu den markanten Erfahrungsräumen. Schon die **Infrastruktur** scheint kaum vertraut. Die Autos fahren zwar auf der rechten Straßenseite, doch damit hören die Parallelen auch schon auf. Für eine Mutter mit Kinderwagen anzuhalten, kommt den allermeisten Autofahrern in Kolumbien nicht in den Sinn. Der **Zebrastreifen** wurde in einigen Städten versuchsweise und nicht gänzlich ohne Erfolg eingeführt. Doch sobald die Farbe nachzulassen begann, wurde nicht mehr nachgepinselt, die zeitweilige Rücksichtnahme auf Fußgänger war ebenso schnell wieder verflogen.

Fußgängerampeln sind rar und wer sie benutzt, sollte auch bei Grün immer zusehen, ob die Autos wirklich zu halten gewillt sind.

Auch der sogenannte **Bürgersteig** ist kaum mit den Standards aus westlichen Industriestaaten zu vergleichen. Er ist Privatsache. Wenn er denn überhaupt asphaltiert ist, steht es jeder Hausgemeinschaft frei, ihre eigene Norm auszubilden. Resultat: ein Hindernislauf, der Mountainbikern Spaß bereiten dürfte, für Kinderräder oder Rollstuhlfahrer aber praktisch nicht zu bewältigen ist. Kurzum, das Durcheinander auf der Straße reflektiert die mangelhafte Planung vieler Städte ebenso wie den Kampf vieler Bürger um ein alltägliches Aus- oder Fortkommen im öffentlichen Raum.

Doch je nach Perspektive bietet ein auf den ersten Blick beschwerliches Straßenleben auch reizvolle Abwechslung. In den Straßen und Gassen wird es kaum langweilig. Pferde und die ungleich stärkeren BMWs, Biker und Obdachlose, Büromenschen und Straßenverkäufer sorgen auch in den kleineren Städten für **ein buntes Straßenbild,** in Ruhe lässt es einen nicht. Fußgänger laufen mitten auf den wenigen Radwegen, die es gibt, Taxis schneiden Radfahrer beim Rechtsabbiegen, Bettler und Blumenverkäufer ziehen durch die wartenden Autoreihen, Scheibenwischer bieten an jeder zweiten Ampel ihre Dienste an und warten nicht erst auf einen Wink.

Überhaupt kann man von den **ambulanten Händlern** auf der Straße praktisch alles erstehen, was man sich so vorstellen kann: Pflanzen, Besen, Früchte, Kaugummi und Feuerzeug, Wischmob und Kasperlefiguren, Handys und Taschenlampen. Das meiste ist Schmuggelware und von beschei-

⌃ Der informelle Sektor blüht: geschmuggeltes Benzin aus Venezuela

dener Qualität, *made in China*. Doch das Geschäft scheint sich für alle Seiten zu lohnen, trotz entsprechender Gesetze lässt sich der freie Straßenhandel von den Stadtoberen nur schwer zurückdrängen. So haben sich an manchen Straßenzügen informelle Märkte etabliert, an anderen ist es den lokalen Verwaltungen gelungen, die freien Stände und auf Decken feilgebotene Ware in feste Kioske zu verwandeln. Hier und dort installiert man auch mal eine öffentliche Sanitäranlage, doch das bleibt noch die Ausnahme. Die freien Händler sind nicht nur Verkehrsplanern ein Dorn im Auge, sondern auch den für Gesundheit und Sicherheit zuständigen Behörden. Um den Warenhandel herum bilden sich **Straßengrills, Früchte- und Saftstände** mit teils zweifelhaften hygienischen Zuständen.

Auf den ortsabhängigen Dauerstau zu den Stoßzeiten haben sich auch andere Dienstleister eingestellt. Ein guter Teil des **Blumenhandels** läuft über informellen Straßenverkauf, bevorzugt an längeren Ampelschaltungen. Beim Kauf der im Vergleich zum Geschäft deutlich billigeren Ware darf man ruhig handeln. Man sollte außerdem keine überzogenen Ansprüche haben, da bei älteren Gebinden einfach die äußeren Blüten routiniert abgezupft werden und man solchermaßen aufgefrischte Sträuße erst zwei Tage später an den bereits nach unten hängenden Köpfen erkennt. Eine regelrechte Berufsnische haben auch die **Akrobaten und Jongleure** entdeckt, von denen allein in der Hauptstadt jeden Tag Hunderte unterwegs sind; die einen setzen auf Mitleid, die anderen haben tatsächlich einiges zu bieten.

Gemischte Gefühle bleiben einem beim **Umgang mit Bettlern und Obdachlosen.** Der Groschen mag dem Mitgefühl Genüge tun, das Los der *indigentes* dürfte dies dauerhaft kaum verbessern. Leider hat sich auch um das aufrichtig schlechte Gewissen der Bessergestellten ein Geschäft gebildet. Die Straßenhändler leben davon, behalten jedoch nur einen Bruchteil ihres Umsatzes. Den Rest müssen sie an die Mafias weitergeben, welche die Ware vertreiben, die Kreuzungen unter sich aufgeteilt haben und ihre Vertriebsstrukturen entsprechend „beschützen".

Auch bei den Bedürftigen, welche am Straßenrand ihre Hand aufhalten, muss man inzwischen von einer Bettlermafia ausgehen, die ihre Netzwerke in den reichen Norden der Stadt transportiert und dabei jene armen Schlucker mit besonders viel Mitleid erregenden Gebrechen und Behinderungen an strategisch günstigen Kreuzungen platziert. Keine Skrupel haben sie, Mütter mit ihren Säuglingen mitten im schlimmsten Tagesverkehr einzusetzen und dies bis spät in die Nacht. Das alles spricht nicht gegen eine kleine Spende, macht aber bewusst, dass hinter jedem berührenden Einzelschicksal oft noch andere und nicht selten kriminelle Strukturen und Interessen stecken.

Übersiedeln in die Anden: eine logistische Großtat

Backpacker reisen mit dem Haushalt auf der Schulter. Wer den modernen **Frachtcontainer** vorzieht, will seine Zelte vermutlich länger aufbauen. Die byzantinischen Verschickungsmethoden globaler Reedereien sorgen indes nicht selten dafür, dass ein Umzug mit Container ungleich aufreibender ist als die Luftfracht, die man am Ende seines Fluges vom Kofferband hebt und durch die Zollkontrolle trägt. Kommt das Hab und Gut nach gut vier Wochen im karibischen Hafen von Cartagena an, droht es erst einmal sandbankgleich zu sedimentieren. Die dortige **Hafen- und Zollbehörde** hat es nicht eilig – verständlicherweise, denn sie verdient an jedem Tag Lagerung.

Es soll auch vorkommen, dass die Umzugsfirma in Cartagena plötzlich eine Containerschutzgebühr von 1000 Dollar erhebt, von der bis dato nie die Rede war. In Kolumbien würden immer wieder Container entführt, heißt es dann; die Ware sei ja versichert, die Behälter aber nicht. Während der Umzügler Einspruch einlegt, tickt die Uhr. Mit jedem Tag, den der Container im schönen Cartagena liegt, fallen Hafengebühren an, deren Höhe bald die Containergebühren selbst übersteigen. Ob man die **Containerkaution** je wieder sieht, ist am Ende Glückssache. Wer hartnäckig darauf besteht und sich jedes Verhandlungsergebnis schriftlich dokumentieren lässt, hat durchaus Chancen.

Die ersten Tage in der Fremde sind erwartbar geschäftig. Je nach Grund des Aufenthalts besucht man den neuen Arbeitsplatz, spricht bei potenziellen Kindergärten vor, läuft die Nachbarschaft ab nach neuen Wohnungen oder checkt Spielplätze aus. Ganz zu Beginn erhält man seine Aufenthaltsgenehmigung, die *Cédula de extranjería*. Dieser zunächst auf zwei Jahre befristete Personalausweis wird ausländischen Gästen Zeit ihrer Tage in den Anden ein steter Begleiter sein.

Nach drei Wochen kann das Gröbste bereits erledigt sein. Wer einen Konzern im Rücken hat oder an der Botschaft arbeitet, mag mit einem **„Relocation-Manager"** an seiner Seite dem einen oder anderen Fettnäpfchen aus dem Weg gehen. Allzu viele Profis auf diesem Feld scheint es nicht zu geben, was sich als eine von vielen möglichen Geschäftsideen für mitreisende Eheleute auf der Suche nach eigenen Wirkungsbereichen erweist. Hilfreich ist es auch, sich von Beginn an der Zuarbeit von sogenannten **„tramitólogos",** einer Spezies professioneller Papier- und Beglaubigungskrieger, zu versichern. Sie stellen sich oft stundenlang in die entsprechenden Warteschlangen, füllen geduldig die immergleichen Formu-

076kb Foto: FotiChris74

lare aus und wissen, welche Kopien man für welchen Zweck bereithalten sollte. Am Ende muss man zwar meist doch noch persönlich erscheinen – Fingerabdrücke gelten in Kolumbien mehr als alle Vollmachten und Unterschriften. Doch die Zeitersparnis kann enorm sein.

Handelt es sich beim Umzug mit Kindern und Containern bereits um ein logistisches Meisterwerk, ist die **Umstellung** auf die lokalen Umstände nicht minder anstrengend. Schon rein körperlich: Im *tierra caliente* und an den Küsten fällt auch nächtens die Temperatur oft nicht unter 27 Grad, in einer Stadt wie Pasto oder Tunja kann sie sich jahreszeitenlos regelmäßig dem Gefrierpunkt annähern. In Bogotá, der Tropenmetropole auf der Höhe der Zugspitze, ist die Luft etwas dünner als gewohnt, die ersten Tage geben Neuankömmlingen einen Vorgeschmack aufs Rentenalter. Dafür brennt die Sonne auf der Südhalbkugel umso heftiger. Das Sonnenbad ist anfangs mit großer Vorsicht zu genießen.

Mit dem Rad beginnt die nächste Stufe der Erkundung und Eroberung. Wer bislang noch ohne **Helm und Reflektorband** auskam, wird sich dies hier zulegen wollen – Pflicht ist der Helm ohnehin. Mit montiertem Kindersitz fühlt man sich in Kolumbien ein wenig wie der Affe in seinem Käfig, eine Rarität. Ob zu Fuß, mit Rad oder öffentlichen Bussen unterwegs – mit der Erweiterung des eigenen Radius bildet sich allmählich eine Vertrautheit heraus, auch mit dem Umland. Wer sich schließlich zum ersten Mal mit dem Auto in den Verkehr stürzt, ist endgültig angekommen im „El Dorado der Gegenwart".

⌂ Mit dem Flugzeug über die Anden

Ortskenntnis und Orientierung

Auf den ersten Blick scheint die Orientierung dem Fremden leicht gemacht und klar ersichtlich. Wie in den USA prägt der Grid ein modernes und **an den Himmelsrichtungen orientiertes Straßenraster:** das rechtwinklige Grundmuster des hispanischen Städtebilds. Gemeinhin durchziehen *calles* von Osten nach Westen (in ansteigender Nummer gen Norden), die *carreras* von Süden nach Norden die Städte (in ansteigender Nummer gen Westen). Dazu kommt dann noch eine Hausnummer. Die Wohnung in der *Carrera 2 con Calle 13* mit der Hausnummer 28 wird dann abgekürzt zu *Carr 2#13–28* und liegt auf dem Block zwischen der Calle 13 und der Calle 14.

Das logische, moderne **Straßensystem** erweist sich als nicht ganz so einfach, wie es zunächst wirkt. So gibt es Zwischenstraßen (*Calle 27* bis *Carrera 7a) transversales, diagonales* (Ausfallstraßen), *autopistas* (Autobahnen), *circunvalares* (Umgehungsstraßen). Größere Hauptstraßen erhalten nicht selten Namen. In Bogotá etwa spricht man von der NQS (*Norte-Quito-Sur*) oder von der *Avenida Boyacá*. Irritierend ist es, wenn die *Diecinueve* („die Neunzehn") zum Teil der *Calle 17,* zum anderen Teil der *Calle 21* entspricht. Was dem Durchreisenden noch Kopfschmerzen bereiten kann, ist für den schon länger Ansässigen bald kein Problem mehr.

Gewöhnungsbedürftig bleibt allerdings für den gestandenen Mitteleuropäer die oftmals dürftige, weithin **unsystematische Ausschilderung.** Auch da hat es in den letzten Jahren immense Anstrengungen und Verbesserungen gegeben. Das gilt vor allem für die großen Städte; die Wegweisung auf dem Land bleibt außerhalb der wenigen Autobahnen lückenhaft. Die Verkehrsplaner konzentrieren sich derzeit noch auf die Modernisierung der Verkehrsführung selbst, inklusive Leitplanken, Mittelstreifen und Bodenbelag.

Nachtfahrer, sei gewappnet! Katzenaugen am Straßenrand sollte man nicht erwarten. Dafür kommen einem die Busse und Fernfahrer auf der anderen Straßenseite in vielen Farben blinkend oft wie dekorierte Weihnachtsbäume entgegen und dienen der Orientierung. Nicht selten allerdings ziehen sie auch ganze ohne Scheinwerfer los.

Wenn man sich besser nicht auf den **Schilderwald** verlassen möchte, rettet den Autofahrer in den meisten Städten leider auch nicht die Skyline (wie etwa in den USA). Hochhäuser liegen nicht immer unbedingt in den Stadtzentren und sind auch nachts nicht notwendigerweise beleuchtet und somit als Richtungshilfen nicht verwendbar. Selbst für den Ortskundigen kommt erschwerend hinzu, dass aufgrund der wachsenden Verkehrsdichte viele Durchgangsstraßen in Einbahnstraßen verwandelt worden sind, um den Verkehrsfluss zu optimieren. Überdies ist man vollauf damit beschäftigt, den Verkehr auf der Straße zu bewältigen.

Stadtpläne und Landkarten sind nicht sehr beliebt. Im Handschuhfach der Leihautos sollte man sie nicht erwarten. Wer die Chance hat, sich von Übersee detaillierte Straßenpläne mitzubringen, möge dies tun. Immer populärer wird indes, wenn man es sich leisten kann, das **GPS,** das bei Dieben hoch im Kurs steht.

Wie man in der Stadt verkehrt, in welchen Kreisen und mit welcher Geschwindigkeit man unterwegs ist, hängt freilich weniger von den Straßenverhältnissen als von den persönlichen Umständen – der jeweiligen Disposition und Mission in Kolumbien – ab. So unterscheiden sich die Milieus, in denen sich Studenten, Diplomaten, Geschäftsleute oder vollberufliche Eltern aufhalten, doch erheblich.

☑ Markantes Gefährt: der Chiva-Bus, unterwegs auf den Straßen in der Provinz

Ausländische Studierende in Kolumbien

Wer in Kolumbien studiert, wird sich zunächst entscheiden müssen, ob er auf eine **öffentliche oder private Universität** gehen möchte. Viele *bachilleratos* (Abiturienten) haben ohnehin nicht die Wahl. Die besseren privaten Unis haben das Renommee und sind modern ausgestattet, sie kosten allerdings auch deutlich mehr und sind, was die soziale Herkunft und den ökonomischen Background angeht, exklusiv. Zu den prestigeträchtigen privaten Hochschulen zählen die Universidad de los Andes, Universidad Javeriana, und Universidad del Rosario in Bogotá, aber auch die Universidad del Norte in Barranquilla. Hier studieren nur die Eleven aus zahlungskräftigen Haushalten. An einer Privatuni wie der **Universidad de los Andes** zahlen die Studierenden je nach Studiengang zwischen 3000 und 6000 Euro im Semester, Medizinstudenten bis zu 8000 Euro. Das ist für kolumbianische Verhältnisse nur den wirklich Wohlhabenden vorbehalten. Stipendien gibt es nur in begrenzter Zahl.

Allerdings gibt es auch **zahlreiche öffentliche Universitäten** wie die Universidad Nacional mit acht Standorten im Land, die Universidad de Antioquia (Medellín), die Uni Valle (Cali) oder die Universidad Industrial de Santander (Bucaramanga), die im akademischen Ranking einen exzellenten Ruf genießen. Hier gibt es keine finanzielle Eintrittsbarriere, die Studiengebühren richten sich nach dem ökonomischen und sozialen Hintergrund der Studierenden. Dafür ist der Zugang zu den öffentlichen Universitäten akademisch hochselektiv. An der Universidad Nacional in Bogotá etwa wird von den rund 60.000 Bewerbern im Jahr nur etwa ein Zehntel nach einer eigenen **Zulassungsprüfung** aufgenommen. Leichter haben es da die Öffentlichkeit und politische Aktivisten, die ohne die bei den Privaten gepflegten strengen Sicherheitskontrollen den Campus und die den Bürgern offenstehenden Vorträge und Versammlungen (freilich nicht den Unterricht) besuchen können.

Die Studierenden an den öffentlichen Universitäten gelten als **rebellisch und politisiert,** nicht zuletzt dort rekrutierte die Guerilla seit den 1960er-Jahren intellektuelle Unterstützer. Auch wenn immer nur ein Teil der Studentenschaft politisch aktiv sein mag, gehen doch von den öffentlichen Unis wie der Distrital, der Nacional oder der Pedagogica auch heute noch regelmäßig **Streiks und Kundgebungen** aus.

Im **Alltag der Studierenden** hingegen und nicht zuletzt bei der Freizeitgestaltung vermischen sich die Universitätskulturen. Über ein Dutzend Hochschulen sind allein in Bogotás Stadtzentrum gruppiert, die koloniale Altstadt Candelaria wirkt tagsüber in weiten Teilen wie ein großer Campus. Das Wochenende wird von vielen am Donnerstagabend eingeleitet.

Das gilt freilich nicht für alle Studenten und schon gar nicht für alle Fächer. Vor allem das Medizinstudium und die Ingenieurstudiengänge gelten als ausgesprochen zeitintensiv. Dennoch wird auch in Kolumbien feste gefeiert. Spätestens um 22 Uhr zieht es viele von ihnen zum Tanzen, und das bis zum Abwinken.

Als Ausländer wird man relativ leicht integriert. Verkehrssprache ist Spanisch. In letzter Zeit kommt zwar Englisch immer mehr in Mode, doch es ist noch immer äußerst hilfreich, mit spanischen Vorkenntnissen anzukommen. Das **Studiensystem** wird **landesweit** gepflegt, an den vierjährigen *pregrado* (B.A.) kann man ein zweijähriges M.A.-Programm anschließen. In den letzten Jahren wurde das Angebot der Promotionsstudiengänge deutlich ausgebaut. Die meisten Professoren im Inland kamen bislang auch ohne Dissertation an ihre Lehrstühle, nur vier Prozent von ihnen besitzen einen Doktortitel. Diese Quote variiert jedoch stark, an den besseren Universitäten haben bereits deutlich mehr als die Hälfte der Dozenten einen Promotionsabschluss. Allenthalben werden derzeit Doktorandenprogramme gefördert und oft in Kooperation mit ausländischen Universitäten neu eingerichtet. Auch in Sommerkursen setzt man gerne auf Professoren aus dem Ausland – das Land befindet sich akademisch in einer Aufbruchstimmung.

⌃ Innenplatz der Fakultät für Ingenieurwissenschaften, Universidad del Valle

Die deutsche Wissenschaft pflegt schon seit den 1950er-Jahren enge Beziehungen mit der kolumbianischen Hochschullandschaft – das ist wahrlich nicht bei allen lateinamerikanischen Ländern der Fall. **Langjährige Kooperationen** gibt es nicht zuletzt auf den Feldern der Ingenieurswissenschaften, der Mathematik, den Naturwissenschaften oder der Friedens- und Konfliktforschung. So unterhält die Universidad del Norte in Barranquilla enge Beziehungen zur Universität Mainz, die Universidad de Antioquia in Medellín eine Schwerpunktkooperation mit der Universität Gießen, die Universidad Nacional kooperiert mit der TU München. Anfangs liefen die meisten Kontakte über persönliche Initiativen einzelner Wissenschaftler. Inzwischen helfen Mittlerorganisationen wie der DAAD oder die Alexander-von-Humboldt-Stiftung dabei, den Austausch systematisch auszubauen.

Ebenso erfreulich entwickeln sich die Studienbedingungen für deutsche Studierende, die nach Kolumbien wollen. So vergibt die kolumbianische Studienförderungsbehörde Icetex **Vollstipendien an deutsche Studierende** und Wissenschaftler, die in Kolumbien ein Masterstudium oder einen Forschungsaufenthalt realisieren möchten. Den Gaststudierenden werden dabei in Kooperation mit den Universitäten auch die Studiengebühren erlassen. Auch wenn es sich um akademisch meist hochwertige Programme handelt, stößt nicht alles bei den Auslandsstudenten auf sofortige Gegenliebe. Gewöhnungsbedürftig erscheint vielen Mitteleuropäern die **eher verhaltene Diskussionskultur** in den Seminarräumen. Auch wenn das von Professoren, Studiengang und Universität abhängt: Kolumbianer sind verschulte Programme gewöhnt und erwarten in den ersten Semestern Frontalunterricht, was auch mit dem relativ jungen Studieneintrittsalter erklärt werden kann (16–17 Jahre).

Ebenfalls ziemlich ungewohnt dürfte Gaststudenten der erhebliche **Sicherheitsaufwand an den privaten Unis** vorkommen. Ohne Studierendenausweis gibt es dort schlichtweg keinen Einlass an den von Drehkreuzen bewehrten Eingängen. Schließlich trübt die **Streikfreude** bei manchen die Studienerfahrung. Es sind weniger die politischen Inhalte, die irritieren, sondern die Tatsache, dass der Lehrbetrieb an den öffentlichen Universitäten streikbedingt manchmal für Tage oder gar Wochen eingestellt wird. Die Häufigkeit dieser Beeinträchtigungen des Studienbetriebs ist in den letzten Jahren spürbar zurückgegangen.

Eine Parallelwelt ist das Milieu der weit verbreiteten **Sprachschulen.** Diese formieren sich gerne auch in kleineren Universitätsstädtchen wie Manizales, Popayán oder Bucaramanga. Der Spaßfaktor in diesen internationalen Klassen gilt aufgrund der ähnlich gelagerten Motive der dort Studierenden als besonders hoch.

Als Diplomat und Experte in Kolumbien

Die Deutsche Botschaft und die Entwicklungsorganisationen haben ihren Sitz in der Hauptstadt. Ihre Initiativen aber greifen weit ins Land hinein. Kolumbien gilt seit Kurzem als enger Verbündeter Deutschlands. Bei seinem Besuch im Sommer 2011 beschrieb der deutsche Außenminister die Beziehungen zwischen Kolumbien und Deutschland als „strategische Partnerschaft". Zahlreiche Initiativen belegen die erhöhte Aufmerksamkeit deutscher Institutionen und Öffentlichkeit gegenüber dem Andenstaat.

Nach der Ratifizierung des EU- Freihandelsvertrags mit Peru und Kolumbien wird eine **Stärkung der Handelsbeziehungen** erwartet. Fast zeitgleich stockt die deutsche Entwicklungszusammenarbeit, seit über 50 Jahren in Kolumbien aktiv, die staatlichen Fördermittel auf. Die Deutsche Gesellschaft für internationale Zusammenarbeit (GIZ) unterhält hier ihr größtes Portfolio auf dem ganzen Kontinent und unterstützt zahlreiche Projekte in den Bereichen Friedensprozess, Flüchtlingsarbeit, Frauenrechte und Umweltpolitik. Flankiert werden die politischen und wirtschaftlichen Kontakte von aktiver Kulturarbeit.

Das **Goethe-Institut** – seit 1957 im Lande und über seinen Sprachunterricht hinaus eine feste Adresse im Kulturleben – zog 2010 in einen modernen Neubau im trendigen Parque-93-Viertel der Hauptstadt. Der **DAAD** ist heute mit fast 20 Vertretern (Informationszentrum in Bogotá, Lektoren, Langzeitdozenten und Sprachassistenten) im Lande und erhöhte die Stipendienzahl für Studenten und Forscher. Auch die **Deutsche Forschungsgemeinschaft** und andere Forschungsorganisationen investieren verstärkt in Kolumbien. In Santa Marta wurde 2010 eines von weltweit vier Excellenzzentren für Tropenwissenschaften und Marinebiologie eingeweiht. Ein Abkommen, das auch den Austausch von Fachkräften stärken soll, wurde beim Besuch der Bildungsministerin im Oktober 2012 in Bogotá unterzeichnet.

Aufmerksame Unterstützung kommt seit Jahren aus Nichtregierungskreisen. **Politische Bildungswerke** wie beispielsweise die Konrad-Adenauer-Stiftung oder die Friedrich-Ebert-Stiftung sind nah dran am politischen Tagesgeschehen. Kirchennahe Organisationen wie Misereor und Brot für die Welt unterhalten zahlreiche Projekte im Lande. Die Szene der Entsandten, Experten, Geschäftsleute und Studierenden, die sich nicht nur in der Hauptstadt über den Weg laufen, wirkt hier – anders als so manche Expat-Community in Übersee – frisch und lebendig. Die Vitalität der offiziellen und inoffiziellen Beziehungen deckt sich mit dem wachsenden Interesse der Reisebüros, der Hoteliers und der Deutsch-Kolumbianischen Industrie- und Handelskammer.

Hans-im-Feld: ein politischer Bildungsarbeiter zwischen den Fronten

García Márquez, der Literatur-Nobelpreisträger, zeichnete in seinem Werk „100 Jahre Einsamkeit" den Aufstand der Arbeiter auf den Plantagen der United Fruit Company von 1927 als einen klaren Fall von Feudalherrschaft und Klassenkampf. Angeblich bis zu 3000 Tote soll es gegeben haben.

Als Hans Blumenthal 1972 zum ersten Mal nach Kolumbien kam, zog es ihn sogleich ins Feld, in dieselben Felder der „zona bananera" im Norden des Landes. In St. Gallen hatte er Volkswirtschaft studiert, an der Freien Universität in Berlin wollte er mit der damals populären marxistischen Soziologie im Rücken über eben jene United Fruit Co. promovieren. Karl Marx lieferte hierfür die Bibelgrundlage, die im sonntäglichen Lektürekurs zwischen 9.30 und 14 Uhr durchgearbeitet wurde. Die ideologische Selbstgewissheit, die ihn wie seine ganze Generation geprägt hatte, wurde durch seine Erfahrungen in Lateinamerika aber schnell erschüttert.

Auf das Elend in den Straßen von Bogotá war er, Spross eines Weingutes an der Nahe, nicht vorbereitet. Den Bettlern auf der Straße steckte er anfangs bereitwillig etwas zu, doch als ihm die indigene Frau an der Ecke „Mister, FuckyFucky?" zurief, zeigte sich der Neuankömmling schockiert. Sein Weltbild fiel vollends in sich zusammen, als er die Bananenarbeiter zu interviewen begann. Die vermeintlichen Imperialisten galten bei den Einheimischen – anders als in den akademischen Diskussionskreisen – als gut organisiert, ihre Löhne hätten sie immer pünktlich ausbezahlt und auch in die Infrastruktur, erinnerten sich viele der befragten Bauern vor Ort, sei durchaus Geld geflossen. In den 1950er-Jahren hatte United Fruit – aus Eigeninteresse zwar, aber immerhin – auf ihren Plantagen die erste Landstraße Kolumbiens gebaut. Unter diesen ersten Eindrücken verflüchtigten sich die Schablonen im Kopf.

Seit über 40 Jahren ist Blumenthal dem Land und seinen Leuten nun schon verbunden. Bei seiner ersten Recherchereise lernte er seine spätere Frau Estela kennen, deren Karriere als Berufsdiplomatin an den kolumbianischen Botschaften in Ost-Berlin und Bonn begann (welche sie als Gesandte in Berlin derzeit dort beschließt). Als Projektleiter für die Friedrich-Ebert-Stiftung (FES) arbeitete Blumenthal in Marokko, Polen und Venezuela, in den Jahren 1998 bis 2002 und von Ende 2005 bis 2009 leitete er die FES Colombia (Fescol). Er kam ins Amt, als die Regierung Pastrana den glücklosen Friedensprozess von Caguán in Gang brachte und begleitete ein paar Jahre später Uribes Politik der harten Hand gegen die Guerilla. Unter Blumenthal stiftete Fescol den ersten nationalen Friedenspreis („Premio Nacional de

Paz") und entwickelte sich zu einem gefragten Ansprechpartner, der Institutsleiter selbst sah sich als Makler zwischen den Fronten: „Unsere Aufgabe war es, mit allen zu arbeiten."

Über die Jahre hat er Verständnis für alle Konfliktparteien gewonnen. Die ungeheure soziale Ungleichheit und die ungelöste Landfrage sind für ihn bis heute die Quellen geblieben, aus der sich der Grundkonflikt Kolumbiens speist. Die Guerilla sei in ihrem Ursprung eine Landguerilla, deren ideologische Ausrichtung von der Drogenökonomie ausgehöhlt wurde. Heute hält Blumenthal das Selbstverständnis vieler Rebellenführer für „steinzeitlich", was ihn wiederum nicht verwundert, leben viele Kämpfer doch zwanzig Jahre oder länger im Urwald.

Ob ausländische Nichtregierungsorganisationen wie Fescol am Verlauf des Konflikts etwas haben ausrichten können? Der Erfolg von Stiftungsarbeit, sagt Blumenthal, sei „nicht objektiv messbar." Er habe immer das Gefühl gehabt, dass er aufgrund seiner Unabhängigkeit Diskussion anregen, Themen setzen und in Projekten begrenzte, aber konkrete Ergebnisse erzielen konnte. Vom Begriff Entwicklungshilfe will Blumenthal nichts wissen, das sei ein „Anspruch von gestern". Ihm geht es vielmehr um politische Bildungsarbeit, bei der sozialer Ausgleich und eine zivile Konfliktkultur im Mittelpunkt stünden. Er selbst versteht sich als Förderer demokratischer Prozesse „von unten" und eines rationalen Politikdiskurses innerhalb der politischen Eliten. „Es kann nicht darum gehen, Konflikte zu vermeiden, sondern aus der Erfahrung zu lernen, diese zu zivilisieren."

Drei Jahre nach Einleitung seines offiziellen Ruhestands ist der politische Kulturarbeiter weiter aktiv. Mit der von ihm begründeten Stiftung Evolución Caribe will er von Cartagena aus die Erinnerungskultur in der Karibikregion stärken. Zudem wird „Hans", wie er hier respektvoll genannt wird, den Aufbau von lokalen Bauernorganisationen unterstützen. Deren Organisationskraft hat zuletzt besonders gelitten, viele ihrer ehemaligen Führer wurden verfolgt und ermordet.

„Do no harm!" („Sieh zu, dass du keinen Schaden anrichtest!"), lautet seit einiger Zeit eine Vor- und Rücksicht signalisierende Vorgabe westlicher Zusammenarbeit in Fragen politischer und wirtschaftlicher Entwicklung. Hans Blumenthal ist klar, dass die Grenze zwischen bescheidener Hilfestellung und kontraproduktiver Intervention eine graue ist. Doch er ist davon überzeugt: Opfern im Konflikt dabei zu helfen, sich zu finden und eine politische Stimme entwickeln zu lassen, sei im Ansatz weder verkehrt noch schädlich.

Als Geschäftsmann in Kolumbien

Spricht man mit Geschäftsleuten in Kolumbien, so ist an allen Ecken von einem **„Aufbruch"** die Rede. Manch einer vergleicht das Land bereits mit dem Wirtschaftswunder, das Mitteleuropa in der Nachkriegszeit erfasste. Die Geschäftsindexe sprechen Bände: Der Export von Rohstoffen boomt, die Kaufkraft steigt, der Binnenmarkt hat seit der Öffnung der Volkswirtschaft einen großen Nachholbedarf und zieht mehr und mehr Importe ins Land.

In vielen Bereichen hat Kolumbien zweifellos von der wirtschaftlichen Schwäche des venezolanischen Nachbarn profitiert und ist zur **ökonomischen Regionalmacht** aufgestiegen. Die Rahmenbedingungen für Geschäftsbeziehungen gelten seit einigen Jahren als stabil und ausgesprochen günstig. Dazu zählen eine gute Erreichbarkeit über zwei Weltmeere, eine im lateinamerikanischen Vergleich auffällige politische Stabilität und zufriedenstellende Rechtssicherheit sowie eine große Zahl gut ausgebildeter Arbeitnehmer und Manager. Dank des **Freihandelsabkommens (TLC)** zunächst mit den USA und jetzt mit der EU, das 2012/2013 im EU-Parlament zur Ratifizierung ansteht, wird sich der Handel mit dem Andenland vertiefen.

Zu den problematischen Aspekten der **Handelsbeziehungen** zählen noch immer eine **defizitäre Infrastruktur** und die **Korruption,** ein steigerungsfähiges Image der „Marke Kolumbien" und die deutlich verbesserte, doch immer noch schwierige Sicherheitslage.

Das Interesse der EU gilt nicht zuletzt dem **Rohstoffreichtum,** seien es Erdöl, Kohle oder Agrarprodukte wie Bananen, Kaffee, Palmöl oder Blumen. Dass Venezuela eine Ölmacht ist, weiß man; dass Kolumbien inzwischen schon fast halb so viel produziert wie der Nachbar, weiß hingegen kaum einer. Im Gegenzug steigt die Inlandsnachfrage nach Produkten und Dienstleistungen *made in Germany* mit jedem Jahr. 2010 eröffnete die Deutsche Lufthansa wieder Direktflüge nach Bogotá, nachdem man den Stützpunkt fast ein Jahrzehnt lang geschlossen hatte. Auch Logistikunternehmen wie Hamburg-Süd oder Kühne + Nagel haben zuletzt erhebliche Summen in den Ausbau des Containerhafens von Cartagena investiert, der inzwischen der vielleicht modernste in der gesamten Karibikregion ist.

Es gibt andere untrügliche Zeichen, dass europäische Unternehmen hier **Wachstumsmärkte** vermuten. Firmen wie VW oder Stihl erwerben seit einiger Zeit ihre Markenrechte zurück, kaufen Handelsvertretungen auf und gründen eigene Niederlassungen. Die meisten Dax-Konzerne haben Vertriebsbüros in der Hauptstadtregion, einige andere wie Pelikan,

Beiersdorf oder BASF produzieren hier. Mercedes eröffnete erst Anfang 2012 in Bogotá eine kleine Produktionshalle, in der Busse zusammengesetzt werden. Das Spektrum des **Exportgeschäfts** in die Anden ist vielfältig und umfasst immer mehr mittelständische Unternehmen. Vom Auftragsvolumen her zählen Pharma/Chemie, Logistik und Maschinenbau zu den führenden Branchen.

Im Geschäftsverkehr zwischen Deutschland und Kolumbien gelten dieselben Grundregeln wie überall. Die persönliche Chemie spielt eine wichtige Rolle. Man sollte einander kennen und mögen, sonst wird die geschäftliche Beziehung mühsam. Will man darüber hinaus seine Erfolgschancen erhöhen, ist ein Verständnis für **kulturell geprägte Differenzen** sicherlich viel wert. So sollte man mit Sinn für das kolumbianische Zeitgefühl geschäftliche Termine immer ein, zwei Tage vorher noch einmal persönlich bestätigen und sich nicht aus der Ruhe bringen lassen, wenn der Geschäftspartner nicht auf die Minute genau erscheint. Die Begeisterungsfähigkeit der Gastgeber ist ansteckend, doch mit etwas Vorsicht zu genießen: Derselbe Enthusiasmus mag rasch auch gegenüber dem Konkurrenzprodukt entfacht werden.

Arbeiter und Angestellte sind harte Arbeit und lange Arbeitsstunden gewohnt, doch bei auf lange Sicht angelegten Beziehungen tun europäische Geschäftsleute gut daran, mit einem **eher kurzfristigen Denken und Planungshorizont** auf der anderen Seite zu rechnen. Das gilt für die Motivation der Vertriebsrepräsentanten ebenso wie für die Erwartungen beim Investorenpartner. Spontaneität beim Gegenüber ist eine Tugend, die auch aus der Not geboren ist: Kolumbianer gehen grundsätzlich davon aus, dass morgen wieder „alles anders kommt, als man denkt". Aufgrund dieser Erfahrungswelt wird es verständlicher, wenn Gewinnerwartungen bei nächstbester Gelegenheit eingefordert werden.

Gewöhnungsbedürftig bleibt der Finanzsektor. Ihm merkt man den jahrzehntelangen Protektionismus, der erst vor 20 Jahren überwunden wurde, noch sehr an. **Bargeldloser Zahlungsverkehr** ist inzwischen eingeführt, hat sich aber bislang nur in einer kleinen Geschäftselite durchgesetzt. Telefon- oder Onlinebanking sind in den besser geführten Banken möglich, doch noch immer mit derart großen Hürden verbunden, dass viele Kunden den Austausch von Bargeld vorziehen. Zumindest beim privaten Umgang mit dem Bankgeschäft sollte der Gast nicht vergessen, dass 60 % der kolumbianischen Bürger noch immer keinen Zugang zu einem geregelten Bankkonto haben. Aber wie vieles hier wird auch das langsam, aber sicher besser.

Unter Arbeitskollegen

Aufgrund der langen und umfassenden Kolonialgeschichte darf man gewiss von einer kulturellen Nähe zwischen Latinos und Europäern ausgehen. Dennoch sollte man bei seiner beruflichen Tätigkeit von **unterschiedlichen Dispositionen, Temperamenten und Differenzen** ausgehen, die sich im Arbeitsalltag erst noch einspielen müssen. Aus mitteleuropäischer Sicht fällt in Gesprächen immer wieder das Wort „Eigenverantwortung", zu der kolumbianische Mitarbeiter oder Geschäftspartner erst angeleitet werden müssten. Ob das an der tiefsitzenden, an Hierarchie und Gehorsam ausgerichteten katholischen Erziehung, der am populären Caudillo

„Auf dem Sprung": Geschäftsaussichten zwischen PR und realistischem Potenzial

Die gebürtige Leipzigerin lernte Kolumbien als Touristin kennen. Mit ihrem Mann, heute Politikprofessor in Bogotá, besuchte sie fast ein Jahrzehnt lang das Land. 2000 zogen sie dann in seine Heimatstadt Cali. Katarina Steinwachs, gelernte Linguistin mit einem Master in Management und zuvor für den British Council tätig, unterrichte dort zunächst europäische Landeskunde. Bald wurde ihr die Stadt zu klein, sie heuerte bei der Deutsch-Kolumbianischen Industrie- und Handelskammer an und ging nach Bogotá. Fast drei Jahre lang pendelte das Paar zwischen dem Valle und dem Andenhochland. Als sie schließlich Leiterin der Handelskammer wurde, kam ihr Mann nach.

Zu dem Zeitpunkt begann sich die Stimmung im Land zu wenden. Die abgebrochenen Friedensverhandlungen von Caguán hatten Kolumbien einmal mehr an den Rand des Kollapses gebracht. „Niemand kam hierher", erinnert Katarina sich an ihre Anfangsjahre. Das alles drehte sich nach der Amtsübernahme von Álvaro Uribe. Der setzte auf eine militärische Bekämpfung der Guerilla und drängte diese innerhalb weniger Jahre aus den großen Städten zurück. „Diese Erleichterung, diese enorme Veränderung kann man sich heute, da Uribes Regierungszeit sehr kritisch beurteilt wird, kaum noch vorstellen." Um den Kontakt zwischen den Städten wieder herzustellen, organisierte die Regierung damals sogenannte „caravanas turísticas". Am Stadtausgang trafen sich an Wochenenden bis zu 500 Autos und fuhren in andere Städte und touristische Zentren des Landes, beschützt von Polizeistreifen und Militär. Mit Uribe kam das Gefühl zurück, sich zu-

orientierten Führungskultur oder einer historisch gewachsenen Klassengesellschaft liegt, sei dahingestellt. In Büros, Kanzleien und in den Werkstätten sollte man jedenfalls nicht automatisch davon ausgehen, dass alle Mitglieder ein ähnliches Verständnis von Selbstständigkeit und Autonomie haben.

So stößt auch ein Geschäftsführer an Grenzen, wenn er geschult von Zielvereinbarungen spricht und es seinen Angestellten überlässt, die entsprechenden Schritte zu deren Erreichung einzuleiten. In Kolumbien ist man doch noch etwas mehr daran gewöhnt, auf klar formulierte Ansagen zu reagieren, die einzelnen Arbeitsschritte überprüfen zu lassen und immer wieder Zwischenergebnisse vorzulegen. **Pünktlichkeit auf die Minu-**

mindest auf den Landstraßen im Zentrum des Landes wieder bewegen zu können.

Dieser gefühlte Aufschwung und die vielerorts verbesserte Sicherheitslage schlugen sich auch in der Handelsbilanz nieder. Der Bundespräsident und die Kanzlerin kamen zu Besuch, mit und nach ihnen drängten Delegationen aus Deutschland und Europa ins Land.

Seit 2009 ist die entscheidungsfreudige Leipzigerin Unternehmenssprecherin von Siemens in Kolumbien und für die Unternehmenskommunikation in Südamerika zuständig. Ein fein gesponnenes Netz von Kontakten hat sie von ihrem letzten Posten mitgebracht. Jetzt tüftelt sie mit ihren Kollegen daran, wie man die gute Stimmung auf den Märkten möglichst zukunftsträchtig bedienen kann.

Der Bau einer Metro in der 8-Millionen-Stadt wäre ein solches Schlüsselprojekt. Fest geplant ist sie, diskutiert wird sie seit drei Jahrzehnten, ob sie kommt, ist offen. Dass ein modernes Transportsystem erfolgreich umgesetzt werden kann, hat seit den 1990er-Jahren die Stadt Medellín gezeigt. Die dortige Schwebebahn gilt auf dem ganzen Kontinent als vorbildlich. Steinwachs denkt weiter. Der „Nachholbedarf" sei „ungeheuer groß". Über Zukunftsthemen wie urbane Infrastruktur, Strategien für den demografischen Wandel und künftige Dienstleistungen für Senioren habe Kolumbien noch gar nicht nachzudenken begonnen.

„Enormes Potenzial" sieht Steinwachs auch in der Agrarwirtschaft und der nachhaltigen Forstwirtschaft. Bestimmte Holztypen wachsen hier drei Mal so schnell wie im gemäßigten Klima Europas. Sie selbst hält die Rede von einem anhaltenden Boom nicht für überzogen. „Im guten Fall kann man das", sagt sie, „vielleicht sogar ein bisschen mit der Entwicklung in Brasilien vergleichen."

te und das unaufgeforderte Einhalten von Terminangelegenheiten ist der andinischen Kultur größte Stärke nicht, aber wer da als *jefe* hinterher ist und seinen eigenen Ansprüchen selbst Genüge leistet, hat durchaus gute Chancen, das Ziel zu erreichen. **Geduld, Beharrlichkeit und rechtzeitige Erinnerungsmails** sind auf diesem Weg sicherlich gute Begleiter.

Auf der anderen Seite sollte man nicht vorschnell die Normen aus dem deutschen Büro im ausländischen Alltag eins zu eins umsetzen wollen. Der verspielte Flirt, die Körpersprache, die vor Berührung nicht zurückschreckt, wird mit einem strengen Verhaltenskodex nicht „eingedämmt". Denn was den einen seriös erscheint, gilt anderswo als steif und kühl. Auch die arbeitsame Stille einer deutschen Büroetage wirkt auf Kolumbianer eher unheimlich. **Sekundärtugenden wie Spontaneität und Humor** haben hier hingegen auch im Büro ihren Platz und können zum gewünschten Ergebnis effektiver Teamarbeit beitragen – jedenfalls mehr, als jede Besserwisserei oder Rechthaberei seitens deutscher Vorgesetzter zu vermitteln vermag.

Interkulturelle Teams zusammenzuschweißen, ist aller Mühe wert und in multinationalen Konzernen lange schon Alltag. Zu beachten ist, dass in Kolumbien lokale Mitarbeiter oft noch viel hierarchischer denken und sich entsprechend geduckt verhalten. Auch sollte man nicht davon ausgehen, dass Sekretariat und Chef auf Augenhöhe arbeiten. Ob eine Sekretärin tatsächlich Zugang zu ihrem Vorgesetzten hat, wird man oft erst hinterher herausfinden, wenn man erfährt, ob die Nachricht ausgerichtet wurde. Als Anreiz scheint eine angemessene Bezahlung vielen einheimischen Angestellten und Arbeitern wichtiger als Freizeit und man kann davon ausgehen, dass aufmerksame Mitarbeiter sich durch Fortbildung gerne die nötigen Zusatzqualifikationen erwerben und auch vor Weiterbildung in Abendkursen nicht zurückschrecken.

Umgekehrt sollten die europäischen Gäste die im Geschäftsleben auftretenden unterschiedlichen Einstellungen und Herangehensweisen zunächst mit großer Neugier zu verstehen suchen. Nicht alles, was man aus der Heimat an Erwartungen und Ansprüchen mitbringt, glänzt auch anderswo. So hat es durchaus etwas für sich, anstatt direkt zur Sache zur kommen, erst einmal **ein paar persönliche Worte** zu wechseln, ohne die ein vertrauensvolles Miteinander hier nicht zu denken ist. Untergebene pflegen die soziale Distanz mit Anreden wie „Don" oder „Doctora" zu wahren (unabhängig vom tatsächlichen akademischen Grad). Unter sozial Gleichgestellten geht es in der Neuen Welt oft schnell etwas informeller zu; das Siezen unter Kollegen, die bereits ein Jahrzehnt zusammenarbeiten, und das monotone „Mahlzeit" ernsthafter Kantinenkommunikation ist in Kolumbien nur schwer vorstellbar.

Sprachkenntnisse und Lernfähigkeit sollte man bei sich selbst voraussetzen und die Weisheit beherzigen, dass **das eigene Vorbild** noch den größten Lerneffekt auslöst.

Apropos **Anpassungsfähigkeit:** Ein sensibles Thema in deutschsprachigen Organisationen, Betrieben oder Schulen ist manchmal die Unterscheidung zwischen den importierten Fachkräften aus den Heimatländern und den sogenannten „Ortskräften". Heikel erscheint dabei nicht so sehr die kulturelle Integration in der Belegschaft, sondern die Diskriminierung nach Gehältern. Ortskräfte erhalten im Schnitt nur 30 % des Gehalts eines Entsandten. Selbst die deutschen Mitarbeiter, die vor Ort eingestellt werden, erhalten oft nur den Ortstarif. In den größeren Unternehmen gewinnen zuletzt gut ausgebildete Fachkräfte aus dem Inland an Gewicht – sie ersetzen mehr und mehr (teure) Abgesandte und erhalten vielerots bereits vergleichbare Gehälter.

Im Gegenzug ist die Kaufkraft eines von Europa aus eingeflogenen Mitarbeiters in Kolumbien außerordentlich gut. Es ist kein Geheimnis, dass die Auslandszuschläge und die meist sehr niedrigen Lebenshaltungskosten – Bogotá ist hier seit einigen Jahren eine Ausnahme – weltweit ein Anreiz sind, in den hier angesiedelten international tätigen Verwaltungen seinen Dienst zu leisten.

Umgang mit Geld

Bargeld ist das mit Abstand **beliebteste Zahlungsmittel** – wer es denn hat. Die Hälfte der Gesellschaft, die ohne geregelte Arbeit auskommt und das weitere Viertel, das sich mit dem Minimallohn zufriedengeben muss, kommen irgendwie über die Runden. Das kleine Leihgeschäft, das Anschreiben und das Vertrösten auf die nächste Woche sind hier Normalität. Innerhalb von Familien und Nachbarn gehört das Anpumpen um Geld zum Alltag und die alltägliche Korruption im Umgang mit Polizei und Bürokratie hat auch mit den knappen Kassen vieler Familien zu tun.

Eine feste Regel im Umgang mit dem **Geldverleih** gibt es natürlich nicht. Doch als Faustregel sollte gelten, dass man verliehenes Geld nicht zurückerwartet. Damit erspart man sich manche Enttäuschung. Wenn man darüber hinaus vermeiden will, dass man von seinem persönlichen Umfeld als Bankautomat missbraucht wird, sollte man das Leihgeschäft gleich vorweg an Konditionen knüpfen und als Ausnahmefall behandeln. Der Kreislauf von Gutmütigkeit und Bittstellertum kommt sonst erst so richtig in Schwung. Dieser Allgemeinplatz gilt ausdrücklich nicht für echte Schicksalsschläge und die Intuition, im rechten Moment das Richtige zu tun.

Umgekehrt nimmt es unter diesen Umständen nicht Wunder, wenn viele Waschsalons und Handwerker das **Geld** für ihre Dienste gerne **im Voraus** sehen wollen. Im Zweifelsfall gilt auch da, erst das Ergebnis des Services abzuwarten und allenfalls die Materialkosten – beispielsweise für Leitungen oder Schlösser – vorzustrecken, nach Möglichkeit immer gegen Rechnung. Man sollte sich dabei nicht davon abschrecken lassen, dass in vielen Branchen das Ausstellen von **Quittungen noch immer unüblich** ist. Dazu gehört das Taxigeschäft ebenso wie kleine Straßenläden, Kioske oder Imbisse auf dem Lande.

Schwerer erklärlich ist hingegen die Eigenart vieler Handwerker, **vorab keine festen Preise** zu vereinbaren und erst nach getaner Arbeit darüber zu verhandeln. „Das überlasse ich Ihnen", heißt dann oft die vermeintlich großzügige Antwort, *„como quiera"*. Eine Theorie besagt, die Hörigkeit der arbeitenden Klassen sei noch derart ausgeprägt, dass ihnen das Bewusstsein für einen angemessenen Marktpreis fehle und sie froh über alle Brosamen seien, die die reicheren Mitbürger abwerfen. Eine andere Erklärung ist die Erfahrung vieler Dienstleister, dass die Gringos die ortsüblichen Niedriglöhne nicht kennen und mit ihrem Gefühl für das entsprechende Honorar im Heimatland eher zu viel als zu wenig geben dürften.

⌃ Bargeld ist immer und überall im Land das beliebteste Zahlungsmittel

In jedem Fall empfiehlt es sich, bei Nachbarn oder Freunden die jeweiligen Marktpreise zu erfragen und sich für gute Arbeit mit Trinkgeld angemessen und nicht allzu geizig zu zeigen.

Zu beachten ist, wie an vielen Orten dieser Welt (zumal den vom Tourismusgeschäft geprägten), eine **Kultur des Feilschens.** Das gilt in Kolumbien mehr für die Küste als für die Berge, doch verhandelbar ist fast alles außerhalb der multinationalen Supermärkte. So mancher Anbieter verlangt dabei am Anfang Fantasiepreise, die selbst wenn sie am Ende auf die Hälfte heruntergehandelt wurden, immer noch ein Vielfaches über dem Herstellungspreis plus der Handelsspanne liegen. Das gilt für die berühmten Panamahüte, Muschelketten (die angeblich lokal produziert werden, aber in derselben Machart als Importware am Nürnberger Bahnhof feilgeboten werden), für Textilien jeder Art (die mit großer Wahrscheinlichkeit über Panama aus China eingeführt wurden).

Eine entschiedene und direkte Antwort darauf, ob man das angebotene, ja aufgedrängte Produkt überhaupt möchte, hilft, manche Verhandlung schon im Vorfeld zu beenden. Über ein oder zwei spielerische Gespräche zunächst einmal ein Gefühl für den einschlägigen Straßenwert der Ware zu bekommen, ist sicherlich auch keine schlechte Idee.

Umgekehrt steht es in der Verantwortung des Gastes, mit seiner starken Verhandlungsposition (Geldwert, guter Umtauschkurs) der Ausbeutung unterentwickelter Länder nicht noch die Krone aufzusetzen. Handeln macht Spaß, zumal wenn man nichts zu verlieren hat. Doch die Tatsache, dass derselbe Hut an jeder Straßenecke Cartagenas oder Santa Martas angeboten wird, sollte nicht dazu verleiten, die Kleinhändler im Zuge des Feilschens zu erniedrigen oder vollends um ihre in der Regel ohnehin kleinen Gewinnspannen zu bringen.

Einkaufen

Stark im Kommen sind **Supermarktketten.** In den 1990er-Jahren galt der Bau eines neuen Einkaufszentrums noch gemeinhin als Eröffnung einer Geldwaschanlage: Die Großmärkte und Markenläden bedienten einen Markt, den es noch nicht gab, aber das Drogengeld wollte ja irgendwo angelegt sein. Inzwischen aber haben sich die Großstädter an die modernen Riesenmärkte gewöhnt. Wie Fliegenpilze haben sie sich quer über das Stadtgebiet ausgebreitet und dort, wo die Entfernung zwischen den Einkaufszentren zu groß ist, platziert sich ein „Express-Shop" derselben Kette. Sie alle halten, von Sicherheitspersonal gut bewacht, ihre Tore auf, solange die Menschen auf den Beinen sind, auch an Sonntagen.

Den Supermarktsektor haben weitgehend **französische Großkonzerne** unter sich aufgeteilt, allen voran Carrefour und Casino – ein Lebensmittelkonzern, der Ketten wie Exito, Carruja und Pomona unter einem Markendach versammelt. Die Supermärkte haben in den letzten Jahren an Qualität gewonnen, preislich aber bedienen sie vor allem das obere Viertel der Gesellschaft. Zum Teil aberwitzig teuer sind Importprodukte wie Käse, Wurstwaren oder Oliven – wer gerne gereiften Parmesan jahrein, jahraus auf seine Pasta reibt, wird sich eher von seinen Besuchern ein gutes Kilo mitbringen lassen, als sich an die **Wucherpreise der Feinkosttheken** zu gewöhnen. Angeblich lebt der Großhandel mit Gewinnmargen von etwa 25 %. Gleichzeitig gibt es heftige Klagen der Gewerkschaften über die Arbeits- und Lieferbedingungen der Lebensmittelkonzerne.

Bis zur Weiterentwicklung des Supermarktes als preiswerter und qualitätsvoller Einkaufsort wird es wohl noch etwas dauern. Wer unterdessen – von der Discounterkultur geprägt – preiswert zuschlagen will, kann sich an die Kette Romi halten, sollte aber vom Zustand der Ware nicht zu enttäuscht sein. Mit der Einführung der Supermärkte geht auch ein **Wandel der Haushalte und der häuslichen Esskultur** einher. Wo Kühlschränke und Eisfächer nicht unbedingt zum Standard eines jeden Haushalts zählen, gehört auch die Mikrowelle noch nicht zum Alltag der meisten Konsumenten. Entsprechend schwach ist derzeit noch der Markt für Tiefkühlkost und vorgekochtes Essen. Die Auswahl an „Dosenfutter" ist beschränkt,

⌄ Beliebter als große Supermärkte sind die kleinen Kioske

Tiefkühlpizza und Ravioli-aus-der-Konserve sind erst im Kommen und für den Großteil der Bevölkerung absurd teuer.

Vergleichsweise kostspielig ist derzeit noch der Einkauf in **Bioläden,** die in den letzten Jahren in einigen Großstädten aufgemacht haben. Ihr Marktanteil ist wie in den Anfangszeiten der weltweiten Bewegung verständlicherweise noch klein. Am schwierigsten gestaltet sich der Aufbau verlässlicher Lieferanten, die nicht nur den Prinzipien nachhaltiger Landwirtschaft huldigen, sondern achtsam an der Verbesserung der Ernte arbeiten. Immerhin gibt es schon Erfolg versprechende Ansätze und das Interesse wächst.

Trotz des Vormarschs der Einkaufszentren und Supermärkte auch in den einkommensschwächeren Bevölkerungsschichten prägt **der kleine Eckladen** den Alltag in den meisten Nachbarschaften. Hier kauft man Fehlendes für den Tag oder die Woche, hier gibt es bis in den Abend noch Zigaretten und Bier, hier tauscht man den Tratsch aus dem *Barrio* aus. „Tante Emma" heißt in Kolumbien **„Don Vicente"** oder **„Donde los paisas".** Der in Deutschland allgegenwärtige „Türke" am Marktplatz ist hierzulande meist ein mit Händlernaturell ausgestatteter *paisa.*

Noch etwas billiger gibt es das Obst und Gemüse auf den großen Märkten. Hier ist Feilschen erlaubt und nötig. Gringos werden, wenn sie sich nicht freundlich zu wehren verstehen, zunächst einmal gerne Fantasiepreise genannt. In den **Markthallen** geht es ab frühmorgens zu wie auf Basaren, zwischen den Verkaufsständen gibt es Suppenküchen und Safttheken. Europäische Augen genießen die sinnliche Buntheit tropischer Frischware. Der Geruchssinn lässt hier und da jedoch auf andere hygienische Zustände schließen, als es der Gast gewohnt sein mag.

Umgangsformen

Namen und Anrede

Die zu jedem Anlass angemessene Anrede gehört zu den großen Geheimnissen kolumbianischen Miteinanders. Einerseits spiegelt sie **die der Neuen Welt eigene Informalität** wider: Grundsätzlich ist man hier schneller beim „Du" als im alten Europa und in manchen Gegenden wie der Karibik prägt das Informelle auch formelle Situationen wie Geschäftstreffen oder öffentliche Reden. Andererseits reflektiert die Art und Weise, wie sich Menschen hierzulande ansprechen, noch immer die eklatanten sozialen und regionalen Unterschiede und Klassenverhältnisse zwischen den Bürgern.

111kb Foto: os

So sollte der Gast aus der Fremde nicht überrascht sein, wenn er unabhängig von seinen tatsächlichen Titeln als *doctor* (Doktor) angesprochen wird. Auch die Kolumbianer sprechen sich gerne und vorsichtshalber untereinander als *licenciado* (Universitätsabgänger) an, wenn sie auch nur den Verdacht haben, das Gegenüber könnte eine Hochschule besucht haben – oder wenn sie eine Gefälligkeit benötigen. Es ist völlig üblich, Schalterbeamte oder Bankangestellte als *doctor(a)* anzusprechen, auch wenn die Wahrscheinlichkeit eines akademischen Titels begrenzt ist – es hört sich gut an und im Zweifelsfall fühlen sich die Angesprochenen geschmeichelt.

Gerne auch benutzt man zur Anrede die **vermutete Berufsbezeichnung:** *agente* für Polizisten, *abogado* für Anwälte, *ingeniero* für den Ingenieur. Dabei ist es kein Widerspruch, das in unseren Ohren Formelle mit dem Informellen zu kombinieren: dem *Ingeniero* kann durchaus auch eine vertrauliche Anrede mit dem Vornamen folgen. Wer die Sprachrituale befremdlich findet, sollte an näherliegende Sprachgebräuche etwa in Österreich denken, wo barocke Amtsbezeichnungen noch ungebrochen Usus sind.

Selbstverständlich reflektiert die Anrede **soziale Hierarchien.** Hausangestellte werden fast überall ihre Arbeitgeber als *don* oder *doña* ansprechen, und der Gast, der dies zum ersten Mal hört, darf dahinter neben Höflichkeit auch eine gewisse soziale Unterwürfigkeit vermuten. Nur selten wird die Hausangestellte ihrerseits (Männer sind in diesem Beruf nur selten zu finden) mit *doña* angesprochen werden.

Offiziell führen alle einen **Doppelnamen ohne Bindestrich,** der sich aus ihren jeweiligen Herkunftsfamilien (zunächst dem Nachnamen des Vaters, dann dem der Mutter) zusammensetzt. Nur in traditionellen Familien ersetzt der Name des Ehemannes den der Mutter und wird noch mit einem „de" daran gehängt, wie bei *Beatriz Rodríguez de Robledo.* Im Beruf und im Alltag führen die meisten Kolumbianer –Männer wie Frauen – also

⌂ Parkplatzwächter mit Namensschild: Welche Anrede ist die richtige?

den Namen, den sie in die Ehe mitgenommen haben – allein am Ehenamen sind Eheleute daher kaum zu erkennen. Erst die Kinder übernehmen (wieder) die beiden Namen ihrer leiblichen Eltern. Fast alle Kinder erhalten zwei Vornamen, das Elternhaus entscheidet meist frühzeitig über den Rufnamen.

Begegnungen, Begrüßungen, Verabschiedung

Die Begrüßung ist auch in Kolumbien starken Ritualen unterworfen. Männer und Frauen begrüßen sich beim ersten Mal immer per **Handschlag.** Schon nach dem ersten Kennenlernen allerdings darf man sich als Mann bei einer gewissen gegenseitigen Grundsympathie vom weiblichen Gegenüber mit einem Küsschen auf die Wange verabschieden. Während sich Frauen untereinander grundsätzlich mit einer angedeuteten oder tatsächlichen **Umarmung** verabschieden, belassen es Männer eher beim Handschlag.

Unter Freunden kommt oft noch eine Umarmung hinzu, die nicht selten vom theatralischen Schulterfassen oder Schulterklopfen begleitet wird. Vor allzu schnellen Verallgemeinerungen und Rückschlüssen sollte sich der Gast in Acht nehmen, die Unterschiede in den Verhaltenskodizes sind je nach Region und sozialer Herkunft beachtlich.

Formelhaft und **voller Floskeln** stellt sich Neulingen der Gesprächseinstieg dar. In Kolumbien ist die Eröffnung einer Unterhaltung geprägt von rhetorischen Fragen und Belanglosigkeiten: *Qué hubo? Qué tal? Cómo vas? Qué más?* Es gibt mindestens ein gutes Dutzend solcher Redewendungen, die zunächst nur eine spürbare **Gesprächstemperatur** herstellen sollen und mit einem einfachen „Wie geht's?" zu übersetzen wären. Es ist wie die Bestätigung des Wetters oder der Wettervorhersage, die man im britischen und deutschen Kulturraum besonders gerne pflegt. Ernsthafte Antworten darauf, wie man sich gerade fühlt, werden nicht erwartet. Wer dies versucht, wird erstaunte Gesichter ernten.

Anthropologen erklären sich dieses höfliche Abklopfen und Hinausschieben von Sachbezogenem mit einer Kultur, in der die **persönliche Wertschätzung** eine große Rolle spielt und in der Vertrauen in der Gesprächssituation nicht vorausgesetzt werden kann. Durch das Verweilen bei Nettigkeiten wird den Gesprächspartnern erst mal Gelegenheit gegeben, sich zu beschnuppern, ohne das Gespräch schnell mit schlechten Nachrichten, Bitten oder Forderungen zu trüben.

Bei der Verabschiedung gilt Ähnliches wie bei der Begrüßung. Die Umarmung wirkt auf die oft noch etwas mehr Distanz gewöhnten Nord- und Mitteleuropäer warm und persönlich. Allerdings sollte diese Vertraulichkeit suggerierende Körpersprache im Kontext der hispanischen Sittenregeln bewertet werden und keine falschen Hoffnungen auf größere Intimitäten wecken. Als Fremder sollte man zu Beginn etwas vorsichtig sein und sich **an den Gepflogenheiten seiner Gegenüber orientieren.** Freilich wird es ausländischen Gästen nachgesehen, wenn sie hier und da ahnungslos die lokalen Gewohnheiten durchbrechen.

Gesprächs- und Konfliktverhalten

Besonders auffällig erscheint den Fremden der außerordentliche Reichtum nonverbaler Kommunikation. Die **ausladende Körpersprache** gilt es interpretieren zu lernen. Kolumbianer zögern nicht, ihre Gesprächspartner zur Unterstützung des Gesagten zu berühren – am Handgelenk, am Arm, an der Schulter. Die Tonlage wird auch in formelleren Gesprächssituationen gerne in allen Farben moduliert, die Hände zeichnen das Gespräch bildlich nach. Was dem Neuankömmling manchmal theatralisch und dramatisch vorkommt, ist schlicht eine andere Art, sich verständlich zu machen.

Auch die Gesprächsführung selbst zeichnet sich durch **indirekte Kommunikation** aus. Haben Latinos ein Anliegen, kommt es selten sofort zur Sprache, sondern wird gerne in Geschichten gekleidet. Könnte das Anliegen nicht direkt in der Teamsitzung besprochen werden? Na, wenn es irgendwie geht, kann etwas möglicherweise Heikles doch viel besser unter vier Augen oder gleich am Tresen besprochen werden. Druck aufzubauen, zumal vor anderen Menschen, gilt als extrem unhöflich. Selbst wenn ein Anliegen schließlich formuliert wird, wird darauf Wert gelegt, dass eine Antwort nicht sogleich erforderlich sei und man das Gespräch noch einmal vertagen könne. Selbstverständlich steht es auch dem Gegenüber zu, auf indirekte Bitten und Kritik auch indirekt zu antworten, das Gesagte ohne Replik stehen zu lassen, das Thema zu wechseln oder dem Angekündigten am Ende keine Tat folgen zu lassen.

Gästen aus dem deutschsprachigen Kulturraum, denen eine im internationalen Vergleich ausgeprägte Tradition direkter Kommunikation nachgesagt wird, fällt es bisweilen schwer, sich an diese Gepflogenheiten zu gewöhnen. Ihnen mag der Aufenthalt dazu dienen, sich für andere Umgangsformen zu öffnen und festzustellen, dass bei allen Vorteilen, die es mit sich bringt, Dinge ausnahmslos beim Namen zu nennen, auch andere Gesprächsstrategien zu demselben Ergebnis führen können. Und das neben der sprichwörtlichen Sachbezogenheit auch so etwas wie **persönliche Zugewandtheit und Herzensbildung** dem zwischenmenschlichen Austausch zuträglich sein können.

Zugegebenermaßen problematisch wirkt sich kolumbianische Höflichkeit und Indirektheit allerdings in Situationen aus, die Reibungen auslösen oder Konflikte schüren – wenn etwa einer sich auf den Schlips getreten oder missachtet fühlt, wenn man sich ungerecht behandelt sieht oder aufgrund der Nachlässigkeit von Kollegen Mehrarbeit hat, wenn es etwas für den anderen möglicherweise Unangenehmes mitzuteilen gilt. Das Klischee mag Latinos in solchen Fällen einen besonderen Hang zum schnell auflodernden Streit nachsagen. Die Machokultur hat in der Tat Elemente archaischer Blutrache und den alttestamentarischen Hang zum „Zahn-um Zahn" ins 21. Jahrhundert gehievt, der schwache Staat hat Kolumbien darüber hinaus eine lange und üble Tradition der Selbstjustiz beschert. Doch in Wirklichkeit wird die Streitkultur fast ebenso geprägt von einer **Kultur der Konfliktvermeidung.** Der Wunsch, nach außen Harmonie zu wahren, gilt hier als große Tugend und verführt dazu, Konfrontationen aus dem Weg zu gehen und Klärenswertes lieber gar nicht erst anzusprechen.

So gesehen gewinnt in Kolumbien das Wort „Toleranz" eine doppelte und nicht immer vorteilhafte Bedeutung. Etwas zu tolerieren (lat. *tolerare)* bedeutet nämlich auch, es zu erleiden und zu ertragen. Anstatt eine Kritik auszusprechen oder einen Konflikt anzusprechen, neigen Kolumbianer (wenn man das ein bisschen überspitzt verallgemeinern darf) dazu, einem **Streit aus dem Weg zu gehen.** Nachfragen seitens eines Untergebenen werden schnell als Vorwurf interpretiert, echte Probleme werden gerne ausgesessen oder durch Vogel-Strauß-gleiches Abtauchen zu lösen versucht – wohl in der Hoffnung, dass es sich bis zum Auftauchen von selbst gelöst habe.

Überhaupt scheinen **Kritik und Selbstkritik** im kolumbianischen Kontext einen tendenziell anderen Beigeschmack zu haben. Einheimische Lehrer fühlen sich von ausländischen Eltern in der Sprechstunde auffällig schnell in die Defensive gedrängt, der Boss verträgt nur schlecht eine sachliche Kritik in der Teamrunde. Wird umgekehrt von Mitarbeitern das im internationalen Wirtschaftsleben längst gängige Feedbackgespräch erwünscht, tut sich ein hier Sozialisierter damit schwer, seine Vorgesetzten mit konstruktiver Kritik zu beehren. Wenn Kritik geübt wird, dann eher verhalten und vorsichtig, selten explizit.

Dieses andere Verständnis von Kritik und der andere Umgang mit Zündstoff zeigen sich besonders deutlich in **politischen Diskussionen.** Natürlich kennt man auch in Kolumbien eine polarisierte politische Landschaft. Vielleicht mehr als anderswo auf dem Kontinent hat der anhaltende Konflikt mit der Guerilla tiefe Wunden im konsensorientierten kollektiven Gemüt hinterlassen. Dennoch kennen selbst studentische Kreise kaum so etwas wie ein gepflegtes politisches Streitgespräch. Im Freundeskreis führen brisante Themen selten zu einem bereichernden Austausch der Argumente. Das ernsthafte Hin und Her, eine Gesprächsrunde über Für und Wider ist hier eher unüblich, sie wirkt auf Kolumbianer verspannt. Gruppendiskussionen zerfallen stattdessen schnell in mehrere parallele Gespräche. Es gehört zu den gewöhnungsbedürftigen Momenten, wenn das gleichzeitige Reden mehrerer Versammelter niemanden zu stören scheint.

Natürlich greift jeder Versuch, das Gesprächs- und Konfliktverhalten in Kolumbien zu erklären, ohne auf den anhaltenden Konflikt im Lande zu verweisen, zu kurz. Im Privaten können sich Konflikte, wenn sie nicht angesprochen werden oder ungelöst bleiben, hochschaukeln und ungeahnte destruktive Kräfte entwickeln. Die **Verrohung des zivilen Miteinanders** manifestiert sich nirgends so drastisch wie im Verkehrsgebaren und in den dramatischen Statistiken häuslicher Gewalt. Dennoch kann man von manch zunächst fremd wirkenden Umgangsformen lernen. Für den Gast bleibt dieser Lernprozess eine schmale Gratwanderung zwischen dem Respektieren der Grenzen und Gepflogenheiten anderer und dem Vermitteln eigener Sitten und als sinnvoll empfundener Gebräuche.

Verabredungen, Ausgehen und Nachtleben

Die Erwartungen ans Nachtleben müssen an die kolumbianischen Verhältnisse angepasst werden. Bier und Ausschankorte gibt es reichlich, **Kneipen in dem Europäern gewohnten Sinne nicht.** Das Irish Pub, die Bogotá Beer Company (BBC) mögen als Sportsbar oder Bistrokette durchgehen. Importbier vom Fass muss es deshalb nicht unbedingt geben. Die Restaurantszene hat sich in den letzten Jahren belebt. Italiener und Peruaner sind in Mode, asiatische oder chinesische Küche ist hingegen vergleichsweise schwach ausgeprägt. Die deutschen Etablissements gelten nicht gerade als Gourmetküchen oder richten sich gleich am Würstchen-über-alles-Klischee aus. Die Speisekarte in Restaurants wie dem „Schweizer Hof" dürfte hingegen nicht nur Heimatverbundene zufriedenstellen.

Kolumbianer ziehen **früh in die Nacht.** Während ein Grillfest in Buenos Aires durchaus erst gegen Mitternacht beginnen kann, trifft man sich im Andenstaat deutlich früher. Das hat auch mit dem frühen Sonnenuntergang zu tun, wird es doch das ganze Jahr über bereits kurz nach 18 Uhr zappenduster. Eine Happy Hour kennt man Donnerstag bis Samstag auch hier unter diesem Namen, gemeinhin wird sie zwischen 17 und 19 Uhr eingeleitet. Die „offizielle" Partyzeit beginnt gegen 21 Uhr.

Ein offenes Ende gibt es in den Städten nicht mehr ohne Weiteres, da in den 1990er-Jahren vielerorts aus Sicherheitsgründen eine Sperrstunde eingeführt wurde. Als „Karotten" (*zanahorias*) verspottet man Partymuffel.

Die entsprechend **„hora zanahoria"** genannte Sperrstunde verpflichtet Bars und Discos zur Schließung um spätestens 3 Uhr in der Früh. Wenn um 2.30 Uhr die Lichter angehen, steht der darauf unvorbereitete Tourist bisweilen etwas dumm da. Danach herrscht offiziell Prohibition. In der Hauptstadt gab es zuletzt wieder Diskussionen, manche Zonen für das Nachtvolk bis früh um 6 Uhr offen zu lassen.

Die Maßnahmen zur **Regulierung des Nachtlebens** kamen nicht aus Willkür. Die Statistik städtischer (Un-)Sicherheit sprach Bände: Diebstahl, Raubüberfälle und alkoholbedingte Streitigkeiten hatten zu später Stunde überhandgenommen. Die Verkaufsverbote für Alkohol in den Nachtstunden zwischen 2 Uhr und 10 Uhr verfehlte ihre Wirkung nicht. Andererseits durchdringt der spaßbremsende Staat die öffentlichen Räume nur in begrenztem Maße. Nachtvögel finden ihre Wege. Von privaten elektronischen Partys, die spätnachts von einer Law-and-Order-Polizei aufgelöst würden, liest man in den Medien nichts. Taxifahrer bringen die Nachtschwärmer in die einschlägigen privaten Klubs und Tanzbars. Die weniger Abenteuerlichen feiern in den eigenen vier Wänden weiter.

Noch immer steht **„die Gruppe" im Mittelpunkt** der Abendgestaltung. Sich alleine von einem Fest zu trollen, ziemt sich weder aus Gründen der Sicherheit noch des Images. Die Zeche wird in der Regel auch nicht einzeln abgerechnet, sondern der Tisch wirft am Ende des Abends zusammen in einen Topf. **„Hacer una vaca"** (wörtl. „eine Kuh machen") heißt hier das kollektive Begleichen der Rechnung: Jeder sollte sich beteiligen und im Zweifelsfall immer großzügig über dem eigentlich selbst Konsumierten liegen.

Feste werden gefeiert, wo sie hinfallen: zu Hause, in Restaurants, später in Bars, Diskotheken und privaten Klubs. Für private Anlässe lädt man gerne **Musiker nach Hause** ein, die Mariachi-Gruppe wartet tagsüber an den einschlägigen Ausfallstraßen auf ihre Auftraggeber, gerne auch verpflichtet man Trios für die nächtlichen *serenatas* oder Gruppen, die für die populäre Ranchera-Gemeinde aufspielen (s. auch das Kapitel „Musik und Tanz"). In den Städten gibt es für jeden Musikgeschmack entsprechende Örtlichkeiten. Ungebrochener Beliebtheit erfreut sich jede Musikart, bei der mitgesungen und getanzt werden kann.

Die Sitten der Nacht sind im frühen 21. Jahrhundert nicht mehr ganz so eindeutig wie früher. Während die einen darauf schwören, dass Kolumbien das Land der unbegrenzten Leidenschaften sei, sollte man zugleich auf die sehr lebendigen traditionellen Wurzeln des Soziallebens hinweisen. Weibliche **Promiskuität** ist in einer vom Machismo dominierten Kultur nicht ohne Weiteres die Regel. Außerhalb liberaler, urbaner Milieus sind die sexuellen Gewohnheiten immer noch recht restriktiv – vor allem für die Frauen. Zumindest in der Oberschicht und in den stark religiös geprägten Bevölkerungsgruppen dominiert eine gewisse Zurückhaltung.

Die Sexualmoral liberalisiert sich freilich auch in diesem so erzkatholischen Land, und das in großen Schritten. Flirten geht immer, ganz selbstverständlich wird hautnah getanzt.

Die Übernachtung in den Armen eines (Un-)Bekannten, der One-Night-Stand, gehört bei vielen allerdings (noch) nicht zur Kür eines gelungenen Abends. Das Reich der erotischen Annäherung hat seine **ungeschriebenen Regeln.** Einheimische sind oft eher vorsichtig, fremde Frauen zum Tanzen aufzufordern, wenn sie in gemischten Gruppen an Nebentischen sitzen oder in fester Begleitung erscheinen. Auch wenn sich nicht mehr jeder Kolumbianer für einen Macho hält. Man tut gut daran, sich vor dem Tanzen mit der Frau eines anderen, selbst eines Bekannten, dessen stillschweigendes Einverständnis zu holen. Je später der Abend, desto mehr möchte man es vermeiden, die Eifersucht eines anderen auf sich zu zie-

Prävention: persönliche Vorsichtsmaßnahmen im Nachtleben

Was sich bewährt:

Taxis per Telefon rufen. Nummernschild notieren. Tür am Beifahrersitz und hinten vorsichtshalber verriegeln. Auch wenn die Anzahl der Raubüberfälle in Taxis in den letzten Jahren drastisch gesunken ist, sind diese Vorsichtsmaßnahmen billig zu haben. Die zusätzlichen Kosten sind gering (50 Cent pro Bestellung), die Call Center sind zuverlässig. Wenn die Ortskundigen nicht ausdrücklich Entwarnung geben, sollte man darauf verzichten, Taxis nachts vom Gehsteig aus anzuhalten. Gerne bestellen auch Barkeeper Taxifahrer ihres Vertrauens („de confianza"). Die organisierte Geldautomatentour („paseo millonario"), bei dem an der übernächsten Ampel weitere Fahrgäste mit dem Einverständnis des Fahrers ins Auto steigen, ist durchaus noch üblich.

Einheimische tragen ihre Rucksäcke bevorzugt am Bauch. Bewährtes kann man gerne imitieren.

Nur verschlossenen Alkohol kaufen oder in „offiziellen" Bars trinken. Offene oder selbst gebrannte Spirituosen sind noch immer mit überhöhten Gefahren verbunden.

Sich vorab über die Sicherheitslage des angepeilten Stadtviertels schlaumachen. Diese Reise-Faustregel gilt für das Nachtleben nicht minder. Ohne Kenntnis des jeweiligen Barrios sollte man sich ohne Grund nicht einfach ir-

hen. Wenn es erst mal zu einem offenen Streit kommt, fliegen schneller als anderswo die Fetzen, fast unerheblich, ob es sich bei den Kontrahenten um Männer oder Frauen handelt.

Die Geschlechter schenken sich auch beim Alkoholkonsum immer weniger. Doch während Männer es sich leisten können, ihren Rausch zur Not im Straßengraben oder auf einer fremden Couch auszuschlafen, müssen Frauen zusehen, wie sie heil ins eigene Bett kommen. Vergewaltigungen sind noch immer allzu weitverbreitet.

Alkoholisiert ins Auto zu steigen, gehörte bis vor Kurzem zu den Bagatelldelikten. Erschütternde Statistiken führten in den letzten Jahren zu aufmerksamkeitsstarken Kampagnen und drakonischeren Strafen. Das verfehlte seine Wirkung nicht. In den teuren Diskotheken gibt es inzwischen vorausbuchbare Fahrdienste, die die Partygänger nach feuchtfröhlicher Nacht mit deren eigenem Auto zu Hause abliefern; öffentliche Busnetze werden bis zur Sperrstunde aufrechterhalten, allerdings beileibe

gendwo aussetzen lassen. Leute vor Ort fragen. Sie kennen sich meist besser aus und helfen einem, das Risiko besser einschätzen zu können.

Hat man sich verfahren, sind Taxifahrer und Tankstellen nützliche Orientierungshilfen, im Notfall auch die Polizei.

Grundsätzlich gilt: Gesunder Menschenverstand und ungetrübter Instinkt geben noch die besten Antworten auf ungefragte Offerten (inkl. Heimfahrten) und Gesprächsanbahnungen auf offener Straße.

Wenn es doch zu einem Überfall kommt, sollte man nicht den Helden spielen. Die Polizei rät, Handys und Geld ohne Widerstand herauszugeben. So hält sich der „Schaden" meist in Grenzen.

Was das Risiko erhöht:

Spätabends oder alleine auf der Straße unterwegs zu sein. Das gilt zumal für Frauen.

Mit dem Handy am Ohr oder der Kamera vor der Nase zu flanieren - jede Form von Unaufmerksamkeit ist der häufigste Anlass nicht nur nächtlicher Übergriffe.

Auffällige Kleidung oder Schmuck, wenn man durch die Straßen zieht.

Allzu offensichtliches Hantieren mit Geldscheinen, zumal großen Banknoten. Reiseerfahrene beugen vor, tragen die Scheine an verschiedenen Stellen bei sich und verzichten möglichst auf das Mitführen von Geldbörse und Kreditkarten. Wenn man die Kreditkarte nutzt, sollte man sie nicht fürs Hinterzimmer aus der Hand geben. Gewöhnlich werden die Karten direkt am Tisch von der Maschine gelesen.

nicht in alle Stadtgebiete. An Feiertagen und am Tag nach einem besonders schweren alkoholbedingten Unfall werden die Verkehrskontrollen
regelmäßig verschärft. Doch noch immer gilt: Je weniger ausgebaut der
öffentliche Verkehr, je ländlicher die Gegend, desto verheerender die
nächtliche Verkehrsbilanz.

In der Hausgemeinschaft

Viele Expats zieht es im Ausland in sichere Gefilde. In der lateinamerikanischen Stadt bedeutet das oft Appartmenthaus oder, nicht zuletzt für Familien, sogenannte *Gated Communities,* geschlossene Wohnanlagen mit
Zugangsbeschränkung. In unmittelbarer Gemeinschaft mit den Einheimischen zu leben, sollte man sich nicht entgehen lassen.

In Kolumbien schätzt man die Informalität und Spontaneität im nach-
barschaftlichen Verhältnis. Ob das die Eier aus dem Kühlschrank sind, das
gemeinsame Bier am Abend oder der Schnack auf dem Parkplatz – ohne die persönliche Note ist für viele Einheimische alles nichts. Besonders
kontaktfreudig zeigen sich die Nachbarn gegenüber Kindern, die in den
Wohnungen im Haus oder Wohnblock ein- und ausgehen dürfen. Entsprechend beliebt ist es, Geburtstage und andere **Anlässe gemeinsam zu
feiern.** Die Nachbarn werden es nicht bei einem Geschenk belassen wollen, sondern freuen sich, wenn sie bei der Gestaltung eines Festes mitwir-
ken dürfen. Bei Geburtstagsfesten im eigenen Haus sollte man im Gegen-

⌃ Vallenato-Band beim Musizieren mit Ziehharmonika und Aguardiente

zug nach Möglichkeit gleich mitfeiern, anstatt darauf zu hoffen, dass sich der **fröhliche Lärm zu vorgerückter Stunde** von selbst legt. Laute Musik ist prinzipiell gute Musik und der neue Bassverstärker ist der Stolz der ganzen Familie. Je später der Abend, desto lieber werden die Fenster geöffnet und es sind keine erfundenen Geschichten, wenn die zur Durchsetzung der Abendruhe gerufenen Polizisten am Ende mitfeiern.

Umgang mit Behörden und Polizei

Wie überall sind die Begegnungen Nicht-Einheimischer mit den Bürokraten in den Amtstuben besonders oft von Missverständnissen geprägt. Was aus der Sicht des Kunden schnell wie Willkür erscheint, hält der Bürokrat schlicht für Unkenntnis der formalen Spielregeln. Es geht doch nur um die Ausstellung des Personalausweises ... – Die dafür benötigten Fingerabdrücke landeten bis vor Kurzem selbstverständlich direkt beim DAS, dem Inlandssicherheitsdienst. Datenschutz? – *Nada.* Man möchte ein Bankkonto eröffnen? – Das gibt es erst nach sechs Monaten, warum auch immer. Selbiges Konto wieder zu schließen, kann bisweilen noch länger dauern.

Zweifellos sind die Mitmenschen auf der anderen Seite des Schalters meist redlich bemüht zu helfen. Doch allzu oft erlebt man sie als bloße Organe anderer Mächte, nicht als selbstständige Dienstleister mit Entscheidungsspielräumen. Der Geist einer modernen Kundenorientierung hat auch in Kolumbien vielerorts Einzug gehalten und scheint doch viele noch zu überfordern. Für den Kunden und Bürger ist es nicht immer leicht, die Regeln zu verstehen – selbst wenn sie im Kleingedruckten ausbuchstabiert sind. Wenn der Schalterbeamte sie allerdings selbst nicht kennt, sind Probleme vorprogrammiert.

Den Zeitaufwand für Behördengänge oder Schalterbesuche vorherzubestimmen, fällt unter solchen Umständen schwer. Für Gäste aus dem Ausland bleibt es, selbst wenn sie keine Pünktlichkeitsfanatiker sind, eine Fremdheitserfahrung der anderen Art, tagelang auf Telefontechniker zu warten, die vielleicht nie auftauchen. Wann der Zollbeamte tatsächlich mit dem einkassierten Pass zurückkommt, kann ein eben solches Rate- und Geduldspiel bedeuten. Alles spricht dafür, den Umgang mit Bürokratie und offiziellen Stellen auf das Nötigste zu beschränken und dabei – möglichst ausgeschlafen und meditativ gerüstet – **auf alles gefasst** zu sein. Militärposten und Verkehrswacht sind auf Ausländer tendenziell freundlich zu sprechen; in Kampfgebieten steigt der Argwohn indes spürbar. Bei Polizeistationen kann man Glück haben, muss man aber nicht. In Begleitung dort aufzutauchen, zumal in Gegenwart eines Einheimischen, kann nicht schaden.

Gastfreundschaft und zu Gast in der Familie

Kolumbianer schätzen Gastfreundschaft. Natürlich gibt es wie überall große persönliche und regionale Unterschiede. Bei allen Differenzierungen sei ein wenig Verallgemeinerung erlaubt: Kolumbianer neigen Gästen gegenüber zur Offenheit, Zugewandtheit und Großzügigkeit. Den Gast sich schnell „wie zu Hause" fühlen zu lassen, ist ihnen ein Anliegen.

Empfangen wird der Gast, abhängig von persönlichem und sozialem Status, in der straßenseitigen Garage, im Innenhof oder im Wohnzimmer. Das Anbieten eines Getränkes sollte das Eis schnell brechen, wenn es denn überhaupt eines gab: Je nach Region und Anlass gibt es Limonade, Fruchtsaft, eine heiße Schokolade, Bier, tagsüber den obligaten schwarzen *tinto* oder *perico,* Kaffee mit einem Schuss Milch, abends auch Hochprozentiges.

Für größere feierliche Anlässe lädt man in den traditionsbewussten *Barrios* der Städte auch in den **„salón comunal",** eine Art Nachbarschaftstreff.

Die Polizei, dein Freund und Helfer

Abends war die Brieftasche verschwunden. Das Geld war nicht so schlimm, heikel aber waren die Kreditkarten, der kolumbianische Personalausweis. Vom Konto war noch nichts abgehoben, also: Konto sperren und hoffen, dass unterdessen nicht doch irgendwer, irgendwo den Geheimcode geknackt hat. Die „cédula", der hiesige Personalausweis, ist auch fort – mit etwas Glück sind in zwei Wochen wieder alle Dokumente beisammen.

Am nächsten Tag dann ein überraschender Anruf: die Polizei. Eine Geldbörse sei gefunden worden, ob man seine abhandengekommene kurz beschreiben könnte. Sie war es. Wie die Wache die Telefonnummer herausbekommen hätte? In dem Lederetui befand sich noch eine Visitenkarte vom Tage, über den Geschäftskontakt sei der mögliche Eigentümer dann rekonstruiert worden. Wann man die Börse abholen wolle?

CAI, die Polizeistation im Parque Nacional. Die Geldtasche habe unweit der Wache im Gras gelegen, hieß es, ohne Geld natürlich. Das passiert oft. Der Taschendieb wühlt kurz in seiner Beute, nimmt das Bare, schon die Karten interessieren ihn oft nicht, und wirft das Corpus Delicti beiseite. Der Tag geht ja weiter. Beschaffungskriminalität. Alltag. Die Männer auf der Wache freuen sich trotzdem über den Besuch. Selbst der Dienstleiter lässt es sich nicht nehmen, die Ausländer zu begrüßen, die Zeit hat man hier. So viel Aufmerksamkeit macht misstrauisch.

Die moderne Variante ist der *salón comunal* in den Wohngebäuden der mittleren und oberen Schichten: Hierhin lädt man gerne zu Geburtstagsfeiern und anderen privaten Anlässen.

Grundsätzlich sind Familienfeste selten exklusive Veranstaltungen. Gäste, zumal aus dem Ausland, werden auch an Weihnachten immer gern dazu gebeten. Im Zweifelsfall gilt das Prinzip, je mehr desto besser. Geredet wird dort viel, gerne auch gleichzeitig. Das intensive Zweiergespräch ist nicht die Norm. Wie anderswo in Lateinamerika setzt man sich **gerne in Gruppen** zusammen, im Kreis oder um den Tisch herum und erzählt sich Geschichten.

Fremde müsse keine Angst haben, sich daneben zu benehmen. Ihnen sieht man ihre Gepflogenheiten großzügig nach. Nicht unbedingt erwartet wird vom Gast, dass er eine **Kleinigkeit mitbringt.** Mitbringsel sind keine Pflicht, sondern bestenfalls universelle Gesten der Höflichkeit. Zum guten Ton gehört in den wohlhabenden Klassen das Übergeben von Blumen an die Gastgeber, interessanterweise aber lässt man dies oft von einem

Zufrieden geht die gestern noch Beraubte ihres Weges. Immerhin, die Ausweise müssen jetzt nicht mühsam neu beantragt werden und der Geldbeutel – ein Geschenk von der letzten Reise – ist auch wieder da. Da kommt der schüchterne Verkehrspolizist hinterhergerannt. Er habe das ja gerade nicht ansprechen wollen. Ob nicht ... seine Familie ... seiner Frau habe er von dem Fund erzählt und gesagt, das sei ein Zeichen Gottes ... Die Fremde versteht nicht sofort. Der Polizist erzählt von seinen Arbeitsbedingungen, den kranken Kindern zu Hause, dem Monatslohn. Viel ist das nicht, ein bisschen Trinkgeld sei da immer hilfreich.

Finderlohn! Das also ist es, was der melancholische Wachtmeister möchte. „Dort, wo wir herkommen, ist das eigentlich nicht üblich. Ich überleg's mir und meld mich noch mal bei Ihnen." Der Polizist nickt dankbar und schreibt seine Privatnummer auf einen Zettel.

Tags darauf ist bereits eine Nachricht auf dem Anrufbeantworter. Das Bett sei zusammengebrochen, ... die Kinder, ... die Familie ... Nur, es fehlt das Geld. Der bestohlene Gast kann seine Not verstehen, die Geschichte wird wohl stimmen. Doch mit Verlaub, sei die Polizei nicht genau dafür da, Gestohlenes wieder an die Bestohlenen zurückzugeben. Das sei doch sein Job. Sie möge an seine Familie denken, erwidert der Polizist, die Kinder hätten kein Bett, ein kleines Dankeschön käme genau zur rechten Zeit.

„Egal wie ich mich entscheiden werde, bitte versprechen Sie, mir nicht mehr hinterherzurufen!"

084kb Foto: os

Boten schon vorher ausführen und nicht erst persönlich beim Betreten der Wohnung. In bescheideneren Schichten ist der Gast bei Abendeinladungen oft für ganze Gänge zuständig, in den ökonomisch besser gestellten geht es eher um das symbolische Mitbringen eines Desserts oder einer Flasche Wein.

Bei Abendeinladungen in die eigenen vier Wände ist **Spontaneität angesagt.** Kurzfristig einzuladen, ist kein schlechter Stil, ebenso wenig kurzfristige Absagen. Als Gastgeber sollte man auch damit rechnen, dass Gäste einfach nicht erscheinen, ohne abzusagen. Es hat dann eben einfach nicht geklappt. Zwei bis drei Tage vorher lädt man ein, wenn es sich nicht um einen runden Geburtstag oder ein Geschäftsessen handelt, nur selten länger als eine Woche vorher. Zusagen sind zu gefühlten 70 % bindend, doch dazwischenkommen kann immer etwas, selbst bei bester Gesundheit.

Wenn es sich nicht um ein rituelles Fest wie eine Hochzeit oder einen Kindergeburtstag handelt, ist der Ablauf für europäische Sensibilitäten nicht unbedingt formell geplant. Ein Abendessen beginnt gemeinhin gegen 20 Uhr – offiziell. Vor 21 Uhr kommt meist niemand, Essen gibt es dann ab 21. 30 Uhr. Eher unüblich ist es, auf die Minute genau zu erscheinen, einem Sprichwort zufolge sollte man **nie der erste Gast** sein (*„Queja ser el primero"*).

Am Familientisch geht es gewöhnlich besonders respektvoll und zugleich – zumindest für den bürgerlichen Knigge – **vergleichsweise informell** zu (s. auch das Kapitel „Umgangsformen"). Der Erstbeste beginnt mit dem Essen, auf die Dame des Hauses wird anders als nach alteuropäischer Etikette nicht unbedingt gewartet. Nach hinten ist der Abend, wenn nicht anders angekündigt, *open end*. Man wird sehen und sollte sich auf seine Intuition verlassen, wenn es darum geht, die Gastfreundschaft nicht zu strapazieren. Spontane Einladungen, bei den Gastgebern zu übernachten, sind tendenziell nicht die Regel. Zum Erwartbaren gehört dieses Angebot allerdings, wenn man auf eine Finca eingeladen wird, die abends auf dem Lande oft etwas schwer zugänglich sein kann.

Privatsphäre ist eine kulturelle und soziale Kategorie: Der familiäre Raum kennt auch in Kolumbien sehr verschiedene Ausprägungen. In manchen Quartieren hat der Gast ein eigenes Bad, in anderen gibt es zwischen den Schlafbereichen und den Sanitäranlagen keine Wände. Handelt es sich um einen Ehrengast, wird diesem auch schon mal **das eigene Schlafzimmer angeboten** (anstatt der im Zweifelsfall nicht ausziehbaren Wohnzimmercouch). Gibt es abgetrennte Bäder, geht die Etikette nicht notwendigerweise dahin, Toilettentüren geschlossen zu halten. Selbstverständlich sind Normen und Verhaltensweisen landesweit wie auch am selben Ort sehr unterschiedlich. Die Vorsicht der Stadtmenschen mag ein wenig größer sein als auf dem Lande, und auch hier sagt man den Menschen an den warmen Küsten eine etwas größere Extrovertiertheit nach als den Bergbauern. Die High Society ist ihrerseits tendenziell etwas vorsichtig im Umgang mit Fremden, seit den Entführungswellen der letzten Jahrzehnte vielleicht noch etwas mehr als vorher. Grundsätzlich aber ist man im Lande Ausländern gegenüber, wenn das Grundvertrauen gegeben ist, **aufgeschlossen und neugierig.**

⟨ Leben in der Altstadt von Cartagena

⟩ Treffpunkt: Werbeaktion auf dem Basar des Colegio Andino

Peter Schultze-Kraft –
Wanderer zwischen den Kulturen

Ein wahrer Wanderer zwischen den Welten ist Peter Schultze-Kraft. Als Jurastudent hatte er 1958 in Heidelberg Mario Laserna kennengelernt, den Gründer der Universidad de los Andes in Bogotá. Auf dessen Einladung kam er mit 21 Jahren erstmals nach Kolumbien, zunächst für zwei Jahre.

In Bogotá lernte er Spanisch und baute dann für Freunde eine Reismühle in Fundación (Magdalena), einem kleinen Flecken in der Bananenzone am Karibischen Meer, drei Kilometer von Aracataca, García Márquez' Geburtsort, entfernt. „Es war gut, dass ich so jung in diese andere Welt gekommen bin", sagt Schultze-Kraft heute. „Ich war noch ganz frei und habe die fremden Eindrücke aufgesaugt wie ein Schwamm".

Seine frühen Erfahrungen in Kolumbien bestimmten sowohl Schultze-Krafts Berufswahl als auch sein „Doppelleben" als Sammler, Übersetzer und Herausgeber lateinamerikanischer Literatur.

Nach Studienende besuchte er das frisch gegründete Deutsche Institut für Entwicklungspolitik in Berlin und arbeitete danach beim Entwicklungsprogramm der Vereinten Nationen (UNDP) in Mittelamerika, später bei zwei anderen UN-Sonderorganisationen in Wien.

Obwohl Schultze-Kraft nach wie vor vom Sinn der Entwicklungshilfe überzeugt ist, empfand er die UNO als zu bürokratisch und dadurch eingeschränkt, dass ihre Projektpartner stets nur Regierungen der Nehmerländer waren. „Für mich waren die Schriftsteller die wahren Vertreter ihrer Länder, sie legten in ihren Werken den Finger auf die Wunden ihrer Völker." So kam er von der Entwicklungshilfe zur Literatur.

Im heute nicht mehr existierenden Horst Erdmann Verlag in Tübingen fand er 1969 einen interessierten Abnehmer seiner ersten zwei Anthologien: „Die Sonnenfinsternis und andere Erzählungen aus Mittelamerika" sowie „Das Duell und andere kolumbianische Erzählungen". Der literarische Reichtum Lateinamerikas war damals bei uns ja fast noch unbekannt. Man fing gerade an, Autoren wie Borges, Rulfo, Asturias, Carpentier und Guimarães Rosa zu entdecken.

1973 und 1977 folgten zwei weitere Bücher, in denen Peter Schultze-Kraft die kubanische Revolution und die Entstehung der Guerilla in Kolumbien anhand von literarischen Zeugnissen zu dokumentieren und zu erklären versuchte.

Was von den hochfliegenden politischen Projekten der lateinamerikanischen Revolutionäre übrig geblieben ist? „Ein Scherbenhaufen", sagt Schultze-Kraft, der sich selbst als Vertreter der „humanistischen Linken" bezeichnet. „Die kubanische Revolution ist heute ein Marxosaurier, die Guerilla in Kolumbien zu einer verbrecherischen Organisation verkommen, die von Entführungen, Schutzgeld-Erpressungen und vom Drogenhandel lebt und – wie die Paramilitärs – Tausende von Menschenleben auf dem Gewissen hat".

Schultze-Kraft glaubt, dass alle Revolutionen früher oder später scheitern, weil ihre Führer der Versuchung der Macht nicht widerstehen können. Trotzdem hält er Revolutionen in bestimmten historischen Momenten für notwendig, „weil sie die Hoffnung geschundener Völker auf ein besseres Leben aufrechterhalten".

Mit Kolumbien verbinden den passionierten Brückenbauer zwischen den Kulturen, der heute im Schwarzwald lebt, inzwischen fast 55 Jahre Lebensgeschichte.

Dass Kolumbien wegen der anhaltenden Gewalt im Land und wegen seiner prominenten Rolle in der Drogenproduktion und im „narcotráfico" einen so schlechten Ruf in der Welt genießt, stimmt Schultze-Kraft traurig. Er erinnert daran, dass die überwiegende Mehrheit der Bevölkerung aus „völlig normalen, friedliebenden, großartigen Menschen" bestehe. Die einfachen Menschen in Kolumbien hätten trotz des schlechten Vorbilds einer auf Eigennutz bedachten, korrupten Oberschicht die Wertmaßstäbe nicht verloren. „Was ihr menschliches Feingefühl angeht", resümiert er dankbar, „da habe ich mich meinen Gastgebern immer unterlegen gefühlt."

Von den jüngeren kolumbianischen Erzählern schätzt Schultze-Kraft vor allem Evelio Rosero, Juan Gabriel Vásquez und Tomás González, dessen letztes Werk er gerade erst übersetzt hat („Das spröde Licht"). „González ist schon lange kein Geheimtipp mehr", sagt Peter Schultze-Kraft. „Seine Romane sind für mich Weltliteratur und werden – wie die von García Márquez – auch in hundert Jahren noch lesbar sein."

Anhang

◁ Andrés im Glück: Der auf Baru gestrandete Großfisch lässt sich gut verkaufen (086kb Foto: os)

Abkürzungen

- **ANDI:** Asociación Nacional de Empresarios, kolumbianischer Verband der Unternehmer, 1944 gegründet in Medellín
- **ANUC:** Associación Nacional de Usuarios Campesinos, kolumbianischer Bauernverband
- **AUC:** Autodefensas Unidas de Colombia, nationale Dachorganisation der Paramilitärs
- **Bacrim:** *Bandas criminales,* oft aus aufgelösten paramilitärischen Verbänden hervorgegangene, kriminelle Vereinigungen
- **CINEP:** Centro de Investigación y Educación Popular, sozialwissenschaftliches Forschungsinstitut und Menschenrechtsorganisation
- **CUT:** Central Unitaria de Trabajadores, von der katholischen Kirche 1946 gegründeter gewerkschaftlicher Dachverband
- **DAS:** Departamento Administrativo de Seguridad, dem Präsidenten unterstellte Ausländerbehörde und kolumbianischer Inlandsgeheimdienst, 2011 aufgelöst und neu strukturiert
- **DANE:** Departamento Administrativo Nacional de Estadística, kolumbianische Statistikbehörde
- **DEA:** Drug Enforcement Agency, US-amerikanische Drogenbehörde
- **ELN:** Ejército de Liberación Nacional (Nationale Befreiungsarmee), seit 1964 aktive, von der Befreiungstheologie inspirierte und lange Zeit von Kuba unterstützte Guerilla
- **EPL:** Ejército Popular de Liberación, maoistisch orientierte Guerilla, 1990 aufgelöst
- **FARC:** Fuerzas Armadas Revolucionarias de Colombia, ältester und stärkster Guerillaverband
- **FN:** Frente Nacional (Nationale Front), eine von Konservativen und Liberalen vereinbarte Zwei-Parteienherrschaft (1958–1974)
- **Gabo:** Geläufiger Spitzname des literarischen Nationalheiligen *Gabriel García Márquez*
- **M-19:** Movimiento 19 de Abril, linksgerichtete Stadtguerilla (1974–1991), benannt nach ihrem Anlass: vermeintlich irreguläre Präsidentschaftswahlen am 19.4.1970
- **OEA:** Organización de los Estados Americanos, 1948 in Bogotá zur regionalen Zusammenarbeit gegründete Organisation Amerikanischer Staaten (OAS)
- **TLC:** Tratado de Libre Comercio, Freihandelsabkommen (etwa mit den USA und der Europäischen Union)
- **UP:** Unión Patriótica, 1985 von Gewerkschaftlern, Linken und FARC gegründete Partei

Glossar

- **Ajiaco:** beliebtes nationales Suppengericht, wie *Sancocho* aus dem Andenhochland
- **Apertura (económica):** volkswirtschaftliche Öffnung des Landes nach 1990
- **Arepa:** gebackener oder gerösteter Maisfladen, oft mit Käse verfeinert
- **Berraco:** „tierisch gut", wörtl.: „bei den Hoden des Mastschweines", ein gepflegter Kraftausdruck, von PR-Experten zur Essenz kolumbianischer Identität erhöht
- **Bocadillo:** Guaven-Paste, als Na(s)chspeise in Päckchen verkauft; auch Bezeichnung für kleine Süßbananen
- **Bogotazo:** blutige Ausschreitungen nach der Ermordung Gaitáns, am 9. April 1948
- **Invasión:** informelle Siedlung am Stadtrand
- **Cacique:** Kazike, urspr. indianischer Herrscher, heute: lokaler Führer
- **Campesino:** Kleinbauer oder Landarbeiter
- **Caudillo:** in Lateinamerika beliebte Figur des politischen Führers mit einer unverkennbaren Tendenz zur Autokratie
- **Cédula:** der kolumbianische Personalausweis, kredikartengroße Plastikkarte mit Fingerabdruck
- **Chévere:** schön, super, toll
- **Chiva:** auffällige, oft bunt bemalte Landbusse, die in den Provinzen unterwegs sind
- **Ciénaga:** weit verbreitete Sumpf- und Feuchtgebiete, mit großer Bedeutung bei den regelmäßigen Überschwemmungen im Lande
- **Colonos:** Pioniere, die seit der Kolonialzeit an der Besiedlungsgrenze Waldgebiete urbar machen
- **Complicado:** wie *complejo* und *tenaz* („heftig"), zur Umschreibung der sozialen und politischen Lage des Landes häufig herangezogenes Adjektiv
- **Conquista:** blutige Eroberung Lateinamerikas durch die Spanier ab 1500
- **Encomienda:** Zwangsarbeit indigener Bevölkerungsteile für die spanischen Kolonialherren
- **Fiscal general:** Generalstaatsanwalt; gilt als das drittwichtigste politische Amt im Land (nach dem Präsidenten und dem Bürgermeister von Bogotá)
- **Gamín:** Straßenkind
- **Gringo:** das ursprünglich auf US-Amerikaner und grüne Dollarnoten gemünzte Naserümpfen (*Green go!*, „Hau ab, Grüner!") bezieht sich

102kb Foto: os

heute auf alle Ausländer, ist aber längst nicht mehr nur abwertend zu verstehen

- **Indigente:** Obdachlose, in den Straßen lebende Bevölkerung
- **Jején:** kleine Stechfliegen, die kaum sichtbar in Wassernähe und Sand Tropenbesuchern das Leben schwer machen können
- **Mestizo:** Begriff aus der Kolonialzeit und heute noch gebräuchliche Kategorie für Nachfahren von Weißen und indigener Bevölkerung
- **Mula:** wörtl. „Maultier", Bezeichnung für Drogenkuriere
- **Narco(-traficante):** Drogenhändler
- **Paisa:** Bezeichnung der Menschen in der Provinz Antioquia und auch etwas südlicher, in der Kaffeezone
- **Palenque:** abgelegene, autonome Siedlungen entlaufener Sklaven, mit stark ausgeprägten Kreolsprachen *(palenquero)*
- **Páramo:** Hochgebirge über 3000 m, mit charakteristischer Flora *(freylejón)*
- **Plátano:** Kochbanane (im Gegensatz zur *bocadillo,* der kleineren, süßen Essbanane), kolumbianisches Grundnahrungsmittel
- **Procurador:** (Disziplinar-)Generalstaatsanwalt, eine wie *controlador* und *fiscal* übergeordnete, unabhängige politische Kontrollinstanz, zuständig für die Aufsicht von Staatsfunktionären

- **Resguardo:** „Reservate" der indianischen Völker, meist Gemeinschafts-besitz mit eigener Jurisdiktion
- **Sabana:** Hochebene rund um die Hauptstadt Bogotá
- **Secuestro:** Entführung zu Lösegeldzwecken
- **Sicario:** Auftragsmörder mit kurzer Lebenserwartung
- **Telenovela:** TV-Seifenoper
- **Tierra caliente/fría:** warme/kalte Klimazone (ab 1500 m abwärts/2000 m aufwärts)
- **Tinto:** überall und zu jedem Anlass angebotenes wässriges, schwarzes Kaffeegetränk
- **Trancón:** Dauerstau, Alltag für viele Stadtbewohner
- **Turco:** „Türke", Nachfahren der Einwanderer aus dem einstigen Osma-nischen Reich, stark vertreten und kulturell präsent an der Karibikküste
- **Tutela:** Verfassungsklagen, eine kolumbianische Besonderheit
- **Violencia:** „Gewalt". Gleichnamige, vom *Bogotazo* ausgelöste Gewalt-welle (1948–65) kostete über 200.000 Menschenleben und wirkt bis heute nach.

Websites

Aus Kolumbien (spanisch)

- **www.colombia.travel**/es – wo gibt es was in Kolumbien zu sehen und zu besuchen? Das offizielle, staatliche Tourismusportal für Kolumbien-reisende.
- **www.elespectador.com** – die zweite wichtige Tagespresse im Lande, mit reflektierten Hintergrundrecherchen und klugen Kolumnisten
- **www.eltiempo.com** – Webportal der auflagenstärksten Tageszeitung, eine tagesaktuelle, nicht immer tiefschürfende Nachrichtenquelle
- **www.futbolred.com** – informativ, aktuell, relativ unkritisch: Das Pro-dukt aus dem Verlagshaus El Tiempo ist das beste unter den wenigen Fußballmagazinen.
- **www.kienyke.com** – digitales Medium mit einer gelungenen Mischung aus Politik und politischem Humor

◁ Überall präsent: spielende Kinder

- **www.kienyke.com** – digitales Medium mit einer gelungenen Mischung aus Politik und politischem Humor
- **www.lasillavacia.com** – gut aufgemachtes und unabhängiges Internetmedium zu Politik und Gesellschaft, liefert scharfsichtige Analysen und Insider-Wissen über die Tagespolitik hinaus.
- **www.razonpublica.com** – weiterer guter Einstieg in die politischen und wirtschaftlichen Debatten. Positioniert sich politisch etwas links von *Silla Vacía*.
- **www.semana.com** – Online-Version des meistgelesenen Nachrichtenmagazins, wie El Tiempo und El Espectador ein hauptstadtzentriertes Leitmedium
- **www.todacolombia.com** – von Kolumbianern im Ausland gestaltetes Webportal. In der Aufmachung etwas schwerfällig, enthält nützliche und ziemlich umfassende Informationen.
- **www.vive.in** – alles Wichtige zu Film, Theater oder Musikleben in den großen Städten, sehr praktisch, nur die Kinozeiten fehlen.

Über Kolumbien

- **www.ahk-colombia.com** – Deutsch-Kolumbianische Industrie- und Handelskammer
- **www.austria-colombia.org** – Website der Österreichisch-Kolumbianischen Gesellschaft e. V., eine Non-Profit-Organisation zur Stärkung der bilateralen Beziehungen
- **www.auswaertiges-amt.de** – Informationen des deutschen Auswärtigen Amtes
- **www.banrepcultural.org/** – Goldmuseum bis virtuelle Bibliotheken: das Kulturleben im Netz, kompetent aufbereitet von der Banco de la República de Colombia (span.)
- **www.bmeia.gv.at/botschaft/lima.html** – Österreichische Botschaft in Lima, seit der Schließung der Botschaft in Bogotá auch für Kolumbien zuständig
- **www.bogota.diplo.de/Vertretung/bogota/de/Startseite.html** – Deutsche Botschaft in Bogotá
- **www.botschaft-kolumbien.de** – Kolumbianische Botschaft und Konsulat in Berlin
- **www.crisisgroup.org** – politische Analysen der International Crisis Group mit Büro in Bogotá, kontinuierliche Berichterstattung zur Andenregion (engl./span.)
- **www.daad.co** –Informationszentrum Bogotá des DAAD (Deutscher Akademischer Austauschdienst). Informationen für Studierende und

Wissenschaftler, die sich für einen Auslandsaufenthalt in Kolumbien interessieren.

- **www.dkfev.de** – Deutsch-Kolumbianischer Freundeskreis e. V.
- **www.eda.admin.ch/bogota** – Informationsseite der Schweizer Botschaft, Bogotá
- **www.giz.de/de/weltweit/397.html** – Deutsche Gesellschaft für Internationale Zusammenarbeit, Büro Kolumbien
- **www.goethe.de** – Goethe-Institut, Sprachunterricht und interkulturelle Verständigung
- **www.idpvoices.org** – Lebensgeschichten von Vertriebenen (engl.)
- **www.ila-web.de/lateinamerika/home.htm** – Informationsstelle Lateinamerika, seit über 35 Jahren mit monatlichem Newsletter zur lateinamerikanischen Region
- **www.kolko.net** – umfassende Internetseite zur Menschenrechtssituation in Kolumbien
- **www.kolumbien-aktuell.ch** – Internetseite der Menschenrechtsorganisation Arbeitsgruppe Schweiz-Kolumbien (ask!)
- **www.lateinamerikanachrichten.de** – deutschsprachige Monatszeitschrift zu Politik, Gesellschaft, Kultur und Wirtschaft in Lateinamerika und der Karibik
- **www.pbideutschland.de/country-groups/pbi-deutschland/unsere-projekte-im-ausland/pbi-in-kolumbien/** – die anerkannte NGO Peace Brigades International arbeitet seit 1994 in Kolumbien zu Menschenrechtsfragen.
- **www.proexport.com.co** – Außenwirtschaftsvertretung des Landes mit Sitz in Frankfurt a. M. Informationen zu Im-/Export, Investitionen und Tourismus (span.)

Literatur

Historische Quellen

- **de Las Casas, Bartolomé:** *Kurzgefasster Bericht von der Verwüstung der Westindischen Länder,* 1790 (orig. *Brevísima relación de la destrucción de las Indias,* Sevilla 1552) Insel, Frankfurt/M. 1966 – Nachdruck 1990 – hrsg. v. H. M. Enzensberger. Neu hrsg. von M. Sievernich, 2006. Umfangreiche historische Quelle. Das dreibändige Hauptwerk *Historia general de las Indias,* in dem sich *Las Casas* kritisch mit dem Vorgehen der *conquistadores* auseinandersetzt, war in Spanien lange Zeit mit Publikationsverbot belegt.

- **Federmann, Nikolaus:** *Indianische Historia* (1557). Die eindrucksvolle Erzählung des deutschen Abenteurers und Eroberers gibt es im Volltext bei **www.burks.de** („Kolumnen für Kosmopoliten und Kaltduscher").
- **Freyle, Juan Rodríguez.** *El carnero,* Bogotá: Edition „historia 16" 1986. Unterhaltsame Erzählung über Klatsch, Tratsch und das tägliche Leben im 16. und 17. Jahrhundert des Neuen Reichs von Granada (span.). Einen Überblick gibt der Link: http://www.banrepcultural.org/blaavirtual/literatura/carnero/indice.htm.
- **von Humboldt, Alexander:** *Reise auf dem Río Magdalena, durch die Anden und Mexiko.* Akademie-Verlag, 1986 [Bd. I] und 1990 [Bd. II] (persönliche Reisetagebücher); sowie ders., *Die Reise nach Südamerika,* Lamuv-Verlag, 1990. Auf seinen Reisen durch den Kontinent durchstreifte der Universalgelehrte Kolumbien und hinterließ dort Karten, Beschreibungen – und viele Bewunderer.
- **von Hutten, Philipp:** „Zeitungen aus India". In: *Historisch-literarisches Magazin,* Erster Theil, 1785, S. 51–117, online über die Universitätsbibliothek Bielefeld erhältlich.

Sachbücher

- **Abad Faciolince, Héctor:** *Brief an einen Schatten,* Berlin: Berenberg Verlag 2009 (*El olvido que seremos,* Bogotá. Edition Planeta 2005). Die sehr persönliche Biografie des eigenen Vaters des Autors, der 1987 ermordet wurde. Es ist auch eine Geschichte über das Leben in einem von Gewalt dominierten Land. Ein Buch voller Menschlichkeit, ein erster kleiner Klassiker des 21. Jahrhunderts.
- **Betancourt, Ingrid:** *Kein Schweigen, das nicht endet,* München: Droemer 2010 (*No hay silencio que no termine,* Bogotá: Edition Aguilar 2009. Zunächst auf Französisch verfasst und im eigenen Land kritisch rezipiert, erlaubt dieses Zeugnis der Gefangenschaft berührende Einblicke in den Alltag von Entführern und Entführten.
- **Buch, Hans Christoph:** „Zwischen Narco-Ästhetik und Para-Politik: Kolumbien am Scheideweg", in: *Das rollende R der Revolution,* Springe: Zu Klampen 2008, S. 92–97. Kolumbien-Essay, verfasst von langjährigem Kenner der ganzen Region.
- **Buchholz, Godula:** *Karl Buchholz. Buch- und Kunsthändler im 20. Jahrhundert,* Köln: DuMont 2005. Biografie eines großen deutschjüdischen Émigrés und Animateurs der Künste, dessen Buchhandlung jahrzehntelang das geistige Leben Bogotás prägte.
- **Bushnell, David:** *The Making of Modern Colombia. A Nation in Spite of Itself.* The Regents of University of California 1994. Noch immer aktu-

eller Klassiker der Landesgeschichte, vom jüngst verstorbenen Doyen der Kolumbienforscher (engl.).

- **Castro Caycedo, Germán:** *El alcaraván,* Bogotá: Edition Planeta 1996. Der meistgelesene Sachbuchautor Kolumbiens erzählt die Geschichte von der Eroberung der östlichen Ebenen und des kolumbianischen Amazonas durch unerschrockene Piloten an Bord ihrer DC–3. Sehr ergreifend und einfach zu lesen.
- **García Márquez, Gabriel:** *Bericht eines Schiffbrüchigen,* Frankfurt: Fischer (Tb.) 2004 (*Relato de un náufrago,* Bogotá: Edition Oveja Negra 1970). Die Geschichte eines Schiffbrüchigen, der 10 Tage hilflos auf einem Floß ohne Nahrung und Wasser verbringt, anschließend zum Volksheld wird, von Schönheitsköniginnen geküsst, durch Werbung reich, schließlich von der Regierung gehasst und für immer vergessen wird. Von einem jungen Journalisten der Tageszeitung El Espectador in nur 22 Tagen geschrieben und veröffentlicht, das erste große Werk des späteren Nobelpreisträgers.
- **García Márquez, Gabriel:** *Nachricht von einer Entführung,* Köln: Kiepenheuer & Witsch 1996 (*Noticia de un secuestro,* Bogotá: Edition Mondadori 1996). Die Rückkehr des Nobelpreisträgers auf die journalistische Bühne, eine Reportage über den Ursprung politisch motivierter, erpresserischer Entführungen. *Márquez* erzählt die Geschichte von neun Entführungen durch *Pablo Escobar,* der dadurch seine Auslieferung an die USA verhindern wollte.
- **Hörtner, Werner:** *Kolumbien verstehen. Geschichte und Gegenwart eines zerrissenen Landes,* Zürich: Rotpunktverlag 2006. Verfasst, mit dezidiert linker Perspektive von einem Journalisten und langjährigen Südamerikafachmann.
- **Jäger, Thomas, Anna Daun u. a.,** *Die Tragödie Kolumbiens. Staatszerfall, Gewaltmärkte und Drogenökonomie,* Wiesbaden: VS Verlag für Sozialwissenschaften 2007. Von Politologen für Studenten des kolumbianischen Konflikts.
- **König, Hans-Joachim:** *Kleine Geschichte Kolumbiens,* München: C.H. Beck 2008. Guter, lesbarer und handlicher Überblick über die Enstehung des Andenstaates.
- **Krauthausen, Ciro:** *Moderne Gewalten. Organisierte Kriminalität in Kolumbien und Italien,* Frankfurt/M.: Campus 2013. Zweite und leicht erweiterte Auflage einer aufschlussreichen Vergleichsstudie.
- **Martin, Gerard et al. (Hg.):** *Bogotá: El renacer de una ciudad (Wiedergeburt einer Stadt).* Bogotá: Planeta 2006. Analysen von der Revitalisierung der Hauptstadt seit Anfang der 1990er-Jahre. Kolumbiens preisgekrönter Beitrag zur Architekturbiennale 2006 in Venedig (span.).

- **Montenegro, Armando y Rivas, Rafael:** *Las piezas del rompecabezas* („Puzzleteile"), Bogotá: Edition Taurus 2005. Dieses Buch zweier führender Wirtschaftswissenschaftler ist der vielleicht schnellste Weg für Außenstehende, sich den wirtschaftlichen und politischen Diskussionen in Kolumbien zu nähern.

- **Palacios, Marco; Safford, Frank:** *Colombia: Fragmented land, Divided society.* New York: Oxford University Press 2002. Vierbändige Analyse, gut lesbar (engl.).

- **Salazar, Alonso:** *No nacimos pa' semilla,* Bogotá: Edition Cinep 1990. Chronik von Auftragsmördern, verfasst von einem gut informierten Journalisten. Eine Vision der rohen Gewalt, wie sie sich auch nach den brutalen 1980er-Jahren über lange Zeit hinweg in Antioquia abspielte.

- **Semper, Frank:** *Die Rechte der indigenen Völker in Kolumbien,* Hamburg: Sebra 2003. Dissertation des Ethnologen und Reiseautors.

- **Silva Téllez, Armando:** *Bogota Imaginada,* Bogotá: Universidad Nacional de Colombia 2003. Der Derrida-Schüler, heute renommierter Professor an der Universität Externado in Bogotá, untersucht hier, wie private Vorstellungen und kollektive Gefühle im konkreten städtischen Raum ihren Ausdruck finden (span.).

- **Zelik, Raúl:** *Die kolumbianischen Paramilitärs. ‚Regieren ohne Staat' oder terroristische Formen der inneren Sicherheit,* Münster: Verlag Westfälisches Dampfboot 2009. Studie des Berliner Politologen und Autors, zuletzt Professor an der Universidad Nacional in Medellín, zur Bedeutung der Paramilitärs für die moderne Politik Kolumbiens.

Reiseliteratur

- **Bruckner, Ingolf:** *Kolumbien,* Bielefeld: REISE-KNOW-HOW 2012. Aktueller und umfassender Reiseführer mit Informationen zu Hintergründen, Geschichte, Kultur mit vielen praktischen Tipps.

- **Chao, Ramón:** *Ein Zug aus Eis und Feuer,* Hamburg: Nautilus 2007 (frz. Original „Un train de glace et de feu", Paris: Editions de la Difference 1994). Lebendiger, kurzweiliger Reisebericht des spanischen Journalisten und Vaters von Manu Chao und seiner damaligen Band *Mano Negra.*

- **Schröder, Burkhard:** *Die Konquistadoren,* Reinbeck: Rowohlt 2001. Historischer Roman über die Entrada *Georg von Hohermuths* und *Philipp von Huttens.*

- **Semper, Frank:** *Tor zum Amazonas,* Hamburg: Sebra 1999. Romantischer Reiseroman zwischen Geschichte und Gegenwart. „Denn den Río Caquetta hatte ich allein für mich."

Belletristik

- **Abad, Héctor:** *Angosta* (2003). Ein Ort in Kolumbien, der für alle steht. Die Angst geht um und infiziert alle. Beklemmendes Bild einer aus Erfahrung misstrauisch gewordenen Gesellschaft.
- **Bonnett, Piedad.** *Explicaciones no pedidas* (2011). Die Poetin und Literaturprofessorin ist eine der erhabenen lyrischen Stimmen im Lande.
- **Caballero, Antonio:** *Sin remedio* (1984). Der Hauptstadtroman, geschrieben von einem der furchtlosesten Journalisten und Karikaturisten des Landes, hat auch nach 25 Jahren nichts von seiner Aktualität eingebüßt.
- **Constaín, Juan Esteban:** *Calcio* (2010). Literarische Nachwuchshoffnung aus Bogotá, eine nicht mehr ganz geheime Autorenempfehlung.
- **González, Tomás:**
  Am Anfang war das Meer (Primero estaba el mar),
  Die versandete Zeit (Para antes del olvido),
  Carola Dicksons unendliche Reise (El rey del Honka-Monka),
  Horacios Geschichte (La historia de Horacio),
  Die Teufelspferdchen (Los caballitos del diablo), alle oben aufgeführten Titel wurden publiziert bei Edition 8, Zürich.
  Das spröde Licht (La luz difícil), der neue Roman des öffentlichkeitsscheuen Romanciers, erschien im Herbst 2012 bei S. Fischer.
- **Isaacs, Jorge:** *María* (1867). Klassiker des 19. Jahrhunderts und heute noch Pflichtlektüre in den kolumbianischen Schulen. Romantische Liebesgeschichte, zugleich prägnante Darstellung der Hacienda als soziale und ökonomische Grundeinheit der Gesellschaft.
- **Restrepo, Laura.** *Die Insel der Vergessenen (La isla de la pasión)* (2011). Als politische Aktivistin stand die Autorin der M-19 nahe.
- **Rivera, José Eustasio:** *La vorágine* (1924). Modernistischer Abenteuerroman: Ein junger Dichter zieht mit dem „Kautschukfieber" seiner Zeit in das Amazonasgebiet und erlebt das Elend der indianischen Kautschukarbeiter.
- **Rosero, Evelio:** *Zwischen den Fronten (Los ejércitos)* (2008). Der Gewaltkreislauf auf dem Lande bleibt das literarische Sujet: Ein Dorf gerät ins Kreuzfeuer von Regierungsarmee, Paramilitärs und Guerilla.
- **Ruiz Gómez, Darío:** *Bei den Heiden. Erzählungen von Liebe, Gewalt und Einsamkeit* (2011). Eine Auswahl der besten Erzählungen dieses markanten Autors seit seinen literarischen Anfängen (1959).
- **Silva Romero, Ricardo:** *Autogol* (2009). Filmkritiker, Kolumnist und Woody-Allen-Fan. In *Eigentor* zeichnet er den Mord am Fußballer *Andres Escobar* literarisch nach.

- **Vallejo, Fernando:** *Die Madonna der Mörder* (*La virgen de los sicarios*) (2001). Emblematisches Buch vom Poltergeist der kolumbianischen Literaturszene. Einerseits gefeiert wegen seiner wütenden Abrechnungen mit Kirche, Gewalt und Homophobie, aber auch verdonnert wegen seines Zynismus.
- **Vásquez, Juan Gabriel:** *Die Informanten* (2010). Politthriller vor dem Hintergrund der im Krieg nationalsozialistischer Sympathien verdächtigten und internierten Deutschen in Kolumbien, ein Buch über Denunzierung, Reue und Spätfolgen bis ins zweite Glied.

Das Gesamtwerk von Altmeister **Gabriel García Márquez** ist bei Kiepenheuer & Witsch sowie als Taschenbuch bei dtv und Fischer erschienen.

Álvaro Mutis wurde von Elster und Suhrkamp sowie vom Unionsverlag verlegt.

Von den etwas jüngeren Autoren werden inzwischen **Héctor Abad, Juan Gabriel Vásquez, Tomás González** und viele andere übersetzt.

Empfehlenswert sind auch die literarischen Magazine wie **EL Malpensante, Arcadia** oder **Número.**

Anthologien

Um die Übersetzungskultur besonders verdient gemacht hat sich **Peter Schultze-Kraft** (s. auch den Exkurs: „Peter Schultze-Kraft – Wanderer zwischen den Kulturen"), der seit den 1960er-Jahren zahlreiche Anthologien herausgegeben hat:

- *Hören wie die Hennen krähen,* von *García Márquez* und 34 weiteren Erzählern aus Kolumbien, Edition 8: Zürich 2003
- *Und träumten vom Leben. Erzählungen aus Kolumbien,* Edition 8: Zürich 2001
- *Guerilla-Erzählungen aus Kolumbien,* Fischer Taschenbuch Verlag: Frankfurt 1977 (später zwei weitere Ausgaben bei Eichborn, Frankfurt und Goldmann, München)
- *Das Duell und andere kolumbianische Erzählungen,* Tübingen: Horst Erdmann 1969.

REISE KNOW-HOW
das komplette Programm
fürs Reisen und Entdecken

**Weit über 1000 Reiseführer, Landkarten, Sprachführer und Audio-CDs
liefern unverzichtbare Reiseinformationen und faszinierende Urlaubsideen
für die ganze Welt – *professionell, aktuell und unabhängig***

Reiseführer: komplette praktische Reisehandbücher für fast alle touristisch interessanten Länder und Gebiete **CityGuides:** umfassende, informative Führer durch die schönsten Metropolen **CityTrip:** kompakte Stadtführer für den individuellen Kurztrip **world mapping project:** moderne, aktuelle Landkarten für die ganze Welt **Edition REISE KNOW-How:** außergewöhnliche Geschichten, Reportagen und Abenteuerberichte **Kauderwelsch:** die umfangreichste Sprachführerreihe der Welt zum stressfreien Lernen selbst exotischster Sprachen **Kauderwelsch digital:** die Sprachführer als eBook mit Sprachausgabe **KulturSchock:** fundierte Kulturführer geben Orientierungshilfen im fremden Alltag **PANORAMA:** erstklassige Bildbände über spannende Regionen und fremde Kulturen **PRAXIS:** kompakte Ratgeber zu Sachfragen rund ums Thema Reisen **Rad & Bike:** praktische Infos für Radurlauber und packende Berichte außergewöhnlicher Touren **sound)))trip:** Musik-CDs mit aktueller Musik eines Landes oder einer Region **Wanderführer:** umfassende Begleiter durch die schönsten europäischen Wanderregionen **Wohnmobil-TourGuides:** die speziellen Bordbücher für Wohnmobilisten mit allen wichtigen Infos für unterwegs

www.reise-know-how.de

Register

A

B

C